Inácio Larrañaga

O IRMÃO DE
Assis

Paulina

Dados Internacionais de Catalogação na Publicação (CIP)
(Câmara Brasileira do Livro, SP, Brasil)

Larrañaga, Ignácio
  O irmão de Assis / Ignácio Larrañaga ; [tradução José Carlos Corrêa Pedroso]. – 20. ed. – São Paulo : Paulinas, 2012. – (Coleção em busca de Deus)

  Título original: El hermano de Asis.
  ISBN 978-85-356-3090-9

  1. Francisco de Assis, Santo, 1181 ou 2-1226 2. Santos cristãos - Biografia I. Título. II. Série.

  12-02833   CDD-282.092

Índice para catálogo sistemático:
1. Santos : Igreja Católica : Biografia   282.092

Título original da obra: *EL HERMANO DE ASIS*
Cefepal – Chile

Direção-geral: Flávia Reginatto
Editora responsável: Andréia Schweitzer
Tradução: Frei José Carlos Corrêa Pedroso
Coordenação de revisão: Marina Mendonça
Revisão: Sandra Sinzato
Direção de arte: Irma Cipriani
Assistente de arte: Sandra Braga
Gerente de produção: Felício Calegaro Neto
Projeto gráfico: Telma Custódio
Capa e editoração eletrônica: Manuel Rebelato Miramontes

20ª edição – 2012
12ª reimpressão – 2025

Nenhuma parte desta obra poderá ser reproduzida ou transmitida por qualquer forma e/ou quaisquer meios (eletrônico ou mecânico, incluindo fotocópia e gravação) ou arquivada em qualquer sistema ou banco de dados sem permissão escrita da Editora. Direitos reservados.

Cadastre-se e receba nossas informações
paulinas.com.br
Telemarketing e SAC: 0800-7010081

Paulinas
Rua Dona Inácia Uchoa, 62
04110-020 – São Paulo – SP (Brasil)
📞 (11) 2125-3500
✉ editora@paulinas.com.br
© Pia Sociedade Filhas de São Paulo – São Paulo, 1980

*A Francisco de Assis
no oitavo centenário de seu nascimento.
O autor*

1. AMANHECE A LIBERDADE

Apesar de tudo, voltava tranquilo. Tinha motivos para sentir-se abatido, mas, ao contrário do que esperava, uma estranha serenidade inundava seu rosto e em seus olhos brilhava alguma coisa semelhante à paz de um sonho atingido ou de um amanhecer definitivo.

Naquela noite tinham se soltado todos os gonzos, e agora caminhava sobre um novo centro de gravidade. Tudo estava mudado como se, naquela noite, o mundo tivesse dado uma volta de cento e oitenta graus. Na madrugada que se estendia pelo vale desde Espoleto até Perúsia, o filho de Bernardone ia cavalgando, em paz, para sua casa. Estava disposto a tudo, e por isso sentia-se livre e feliz.

Falam da *noite de Espoleto*. Entretanto, ao contrário do que parece e se diz, a aventura franciscana não começa nessa noite, porque nela culmina uma longa corrida de obstáculos em que houve insistências por parte da Graça e resistências por parte do jovem sonhador. Nessa noite, o nosso combatente rendeu-se.

* * *

Nada se improvisa na vida de uma pessoa. O ser humano é sempre filho de uma época e de um ambiente, como as árvores. Um abeto não cresce nas selvas tropicais nem um baobá nas alturas nevadas. Se um alto expoente humano surge na cadeia das gerações, podemos estar certos de que não brota de improviso, como os cogumelos nas montanhas.

Nossa alma se recria à imagem e semelhança dos ideais que gravitam ao nosso redor, e nossas raízes se alimentam, como que por osmose e sem que o percebamos, da atmosfera de ideias que nos envolve. Para sabermos quem é uma pessoa, temos de olhar ao seu redor. É o que se chama *contorno vital*.

Quando entrou no mundo pela janela de sua juventude, o filho de Bernardone deparou-se com um quadro de luzes e sombras. As chamas da guerra e os estandartes da paz, os desejos de reforma e a sede de dinheiro – tudo estava misturado na mais contraditória fusão. Se quisermos desvelar o mistério de Francisco de Assis, pelo menos alguns segmentos – e é essa a pretensão deste livro – comecemos observando o que acontece ao seu redor.

CONTORNO VITAL

Os nacionalistas guelfos aliavam-se mais uma vez, entre si mesmos e com o Pontificado, para expulsar os imperialistas do Sacro Império Germânico. Os gibelinos eram o que hoje chamamos de *colaboracionistas*, e os guelfos pertenciam ao que hoje chamamos de oposição.

A *penitência de Canossa* já tinha um século. Durante três dias e três noites o Imperador Henrique IV da Saxônia tinha permanecido descalço junto aos muros do Castelo de Canossa, na Toscana, vestido com a túnica cinzenta dos penitentes, antes que o Papa Hildebrando (Gregório VII) suspendesse a sua excomunhão.

Foi o ponto alto de uma crise na longa hostilidade entre o Pontificado e o Império, e também um momento álgido na *querela das investiduras*, em que o Papa reclamava o direito de eleger os dignitários eclesiásticos, uma vez que os bispos e abades recebiam solenemente das mãos dos príncipes não só as terras e os bens, mas também o báculo e o anel. Naturalmente, não era tão simples como parece à primeira vista. Por trás dos báculos e anéis, agitava-se um mundo de interesses e de ambições terrenas.

Em cinco expedições assoladoras, o Imperador Barbarroxa tinha semeado o pânico entre as cidades italianas. Alguns anos antes do nascimento de Francisco, o Imperador tinha investido com especial assanhamento contra o condado de Assis, em cujo território entrou vitorioso, recebendo a homenagem dos senhores feudais e pondo a bota imperial sobre a plebe turbulenta e humilhada.

Quando se afastou, deixou como lugar-tenente o aventureiro Conrado de Suábia para manter submisso o povo rebelde. Os aristocratas de Assis, aproveitando essa proteção imperial, oprimiram os servos da gleba com novas e duras exigências, atrelando-os ao carro da vassalagem de que se haviam apeado anteriormente.

Francisco nasceu nesse tempo em que a vila estava sendo vigiada por Conrado, a partir da formidável Fortaleza da Rocca, erguida ameaçadoramente no alto da cidade. Esse foi o contorno em que transcorreu a infância de Francisco.

É uma época feita de contrastes e sumamente movimentada. As alianças se enlaçam e desenlaçam com a inconsistência de palavras escritas na água; ascendem e caem as pequenas repúblicas e os grandes senhorios; num dia o Imperador pede proteção ao Papa e no dia seguinte o depõe ou o coloca diante de um antipapa, ou entra a ferro e fogo pelos muros de Roma.

A serpente da ambição levanta a cabeça nas torres ameaçadas dos castelos, nos palácios lateranenses e nas fortalezas imperiais; as chamas estavam sempre estalando ao vento; as cruzadas parecem um turbilhão que arrasta numa mistura decomposta a fé e o aventureirismo, a devoção e a sede de riquezas, a piedade para com o Crucificado e a impiedade para com os vencidos...

* * *

Quando subiu ao pontificado o Papa Inocêncio III, de personalidade forte e grande coração, as cidades italianas levantaram a cabeça exigindo independência, reclamando justiça e, em alguns casos, levantando os punhos da vingança. A rebeldia estendeu-se como um vendaval cego por toda a Itália central.

No condado de Assis, a revolução tomou singulares proporções. Era a primavera de 1198. Quando o povo soube que Conrado tinha se submetido em Narni às exigências do Papa, os assisenses subiram à Rocca e, no primeiro assalto, derrubaram o soberbo bastião, sem deixar pedra sobre pedra.

Com a maior rapidez levantaram uma sólida muralha ao redor da cidade, com o material da Rocca desmantelada. Erigiu-se assim a república de Assis, independente do Imperador e do Papa. Francisco tinha 16 anos.

As chamas da vingança atiçaram-se por toda parte, acesas pela ira popular contra os senhores feudais opressores. Queimaram seus castelos no vale da Umbria, derrubaram as torres ameadas, foram saqueadas as casas senhoriais e os nobres tiveram de refugiar-se na vizinha Perúsia. Entre os fugitivos contava-se uma pré-adolescente, de uns doze anos, chamada Clara.

Os nobres de Assis refugiados pediram auxílio de sua eterna rival, Perúsia, contra o populacho que os havia expulsado. Depois de vários anos de negociações, ofertas e ameaças, travou-se o combate nos arredores de Ponte San Giovanni, lugar equidistante entre Perúsia e Assis. Foi no verão de 1203.

Francisco, que tinha vinte anos, tomou parte.

É assim que surge na história o filho de Bernardone: pelejando em uma escaramuça comunal em favor dos humildes de Assis. Mas os combatentes de Assis foram completamente derrotados e os mais aquinhoados foram tomados como reféns e deportados para a cadeia de Perúsia.

E aí temos Francisco feito prisioneiro de guerra, nas úmidas masmorras de Perúsia.

OS CASTELOS AMEAÇAM RUÍNA

Francisco era demasiado jovem para absorver o golpe sem pestanejar. Aos vinte anos, a alma do jovem é uma ânfora frágil. Basta o golpe de uma pedrinha e a ânfora se desvanece como um sonho interrompido. É o passar do tempo e do vento que dá consistência à alma.

Dá impressão de que os biógrafos contemporâneos passam voando por cima dos anos de conversão de Francisco. Como os jornalistas, os cronistas só apresentaram casos. Mas, ao que parece, não presenciaram ou ao menos não nos transmitiram o drama interior que origina e explica os episódios. Não nos dizem nada de sua conversão até a *noite de Espoleto*. Entretanto, nessa noite a fruta caiu porque estava madura.

Para mim, nesses onze longos meses de prisão e inatividade começou o trânsito de Francisco. Para um mundo ser construído, outro mundo tem que desmoronar anteriormente. E não há granadas que arranquem pela raiz uma edificação; os edifícios humanos morrem pedra por pedra. Na prisão de Perúsia começa a morrer o filho de Bernardone e a nascer Francisco de Assis.

* * *

Zefirelli presenteou-nos com um belíssimo filme, *Irmão Sol, Irmã Lua*. Mas nem aí se nos desvela o mistério. Nada se nos insinua dos impulsos profundos que dão origem a tanta beleza. O filme parece um mundo mágico que, de improviso, tivesse emergido sem que ninguém soubesse de onde nem como. É como imaginar a ascensão vertical de um avião sem reatores. Ninguém, a não ser um masoquista quimicamente puro, faria como Francisco nessas cenas: submeter-se a uma existência errante, apresentando um rosto feliz às caras amarradas, de fronte levantada à chuva e à neve, doçura na aspereza, alegria na pobreza... tudo isso pressupõe uma forte capacidade de reação, que não aparece no filme, e um longo caminho na dor e na esperança; pressupõe, em uma palavra, a passagem transformadora de Deus pelo cenário de um homem.

A Graça não arrebenta fronteiras. Jamais se viu o mundo transformar-se, da noite para o dia, vestido de primavera. Francisco fez a passagem de um mundo para outro lentamente, ao longo de dois ou três anos. Não foi um estalido repentino, mas uma transição progressiva e harmoniosa, sem deixar de ser dolorosa. E tudo começou, em minha opinião, no cárcere de Perúsia.

* * *

Toda transformação começa por um *despertar*. Cai a ilusão e fica a desilusão, desvanece-se o engano e sobra o desengano. Sim, todo despertar é um desengano, desde as verdades fundamentais do Príncipe *Sakkiamuni* (Buda) até as convicções do Eclesiastes. Mas o desengano pode ser a primeira pedra de um mundo novo.

Se analisarmos as origens dos grandes santos, se observarmos as transformações espirituais que ocorrem ao nosso redor, descobriremos em tudo uma espécie de passo prévio, um despertar: o ser humano convence-se de que toda a realidade é efêmera ou impermanente, de que nada possui solidez, a não ser Deus.

Em toda adesão a Deus, quando é plena, esconde-se uma busca inconsciente de transcendência e de eternidade. Em toda *saída* decisiva para o Infinito, palpita um desejo de libertar-se da opressão de toda limitação e, assim, a conversão transforma-se na suprema libertação da angústia.

Ao despertar, o ser humano torna-se um *sábio*: sabe que é loucura absolutizar o relativo e relativizar o absoluto; sabe que somos buscadores inatos de horizontes eternos, e que as realidades humanas só oferecem marcos estreitos que oprimem nossas ânsias de transcendências, e assim nasce a angústia; sabe que a criatura termina "aí" e não tem escapatória, por isso seus desejos derradeiros permanecem sempre frustrados; e sabe principalmente que, no final das contas, só Deus vale a pena, porque só ele oferece meios para canalizar os impulsos ancestrais e profundos do coração humano.

* * *

Francisco *despertou* na cadeia de Perúsia. Foi lá que o edifício começou a ser planejado. Que edifício? Aquele sonhador tinha detectado, como um sensibilíssimo *radar*, os sonhos de sua época, e sobre eles e com eles tinha projetado um mundo moldado com castelos amuralhados, espadas fulgurantes abatendo inimigos: os cavaleiros iam para os campos de batalha sob as bandeiras da honra para alcançar essa sombra fugidia a que chamam *glória*. Com as pontas das lanças conquistavam os títulos nobiliárquicos, nos braços de gestas heroicas entravam no templo da *fama* e nas canções dos rapsodos, como os antigos cavaleiros do Rei Artur e os paladinos do grande Imperador Carlos. Numa palavra, todos os caminhos da grandeza passavam pelos campos de batalha. Esse era o mundo de Francisco e se chamava *sede de glória*.

Perseguindo esses fogos-fátuos, nosso sonhador tinha chegado às proximidades da Ponte San Giovanni. A primeira ilusão degenerou na primeira desilusão, e de que calibre! Sonhar com glórias tão altas e dar de cara com tão humilhante derrota, na primeira tentativa, era demais! Era aí mesmo que Deus o esperava.

Deus não pode entrar nos castelos levantados sobre dinheiro, poder e glória. Quando tudo dá certo na vida, o ser humano tende insensivelmente a concentrar-se em si mesmo – grande desgraça, porque se apodera dele o medo de perder tudo e vive ansioso, sentindo-se infeliz. Para o homem, a desinstalação é justamente *a salvação*.

Por isso, se Deus Pai quer salvar seu filho aninhado e adormecido no leito da glória e do dinheiro, não tem outra saída senão dar-lhe uma boa sacudidela. Quando o mundo naufraga, fica flutuando uma poeira espessa que deixa o filho confuso. Mas, quando o pó assenta, o filho pode abrir os olhos, despertar, ver a realidade clara e sentir-se livre.

Foi isso que aconteceu com o filho de Dona Pica. Na planura da Ponte San Giovanni derrocaram-se seus castelos no ar. No primeiro momento, como acontece sempre, o rapaz, envolto em pó, sentiu-se confuso. Mas, quando chegou à cadeia, na medida em que o tempo foi passando e o pó assentando, o filho de Dona Pica, como outro

Sigismundo, começou a enxergar claro: tudo é inconsistente como um sonho.

Para um jovem sensível e impaciente, era demais permanecer inativo entre os muros de um cárcere, mastigando a erva amarga da derrota. Em um cativeiro há tempo demasiado para pensar. Não há novidades que distraiam. Vive-se apenas, como realidade única e oprimente, a derrota.

Por outro lado, nosso rapaz não escapou da psicologia dos cativos. O cativo, como o preso político, vive entre a incerteza e o temor: não sabe quantos meses ou anos vai ficar encarcerado, nem qual vai ser o curso dos acontecimentos políticos, nem o que vai ser de seu futuro. Só sabe que esse futuro vai depender de um *podestá* arbitrário ou de uma camarilha hostil de senhores feudais.

No entanto, nosso jovem estava bem informado de que os cativeiros e as derrotas são o alimento mais comum na vida das aventuras cavaleirescas. Mas era bem diferente experimentá-lo na própria carne e pela primeira vez, principalmente para ele que não estava curtido pelos golpes da vida e era, além disso, de natureza tão sensível!

* * *

Começa a crise. Diante das edificações que hoje são erigidas e amanhã desabam, diante dos imperadores que hoje são carne e amanhã sombra, diante dos nobres senhores que são silenciados para sempre pela ponta de uma lança, há outro Senhor cavalgando acima das estepes da morte, outro Imperador que não é atingido pelas emergências nem pelas sombras, outra Edificação que tem grandeza eterna. A Graça ronda o filho de Dona Pica. E ele perde a segurança.

Os antigos biógrafos dizem que, enquanto seus companheiros estavam tristes, Francisco não só estava alegre, mas até eufórico. Por quê? Um homem sensível deprime-se com facilidade. Segundo seu temperamento, teríamos motivos para pensar que Francisco deveria estar abatido na cadeia. Mas não estava.

As palavras de Celano, cronista contemporâneo, nos dão pé para confirmar-nos o que estamos dizendo desde o começo: que tudo começou no cárcere de Perúsia, que Deus irrompeu por entre os escombros de seus castelos arruinados, que lá ele tomou gosto por Deus, que lá vislumbrou, embora entre trevas, outro rumo para sua vida.

Efetivamente, conta o antigo biógrafo que, diante da euforia de Francisco, seus companheiros se molestaram e lhe disseram: "Você está louco, Francisco? Como pode estar tão radiante no meio destas correntes enferrujadas?". Francisco respondeu textualmente: "Sabem por quê? Tenho um pressentimento escondido aqui dentro que me diz que um dia todo mundo vai me venerar como santo".

Fugazes vislumbres de eternidade cruzaram o céu escuro de Francisco no cárcere obscuro de Perúsia.

A GRANDE PALAVRA DE SUA VIDA

Em agosto de 1203, perguntaram-se os homens da plebe e os aristocratas de Assis: "Para que gastar energias combatendo-nos uns aos outros? Vamos fazer um tratado de paz e consolidar a vida de nossa pequena república". Como consequência dessa aliança, Francisco e seus companheiros foram libertados e voltaram para Assis.

Entre esse momento e a *noite de Espoleto* passaram-se aproximadamente dois anos. Que fez nesse ínterim o filho de Bernardone? Os biógrafos não dizem quase nada. Mas, do pouco que dizem, podemos deduzir muito.

Infelizmente (talvez para toda a Igreja e para toda a história humana) Francisco foi extremamente reservado durante toda a sua vida, sobretudo no que se referia a sua vida íntima, a suas relações com Deus. Ninguém guardou um segredo profissional com tanta fidelidade como ele escondeu seus diálogos com Deus. Normalmente era comunicativo e, por isso, o movimento a que deu origem tem caráter fraterno ou familiar. Mas no que dizia respeito a suas experiências espirituais, encerrava-se em um obstinado círculo de silêncio, do qual ninguém podia arrancá-lo.

Foi fiel até as últimas consequências ao que se chamava em seu tempo de *Sigillum regis*, o segredo do rei: "minhas coisas com o Senhor são entre mim e ele". É preciso lembrar que a notícia de sua morte causou alegria. Por quê? Não foi, naturalmente, porque Francisco tinha morrido, mas porque finalmente puderam contemplar e tocar suas chagas.

Ocultou zelosamente durante três anos aqueles sinais misteriosos que levava em seu corpo. Todo mundo sabia de sua existência, mas, enquanto ele viveu, ninguém teve oportunidade de vê-los, nem seus confidentes mais íntimos, nem a própria Clara. O único que pôde vê-los foi o irmão Leão, que servia de secretário e enfermeiro.

Pode ser que, devido a esse *sigillum*, os cronistas contemporâneos tenham ficado sem notícias de sua conversão e por isso é tão parca a informação referente a essa época.

* * *

Tanto os cronistas contemporâneos como o próprio Francisco em seu testamento introduzem-nos de repente no cenário de Deus, dando a entender que já existia grande familiaridade entre Francisco e seu Senhor. Mas uma grande familiaridade com Deus pressupõe uma longa história de relacionamento pessoal. E é essa história que ainda precisa ser desvelada.

Nos livros de hoje sobre São Francisco, tende-se a passar por alto sua vida interior, dando preferência a um amplo noticiário de acordo com a mentalidade atual. Frequentemente apresentam um Francisco contestador, meio *hippie*, patrono da ecologia, sem se preocupar, em geral, com seu mistério pessoal.

Acho que atualmente para apresentar São Francisco às pessoas, não nos deveríamos preocupar tanto se o que ele foi ou fez é do gosto de nossa época, indicando os pontos em que está de acordo com nossas inquietações. Desse jeito tiramos o foco de São Francisco e traímos as pessoas de hoje. O correto e necessário é olhar para São Francisco de dentro dele mesmo, incluindo-o em seu contorno vital e descobrindo assim o seu *mistério*: é claro que esse mistério será resposta para hoje e para os séculos futuros.

Que é o mistério de uma pessoa? Que outra palavra poderíamos usar em vez de mistério? Segredo? Enigma? Sigilo? Carisma? Alguma coisa aglutinante e catalisadora? Estou convencido de que todos os mistérios, um por um, descem à sepultura e aí dormem seu sono eterno. O *mistério* de todos os indivíduos está preso nas dobras dos códigos genéticos, impulsos vitais, ideias e ideais recebidos desde a infância.

No caso de Francisco, encontramos também uma personalidade singular, feita de contrastes fortes, que tornam mais difícil atingir o *segredo*. Mas nós temos uma pista para decifrar o enigma de São Francisco: Deus. Essa é a grande palavra de sua vida.

Deus *passou* por suas latitudes. Deus *tocou* esse homem. Deus *passou* sobre esse homem. Deus *visitou* esse amigo. A partir desta pista começamos a entender tudo. Agora vemos como os contrastes podem estruturar uma personalidade coerente e harmônica. Compreendemos também como o homem mais pobre do mundo podia sentir-se o mais rico, e tantas outras coisas.

* * *

Existe o *princípio do prazer*: todo ser humano, segundo as ciências, age motivado de alguma maneira pelo prazer. Francisco de Assis sem o Deus vivo e verdadeiro poderia ser classificado, em qualquer quadro clínico, como um psicótico. Todos os seus sublimes disparates, seu amor apaixonado pela Senhora Pobreza, sua reverência pelas pedras e pelos vermes, sua amizade com os lobos e com os leprosos, o fato de se apresentar para pregar só com a roupa de baixo, ou de buscar a vontade de Deus dando voltas como um pião... fazem pensar em uma pessoa desequilibrada. O sublime e o ridículo quase sempre se tocam. A fronteira que separa um do outro se chama Deus.

Sim. Deus faz sublime o que parece ridículo. Deus é a força revolucionária que arrebenta as normalidades, desperta as potencialidades humanas adormecidas, abrindo-as para atitudes surpreendentes e até então desconhecidas.

É capaz de tirar filhos de Abraão de uma pedra e pode tirar exemplares absolutamente originais de qualquer filho da gente do povo. Com esta palavra – Deus – o enigma de Francisco fica interpretado e seu segredo é decifrado.

Como vivemos em um mundo secularizante, corremos a tentação e o perigo de pretender apresentar ao mundo de hoje um Francisco sem Deus, ou um Deus com surdina ou em tom menor. Nesse caso, São Francisco começa a ficar parecido com uma belíssima marionete, que faz acrobacias maravilhosas, mas não passa de fantasia. Isso não resolve nem explica o mistério de Francisco.

Poderão apresentar-nos passagens de sua vida que comovem os românticos, fatos que seduzem os *hippies*, antecedentes históricos que permitam aos ecologistas considerá-lo um precursor do movimento, mas o mistério profundo de Francisco fica no ar, sem explicação. Basta abrir os olhos e olhar sem preconceitos: desde o primeiro instante nos convenceremos de que Deus é a força de coesão que arma a personalidade vertebrada e sem desajustes de Francisco de Assis.

A MULHER DE SUA VIDA

Na volta de Perúsia, mal pisou as ruas de Assis, nosso brioso rapaz deixou de lado suas meditações sobre a fugacidade da vida, esqueceu os chamados do Senhor e, soltando as rédeas de suas ânsias juvenis reprimidas durante um ano, mergulhou no turbilhão das festas. Saciada a sede de glória, nascia-lhe a sede de alegria.

Formaram-se grupos espontâneos de alegres camaradas. Os que tinham estado em camaradagem forçada no presídio de Perúsia formavam os grupos mais barulhentos. Nomearam o filho de Bernardone como líder do grupo e lhe deram o bastão simbólico de comando, porque tinha os bolsos cheios e a alma transbordante de alegria. Tresnoitavam até altas horas. Subiam e desciam pelas ruelas estreitas por entre gritos, gargalhadas e canções. Paravam embaixo das janelas das moças bonitas para entoar serenatas de amor ao som de alaúdes, cítaras e harpas. Era uma sede insaciável de festa e de alegria.

Os meses passavam e não se esgotavam os brios nem se acabava a inspiração. Geralmente, Francisco custeava os banquetes. Havia nele alguma coisa misteriosa que cativava a todos. Estava sempre rodeado pela juventude mais dourada e dissipada de Assis. Participava nos concursos de cantos e nos torneios equestres, e se saía brilhantemente. Invejado por alguns e aplaudido por todos, o filho de Bernardone era indiscutivelmente o rei da juventude assisense.

* * *

Como, no ano anterior, a Graça tinha vencido em um *round* sua sede de glória, agora haveria de reduzir a pó sua sede de alegria. O velho cronista aplica a esse momento as expressivas palavras do profeta: "Vou fechar de espinhos seu caminho, e cercá-lo com barreiras para impedir-lhe a passagem" (Os 2,8). Uma grave enfermidade de natureza estranha e difícil diagnóstico abateu-se sobre sua juventude, mantendo-o longos meses entre a vida e a morte: suor frio, febres altas e obstinadas, pesadelos, fraqueza geral e por fim uma lenta, muito lenta convalescência.

Nessa prolongada recuperação e, em geral, nesse período de sua existência, aparece a pessoa que há de abrir horizontes de luz para sua vida, a mulher que imprimirá em sua alma marcas indeléveis de fé e de esperança: sua própria mãe.

A silhueta de Dona Pica, feita de doçura e de fortaleza, desvanece no fundo do silêncio. Passa fugazmente como um meteoro pelas páginas dos velhos cronistas. Aparece, resplandece e desaparece. É daquele tipo de mulher capaz de suster o mundo em suas mãos, mas sabe fazê-lo sem dramas, na simplicidade e no silêncio.

Por um paradoxo da história, embora as fontes nos transmitam apenas fugazes vestígios de sua figura, estamos em condição de apresentar, por via dedutiva, a radiografia completa de Dona Pica. O método vai ser indireto: penetrar a alma de Francisco e colher em seu inconsciente, traço por traço, efígie cativante da mulher a quem tanto deve o franciscanismo.

* * *

A tradição supõe-na oriunda da Provença, berço da poesia e do cantar. Mas as fontes guardam silêncio a respeito. Dispomos, entretanto, de elementos suficientes para concluir, por dedução, que Dona Pica era efetivamente francesa.

É uma constante *humana* o fato de que, nos momentos em que a emoção escapa de seu leito e se torna incontrolável, o ser humano tende a manifestar-se em sua língua materna, no idioma que "mamou". Diz-se que São Francisco Xavier, em sua agonia, expressava-se em "euskera" (basco), seu idioma materno. O Pobre de Assis, sempre que estava possuído por uma emoção intensa, passava a manifestar-se em francês (provençal). Não seria esse o seu idioma materno, a língua de sua mãe?

Suponhamos, por exemplo, que eu aprendesse inglês aos 20 anos e o dominasse com perfeição. Em um momento de explosiva emoção, se precisasse expressar-me livremente e sem obstáculos mentais, passaria instintivamente ao idioma materno ou nativo em que estão aglutinados a palavra e os sentimentos, a fonética e as vivências longínquas.

Se, como a maioria supõe, Francisco tivesse aprendido o francês já na juventude, em suas viagens comerciais, seria psicologicamente estranho e quase inexplicável que, nos momentos de júbilo, em que as palavras, ligadas às vivências mais primitivas, precisam sair conaturalmente, o fizesse em francês. Supõe-se que a pessoa que aprendeu já adulta um idioma tenha sempre falta de flexibilidade ou facilidade para nele se expressar.

Por isso podemos supor que o idioma materno de Francisco era o francês, isto é: que a língua de sua mãe era o francês (provençal). Justamente por isso falamos em *idioma materno*, e não paterno, porque se aprende junto da mãe, no berço.

* * *

Como dissemos, dispomos de um caminho dedutivo para conhecer a alma daquela mulher e assim, indiretamente, podemos conhecer melhor o *mistério* de Francisco. É um jogo alternado: da vertente inconsciente de Francisco extraímos os traços para uma fotografia de Dona Pica, e no reflexo da mãe veremos retratada a personalidade do filho.

Celano conta que, quando o velho mercador prendeu em um calabouço o jovem dilapidador, em quem se havia manifestado inclinações místicas, sua mãe "sentiu seu coração materno se enternecer". Há uma força primitiva nessa expressão. Não era só pena que a mãe sentia pelo filho. Era muito mais. Entre mãe e filho circulava uma corrente profunda de simpatia. Entre os dois não havia só consanguinidade, mas também afinidade. Os dois estavam nas mesmas harmonias.

* * *

Atendo-nos aos escritos de São Francisco, impressionamo-nos com a frequência e emoção com que ele evoca a figura materna, da mãe em geral e inconscientemente (talvez às vezes conscientemente) de sua própria mãe. Sempre que Francisco quer expressar a coisa mais humana, a relação mais emotiva, a atitude mais oblativa, recorre à comparação materna. Precisamos submergir no fundo vital desse homem, fundo alimentado por mil recordações – quase esquecidas – de uma pessoa que a ele consagrou cuidado, alma, carinho, fé e ideais.

Na Regra de 1221, assinalando as altas exigências que originam e sustentam a vida fraterna, Francisco diz aos irmãos que "cada um cuide de seu irmão e o ame como uma mãe ama e cuida de seu filho". Tornando aos mesmos verbos tão maternos (amar e cuidar), Francisco volta à carga na segunda Regra dizendo que "se uma mãe ama e cuida do filho de suas entranhas, com quanto maior razão devem amar-se e cuidar uns dos outros os que nasceram do espírito".

A novidade disso tudo não está no verbo "amar", vocábulo muito velho e batido, mas no verbo "cuidar", verbo exclusivamente materno. "Cuidar" se aparenta com o verbo "consagrar" ou "dedicar" na Bíblia. "Cuidar" significa dedicar-se tempo e atenção a outra pessoa, como fazem, principalmente, as mães.

* * *

Lá pelo ano de 1219, Francisco tentou dar uma organização elementar aos irmãos que subiam às altas montanhas para buscar o Rosto do Senhor, em silêncio e solidão, para poder recuperar a coerência interior.

Escreveu uma norma de vida ou pequeno estatuto a que chamou *Regra para os eremitérios*. Supõe que lá em cima, na cabana, viva uma pequena fraternidade de quatro irmãos. E querendo sublinhar as relações que devem existir entre eles, Francisco utiliza expressões chocantes, mas que transbordam infinita ternura fraterna, digo, materna, apelando novamente e mais do que nunca, para a figura materna.

Dos quatro irmãos, "*dois sejam mães* e tenham dois filhos". Quanto à índole de vida, "os dois que são mães sigam a vida de Marta, e os dois filhos sigam a vida de Maria". Depois ordena, ou melhor deseja, que ao acabar de rezar *Tércia* possam interromper o silêncio "e ir para junto de suas mães". Entre tantas expressões há uma carregada de ternura especial: "E quando tiverem vontade, os filhos possam pedir esmola a suas mães, como pobres pequeninos, por amor do Senhor Deus".

Como se trata do período da vida eremítica, aconselha-os também a não permitirem na cabana a presença de pessoas estranhas, e que as mães "protejam seus filhos para que ninguém perturbe seu silêncio", e "os filhos não falem com pessoa alguma a não ser com suas mães". E para que não se estabeleça nenhuma dependência entre os irmãos, mas exista real igualdade, tanto jurídica como psicológica, Francisco ainda diz que os irmãos devem alternar-se no ofício de mães e de filhos.

No fundo vital do homem que se expressa dessa maneira palpitam ecos longínquos, quase desvanecidos, de uma mãe que foi fonte inesgotável de ternura, daquela mulher que passou noites velando à cabeceira do jovem doente.

O Pobre de Assis juntou em um mesmo laço duas das coisas mais distantes e avessas que pode haver neste mundo: a vida eremítica e a vida fraterna, a solidão e a família, o silêncio e a cordialidade.

* * *

Fazia semanas que o Irmão Leão tinha um espinho na alma que lhe estava perturbando a paz. Ele mesmo não sabia exatamente do que se tratava. Dir-se-ia à primeira vista que sofria de uma dúvida de consciência e queria consultar São Francisco. Mas quem sabe se também não havia um pouco de saudades do pai e amigo de sua alma, com quem caminhando pelo mundo durante tantos anos, tinha forjado uma amizade profunda.

Francisco, sabendo que no fundo de toda tristeza está escondido um pequeno vazio de afeto e que, de qualquer maneira, não há crise que não se cure com um pouco de carinho, pegou a pena e lhe escreveu uma cartinha de ouro que começou com estas palavras: "Meu filho, eu te falo como uma mãe ao seu menino". Por trás da carta, Dona Pica ainda estava "viva".

* * *

Analisando seus escritos, principalmente os escritos místicos, percebemos, não sem certa surpresa, que Francisco quase nunca usa a expressão Pai para dirigir-se a Deus, o que é estranho em um homem tão afetivo.

Aquele Deus, a quem Francisco tratava tão carinhosamente, era o Senhor, o Onipotente, o Admirável... Quase nunca *Pai*. Essa palavra não só não lhe dizia nada, mas até evocava inconscientemente a figura de um homem egoísta e prepotente, e estava carregada com as lembranças mais desagradáveis de sua vida. Se não soasse chocante, Francisco bem que poderia ter invocado a Deus com o nome de "Mãe". Estaria em consonância perfeita com as fibras mais profundas de sua história pessoal.

Como era, então, a mulher que emerge desses textos e recordações? Fundiram-se naquela mulher a força do mar, a doçura de um favo e a profundidade de uma noite estrelada. A inspiração cavaleiresca, que os trovadores provençais tinham importado para as repúblicas italianas, já tinha sido inoculada muito antes por aquela mãe extraordinária, na alma receptiva de seu filho. Como definir *aquele não sei que* de sua personalidade que invocava uma melodia inefável, o esplendor de um amanhecer ou a serenidade de uma tarde a cair?

Antes de dar a Francisco sua vocação e seu destino, Deus lhe deu essa mãe.

A DENSIDADE DA FUMAÇA

A tribulação estava às portas. A mão do Senhor tinha caído pesadamente sobre o nosso jovem, prendendo-o num círculo de aflições e causando-lhe noites de insônias e dias de delírio.

A sede de glória estava reduzida a cinzas. E agora, sobre o leito de sua juventude, jazia abatida a sede do prazer.

Francisco não era nada. Uns centímetros a mais que avançasse na enfermidade, e estaria no abismo.

O anjo do Senhor baixou mais uma vez junto de seu leito de enfermo e lhe comunicou lições de sabedoria. Disse-lhe – mais uma vez – que a juventude passa como o vento diante de nossas portas, como as ondas do mar que se levantam como montanhas para depois voltar a ser espuma. Qual a densidade da fumaça? Pois os sonhos do homem pesam menos que a fumaça. Qual o peso da glória em uma balança? Não há nada, acima ou abaixo, que tenha peso e firmeza a não ser o Eterno.

* * *

Estamos a poucos meses da *noite de Espoleto*, quando encontramos Francisco muito interiorizado no relacionamento com o Senhor e disposto a tudo. Levando em conta a marcha evolutiva da graça, temos de pressupor que, nesses meses de convalescença, o anjo do Senhor desvelou muitas vezes o rosto do Senhor para o doente.

Aquele jovem, que trazia desde o berço a sensibilidade divina, começou a provar nesses meses a doçura de Deus, e então Francisco sentia uma paz profunda e começos de sabedoria. Nesses momentos o caminho de Deus parecia mais luminoso.

Mas a conversão é, quase sempre, uma corrida de perseguição em que a pessoa vai experimentando alternadamente a doçura de Deus e o encontro das criaturas até que, progressivamente, estas se vão decantando e se afirma e confirma definitivamente a Presença.

Pressentimos em nosso jovem adolescente essa alternância, em que prevalecem primeiro os ímpetos mundanos e mais tarde os desejos divinos.

Entre os bastidores dessa crise, como dissemos, estava Dona Pica, colaborando com a Graça para forjar aquele destino privilegiado. Nas longas horas que passou velado por sua mãe, o jovem, pressionado pela morte, recebeu docilmente as meditações sobre a inconsistência das realidades humanas, inconsistência experimentada em sua própria carne.

* * *

O velho cronista conta que Francisco se levantou quando não tinha recuperado ainda toda a saúde e, apoiado num bastão e também, sem dúvida, nos ombros de sua mãe, deu algumas voltas pelo aposento para ver como iam suas forças.

Sentia-se impaciente por sair de casa para mergulhar primeiro no coração da natureza e mais tarde nas ruas barulhentas. Poucos dias depois, pálido e com as pernas ainda vacilantes, deixou as paredes da casa paterna disposto a fazer uma *tournée* pelos campos. Queria certificar-se de que não tinha perdido o vigor juvenil.

Bem perto de sua casa abria-se a Porta Moiano, uma das poucas saídas da cidade amuralhada para os campos. Mal tinha passado o enorme portão, o jovem pálido viu-se envolto nos esplendores de uma natureza embriagadora numa manhã azul, nos momentos em que o sol vestia as colinas ao longe com um misterioso cone branco azulado.

A vida palpitava nas entranhas da mãe terra e se expandia para fora em harmonias e cores por meio de insetos, aves, plantas e árvores. De Perúsia a Espoleto estendia-se o vale da Úmbria, deslumbrante de beleza e vitalidade. Francisco teve uma vontade louca de mergulhar nesse mar, entrar em comunhão com as palpitações da vida, vibrar...

Mas seu sangue estava apagado. Para pegar fogo são necessários dois polos vivos, mas Francisco sentia-se morto e era impossível acender a chama do entusiasmo. "Nem a beleza dos campos", diz o cronista, "nem a amenidade das vinhas, nem tudo que se oferecia de formoso e de atraente foi suficiente para despertar seu entusiasmo adormecido."

O cronista continua contando que Francisco sentiu-se meio surpreendido e defraudado por esse apagar-se quando ele, em outras ocasiões, logo ao primeiro contato entrava em vibrante comunhão com a beleza do mundo. E o narrador acrescenta que aí mesmo o nosso jovem "ferido" começou a meditar na loucura de pôr o coração nas criaturas que brilham pela manhã e morrem pela tarde, e voltou lentamente para casa com a alma povoada pela melancolia e pela decepção.

A explicação dessa insensibilidade não tinha mistérios nem transcendências. O que lhe faltava eram apenas vitaminas, porque sua natureza tinha sido duramente agredida pela enfermidade e estava precisando de uma superalimentação. Também pode ser que tenha sido temerário em levantar-se tão cedo, porque sempre foi muito impaciente e "imprudente"! Não havia outra explicação. Mas, acima dos fenômenos biológicos, e mesmo por meio deles, Deus começava a conduzir esse predestinado, abrindo-lhe caminhos, que, no momento, o jovem ainda não compreendia.

Humanamente falando, Francisco estava fora de combate. Em um par de assaltos o Senhor tinha derrubado seus dois bastiões mais firmes – a sede de glória e a ânsia de prazer – deixando o rapaz verdadeiramente arrasado.

Quando voltou para casa naquele dia – continua o narrador – levou muito mais a sério as meditações sobre a loucura e a sabedoria, meditações que o acompanhavam desde o cárcere de Perúsia. Mas, desta vez, os pensamentos foram muito mais fundo, justamente porque lhe faltavam "armas" de defesa e contra-ataque, uma vez que estava cercado de debilidade por todos os lados.

DESPERTAM OS SONHOS ADORMECIDOS

Estava ferido, mas não acabado. A conversão é assim. Ninguém se converte de uma só vez. Mesmo ferido *o homem velho* nos acompanha até a sepultura. E, como uma serpente ferida, levanta de vez em quando sua cabeça ameaçadora.

Passaram-se os meses e Francisco recuperou completamente a saúde. O fogo da ilusão levantou de novo sua cabeça em chamas e, nas asas dos brios juvenis renascidos, nosso rapaz tresloucado lançou-se na voragem das festas e divertimentos. Não podia passar sem seus amigos. Dizem os cronistas que muitas vezes abandonava apressadamente a mesa familiar, deixando seus pais sozinhos para ir reunir-se com seus amigos.

* * *

Desde 1198 a Itália inteira estava alerta diante dos acontecimentos entre o Pontificado e o Imperador. Desta vez o epicentro da discórdia era o Reino da Sicília.

Por causas complexas, a contenda se estendeu e foi rapidamente tomando proporções universais. O Papa Inocêncio III colocou à frente das forças papais o capitão normando Walter de Brienne, que bem depressa começou a volver as armas a seu favor.

O comandante normando transformou as batalhas em vitórias, e as bandeiras papais avançavam de triunfo em triunfo. O nome de Walter encheu a alma da Itália. Suas façanhas corriam de boca em boca levadas pelos trovadores populares.

A guerra tomou um caráter de cruzada. Em todas as cidades italianas alistavam-se cavaleiros e soldados que acudiam aos campos de guerra da Apúlia, sul da Itália, para unir-se aos exércitos que militavam sob o estandarte do caudilho normando.

O fogo sagrado acendeu-se também em Assis. Um cavaleiro assisense chamado Gentile tomou a iniciativa e preparou uma pequena expedição militar com a flor e nata da juventude da cidade.

A nobreza da causa e a possibilidade de ser armado cavaleiro arrebataram Francisco, fazendo despertar no meio das cinzas apagadas seus sonhos cavaleirescos. Aos 25 anos alistou-se na expedição.

Em poucas semanas, preparou alegremente seus apetrechos bélicos e se preparou para o dia da partida.

A NOITE DA LIBERDADE

Francisco despediu-se de seus pais. Naquela manhã a pequena cidade, com seu ir e vir nervoso, parecia uma colmeia a ferver. Abraços, beijos, lágrimas, adeuses. No meio da comoção geral e de um agitar de lenços, a pequena e brilhante expedição militar empreendeu a marcha, saindo pelo portão oriental na direção de Foligno, para tomar a Via Flamínia, que os conduziria, passando por Roma, para o sul da Itália.

Ao cair da tarde, a expedição chegou a Espoleto, cidade que fecha o incomparável vale espoletano. Mas estava escrito que em Espoleto acabava tudo e em Espoleto começava tudo.

* * *

Francisco deitou-se no meio dos arneses de cavaleiros: o gibão, os calções de malha, o elmo, a espada e a alça, o escudo brazonado e uma ampla túnica. E todo esse resplendor estava por sua vez revestido pelo esplendor dourado de seus sonhos de grandeza.

Todos os cronistas dizem que naquela noite Francisco escutou, em sonhos, uma voz que lhe perguntava:

– Francisco, aonde vais?

– Para a Apúlia, lutar pelo Papa.

– Dize, quem te pode recompensar melhor, o Senhor ou o servo?

– O Senhor, é claro.

– Então, porque segues o servo e não o Senhor?

– Que tenho de fazer?

– Voltar para casa, pois tudo vai ser esclarecido.

E Francisco voltou para casa na manhã seguinte.

* * *

Naquela noite Francisco teve o que a Bíblia chama de uma visita de Deus. Acho que naquela noite ele não escutou vozes nem teve sonhos ou visões, mas teve pela primeira vez uma forte, muito forte *experiência de Deus*. É o que se chama na vida espiritual de *graça infusa extraordinária*, e tem características peculiares.

Mas também deve ter tido aquelas impressões que os biógrafos nos transmitiram em forma de sonhos, de um diálogo entre o Senhor e Francisco. É mais provável que o próprio Francisco, referindo-se mais tarde a algum confidente a experiência daquela noite, a tenha apresentado como um sonho ou como uma alegoria.

Isto é uma constante na história das almas: quando uma alma teve uma vivência espiritual muito forte, sente-se incapaz de comunicar o sentido em palavras e instintivamente usa alegorias.

Que houve naquela noite? Por razões dedutivas, que vou explicar, deve ter acontecido o seguinte: de uma maneira surpreendente, desproporcional, invasora e vivíssima (são as características de uma *experiência infusa*) a Presença Plena apoderou-se gratuitamente de Francisco.

A pessoa sente-se como uma praia inundada por uma maré irremediável. Fica muda, aniquilada, absolutamente embriagada, com uma consciência claríssima de sua identidade, mas, ao mesmo tempo, como se fosse filha da imensidão, transcendendo e ao mesmo tempo possuindo todo o tempo e todo o espaço, e tudo isso *em Deus*, como se experimentasse em grau infinitesimal em que consiste *ser Deus* (participação de Deus?) alguma coisa parecida, em tom menor, ao que vai ser a Vida Eterna. E tudo isso como uma gratuidade absoluta da misericórdia do Senhor, sem sabermos se é no corpo ou fora do corpo...

Um amontoado de palavras juntas poderia dar, em termos de expressividade, uma aproximação do que é uma gratuidade infusa extraordinária: claridade, clarividência, júbilo, paz, força, doçura, liberdade...

* * *

Essa *visitação de Deus* parece uma revolução na pessoa que o recebe. Francisco teve uma vivência incontestável e claríssima (que nem sonhos nem palavras poderiam dar) de que Deus ("conhecido", experimentado) é Todo Bem, Sumo Bem, Pleno Bem, o Único que vale a pena. Em comparação com ele, títulos nobiliárquicos e os senhores da terra não passam de fumaça.

Mas por que acho que teve de suceder uma coisa dessas naquela noite? Porque não há outra maneira de explicar o que aconteceu. Para entendermos, temos que nos colocar no contexto pessoal de Francisco.

Ele ia para a Apúlia como um cruzado para defender o Papa. Despedira-se no dia anterior de seus pais e do povo da cidade. Nessa expedição militar, Francisco estava comprometido com a juventude de Assis, com os rapazes nobres que iam com ele, com o Conde Gentile a quem obedecia, com seus pais que punham nessa expedição seus sonhos de grandeza; comprometera sua honra, sua palavra de cavaleiro, seu nome...

Um sonho apenas não ia desfazer todas essas amarras. Se Francisco decidiu voltar para casa na manhã seguinte, desprezando todos os compromissos, certamente foi porque aconteceu alguma coisa muito grave naquela noite. Em toda sua vida, Francisco demonstrou ser homem de grande tenacidade quando empreendia alguma coisa importante. Um sonho não é suficiente para nos explicar essa aventura noturna. Só uma fortíssima e libertadora experiência de Deus explica essa desinstalação formidável.

* * *

Naquela noite todas as amarras se soltaram. Francisco sentia-se livre. Já não se importava com coisa alguma. Só com o Senhor. O futuro imediato se lhe apresentava repleto de problemas e interrogações. Que explicação dar ao Conde Gentile? Que diriam seus companheiros de armas e de festas até ontem, que daí a pouco iam seguir para o Sul? Falariam de deserção e talvez de loucura. Poderiam dizer o que quisessem. Já não se importava com nada.

Voltaria amanhã mesmo para Assis. Que diria o povo, a juventude? Que diriam o violento Bernardone e Dona Pica, os vizinhos e até os prelados? Como explicar? Não poderia dar explicações; ninguém entenderia nada. Os mais benignos diriam que tinha perdido o juízo. Os mais maliciosos falariam em deserção e em frivolidade. Para um cavaleiro, a palavra mais temível era *covardia*. Iam jogar-lhe na cara essa palavra, a ele que era tão sensível à honra. Ontem isso seria impossível de suportar, mas hoje não importa mais. Sentia-se completamente livre.

Estava deixando o caminho seguro e promissor. Estava passando para uma rota incerta, cheia de enigmas e de inseguranças, e tinha de assumir tudo solitariamente. Mas estava disposto a tudo para seguir seu Senhor, que agora "conhecia" pessoalmente.

No dia seguinte, despediu-se – não sei como – de seus companheiros de expedição e tomou o caminho de volta. Uma experiência infusa, embora dure normalmente poucos minutos, deixa a pessoa vibrando por muito tempo, e às vezes por toda a vida.

Voltando de Espoleto para Assis, Francisco devia ir mergulhado naquela Presença. Quando pôs o pé em Assis, ninguém podia acreditar. Depois começaram a estranhar e mais tarde se espalhou um boato feito de ironia, caçoada e mesmo sarcasmo. Mas Francisco, que estava sob o efeito da *visitação*, não se importou com nada e se apresentou com toda a serenidade.

A liberdade tinha amanhecido.

2. LEVANTA-SE O SOL

Era como se o jovem Francisco tivesse voltado de uma viagem longa, muito longa. Tinha visto que o mundo estava cheio de piedade e que as montanhas destilavam misericórdia, com a paz cobrindo o mundo inteiro. Tudo era bonito. O mundo não podia ser mais belo do que era. Viver era um privilégio. Ao longo da viagem, tinha aprendido tudo isso e mais alguma coisa. Quem pode abater a altivez das montanhas ou deter a marcha das estrelas? A fonte da paz consiste em deixar as coisas serem. Respeitar as coisas pequenas. As grandes são respeitadas por si mesmas.

Nos três anos que se seguiram a esse momento, o filho de Dona Pica foi assumindo insensivelmente uma nova fisionomia. A Presença revestia-o, pouco a pouco, com a madurez de um trigal dourado. A transformação foi lenta como a chegada da primavera. Certa manhã, percebemos com surpresa que as amendoeiras floresceram e que as árvores estão impacientes por se arrebentarem em flores. Passam os dias e ninguém percebe nenhuma diferença. Subitamente abrimos a janela e já vemos o mundo florido. Tudo foi tão lento, tão silencioso, tão surpreendente...

Foi isso que aconteceu com Francisco. Durante três anos, sem que ninguém pudesse dizer como, ele foi se cobrindo com a veste da paz, nascida sem dúvida das profundidades da liberdade interior. Só de olhar para ele, as pessoas também se sentiam vestidas de paz.

Nasceu nele algo como ternura ou piedade para com tudo que fosse insignificante ou pequenino. Já não seria capaz de matar uma mosca, de apagar uma vela, de pisar uma pedra, de prender um passarinho numa gaiola. Brotou nele um rio de compaixão para com os miseráveis e os leprosos. E uma serenidade, típica das montanhas eternas, foi velando progressivamente o seu rosto. Foi uma metamorfose de uns três anos.

ALIMENTAR-TE-EI COM MEL

Poucos dias depois de sua volta de Espoleto, a maledicência popular foi parando devagarzinho, como o pó que pousa sobre os móveis do quarto. Para Francisco nada estava claro, mas tudo estava decidido. Não precisava precipitar-se. O próprio Senhor, em sua piedade infinita, haveria de abrir as portas e mostrar os caminhos.

Retomou sua vida normal. Voltou a cuidar dos negócios de seu pai. Respondeu aos convites dos rapazes, que o proclamaram "rei das festas". As semanas foram passando. Tomava parte na vida da juventude, dirigia os cantos, competia com todos. Mas não podia deixar de sentir-se cada vez mais como um estranho no meio deles. Seu coração estava em outro lugar.

É impossível. O coração que foi "visitado" por Deus passa a achar tudo sem substância. Parece-lhe que tudo é tempo perdido e tem uma vontade louca de buscar tempo e lugar para estar a sós com Deus.

Essa é a pedagogia do Senhor com os profetas. Primeiro ele os arrasta irresistivelmente para a solidão. Aí, alimenta-os com seu mel, sacia-os com sua doçura, queima-os com seu fogo, bate-lhes com seu cajado e os amolda numa forja de aço. Depois que os profetas assumem a figura de Deus e ficam completamente imunizados a qualquer vírus, ele os devolve para o meio do povo para sempre.

* * *

Francisco já não se sentia bem no meio daquelas festas e resolveu acabar com tudo. Preparou um jantar festivo que, para ele, era um banquete de despedida. Por isso pôs a mesa com todo o luxo, serviu comidas e bebidas. No fim, animados pelo vinho, os rapazes saíram pela cidade silenciosa, gritando e cantando, acompanhados por alaúdes e clavicórdios. Como sempre, Francisco levava o bastão de capitão da festa, mas, por dentro, sentia-se terrivelmente mal. Nesse contexto de festa e orgia, seu Deus desconcertante vinha-lhe com outra inesperada "visitação". No curto espaço de um mês, talvez menos, o Senhor *visitou* Francisco pela segunda vez com uma *graça infusa extraordinária*.

Um coração que foi *visitado* vive muitos dias sob o efeito da *visita*. É provável que, no meio daquele frenesi dionisíaco, o pensamento de Francisco estivesse, em grau maior, ou menor, com seu Senhor.

Devagarzinho e sem chamar a atenção, Francisco foi ficando para trás para "estar" com seu Senhor. Numa daquelas românticas vielas de sua cidade, a Presença caiu de novo sobre Francisco com todo o peso infinito de sua doçura. E lá ficou plantado, o capitão da festa, alheio a tudo.

Funcionando em *alta voltagem*, todas as suas energias de vida e de atenção, além de estremecidas e potencializadas ao máximo, concentraram-se e paralisaram-se em seu Senhor. Em outras palavras, a Presença tomou posse instantânea e total de toda a esfera pessoal de Francisco, integrando e assumindo todas as suas partes em uma fusão. Não há no mundo nenhuma experiência humana que chegue, nem de longe, à embriaguez e plenitude de uma dessas "visitações".

* * *

Foi coisa de segundos, ou dois minutos, talvez. Logo os companheiros perceberam que seu líder tinha ficado para trás. Voltaram e o encontraram paralisado. Naturalmente começaram a divertir-se às suas custas e o sacudiram para tirá-lo daquele arroubo. É possível que Francisco nunca tenha se sentido tão mal como nesse momento. Aquele despertar foi pior que um curto-circuito. Nesse momento ele gostaria de estar no cume descalvado do monte Subásio.

Os moços começaram a provocá-lo: "Que é isso, Francisco? Pensando na namorada?". Ele tinha de responder alguma coisa para disfarçar, e disse no mesmo tom: "Naturalmente, e garanto que se trata da noiva mais rica, mais nobre e mais bonita que vocês possam ter visto".

Alguns cronistas dizem que se referia à Senhora Pobreza. É uma suposição gratuita. Nesse momento, Francisco não sabia nada da tal Senhora Pobreza. Ele só quis sair-se bem de uma situação incômoda respondendo qualquer coisa, na mesma linha e tom das perguntas.

Mas poderia haver outra explicação. Desde esse tempo, Francisco começou a se expressar em alegorias e metáforas, e normalmente usava a figura do tesouro escondido. Se ele quis dizer alguma coisa de concreto com aquela resposta, foi isto: não existe no mundo tesouro ou esposa que possa dar tanta felicidade como o Senhor, que eu "encontrei".

Os alegres camaradas festejaram aquela resposta e, rindo, continuaram seu passeio noturno. Mas alguma coisa, flutuando no ar, mostrava que estava aberta uma distância invencível entre eles e o nobre amigo, distância que bem depressa haveria de separá-los definitivamente.

AVE SOLITÁRIA

Desde esse momento, Francisco manifesta uma inclinação impetuosa que há de acompanhá-lo até a morte: a sede da solidão. Não poderíamos imaginá-lo. Ninguém poderia pensar que aquele jovem estouvado, amigo de festas e tão extrovertido haveria de transformar-se em um anacoreta. Entre os contrastes de sua personalidade e de sua história não menos contrastada, encontramos também este: foi alternadamente um anacoreta e um peregrino.

As visitações extraordinárias que tinha recebido despertaram em Francisco um desejo ardente de estar a sós com seu Senhor. Seus olhos eram poços de saudades e sua alma era um abismo insaciável chamado *sede de Deus*. Quando a alma humana foi profundamente seduzida por

Deus, adquire asas do tamanho do mundo e, para estar com seu Senhor, é capaz de transpor montanhas e mares, de percorrer cidades e rios. Não teme o ridículo: não há sombras que a assustem nem fronteiras que a detenham.

Contam os biógrafos que Francisco começou a frequentar diariamente os lugares ermos ao redor de Assis, para rezar. Transpunha silenciosamente os poucos metros que separavam sua casa da Porta Moiano. Subia pela encosta do Subásio por entre freixos, azinheiras, carvalhos e matagais.

Quando encontrava um recanto seguro, ao abrigo dos olhares humanos, sentava-se sobre uma pedra; às vezes se ajoelhava e derramava todo seu coração na Presença. Às vezes olhava para o Infinito por cima dos Apeninos centrais, lá onde seu Visitador ocupava os espaços. Outras vezes fechava os olhos e sentia que seu Amigo lhe enchia as artérias e as entranhas.

Voltava para casa. Trabalhava na loja. Saía pouco. Quando dispunha de menos tempo, caminhava pelos atalhos entre os olivais e os vinhedos e chegava depressa ao bosque do vale central, perto de Santa Maria dos Anjos. Lá ficava em pé, encostado em um abeto secular, ou sentado ao pé de uma giesta, ou prostrado por terra, conforme o caso.

Alguns dias desejava que o tempo parasse como um velho relógio cansado e ter o coração batendo em uníssono com o mundo; quisera ter mil braços para adorar e acolher o mistério infinito de seu Amigo Visitante.

Como era principiante nos caminhos da oração, desmanchava-se em lágrimas com facilidade, segundo os biógrafos, e se expressava com ardor.

Voltava para casa banhado em profunda paz, subindo pelas ladeiras da cidade. Um bom observador poderia distinguir em seus olhos um resplendor de eternidade. Mas nem seus amigos nem seus familiares – com exceção, talvez, de Dona Pica – eram capazes de decifrar o que se passava em seu interior. Na pequena cidadezinha, todo mundo comentava a reviravolta estranha que estava acontecendo na vida do rapaz.

UM CONFIDENTE ANÔNIMO

De tanto vagar pelos bosques e pelas colinas do Subásio, Francisco acabou descobrindo um lugar ideal para seus retiros diários. Tratava-se de uma cavidade, algo como uma gruta escavada em um terreno rochoso que, assim se pensa, pode ter sido alguma sepultura etrusca.

Nesse tempo aconteceu também um fenômeno curioso que constitui um dos numerosos contrastes da personalidade de Francisco. Como era de natureza comunicativa, sentiu uma necessidade enorme de desabafar, comunicando a alguém as experiências inéditas e fortes que sua alma estava vivendo. Escolheu um rapaz de sua idade, com quem devia ter grande intimidade ou a quem, pelo menos, apreciava muito. Mas foi extremamente cauteloso mesmo com esse amigo: falava-lhe em enigmas e alegorias, dizendo que tinha encontrado um tesouro que num instante faria rico e poderoso quem o possuísse. Apesar de sentir tanta necessidade de comunicação, Francisco se manteve reservado como de costume quanto à manifestação de experiências espirituais.

O afortunado confidente perdeu-se no anonimato. É um personagem que sempre intrigou os biógrafos posteriores e ninguém conseguiu saber nada sobre seu nome e história posterior, apesar de todas as investigações feitas para descobrir sua identidade e de todas as suposições que se levantaram.

* * *

Francisco e seu confidente iam lá para aquela gruta. Ele pedia amavelmente ao companheiro que o esperasse durante algumas horas ali por perto enquanto ele rezava. O amigo privilegiado concordava cortesmente (e talvez também curiosamente). Francisco adentrava na cova e derramava sua alma.

Os biógrafos contam que se expressava com gemidos fortes, com suspiros e lágrimas, lá dentro da gruta. É claro que essa informação só pôde chegar aos biógrafos por meio do misterioso confidente. Seria alguém que entrou mais tarde na Fraternidade? Teria sido um dos companheiros de São Francisco?

Seja como for, o que chama a atenção é o drama que se desenrolou no interior de Francisco nesse tempo. Por que a angústia e as lágrimas? Compunção pela lembrança de sua vida frívola? Teria pavor só de pensar que poderia voltar à anterior dissipação? Seria a contradição de sentir desejos veementes de santidade e a impossibilidade de realizá-los?

Depois de horas, Francisco saía da gruta. O amigo paciente lá estava esperando. Algumas vezes, Francisco aparecia desfigurado e tenso, outras vezes transparecendo paz e banhado de alegria.

O confidente esperava grandes revelações. Francisco não ia adiante de suas já batidas metáforas de tesouros, reinos, esmeraldas... Apesar de serem tão amigos, o confidente deve ter se cansado de tantos enigmas e mistérios, porque logo desapareceu do cenário.

Algumas semanas depois "era tanta sua alegria", diz Celano, "que todos perceberam a mudança". Que explicações dar aos amigos, até então companheiros de pândega? Não adiantava dar explicações objetivas. Ou não as entenderiam ou as achariam desproporcionais.

Mas tinha de dizer-lhes alguma coisa e disse que tinha voltado para sua terra porque preferia realizar ali suas façanhas, e não em Apúlia. E voltava às suas fantasias de tesouros escondidos e esposas incomparáveis. Quanto à reação dos amigos, os cronistas não dizem nada.

ENTRANHAS DE MISERICÓRDIA

De acordo com os narradores, começou então a operar-se uma transfiguração que revestiu o filho de Dona Pica de serenidade e muita alegria. Ao mesmo tempo, as consolações de Deus despertaram nele uma sensibilidade fora do comum para com todos os sofredores. E até mais:

nasceu-lhe uma ternura, ou simpatia, ou atração (tudo junto) por tudo que fosse pobre, insignificante ou inválido.

Numa palavra, com poucos meses de assíduo relacionamento pessoal, o Senhor arrancou Francisco de si mesmo e o lançou até o fim de seus dias no mundo dos esquecidos. Primeiro teve predileção pelos mendigos. Mais ou menos seis meses depois, sem abandonar os primeiros, voltaria suas preferências para os leprosos.

* * *

Impressiona-me fortemente a frequência e a tranquilidade com que se afirma hoje que Francisco chegou a Deus mediante o homem, através dos pobres. Essas afirmações estão na moda, mas não há nada mais contrário ao processo histórico de sua vida e a suas próprias palavras.

Se analisarmos com cuidado os textos de todos os biógrafos contemporâneos, e os confrontarmos, veremos com clareza que a sensibilidade extraordinária de Francisco para com os pobres proveio do cultivo de um relacionamento pessoal com o Senhor, embora em sua natureza houvesse anteriormente uma inclinação inata para as causas nobres.

Nos últimos dias de sua vida, quando agradecido recordou em seu Testamento os anos da conversão, haveria de dizer sinteticamente: "O Senhor me levou para o meio dos leprosos e com eles usei de misericórdia". Portanto, encontrou primeiro o Senhor, e foi o Senhor quem o levou pela mão aos leprosos, e não o contrário.

O ser humano é conduzido em tudo pelo código do prazer, de uma natureza ou de outra. Ninguém vai por gosto para o meio dos mendigos e leprosos, nem por ideias, nem por ideais, e muito menos o filho de Dona Pica que, como veremos, sentia uma repugnância especial por eles.

Para frequentar e sentir coisas desagradáveis, o ser humano precisa não somente de motivações elevadas, mas também estar enamorado por alguém, o único que é capaz de mudar o desagradável em agradável. Por inclinação ou por gosto, uma pessoa ama só a si mesma e só procura o que dá prazer. Isso é o normal.

Diz a Crônica dos Três Companheiros:

> Embora já fosse antes dadivoso para com os pobres, propôs-se a partir daí a não negar esmola a nenhum pobre que a rogasse por amor de Deus. Queria dá-la com a maior liberdade. Por isso, sempre que algum pobre lhe pedia esmola quando estava fora de casa, ajudava-o com dinheiro, se podia. Se não tivesse dinheiro, dava-lhe o gorro ou o cinto, para que não fosse embora de mãos vazias.

O filho de Dona Pica sempre tinha sido desprendido e generoso. Sabiam-no muito bem aqueles moços que tantas vezes se haviam banqueteado à custa do bolso bem recheado do filho do comerciante de tecidos.

Mas agora era diferente. Não se sabia como, tinham surgido em Francisco todas as entranhas da misericórdia. Depositava em cada esmola toda a sua ternura. Quando dava uma moeda, teria dado com gosto o coração inteiro e mais um beijo.

Era Jesus. O próprio Jesus tinha voltado ao mundo e se vestia como os mendigos. Encontrava Jesus no pórtico de São Rufino, com a mão estendida embaixo de seu arco redondo. Lá vinha Jesus pelo caminho solitário, arrastando os pés. Era Jesus que dormia debaixo da ponte do rio, tiritando de frio. Dos abismos misteriosos de cada mendigo emergia Jesus estendendo a mão e pedindo um pouco de carinho. Os mendigos tinham o estômago vazio, mas o mais grave era que o coração estava com frio e procurava calor.

Por isso o esmoler de Assis aproximava-se de cada um, aprendia seus nomes, chamava-os pelo nome, pedia que lhe contassem alguma coisa da vida deles, perguntava por suas esperanças, interessava-se pela saúde de todos.

Os pobres coitados, habituados à indiferença dos grandes e dos pequenos, punham as mãos na cabeça e não podiam compreender como o filho de um comerciante importante podia interessar-se pessoalmente pela existência arrastada de cada um deles. Sentiam-no próximo. Percebiam em seu olhar e em seus gestos o palpitar de uma ternura secreta, alguma coisa que as palavras não podiam explicar, como se um anjo tivesse baixado trazendo o coração de Deus.

* * *

Saía cantando por entre os ciprestes e castanheiros até o bosque ou a gruta. Encontrava-se com o primeiro mendigo e lhe entregava o dinheiro que tivesse no bolso.

Continuava o caminho. Mais adiante encontrava um segundo vagabundo e lhe dava o chapéu ou o cinto.

Passava muitas horas na caverna escura, iluminada pelo resplendor de seu fogo interior. Falava com Deus como um amigo fala com outro. Saía daquele buraco aceso como um tição, radiante de alegria, e se punha de volta para casa.

Se durante o regresso se encontrasse com um terceiro pedinte, podia acontecer uma coisa insólita. Como tinha prometido a si mesmo não deixar de dar alguma coisa para quem o pedisse por amor de Deus, mas já não tendo mais nada, Francisco tirava a camisa e, com infinita delicadeza, suplicava ao mendigo que a aceitasse por amor de Deus.

Não foi uma única vez que voltou para casa semidespido. Dona Pica fingia que não percebia. No fundo, gostava daquelas santas excentricidades, porque parecia que estavam sendo cumpridas suas intuições sobre os altos e misteriosos destinos daquele seu filho.

DE NOVO, A MÃE

Por sorte, enquanto se produzia essa metamorfose em Francisco, o arrogante e frio mercador que era seu pai andava em seus negócios pela Itália e pela França, entregue a suas transações de compra e venda de tecidos importados da Pérsia ou de Damasco.

Aproveitando essa ausência e a cumplicidade tácita de sua mãe, Francisco pensava consigo mesmo: "Em outros tempos eu era pródigo e até faustoso com meus amigos, porque queria ser o líder da juventude de Assis. Agora que tenho outros amigos, por que não vou proceder da mesma maneira?".

Por isso, quando Dona Pica certa vez preparou a mesa para os dois, sem fazer comentários nem dar explicações Francisco encheu copiosamente a mesa grande com toda espécie de manjares, como se fosse receber muitos convidados.

No começo Dona Pica se surpreendeu com tanta comida. O filho respondeu com simplicidade que aquela superabundância estava reservada para seus novos e numerosos amigos, os pobres.

A mãe ficou em silêncio. Não o repreendeu nem o aprovou. Calou-se. Mas Francisco sabia muito bem que esse calar-se era um consentimento. Continuou durante muitas semanas com o mesmo costume e a mesma prodigalidade. A mãe nunca mais perguntou nada. Há coisas que se dizem sem medir as palavras. Naquele silêncio da mãe ocultava-se uma complacência secreta e tácita.

Havia uma afinidade profunda entre mãe e filho e circulava entre eles uma corrente cálida de simpatia e de comunicação. Há filhos que não parecem fruto de suas mães. Mas às vezes são tão parecidos que não há entre eles nenhuma outra separação senão uma sutil membrana de cristal: reflexos, impulsos, reações, ideais, são idênticos em tudo.

Não há dúvida de que Dona Pica estava satisfeita com o rumo que Francisco estava seguindo. Quem sabe se essa satisfação não era devida ao fato de o filho estar realizando os altos ideais sonhados – sonhos impossíveis – pela mãe em sua juventude?

Se a mãe de Clara entrou no mosteiro fundado por sua filha, quem sabe se esta outra mãe, se fosse favorecida pela coincidência cronológica, também não teria seguido fervorosamente os passos de seu filho?

De qualquer maneira, ela transmitiu ao filho tudo que havia de grande em seu coração de mulher, não só pelas vias biológicas, mas também por palavras e por atitudes de vida. Se não empurrou o filho expressamente pelos caminhos de Deus, pelo menos o animou e estimulou. A mãe de Francisco também é mãe do franciscanismo.

NOS MARES DA GRATUIDADE

Mas não era suficiente dar esmola aos necessitados nem ser carinhoso com os mendigos, nem sequer projetar a imagem de Jesus naqueles farrapos humanos. A prova mais decisiva do amor, já se disse, é dar a vida pelo amigo. Mas é possível que ainda se possa ir mais alto: passar pela própria experiência existencial do amigo.

Foi o que fez Jesus Cristo com a encarnação. E era o que queria fazer Francisco: mergulhar nos abismos da mendicidade, experimentando durante um dia o papel de mendigo e o mistério da gratuidade.

Nesse tempo, não se sabe por que motivo, Francisco foi a Roma prostrar-se aos pés dos Santos Apóstolos. Entrou na basílica de São Pedro. Rezou durante um bom tempo. Deixou uma esmola generosa. Quando saiu da nave central, repleto de fervor, deu com uma multidão de mendigos no átrio, encostados como de costume na base das enormes colunas, suplicando uma esmola de mãos estendidas. Então aconteceu uma coisa sumamente insólita.

Francisco pousou seus olhos de misericórdia no mais esfarrapado deles. Chamou-o de lado. Levou-o a um canto do espaçoso átrio. E em tom de súplica propôs que trocassem de roupa, porque o rapaz elegante queria experimentar o papel de mendigo durante algumas horas. Efetivamente – é difícil imaginar a cena – trocaram de roupas aí mesmo. Francisco, coberto de farrapos, misturou-se com os mendigos, sentou-se nas escadarias do pórtico e começou a pedir esmolas aos peregrinos. Na hora de comer, participou da mesa comum dos mendigos, comendo com eles numa tigela comum e com bom apetite.

Será que ele teve de repente a ideia de fazer essa experiência porque estava com muito fervor? Seria alguma prova de amor prometida pelo neoconverso ao seu Senhor? Seria uma vivência que queria experimentar havia muito tempo, mas não tinha ousado levar a cabo em Assis para evitar um desgosto a seus pais ou porque não se sentia bastante forte para enfrentar o ridículo?

Não importa. A aventura era extremamente disparatada, e, se não encontramos motivações profundas que transfigurem as coisas em sua raiz, o episódio estranho nos levará a pensar que o aventureiro estava a ponto de perder o equilíbrio. A imundície dos farrapos, o mau cheiro do ambiente, os restos da gamela comum (ele, que estava acostumado aos pratos especiais de Dona Pica!), só podiam dar náuseas e ânsias de vômito em uma pessoa normalmente sensível. E Francisco o era em alto grau.

Se, pelo contrário, tudo lhe causa alegria, como dizem os biógrafos, e a comida lhe dá grande satisfação, é claro que lá em seu interior estava funcionando nesse momento, em alta voltagem, aquele motor poderoso que transforma o repugnante em agradável: Francisco estava pensando vivamente em seu Senhor Jesus. Mais do que isso: estava "substituindo" e vivendo o próprio Jesus.

O filho de Dona Pica sentia-se identificado com o Filho da Senhora Maria. O Pobre de Assis achava que estava fazendo as vezes do Pobre de Nazaré, já que os mendigos eram uma fotografia de Jesus. Assim podemos compreender como os desejos e impulsos de Francisco – que só podiam provocar repugnância – tinham sido assumidos pela presença de Jesus e transformados em doçura.

Qual foi o valor desse episódio para Francisco? Uma vitória sobre si mesmo? Francisco estaria querendo disparar contra as torres altas e gloriosas de seus sonhos de grandeza? Queria vislumbrar os horizontes de liberdade que se abrem na planície da pobreza? Seja como for, com essa aventura Francisco deu uma descida vertical nos mares profundos da gratuidade, em que haverá de viver gostosamente submerso grande parte de sua vida: tudo é Graça.

Como nesse dia, transformado em mendigo, está recebendo de graça a esmola e a comida, vai passar a vida inteira recebendo tudo das mãos do Grande Esmoler.

Também foi a primeira experiência, de grande calado, na desapropriação total de si mesmo para mergulhar nas raízes da pobreza evangélica: desapropriou-se de suas roupas, de sua figura de burguês, despojou-se de sua condição de filho mimado de uma família rica. Numa palavra, voltou a viver a mesma história que tinha sido vivida treze séculos antes por Jesus: sendo rico, fez-se pobre por nós.

Um episódio como esse pode fazer crescer de um salto um predestinado, elevando-o muito acima de si mesmo na maturidade.

O FEL SE TRANSFORMA EM MEL

Quando Francisco voltou para casa tinha outra estatura espiritual. A sede de Deus preenchia todos os seus vazios e quando tinha qualquer momento de tempo livre, precipitava-se por ladeiras ou vales para procurar suas desejadas solidões.

Subia pelas pedras do Subásio até uma altura adequada e aí passava o dia com o Senhor. Sua comunicação com Deus estava ficando cada vez mais serena e profunda. Já não derramava lágrimas. Falava cada vez menos e o silêncio ia substituindo a voz.

De acordo com os biógrafos, parece que começavam a despontar em Francisco duas asas poderosas como duas ramificações: de um lado o Crucificado foi abrindo paulatinamente em seu coração profundas feridas de compaixão e, por outro, emergia em sua intimidade um estado geral de suspense e de assombro pelo Grande Senhor Deus, vivo e verdadeiro. Sentia-se cada dia mais livre.

Já não aparece mais aquele confidente simpático, talvez cansado das fantasias nunca realizadas do sonhador empedernido. Significativamente, diz-nos a Crônica dos Três Companheiros que agora Francisco se derramava, consultava e se consolava "só com Deus". Algumas vezes também o fazia com o Bispo Guido.

Sentimos Francisco como um meteoro que vai se afastando cada vez mais e se perdendo no fundo sideral da solidão completa. Encontramo-lo junto às cerejeiras em flor, acompanhado pelo canto dos grilos e das cigarras, enquanto as papoulas vermelhas levantam a cabeça acima do mar verde dos trigais. Francisco abre acolhedoramente sua alma para a Graça. Vai entrando, pouco a pouco, em um estado de profunda submissão e docilidade.

* * *

Havia na cidade, nesse tempo, uma velhinha deformada, com uma corcunda tão grande que parecia um monstro. Era uma figura horrível que causava horror de longe.

Encontrou-se muitas vezes com o nosso jovem, em suas idas e vindas da solidão. O filho de Dona Pica era de uma sensibilidade extrema. Enquanto as coisas belas faziam-no entrar imediatamente em vibrante comunhão, os seres disformes enchiam-no de náuseas que não podia evitar nem com os pensamentos mais elevados. É interessante ressaltar que, nessa altura de sua vida, em que tratava os esfarrapados com tanto carinho, não conseguia olhar nem de longe para a velhinha, porque lhe dava ascos e ânsias. E o mesmo acontecia com os leprosos.

O fato é que Francisco foi sendo apoderado por uma sugestão obsessiva de que, se continuasse a fazer jejuns e penitências, acabaria passando de um jovem elegante a uma figura grotesca como aquela velha corcunda. E acabou completamente dominado pela obsessão.

Tentação diabólica, dizem os biógrafos. Não precisamos ir tão longe. Podia tratar-se de uma ideia fixa ou de um debilitamento cerebral, efeito longínquo dos jejuns. Também poderia ser uma prova expressamente promovida pelo Senhor. De qualquer maneira, não interessa descobrir aqui a natureza do fenômeno, mas o seu desenlace.

Um dia, quando Francisco estava na gruta em comunicação serena com seu Senhor, sentiu, inequívoca e vivamente, uma inspiração interior (os biógrafos dizem que escutou uma voz), dizendo assim:

> Querido Francisco, se queres descobrir minha vontade, tens de desprezar tudo o que amaste até agora e amar tudo o que desprezaste. Quando começares a fazer isso, verás como as coisas amargas vão se tornar doces como o mel, e as que até agora te agradaram vão parecer insípidas e desagradáveis.

E a obsessão desapareceu.

TRANSMUTAÇÃO MISTERIOSA

Dentro da melodia que nos acompanha desde as páginas anteriores, essa explicação que foi feita a Francisco (na realidade, é uma declaração), colocada entre o caso da velhinha deformada e a aparição dos leprosos no cenário de Francisco, é um relâmpago que ilumina tantos fatos estranhos do Pobre de Assis e decifra o mistério profundo dessa testemunha excepcional de Jesus.

Já vimos, e ainda vamos ver, como o Pequenino de Assis enfrenta a cada passo situações e realidades desagradáveis, mas as assume e – permitam-me a expressão – as "engole". Em seu interior elas se transformam em um rio de mel.

O filho mimado de Dona Pica nunca se interessou pelos esfarrapados porque lhe agradassem, nem se aproximou dos leprosos levado por altos ideais, nem contrariou seus próprios gostos por alguma estranha satisfação. Moribundo, e voltando os olhos para o passado, Francisco começará solenemente seu Testamento lembrando que, em sua juventude, os leprosos lhe causavam profunda repugnância, mas o Senhor o tomou pela mão e o levou para o meio deles. Então, tratou-os com misericórdia e carinho.

Quando se despediu deles, recorda com emoção em seu leito de morte, o que antes lhe causara tão viva repugnância havia se transformado numa doçura imensa não só para a alma, mas também *para o corpo*.

É uma expressão misteriosa. Como explicar que seres repulsivos e hediondos possam causar uma sensação de prazer não só em nível espiritual, mas também em nível corporal? O fato faz pressupor que Francisco estava dotado, por um lado, de um sistema nervoso de alta radiação, e que, por outro, tinha uma imaginação sumamente viva e sugestionável.

Esses antecedentes são interessantes para conhecer sua personalidade e para explicar muitos episódios presentes e futuros. Mas só isso não é suficiente para explicar como o desagradável se transformou em agradável.

* * *

O que explica essa mudança misteriosa, repetimos, é a presença de Jesus, vivamente sentida em seu interior. Tudo faz pressupor que Francisco, com aquela natureza tão rica, sentia a tal ponto a realidade divina, experimentando tão vivamente a pessoa de Jesus (projetando-a na pessoa do leproso), que a força dessa vivência fazia esquecer ou eclipsar a realidade repulsiva que estava em sua frente, restando apenas a presença divina, sobreposta à realidade humana tangível.

Em outras palavras: na ampla esfera da personalidade, a atenção de Francisco (mente, impulsos, motivos, energias sensíveis) estava completamente ocupada pela pessoa de Jesus. E essa presença lhe causava uma alegria tão vibrante e um gozo tão completo que a sensação de bem-estar transbordava, ocupando também a zona somática.

Como se poderia explicar? Jesus ocupava o primeiro lugar da consciência, como motivo de conduta, e a sensibilidade espiritual tornava opaca a sensibilidade sensorial, e era por isso que Francisco não sentia o mau cheiro dos tecidos comidos pela lepra, mas apenas a doçura emanada de Jesus, aquele por quem ele se metia entre os leprosos e a quem abraçava em sua pessoa.

A história com os leprosos, a alegria plena e a pena total na crucifixão do Alverne, o fato de colocar cinza na comida e de vibrar com a magia de mãe terra, provar alegria completa na pobreza completa e outras mil coisas aparentemente contraditórias que vão aparecer nestas páginas, só podem ser entendidas graças a isto: a passagem ressuscitadora e primaveril, aglutinante e firmadora do Senhor Deus vivo e verdadeiro através de um homem sensível e ricamente dotado, que correspondeu ao chamado com todo o seu ser.

A PROVA DE FOGO

Já dissemos que seus primeiros amigos foram os mendigos. Depois apareceriam outros conquistando as preferências de seu coração: os leprosos.

Sempre tinha sentido um horror instintivo por eles. Quando ia à feira de Foligno por causa dos negócios paternos e divisava de longe a sombra encurvada de um leproso, mudava de caminho ou dava uma volta para evitar sua proximidade. Mas nesse caso, mais de uma vez entregou uma esmola a qualquer passante para que a desse ao *doente do bom Deus*.

Já foram chamados de *raça maldita*. Mas também foram chamados de *doentes do bom Deus* ou simplesmente de *irmãos cristãos*, sendo esta a denominação mais comum. As almas de fé contemplavam nos leprosos a figura dolorosa e viva do Crucificado que se fez leproso para nos limpar da lepra do pecado.

As lendas populares contavam casos de ternura em que Jesus apareceu a São Fulano ou à Rainha Sicrana em forma de leproso. Durante longos períodos da Idade Média, os leprosos chegaram a ser os personagens mais desprezados e venerados da sociedade. Todos eles tinham de vestir um uniforme cinzento, usando um distintivo para serem reconhecidos de longe. Estavam proibidos de beber nas fontes, nadar nos rios, chegar perto das praças ou dos mercados. Numa palavra, eram os homens da desolação.

Mas, à sua maneira, aquela sociedade medieval os amava. Não existia cidade ou vila que não tivesse construído albergues ou lazaretos para os *irmãos cristãos*.

É para chamar a atenção que, nessas alturas de sua vida, quando respirava profundamente o perfume de Deus e tinha adquirido tão grande estatura espiritual, Francisco ainda sentisse uma repugnância tão invencível para com os *doentes do bom Deus*.

Digamos de passagem que é um parâmetro para medir a sensibilidade e também a impressionabilidade de seu temperamento. Mas esse dado também é importante para interpretar muitos acontecimentos de sua vida e para nos dar uma ideia da intensidade com que Francisco os vivia. O biógrafo diz que, nesse tempo, tinha uma impressão tão viva só de pensar em um leproso que "quando via de longe as choupanas dos leprosos, a umas duas milhas de distância, já tapava o nariz com as mãos".

Mas não podia continuar assim. Tinha saltado um por um todos os obstáculos e valetas. Faltava a prova de fogo. Aquelas sombras tristes não seriam as silhuetas dolorosas de seu Amado Crucificado? Não seria uma blasfêmia o asco que tinha para com os *irmãos cristãos*? Não era verdade que Jesus lhe tinha proporcionado as alegrias mais profundas de sua vida? Na melhor das hipóteses, sua covardia era uma ingratidão.

Um dia, quando estava submerso no mar profundo da consolação, Francisco colocou nas mãos do Senhor a espada flamejante de um juramento: tomaria em seus braços, como uma criança, o primeiro leproso que topasse no caminho. Para ele, era a mesma coisa que jogar-se nu em uma fogueira. Mas sua palavra já estava em pé como uma lança cravada na terra. Agora era questão de honra.

* * *

Certa manhã, cavalgando pelo caminho que serpeia pelas faldas do Subásio na direção de Foligno, topou de repente a poucos metros com a sombra maldita de um leproso que lhe estendia o braço carcomido.

O sangue lhe subiu, como se fosse uma fera pronta para a luta, e todos os seus instintos de repulsa levantaram uma barreira. Era demais! O primeiro impulso foi dar de esporas e desaparecer a galope. Mas lembrou-se das palavras: "Francisco, o repugnante vai se tornar doçura". Quanto mais depressa fizesse o que tinha de fazer, melhor.

Saltou do cavalo como um sonâmbulo e, quase sem perceber, viu-se pela primeira vez face a face com um leproso. Precipitou-se a pôr-lhe a esmola na mão. Tomou-o nos braços, meio indeciso. Aproximou os lábios da face descomposta do irmão cristão. Beijou-o com força, uma vez, duas vezes. Depois deu beijos rápidos e sonoros em suas mãos e o deixou com um "Deus esteja contigo". Montou outra vez a cavalo e se afastou velozmente. A prova de fogo tinha sido superada, bendito seja o Senhor!

Alguns metros adiante... Que é isso? Nunca tinha experimentado sensação semelhante. Das profundidades da terra e do mar, das raízes das montanhas e do sangue começou a subir em marés sucessivas o oceano da doçura. Era o perfume das rosas mais fragrantes, a quintessência de todos os favos do mundo. Suas veias e artérias eram rios de mel. Seu estômago e cérebro, repuxos de ternura. Como era o nome daquilo? Embriaguês? Êxtase? Leito de rosas? Céu sem nuvens? Paraíso? Beatitude?

Referindo-se a esse momento em seu leito de agonia, Francisco dirá que provou "a maior doçura da alma e do corpo". Não há dúvida de que foi um dos dias mais felizes de sua vida e um acontecimento tão marcante que ele o considera, em Testamento, como o ponto alto de sua conversão.

* * *

Desde esse momento, os *irmãos cristãos* vão ser os favoritos de sua alma, e até a morte vai ser para eles o anjo de misericórdia, estabelecendo uma inexplicável corrente de carinho não só entre Francisco e os leprosos, mas também entre eles e a Fraternidade que fundou.

De volta a Assis, sua primeira preocupação foi visitar os novos amigos. Descendo pela Porta Moiano em linha reta para o vale, a uma meia hora de caminhada, havia um famoso leprosário chamado São Salvador dos Muros. Foi para lá com os bolsos cheios de moedas, para confirmar-se na misericórdia. Imagine-se o espanto dos pobres doentes quando viram entrar o filho famoso do arrogante mercador.

* * *

Uma pessoa nunca tem satisfação maior do que quando consegue saltar o maior obstáculo da vida, e isso costuma acarretar uma maturidade semelhante à da mãe que deu à luz.

Francisco continuava a ser um desconhecido para si mesmo. Alguns dias antes ele mesmo não teria acreditado que seria capaz de fazer o que estava fazendo agora. Seus olhos estavam cheios de alguma coisa como benignidade, proximidade, piedade e misericórdia – tudo junto. Olhou os *irmãos cristãos* nos olhos, um por um. Eles se sentiram acolhidos e amados.

Depois colocou uma moeda na mão de cada um, beijando antes demoradamente a mão que recebia. Os doentes quase não podiam acreditar no que estavam vendo. O filho predileto de Dona Pica parecia-lhe um anjo do céu, portador da misericórdia eterna do Senhor. Foi um dia inesquecível no leprosário de São Salvador.

Então o Irmão de Assis começou a visitá-los com frequência. Às vezes, em vez de ir à gruta, vinha direto para o leprosário e já não se contentava com distribuir moedas. Enchia uma bacia de água morna, inclinava-se diante deles e, lentamente, como quem toca pés sagrados, lavava-os com delicadeza maternal, fazia-lhes um cuidadoso curativo e lhes atava as feridas.

Logo aprendeu a chamar cada um pelo próprio nome. Também adquiriu conhecimento de enfermagem e começou a trazer remédios da farmácia da cidade. Pouco tempo depois, não havia no leprosário nenhum enfermeiro mais competente do que o Irmão Francisco.

RESTAURADOR DE PAREDES ARRUINADAS

Na noite de Espoleto, tinha posto um cheque em branco nas mãos de seu Senhor: "Que quereis que eu faça?". Mas o céu ainda não se havia manifestado. Seus horizontes estavam cobertos de noite. Não se vislumbrava nenhum atalho e Francisco conformava-se a viver com fidelidade o dia a dia. Dedicava muitas horas ao Senhor, muitas horas aos leprosos, semeava a paz em toda parte. Estava sempre alerta como uma sentinela, esperando ordens, atento às novidades.

Um dia o Irmão ia descendo por um caminho pedregoso, flanqueado por ciprestes pontiagudos e pinheiros escuros. Diante dele estendia-se a planície sem fim de Perúsia e Espoleto, cidades perdidas na bruma da distância.

Depois da ladeira, Francisco deu com uma humilde capela debruçada numa encosta. Já fazia tempo que o Irmão vinha frequentando todas as capelas espalhadas pelas colinas e pelo vale. Mas nunca tinha passado por ali.

A ermida era dedicada a São Damião. Em seus muros havia fendas que colocavam em perigo a igreja vetusta. A hera subia alegremente pelas paredes laterais, cobrindo-as por completo. Lá dentro não havia mais do que um simples altar de madeira, uns bancos e, no lugar do retábulo, um crucifixo bizantino. A humilde capela era atendida por um padre velhinho, que vivia da boa vontade dos passantes.

* * *

O Irmão entrou no ambiente sombrio e, logo que seus olhos se acostumaram com a escuridão, ajoelhou-se com reverência diante do altar, olhando para o crucifixo bizantino. Olhou-o longamente.

Era um crucifixo diferente: não expressava dor nem causava pena. A figura de Jesus tinha uns olhos negros bem abertos, por onde se manifestavam a grandiosidade de Deus e os abismos da eternidade. Uma estranha combinação de doçura e de majestade envolvia toda a imagem, provocando confiança e devoção em quem o contemplava.

Seduzido por aquela expressão de calma e de paz, Francisco ficou imóvel, não se sabe por quanto tempo. Segundo os biógrafos, teve nesse momento uma altíssima experiência divina.

Em minha opinião, concretizou-se aqui a terceira "visitação" ou experiência infusa. O Irmão, entregue, deixou-se levar pela força da corrente, rio abaixo, para o Mar, a Totalidade sem contornos, para os abismos sem fundo do mistério do Amor Eterno, em que o ser humano se perde como um pedacinho de papel.

Desta vez o Amor tinha um nome concreto, uma figura determinada e uma história apaixonante: Jesus Cristo na cruz, dando a vida pelos amigos. A imagem do Crucificado penetrou na alma do Irmão como uma fagulha, e gravou-se a fogo na substância primitiva de seu espírito, numa ferida que o tempo nunca conseguiu cicatrizar. Pelo que parece, foi aí que começou a peregrinação que haveria de culminar nos rochedos do Alverne, com uma consumação total.

Foi aqui que a devoção franciscana adquiriu sua fisionomia original. Como diz São Boaventura, a partir desse momento ele mal conseguia reter as lágrimas quando se lembrava de Jesus Crucificado, como o próprio Francisco declarou confidencialmente pouco antes de morrer.

A tradição conservou a oração do Irmão nessa manhã. Elevando os olhos para a majestade do Cristo bizantino, disse:

> Glorioso e grande Deus, meu Senhor Jesus Cristo! Vós que sois a luz do mundo, ponde claridade, eu vos suplico, nos abismos escuros do meu espírito. Dai-me três presentes: a fé, firme como uma espada; a esperança, larga como o mundo; o amor, profundo como o mar. Além disso, meu querido Senhor, peço-vos ainda um favor: que todas as manhãs, ao raiar da aurora, amanheça como um sol diante de minha vista a vossa santíssima vontade para que eu caminhe sempre em vossa luz. E tende piedade de mim, Jesus.

Nesse momento, sem que ninguém pudesse dizer como nem por onde, ouviu-se claramente uma voz que parecia proceder do Cristo: "Francisco, não vês que minha casa está ameaçando ruir? Corre e trata de repará-la". Ele nunca tinha ouvido pronunciar seu nome numa tonalidade tão inefável, nem mesmo pela grande dama que era Dona

Pica. O Senhor o chamara pelo seu próprio nome! Era prova de predileção.

Em minha opinião, a voz foi uma locução típica de que falam os livros de mística. Digamos que é um som. Mas ninguém pode determinar se a voz vem de fora e é recolhida pelos tímpanos, ou se ressoa no interior de todo o ser. A única coisa que se sabe é que a locução é algo diferente e mais do que uma inspiração interior.

* * *

Como nos tempos bíblicos, depois dos grandes encontros vêm as grandes *reações*. A cada intimidade sucede uma missão. "Com muito gosto, meu Senhor", foi a resposta de Francisco à ordem recebida.

E como haveria de proceder tantas vezes em sua vida, isto é, com certa precipitação, o Irmão de Assis tomou a ordem ao pé da letra, levantou-se, olhou as paredes internas e viu que era verdade: estavam rachadas. Saiu, deu uma volta completa em torno da ermida, e era verdade: uma ruína. Não havia tempo a perder. Esperara durante meses que o céu manifestasse sua vontade. Deus tinha falado e até dado uma ordem. Estava na hora de agir.

Voltou para casa entre os trigais e os vinhedos, com os olhos transpassados de segurança e de alegria. Pouco adiante, encontrou-se com o velho capelão. Saudou-o com reverência, beijando-lhe a mão. Tirou do bolso todo o dinheiro que tinha e o entregou dizendo: "Meu Senhor, recebe este dinheiro pelo amor de Deus. Eu gostaria de ficar eu mesmo, de pé, dia e noite ao pé do Crucificado. Já que não o posso fazer, que pelo menos haja uma lâmpada acesa em meu nome. Pagarei tudo com o maior prazer".

BOM COMERCIANTE

Francisco seguiu o caminho subindo a encosta que, em poucos minutos, o levaria a sua casa. No breve trajeto, foi amadurecendo seus projetos imediatos. Precisava de dinheiro para comprar material de construção. Para dispor de dinheiro, tinha de fazer um bom negócio em seu comércio. Não havia lugar mais apropriado do que Foligno, na feira a que seu pai o havia levado muitas vezes. O importante era proceder com rapidez.

Quando pôs o pé na soleira da porta, já estava tudo decidido. Entrou e não se preocupou nem em comer nem em dar grandes explicações. Preparou o cavalo e carregou sobre ele umas tantas peças de vistosos tecidos – imaginamos que Bernardone estava ausente. Ao sair de casa, persignou-se como quem estava empreendendo uma missão importante e sagrada, e se dirigiu a Foligno com a alma transbordando de alegria.

Foi um sucesso. Em poucas horas, vendeu tudo e mais o cavalo. Com a bolsa cheia, no próprio caminho de volta tornou a São Damião sem precisar entrar nas muralhas da cidade. Pobre Francisco! Ainda acreditava na onipotência do dinheiro. Mas depressa chegaria o desengano e celebraria o mais irredutível divórcio que já houve entre uma pessoa e o dinheiro...

* * *

Com a bolsa no alto e sacudindo-a fortemente para que as moedas soassem como um clarim de guerra, Francisco apresentou-se diante do velho sacerdote. Falou-lhe com entusiasmo de seu projeto de restauração da vetusta ermida. Suplicou ao venerável capelão que aceitasse a bolsa integralmente.

O bom padre não sabia para onde olhar. Tudo aquilo o fazia pensar que o rapaz tinha perdido a cabeça ou que estivesse caçoando dele. Tinha lido nas *Vidas dos Santos* a respeito de conversões fulgurantes. Mas era bem outra coisa acreditar na transformação desse moço, que até ontem era o líder da juventude mais mundana de Assis.

Além disso, conhecia o coração duro de Pedro Bernardone e não podia entrar numa eventual discussão com o velho e violento mercador. Por isso, para grande estranheza do Irmão, o velho capelão recusou a substancial oferta.

DIVÓRCIO E ESPONSAIS

Em minha opinião, é aqui, neste momento, que se vai levantar a muralha divisória, alta e intransponível, que dividirá em duas a história de Francisco. Vamos assistir a duas despedidas e a dois esponsais, efetuados tão improvisadamente como todas as coisas do Irmão de Assis, e que teriam tão grandes consequências na história do espírito. Aqui morre e é sepultado o filho de Bernardone e nasce Francisco de Assis.

Em primeiro lugar, diante da renúncia do sacerdote, Francisco agarrou a bolsa sonora e, não sem certo desdém, atirou-a ruidosamente contra o batente da janela.

Despediu-se para sempre do dinheiro e, ao que parece, nunca mais em sua vida chegou sequer a tocar o apetecido metal. É um dos divórcios mais estranhos e sagrados da história humana. Francisco de Assis foi o homem que não desprezou nada em sua vida, menos o dinheiro.

Por que se despediu com esse ar de desdém? Desenganou-se quando comprovou que o metal não é onipotente, pois não servia para restaurar a ermida? Havia mais do que isso.

Filho de opulento burguês, com elevada capacidade de percepção, a vida lhe havia ensinado muitas coisas: onde está o dinheiro não há lugar para outro Deus. Onde há dinheiro não há amor. O dinheiro corrompe os sentimentos, divide os corações, dissocia as famílias: inimigo de Deus e inimigo do ser humano.

Por tudo isso, nos anos de sua juventude, Francisco foi criando uma aversão profunda pelo ouro e pela prata. Nesse gesto rápido, nessa instantânea "liturgia" de arrojar a bolsa, estava retida toda essa aversão. E nessa mesma cena começa o culto do Irmão à Senhora Pobreza. Poucos românticos teriam guardado tão alta fidelidade à dama de seus pensamentos como Francisco a sua Senhora Pobreza.

Em segundo lugar, abrira-se uma distância invencível entre ele e a família, entre ele e a sociedade. Já não havia nada de comum entre eles. Ninguém o compreendia nem podia compreender: vivia em outro mundo.

* * *

A família e a sociedade firmam os pés sobre o senso comum, sobre a plataforma de convencionalismos e necessidades, às vezes naturais, às vezes artificiais: é preciso casar-se, ter filhos, ganhar dinheiro, construir um prestígio social... É difícil, quase impossível, ser livre nesse ambiente, e a pessoa que quer seguir Jesus até as últimas consequências precisa antes de tudo da liberdade, e não há liberdade sem saída. Tinha chegado, para Francisco, a hora do êxodo: "Sai de tua terra, do meio de teus parentes".

Quando o Irmão viu que o sacerdote recusava tão tenazmente a bolsa de dinheiro, ajoelhou-se a seus pés com grande reverência e suplicou que pelo menos lhe permitisse morar em sua companhia junto da ermida. O sacerdote consentiu. Aquela foi a primeira vez que Francisco não voltou para casa: dormiu na ermida. E assim, com tanta simplicidade, consuma-se o segundo divórcio: a ruptura com a família e com a sociedade.

Pelo que parece, Francisco nunca mais voltou para casa, a não ser quando o velho mercador o encerrou num calabouço. Referindo-se a essa ruptura, o Irmão dirá em seu Testamento: "E saí do mundo". O divórcio com o mundo significava um esponsal com Jesus e com seu Evangelho. De agora em diante, o irmão não pertence a ninguém, ficou livre para comprometer-se e pertencer só e totalmente a Jesus, e em Jesus a todos os pobres do mundo.

Daí por diante sua casa seria a amplidão do mundo. Seus amigos seriam os leprosos, os mendigos e os salteadores dos caminhos. Seus irmãos seriam o vento, a chuva, a neve e a primavera. Acompanhá-lo-iam o calor do sol e a luz da lua. Comeria pelos caminhos como as cotovias.

E atravessaria o mundo à sombra das asas protetoras de Deus Pai. Não lhe faltava nada. Estava feliz.

COMEÇA A PERSEGUIÇÃO

Fazia tempo que o velho Bernardone carregava uma ferida que ainda sangrava: a volta repentina e vergonhosa do rapaz quando chegou a Espoleto na expedição para a Apúlia.

Um tipo arrogante não pode assimilar uma coisa dessas, e começa a transpirar ressentimento e rancor pela ferida. Por outro lado, não se teria importado se o rapaz tivesse gastado o dinheiro com os companheiros nobres. Afinal, isso era uma satisfação para sua vaidade. Mas reparti-lo, a mãos cheias, com os indigentes da rua era demais.

Depois, já fazia meses que o rapaz, perdido na solidão dos bosques e das montanhas, não prestava serviço algum ao pai no negócio de tecidos. E o que mais torturava o rico mercador era que o rapaz constituía uma profunda frustração para os sonhos de grandeza que justamente tinha depositado nele.

É difícil imaginar, mesmo teoricamente, dois polos tão distantes e tão opostos. E Bernardone, espírito de comerciante, era absolutamente incapaz de compreender os novos rumos do jovem sonhador. A situação estava cada dia mais insuportável e tinha de arrebentar por algum lado.

* * *

Francisco sabia muito bem que, mais cedo ou mais tarde, ia começar a perseguição. Para precaver-se, tinha encontrado ou preparado nas proximidades da ermida um esconderijo que – assim pensava – dificilmente seria descoberto por seus perseguidores. Mas não se sentia completamente seguro de si mesmo. No leito de seu rio ainda havia sedimentos de medo: medo do ridículo, medo do sofrimento.

Na conquista da liberdade há oscilações. Nesse momento Francisco estava passando por temores que não sentia desde a volta de Espoleto. Um retrocesso? Não. O ser humano é assim mesmo: no momento em que sua atenção estava afetivamente possuída pela Presença, Francisco era capaz de enfrentar as chamas, o demônio e a morte.

Mas a alma não tem o mesmo estado de ânimo em todos os momentos. Quando deixa de apoiar-se em Deus, o ser humano reclina-se instintivamente sobre seu próprio centro e então aparecem inseguranças por todos os lados, como formigas. Então a pessoa busca esconderijos para não sofrer ansiedade. O poder total, a liberdade completa, só vêm depois de mil combates e feridas sem conta.

* * *

Depois de uma longa ausência, Bernardone voltou para casa e se deparou com a ingrata novidade: Francisco tinha fugido de casa. Dona Pica não sabia explicar direito, e talvez não o quisesse, pois conhecia muito bem o caráter turbulento do marido.

Como sempre, foram os empregados e vizinhos que lhe abriram com prazer as comportas das notícias: fazia tempo que não voltava para casa; na última vez levou os melhores tecidos para Foligno; dizem que vendeu até o cavalo; dizem que dorme na ermida de São Damião; outro dia foi visto com uns mendigos...

O comerciante ficou profundamente perturbado. Era vergonha, fúria e frustração, tudo de uma vez. Não podia continuar assim. Esse rapaz louco tinha derrubado o prestígio da família, construído com tanto esforço, e agora estava ameaçando arruinar os negócios.

Resolvido a dar um corte decisivo naquela série de loucuras, Bernardone lançou vizinhos e parentes como cães de caça lá para os lados de São Damião. Diante do estrépito da caçada, Francisco correu ao abrigo de seu esconderijo. Depois de muitas horas de busca e de haver rasteado os mais inverossímeis esconderijos, voltaram para casa com o desgosto de não tê-lo encontrado.

O Irmão, que era noviço nos combates do Senhor, ficou oculto um mês inteiro no esconderijo, paralisado de medo. Foi um momento de debilidade, uma crise de *fraqueza* em sua compleição atlética.

Pelo que parece, nem o velho capelão sabia o lugar exato de seu refúgio. A preciosa informação só era conhecida por uma pessoa, que bem podia ser aquele antigo companheiro anônimo. De vez em quando o Irmão saía com muita precaução e bastante assustado, mas logo voltava para sua trincheira. Como não sentia segurança em si mesmo, colocava toda sua esperança na misericórdia do Senhor.

DOÇURA NA ASPEREZA

Certo dia – diz o biógrafo – apoderou-se de todo o seu ser uma consolação como nunca tinha experimentado antes. Era a nunca desmentida misericórdia do Senhor que mais uma vez o libertava das redes da pusilanimidade. À luz dessa Graça, Francisco lembrou do Código dos Cavaleiros: não ter medo, nunca desertar, enfrentar sempre...

Naquele dia teve vergonha da própria vergonha. Mas não se recriminou. Simplesmente ficou algumas horas revolvendo estas ideias: não se pode confiar no ser humano; é frágil como o cristal; é capaz de alcançar uma estrela ou de fugir como um desertor; o ser humano é isso: barro. Mas não é preciso assustar-se. E disse:

> Meu grande Senhor Jesus Cristo! Absolve-me de minha pusilanimidade. Tu sabes que eu sou uma folha seca ao vento. Cobre-me com tuas asas. Calça meus pés com sandálias de aço e não permitas que o medo se aninhe em meu coração.

Depois emergiu do fundo escuro da gruta, com a cabeça erguida e em paz. Nesse momento poderia travar combate com as próprias forças do inferno em ordem de batalha. Sentia-se infinitamente livre e forte.

Começou a subir com passo tranquilo a íngreme ladeira que levava à porta oriental das muralhas. Teve que parar mais de uma vez. As pernas não ajudavam. Nem os pulmões. O espírito era imbatível, mas os jejuns, a luta interior e as preocupações tinham consumido de uma vez suas energias vitais. Estava exausto, magro como um penitente da Tebaida, com olheiras profundas.

Atravessou o portão oriental das muralhas, enfrentou o calçamento irregular da ruela estreita e, quando passava pelas primeiras casas, alguém gritou da janela: "Um louco!". O grito ressoou como uma trombeta de guerra. Logo depois as janelas estavam cheias de mulheres, crianças e homens. "Um louco! Um louco!" O clamor foi crescendo. Os meninos e rapazes correram para a rua, porque para eles não havia nada mais divertido. Uns por brincadeira, outros por curiosidade e outros por maldade, cercavam-no grunhindo ou assobiando.

Mas parecia que o Irmão de Assis não se importava com nada. Seus olhos estavam cheios de paz. Poucas vezes uma pessoa terá sentido tão pouco medo desse boneco terrível que chamam de "ridículo". Que estava pretendendo Francisco com esse "desfile", com essa exibição de palhaço? Estava querendo chegar em casa para dar uma explicação a Pedro Bernardone? Queria dar uma satisfação a Cristo por sua covardia anterior? As fontes não nos esclarecem essa dúvida.

Seja como for, o Irmão de Assis se manteve tão imperturbável diante daqueles gritos selvagens, e era tão grande a doçura que envolvia seu rosto, que em vez de amansar a fera em meio à população, deu-lhes a melhor prova de que estava rematadamente louco, porque um ser normal não reage assim. E incentivou ainda mais a fúria da rapaziada.

A serenidade do Irmão era uma provocação para eles. Já não se contentaram de empurrá-lo, puxar-lhe a roupa, ensurdecê-lo com gritos e insultos. Era preciso arrancá-lo daquele estupor. Começaram a fazer pontaria sobre ele com pedras, barro, frutas podres – o que estivesse ao alcance.

A cidade pequena era uma caixa de ressonância e logo chegaram à casa de Bernardone os ecos da rua. Picado pela curiosidade, como todo mundo, o comerciante saiu à janela para ver o que estava acontecendo. No mesmo instante a vergonha e a raiva lhe subiram por todo o corpo como um rio de fogo: era o seu filho. Ficou um minuto paralisado sem saber se maldizer, blasfemar ou chorar. O medo do ridículo não lhe permitia nada disso.

Numa segunda reação, levado pela fúria, abriu caminho no meio daquela turba sádica e se precipitou sobre o filho, desafogando a ira com palavras de baixo calão. Depois o agarrou pela nuca e, abrindo alas à força de empurrões, arrastou-o para casa, onde o chicoteou e o trancou à chave no porão escuro. No meio daquela barafunda infernal, o Irmão manteve uma serenidade inalterável: nem medos, nem olhares hostis, nem movimentos bruscos: parecia o anjo da paz.

* * *

O rico burguês descia todos os dias ao porão da casa para persuadir o rapaz e afastá-lo do rumo extravagante que sua vida tinha tomado. Algumas vezes suplicava. Outras, ameaçava. Quase sempre o repreendia. Tudo inútil. Com uma calma admirável, que desesperava o comerciante, o Irmão permaneceu inflexível. Nesse momento,

Francisco era inexpugnável. A amizade com o Senhor e as humilhações tinham-no fortalecido de tal maneira que não haveria forças de nenhum lado nem torturas desumanas que o fizessem dar um passo atrás.

Nas entranhas dessas provações foi nascendo o pobre e humilde Francisco de Assis, aquele irmão "mínimo e doce" cuja única fortaleza era a paciência, o homem mais livre do mundo e o pobre mais rico da terra.

O velho mercador teve de ausentar-se por causa de seus negócios. Mas, antes de sair, preocupado com o rapaz extravagante, colocou-lhe algemas nas mãos e nos pés. O Irmão não resistiu, mas se comportou com a suavidade de um cordeiro e o senhorio de um rei.

Não satisfeito, o mercador colocou um poderoso cadeado na porta do porão e levou a chave. Chamou a mulher e a encarregou de trabalhar em sua ausência, com o peso de sua doçura materna, para convencer e dissuadir o filho obstinado. Deu as últimas instruções, e viajou.

A ÚLTIMA BÊNÇÃO DA MÃE

É difícil imaginar uma situação humana tão desconfortável como a do filho e a de sua mãe nesse momento. Os dois estavam entre a espada e a parede.

Por um lado, Dona Pica estava de acordo com Francisco. Em sua intuição feminina e com sua maneira de mãe nobre, simpatizava, no fundo, com a posição do rapaz e até se sentia feliz, porque o filho tinha consagrado a vida a Deus e aos pobres.

Mas não podia aprovar a maneira como seu filho estava levando adiante essa consagração, abandonando a casa e vivendo como um esfarrapado. Por outro lado, como esposa fiel, Dona Pica estava do lado do marido, e sofria infinitamente pela amargura de Pedro, desejando com ardor uma reconciliação efetiva e afetiva entre pai e filho.

Recorrendo a meios de persuasão mais sensíveis, fazia ver a Francisco que algumas coisas não estavam bem. Com lágrimas nos olhos, suplicava-lhe que voltasse para casa e acedesse pelo menos em alguns pontos aos desejos de seu pai.

Se a mãe se sentia mal, pior o filho. Para um filho tão sensível como Francisco, deve ter sido terrível encontrar-se entre as lágrimas de uma mãe tão amorosa e tão querida, de um lado, e do outro urgido pela vontade peremptória de Deus seu Senhor. Para o Irmão, foram dias angustiantes.

É o drama de todo profeta: pessoas de emotividade forte, arrepeladas pela voz de Deus, veem-se obrigadas a soltar fortes amarras, como se o predestinado, colocado na cruz, fosse estirado por dois polos contrários. A quem obedecer?

* * *

Que terá acontecido no porão daquela casa entre mãe e filho? Partindo do desenlace, podemos imaginar a cena. A mãe suplicava com carinho. O filho recusava com carinho. A mãe insistia com lágrimas. O filho resistia com os olhos brilhando. A mãe começou a perder a força das palavras.

O filho, sempre com doçura, foi crescendo na inspiração. Foi um combate único na história da humanidade.

Pouco a pouco, a senhora foi ficando indefesa e sem palavras. Suas lâmpadas foram se apagando e desistiu de todos os seus argumentos. Dona Pica calou-se e passou de contendora a ouvinte, de mãe a discípula. A nobre mãe começou a ser um pouco "filha" de seu filho. Começou a nascer no berço dos ideais de Francisco, a esquentar-se ao sol de seu filho.

Quando Francisco falava de Jesus, suas palavras pareciam melodias imortais ou cantigas de ninar, e a mãe foi caindo e rolando pelos abismos de um sono sem sonhos, de onde renasceram seus antigos ideais, nunca esclarecidos e nunca realizados, de entregar-se por completo a um Amor imortal. Francisco tinha razão...

Ela sabia muito bem o que o amor e a maternidade dão e o que não dão, sabia que a primavera dá beijos e o outono, despedidas. Francisco tinha razão. Abrir de par em par as portas, deixar Jesus entrar, perder-se em Deus, encher o coração com a beleza divina, não deixar nada para a morte devoradora, na nudez completa e na solidão completa ser livres, não ter nada para dar tudo, cantar a última canção e morrer à brisa do crepúsculo, morrer de uma morte que não é desfazer-se, mas completar-se. Francisco tinha razão. Voltar pelo atalho vespertino e repartir amor entre todos os esfomeados, caminhar com Jesus através de mundos e de milênios, com o mistério infinito gravado na fronte e distribuindo a paz na voz, nos olhos, nascer outra vez com Jesus, voltar. Francisco tinha razão...

Na manhã seguinte, a nobre mãe procurou por toda a casa as ferramentas adequadas e desceu as escadas do porão. Sem dizer uma palavra, abriu o cadeado do calabouço; depois quebrou o cepo que prendia os pés de Francisco e soltou as algemas de suas mãos.

Ela sabia muito bem que estava atraindo sobre sua cabeça as iras do iracundo mercador, mas também já não se importava com mais nada. Também ela estava contagiada pela gloriosa liberdade de Francisco.

Quando se viu livre, sem dizer nada e profundamente emocionado, o rapaz ajoelhou-se aos pés da mãe como quem quer receber uma bênção. Dona Pica lhe disse: "Pássaro de Deus, voa pelo mundo e canta". Depois colocou as mãos sobre a cabeça do filho e acrescentou: "Filho de minha alma, que as asas de Deus te cubram e te protejam como estas mãos. Leva o meu sangue e a minha sombra até o fim do mundo. Abre e percorre os caminhos que eu não posso percorrer. Coloca as minhas lâmpadas nas noites e os meus mananciais nos desertos. Recolhe as dores do mundo e esparge a esperança em toda parte. Que tua morte seja uma festa e tua vida um parto. Que te acalantem os ventos e te deem sombra as montanhas. Cobre a terra de piedade e transforma as urnas em berços. Eu te amo, sangue de meu sangue e filho de meu espírito. Quando tua carne nua e transitória receber o beijo da irmã não amada, eu estarei te esperando, em pé, embaixo do grande arco da Aurora para sempre".

Dizendo isso, ela ergueu Francisco. Abraçaram-se prolongadamente sem dizer nada. Subiram em silêncio as escadas do porão. Francisco olhou longamente o estabelecimento comercial como quem observa pela última vez. A mãe acompanhou-o até a porta e o Irmão saiu caminhando devagar. Nunca mais pisaria aquela soleira. Dona Pica acompanhou-o com o olhar até que ele desapareceu numa curva da rua. Tê-lo-ia seguido com prazer até a morte. O Irmão chegou a sua casa de São Damião.

Foi um acontecimento inenarrável e, sem dúvida, uma das cenas mais comoventes e transcendentais da história humana.

* * *

A partir de então perdemos de vista para sempre a silhueta evocadora daquela maravilhosa mulher. As fontes franciscanas não falam mais sobre ela. Os historiadores pressupõem que a morte a tenha levado prematuramente. Não devia ter gozado nunca de boa saúde. Vislumbramos, inclusive, que a saúde tão frágil de Francisco desde sua juventude – ele também morreu prematuramente – deve ter sido herdada de sua mãe, como tinha herdado sua alma nobilíssima. Daqui para frente não encontramos nem a menor notícia sobre ela nas fontes franciscanas.

Também nós nos despedimos aqui, e com gratidão, de Dona Pica, mulher admirável.

SÓ RECEBO ORDENS DE DEUS

O velho cronista anota que tantas aflições acabaram dando ao Irmão uma solidez definitiva. O medo já não bateria mais em sua porta, a não ser em algum caso excepcional.

Certo dia – continuam os cronistas – Bernardone voltou para casa e, como era de esperar, quando foi informado de que Dona Pica tinha soltado o preso, caiu em cima dela cego de cólera, soltando um temporal de insultos, ameaças e imprecações. Dona Pica estava preparada na "escola franciscana" e interiormente bem armada. Recebeu a tempestade com o escudo dos fortes, que é a paciência. Nem pestanejou.

Pedro deu por irremediavelmente perdido o filho em quem tinha depositado seus sonhos de grandeza. Já não tinha mais nenhuma ilusão quanto a recuperá-lo ou fazê-lo voltar ao caminho da sensatez. Mas não podia tolerar que as extravagâncias daquele filho teimoso e louco derrubassem o prestígio de grande burguês que ele tinha adquirido em tantos anos de esforço. Só restava um caminho: expulsá-lo de sua terra natal.

Rodeado de vizinhos e amigos, o mercador invadiu o recinto de São Damião. Desta vez, o Irmão não fugiu. Pelo contrário, foi até um espetáculo de beleza. Respirando paz, escudado numa indestrutível liberdade interior, com os olhos cheios de tranquilidade e doçura, o humilde Irmão foi ao encontro do pai.

Quando este começou com suas costumeiras ameaças e ordens, o Irmão, com muita tranquilidade e olhando-o nos olhos, disse: "Senhor Pedro Bernardone, eu não tenho outro senhor neste mundo senão o meu Senhor Jesus Cristo. Só dele recebo ordens. Nem o imperador, nem o Podestá, nem Pedro Bernardone, nem as forças de repressão, nem os exércitos conquistadores, nem as forças aéreas que militam às ordens da morte, da enfermidade ou do inferno vão ser capazes de me arrancar dos braços do meu Senhor Jesus Cristo".

Em tom muito humilde e em voz baixa, acrescentou: "Desculpe, meu senhor; agora eu pertenço às fileiras de Cristo e da Igreja".

* * *

Vendo-se perdido também nesse terreno, o mercador lhe lançou ao rosto a acusação de que não tinha entregado o dinheiro da venda do cavalo e dos tecidos. O Irmão não respondeu nada. Aproximou-se do mercador, tomou-lhe o braço com carinho, levou-o para dentro da ermida e lhe mostrou o recanto da janela. Depois de dois meses, ainda estava lá, intacta, a bolsa de dinheiro que o capelão tinha recusado. O velho agarrou a bolsa e foi embora calado.

Já que não podia recuperar o filho, pensou em recuperar pelo menos os bens que o dilapidador podia ter repartido por aí, vai saber a que ermitães ou obras de beneficências. Por isso, foi direto à prefeitura, fazer uma demanda judicial contra o filho.

Os cônsules enviaram meirinhos à casa de Francisco, para apresentar-lhe a citação. Francisco lhes disse com cortesia e humildade: "Os senhores e os cônsules já devem saber que, pela misericórdia de Deus, sou um homem isento e livre. Os cônsules não têm mais jurisdição sobre mim: sou servo do Altíssimo Senhor Jesus Cristo e da santa Mãe Igreja".

* * *

Informado de que só um tribunal eclesiástico podia julgar Francisco, Bernardone foi na mesma hora ao bispado e colocou a querela judicial contra o filho nas mãos de Dom Guido.

O bispo aceitou arbitrar o litígio e mandou um emissário notificar a Francisco que comparecesse diante dele. O Irmão alegrou-se profundamente. "Vou com muito gosto", disse, "porque o Bispo é meu senhor e pai das almas".

Francisco ficou muito contente. Parecia-lhe que a cena, que se estava aproximando, era como uma cerimônia cavaleiresca em que os cavalheiros fazem um juramento público de fidelidade e de obediência a seu senhor. Também ele haveria de celebrar uma aliança eterna com o Senhor Jesus Cristo, diante do Bispo e diante de toda a cidade de Assis. Seria um dia de festa.

Que estaria pretendendo Pedro Bernardone com isso?

Como não pudera expulsar o filho do território do município, pretendia primeiramente desvinculá-lo da herança paterna por decreto judicial, a não ser que o próprio filho se desvinculasse voluntariamente. Em segundo lugar, estava querendo recuperar todos os bens que fosse possível.

Mas bem lá no fundo a intenção secreta do velho mercador era desconhecer o filho, isto é, deixar de reconhecer daí em diante como filho aquele rebento desnaturado. Limparia a humilhação.

COMO AS ÁRVORES NO INVERNO

Foi um momento de beleza e transcendência. Poucos espetáculos na história do espírito tiveram a marca e a investidura, a originalidade e a significação da cena daquela manhã invernal.

Assis apinhou-se inteira na praça de Santa Maria Maior, a maioria por curiosidade e alguns pelo desejo de presenciar o ridículo do antipático mercador. A pequena cidade estremeceu até as raízes. Os que até então tinham rido de Francisco, hoje iam chorar de emoção. De alguma maneira, foi nesse dia que Assis começou a ser uma cidade santa.

* * *

Na hora marcada, a praça estava cheia de gente. No centro brilhava um trono adornado com o escudo episcopal. Quase ao mesmo tempo apresentaram-se o Bispo Guido, Pedro Bernardone e Francisco. Acendeu-se um murmúrio de emoção, mas se apagou na mesma hora. Dom Guido estava sorridente, Pedro tenso, Francisco tranquilo. Os cronistas dizem que o bispo recebeu Francisco com muito carinho.

Esse bispo, podemos dizê-lo, foi testemunha privilegiada da epopeia franciscana, chegando inclusive a assistir à morte e à canonização de Francisco.

Em sua função de juiz, o prelado dirigiu-se primeiro ao demandado, que era Francisco, dizendo-lhe: "Meu filho, aninhou-se no coração de teu pai uma grande preocupação, não isenta de amargura. Está ofendido porque dilapidaste inconsideradamente muitos de seus bens. Como desejas ingressar no serviço de Deus, seria muito conveniente que pusesses tudo em ordem antes de dar esse passo, devolvendo a teu progenitor o que lhe pertence de direito".

Bernardone olhava para o chão. Os olhos límpidos de Francisco estavam fixos no rosto do prelado. E a atenção da plebe não se desviava um instante dos dois protagonistas.

Dirigindo-se ainda a Francisco, o prelado continuou: "Tu não sabes se esse dinheiro veio sempre de fonte limpa, ou se foi amontoados sobre o suor dos fracos e, nesse caso, não seria lícito que nossas ermidas fossem levantadas com o preço do sangue humilhado. Meu filho, devolve a teu pai o que é dele. Com essa restituição sua ira será acalmada e verás florescer a paz em seus olhos. No que te diz respeito, podes colocar tuas preocupações nas mãos do Senhor. Olha para os olhos de Deus. Enche os teus cântaros com a água imortal. Unge o teu coração com o óleo da fortaleza. Desterra qualquer medo. Não temas nada e verás como a cada manhã, junto de cada ermida em ruínas, vais encontrar um monte de tijolos e de pedras. Será obra do Senhor".

Francisco deu uns passos à frente e disse: "Meu senhor, vou cumprir tudo que me pedes e até mais do que isso".

Houve um suspense geral no meio do povo. Todos estavam vivendo esses momentos com avidez e ninguém queria perder o menor detalhe.

Francisco fez uma pequena reverência, como que pedindo autorização para retirar-se, e sua figura miúda desapareceu em um instante no interior da casa episcopal, a alguns metros de distância. Todo mundo ficou desconcertado, inclusive o bispo. Ficaram todos com cara de interrogação.

Em menos de um minuto, Francisco estava de volta, completamente nu a não ser por uma camisa de crina que usava como cilício. Ante o espanto de todos, avançou tranquilamente no meio da multidão até o tribunal, levando delicadamente em suas mãos a trouxa de roupas. Um silêncio tenso e angustiado apoderou-se da assistência.

Francisco chegou até Bernardone. Sem dizer uma palavra, colocou a trouxa aos pés do mercador, com muita delicadeza. Em cima da roupa, pôs a pequena bolsa de dinheiro.

Despido como estava, voltou-se para o povo e, com o olhar perdido no infinito, começou a falar lentamente. Suas palavras vinham de outro mundo:

> Habitantes de Assis e amigos de minha juventude, começou. Gostaria que minhas palavras se gravassem a fogo em vossa memória. Nenhuma palavra nesta terra contém melodia tão grande quanto a palavra "pai". Desde que minha língua começou a balbuciar e meus pés começaram a caminhar, eu usava essa palavra abençoada para Pedro Bernardone, aqui presente. Eu o chamava de pai e o beijava. Ele olhava para mim e eu olhava para ele. Ele me amava e eu o amava. Ele lutou para que eu fosse um grande mercador, tão grande como ele. Mas aquele que sonhou comigo e me amou desde a eternidade levantou um muro diante de minha carreira de comerciante, fechou-me a passagem e me disse: "Vem comigo". E eu decidi ir com ele. Agora tenho outro Pai.

Por isso deixo aqui, aos pés de Pedro Bernardone, os bens que dele recebi: roupas, comércio, herança e até o sobrenome. De agora em diante só chamarei de meu Pai aquele que está nos céus. Nu vim a este mundo e nu voltarei aos braços de meu Pai.

Os zombadores que ainda há pouco o chamavam de louco estavam chorando. O bispo estava chorando. Bernardone não sabia para onde olhar e lutava para não se deixar contagiar pela emoção. Havia tanta simplicidade e sinceridade, tanta força de convicção nessa cena singular e única na história da humanidade, que a alma da multidão ficou possuída por uma impressão imensa.

Devido a essas mudanças bruscas que a alma popular pode sofrer, Francisco tomou conta da atenção da cidade muito mais do que quando era considerado rei da juventude ou o louco da rua. Começava a realizar em sua própria terra as proezas que quisera realizar na Apúlia. A fama, com que tinha sonhado outrora tão ardentemente, chegava agora, quando já não tinha nenhum interesse por ela. A cidade estava a seus pés. Podia repetir com São João da Cruz: "Quando quis menos, obtive tudo".

* * *

Bernardone abaixou-se, pegou as roupas e a bolsa e desapareceu sem olhar para ninguém. Na multidão, levantou-se um murmúrio de desaprovação que perdurou por muito tempo.

Bernardone chegou em casa com uma espada encravada: uma espada de ira, vergonha e remorso, porque ainda que fosse uma rocha, não conseguiria escapar a uma gota de emoção. Que não daríamos para saber a reação de Dona Pica, quando soube do gesto profético do seu Francisco! Como todo mundo, não deve ter contido as lágrimas.

Francisco ficou tiritando de frio, porque estava despido e eram os últimos dias do inverno. Dom Guido aproximou-se carinhosamente e o envolveu nas dobras de seu amplo manto.

Guido, a quem o franciscanismo tanto deve, não reteve Francisco consigo nem o orientou para o sacerdócio ou para o mosteiro, coisa habitual naquele tempo. Teve esse dom divino, que se chama sagacidade ou perspicácia, para intuir um futuro diferente para aquele jovem original, e em vez de dar-lhe conselhos e orientá-lo ele mesmo, deixou-o nas mãos de Deus, para que o Senhor o guiasse pessoalmente por caminhos inéditos.

Quando a multidão começou a diluir-se e cada um foi indo lentamente para casa fazendo seus comentários, o bispo encarregou um de seus criados de arranjar alguma coisa para Francisco vestir. O homem voltou trazendo nos braços um tabardo, uma espécie de capote de uma só peça e sem mangas. Francisco pediu um pouco de argila e traçou uma cruz sobre o capote. Vestiu-o alegremente. Ajoelhou-se aos pés do bispo e recebeu sua bênção. Depois se levantou. Os dois abraçaram-se efusivamente e, atravessando o portão mais próximo das muralhas, o Irmão saiu da cidade e se perdeu nas faldas do Subásio.

NUDEZ, LIBERDADE, ALEGRIA

Era o homem mais livre do mundo. Não estava vinculado a nada. Não podia perder nada porque não tinha nada. Por que temer? Por que perturbar-se? Por acaso a perturbação não é um exército de defesa das propriedades ameaçadas? Quem não tem nada nem quer ter, vai preocupar-se com o quê? O Irmão não tinha roupa, comida, nem teto. Não tinha pai, mãe, irmãos. Não tinha prestígio, estima dos concidadãos, dos amigos ou da vizinhança. É na terra despojada e nua que nasce e cresce, alta, a árvore florida da liberdade.

O Pobre de Assis, por não ter nada, não tinha nem ideias claras ou projetos para o seu futuro, não tinha nem ideais. Aí está a grandeza e o drama do profeta. É um pobre homem lançado por uma força superior a um caminho que ainda não foi percorrido por ninguém, sem saber se no fim vai ter êxito, sem saber que riscos o esperam na próxima encruzilhada.

Por não saber nada, também não sabe como vai ser fiel a Deus no dia seguinte. Basta ser fiel a cada minuto. Abrir um caminho, passo a passo, golpe a golpe, sem saber qual será o que virá a seguir, dormir hoje à luz das estrelas com a papoula da fidelidade na mão sem saber que papoula vai colher amanhã, abrir os olhos cada manhã e pôr-se a caminho solitariamente para continuar a abrir a rota desconhecida...

Quando todas as seguranças falham, quando todos os apoios humanos estão por terra e voaram enfeites e roupas, a pessoa, nua e livre, encontra-se quase sem querer nas mãos de Deus.

Um homem despojado é um homem entregue, como essas aves implumes que estão felizes nas mãos cálidas do Pai. Quando não se tem nada, Deus transforma-se em tudo.

Deus está sempre no centro. Quando todos os revestimentos caem, aparece Deus. Quando os amigos desaparecem, os confidentes atraiçoam, o prestígio social é ferido a machadadas, a saúde vai embora, então aparece Deus. Quando todas as esperanças sucumbem, Deus levanta o braço da esperança. Quando os andaimes arriam, Deus transforma-se em apoio e segurança. Só os pobres possuirão a Deus.

* * *

Desaparecendo a mãe, Deus acolheu o Irmão, apertou no peito sua cabeça e lhe deu mais calor e ternura que a própria Dona Pica.

Ao despontar o dia, ainda no regaço da "Mãe" Deus, o Irmão escutava as palpitações do mundo, abria os olhos, olhava para os olhos das criaturas e, como no primeiro dia da criação, submergia na virgindade do mundo. Faltando-lhe os irmãos de sangue, todas as criaturas *lhe eram dadas* como irmãs. Não houve na terra mais ninguém que fosse tão "irmanado", tão fraternalmente acompanhado pelas criaturas, tão acolhedor e tão acolhido por elas. Ninguém desfrutou tanto do calor do sol e do fogo, do frescor da sombra e das fontes, do resplendor das estrelas e das alegrias primaveris... Quando lhe faltou a família, a criação inteira fez-se sua família e o céu azul com a abóbada estrelada passou a ser seu teto.

Tendo Deus, tinha tudo, mas para ter a Deus teve que despojar-se de tudo.

Por não ter nada, o Irmão entrou na corrente profunda da gratuidade: recebeu tudo. Não mereceu nada. Tudo é graça: a roupa, a comida, o olhar, o carinho, a consolação.

Quem recebe tudo não se sente com direito a nada. Não exige nada. Não reclama nada. Pelo contrário, agradece tudo. A gratidão é o primeiro fruto da pobreza.

O Irmão foi como a amendoeira: sempre aberta ao sol, de quem recebe, com prazer e gratidão, a vida e o calor. Mas, se o sol se oculta, não se queixa. Não há violência. Esse é o segundo fruto da pobreza: a paz, fruto que tem gosto de doçura.

Não se sentindo com direito a nada, o Irmão coloca-se aos pés de todos, como o menor de todos. Para o Irmão, a humildade não consiste em desprezar a si mesmo, mas em considerar todos os outros como "senhores", para ser servidor deles, para lançar-se a seus pés e lavá-los, para servi-los à mesa...

COMO NO COMEÇO DO MUNDO

Em vez de ir para Foligno, o Irmão tomou o caminho de Gúbio e começou a escalar os primeiros contrafortes do Subásio. Ainda era inverno, mas já começavam a aparecer timidamente os primeiros sinais da primavera. O mundo estava como Francisco: despido, puro, lavado, virgem. Um rigoroso inverno tinha soprado como uma rajada impiedosa por sobre a Criação, desfolhando os bosques e arrasando as colinas, transformando os jardins em cemitérios.

Os picos mais altos dos Apeninos centrais ainda estavam coroados de neve. Também ainda havia neve acumulada em algumas gargantas agrestes.

"O inverno faz bem", pensava o Irmão. "Fortalece e purifica. O inverno é o berço da primavera. Esses abetos são valentes", dizia a si mesmo; "atrevem-se a escalar tão alto e sem medo porque, quando eram pequenos, foram duramente castigados pelo vento e tiveram que se firmar nas profundidades da terra para não cair. Bendita seja a pobreza, e a nudez, e a incompreensão que nos fazem firmar-nos em Deus."

O Irmão estava alegre como nunca. A primavera estalava em suas veias. Era como se pela primeira vez sua alma estivesse surgindo no mundo. Tudo lhe parecia novo. Nunca tinha saboreado tanto – e agradecido tanto – o morno calor do sol. Sentia-o como uma carícia de Deus.

Tinha acabado de travar a batalha decisiva. Em sua misericórdia, o Senhor tinha-o assistido e lhe tinha dado a vitória. "Foi obra do Senhor. Por si mesmo, o homem é medo e incoerência", pensava. Tinha a impressão de estar submerso e nadando no seio da harmonia universal; sua alma estava identificada com a alma do mundo. Uma felicidade inédita tinha aderido a todo o seu ser e sentia uma vontade louca de cantar e principalmente de agradecer. Estava simplesmente embriagado.

* * *

Continuava o caminho. De repente, viu no chão uma lacraia que atravessava o caminho bem devagar. Sentiu na mesma hora uma profunda e desconhecida ternura. Agachou-se, pôs delicadamente o dedo onde o inseto devia passar. Ele começou a escalar lentamente o seu dedo. Francisco olhou-o e o admirou longamente, observando com atenção seus mecanismos de movimentos. Depois se aproximou de um arbusto e, com suma delicadeza e paciência, fez com que o inseto aterrissasse na folha do arbusto, lembrando-se de que a Escritura compara o Crucificado com um verme.

Por todas as partes estavam brotando pequenas flores amarelas, cujo nome Francisco não se lembrava. Teve o maior cuidado para não pisar em nenhuma delas durante todo o dia, enquanto subia e descia as montanhas.

Coisa curiosa: nesse dia sentia um carinho imenso para com Deus, mas também a necessidade de canalizar esse carinho para as criaturas do Senhor, principalmente as mais pequeninas. "Deus se apresenta", pensava o Irmão, "pelos olhos das criaturas, principalmente das mais frágeis. Mas as criaturas em que o Senhor mora com mais prazer são, sem dúvida, os mendigos e os leprosos. Esses são os seus favoritos", pensava.

EMBAIXADOR DO REI

Sentia o peito arrebentar pelo peso da felicidade e, não aguentando mais, começou a cantar em francês. Cantava canções provençais de cavalaria, que tinha aprendido em outros tempos. Mais tarde começou a improvisar letra e melodia dedicadas ao Senhor. No começo, aquilo tudo lhe parecia estranho, porque a voz reboava nos outeiros e custava um pouco para voltar como um eco.

Quando se habituou a esses efeitos acústicos, em transe completo de exultação, intercalava gritos de glória e de gratidão ao Senhor Deus. Era o homem mais feliz do mundo.

* * *

A tarde ia em meio quando alcançou a garganta profunda e áspera que desemboca no pequeno povoado de Caprignone, a meio caminho entre Assis e Gúbio. De repente caiu sobre ele, não se sabe de onde, um bando de salteadores intimando: "Alto! É um assalto! Identifica-te!". Sem perder a alegria, o Irmão respondeu: "Rapazes, eu sou a trombeta do Imperador que vai anunciando sua chegada".

Quando os salteadores, que sempre querem uma presa que valha a pena, viram aquele tipo estramboticamente vestido, seminu, com aquele tabardo ridículo, mas ao mesmo tempo tão destemido, disseram: "É um louco", e descarregaram a decepção em suas costas, sacudindo-o por todos os lados. E lhe tiraram o tabardo! Depois o jogaram em um fosso bastante profundo que havia ali perto e estava coberto de neve, dizendo: "Fica aí, trombeta imperial afônica".

O Irmão não perdeu a paz em momento algum desse episódio tragicômico. Não resistiu, não perdeu o sorriso.

O que serviu para confirmar aos foragidos que ele tinha perdido a cabeça.

Quando se viu lá embaixo, afundado na neve, o Irmão pensou consigo: "Era isso mesmo que acontecia com os antigos cavaleiros que lutavam pelo Rei Artur. Feliz sou eu que fui escolhido pelo Grande Imperador para sofrer estas pequenas aventuras por sua glória".

Levantou-se. Viu que a valeta era profunda e a saída difícil. Começou a escalar. Escorregava. Tentou diversas vezes. Agarrava-se às pedras com as unhas. Tornava a cair. Conseguiu sair depois de muito esforço. Sacudiu a neve e o barro e olhou em todas as direções para ver se os ladrões ainda estavam por ali.

Não viu ninguém. "Esses rapazes assaltam e roubam porque lhes falta pão e carinho", pensou o Irmão. "Também eles haverão de ser favoritos meus. Primeiro os leprosos, depois os mendigos, depois os salteadores; numa palavra, os que são marginalizados pela sociedade."

ENTRE AS PANELAS DA COZINHA

Pensando essas coisas e sentindo-se feliz por ter sido julgado digno de sofrer pelo nome de Jesus, continuou o caminho. Logo se esqueceu da aventura e continuou a cantar alegremente as glórias do Senhor em francês. Pensava que, graças à misericórdia do Senhor, nem as próprias forças do inferno seriam capazes, nesse momento, de atemorizá-lo. "Tudo é piedade de Deus", acrescentou em voz alta.

Caía a tarde. Estava com fome, pois não tinha comido nada durante o dia. Tinha frio, porque os salteadores lhe tinham levado o capote, deixando-o seminu.

Pouco adiante havia um mosteiro de beneditinos. Chamava-se São Verecundo e pertencia ao distrito de Vallingegno.

O Irmão dirigiu-se para lá sem saber exatamente se passaria vários dias ou apenas uma noite. Chegou, bateu à porta e um monge veio atender. "Sou um pobre de Deus que deseja servir o Senhor", disse humildemente Francisco. "Fiquei sem casa e sem roupa. Desejaria que, em nome do Amor, me dessem a graça de trabalhar e de ganhar meu pão de cada dia e, se for possível, alguma roupa."

Ficou diversos dias. Os monges puseram-no a trabalhar na cozinha. Como o Irmão não dava nenhuma explicação de sua identidade, os monges acabaram julgando que era um tipo estranho, mas não perigoso. Deram-lhe uma cela retirada para dormir, com algumas cobertas. Passava quase toda a noite com o Senhor, como em lua de mel. Dormia pouco e era imensamente feliz.

Durante o dia trabalhava no meio das panelas da cozinha, partilhando da comida comum; mas não lhe deram roupa suficiente. Parece que os monges o trataram todo o tempo como um pobre homem, de acordo com sua aparência.

Por isso decidiu procurar outros caminhos, para conseguir algo com que se vestir. Um dia o Irmão cruzou no claustro com o prior. Ajoelhou-se com reverência diante dele e lhe disse: "Meu Senhor, dou-lhe muitas graças por me teres dado trabalho e alimento durante estes dias. Peço a Deus todas as manhãs que envie o anjo da paz sobre esta casa para que a cubra com suas asas. Também peço sua bênção para me retirar".

E lá se foi o Irmão, seminu como tinha chegado. Dizem os narradores que esse mesmo prior, alguns anos mais tarde, quando Francisco já era famoso, foi pedir-lhe desculpas por tê-lo tratado com tanta desconsideração nessa oportunidade. E para grande surpresa sua, Francisco lhe respondeu que poucas vezes em sua vida tinha passado dias tão felizes como em São Verecundo.

COMO UM PEREGRINO

Saindo do mosteiro, o Irmão lembrou-se do nome de seu grande amigo Frederico Spadalunga, residente em Gúbio, que poderia arranjar-lhe alguma coisa para vestir. Seguiu para lá.

No caminho, ia refletindo sobre os dias passados no mosteiro. "Sim", pensava, "é bom fazer-se pobre e não ter identidade. Neste mundo só se fazem respeitar os enfeites vistos, os títulos nobiliárquicos e, em nossos dias, os comerciantes. Os pobres só recebem desdém e, no melhor dos casos, desatenção. Mas o Senhor se fez pobre", acrescentou em voz alta.

Durante a caminhada teve muitas vezes a tentação de murmurar interiormente contra os monges de São Verecundo. Mas logo cortava a tentação dizendo em voz alta: "Os pobres não têm direitos, só agradecem, não reclamam.

Quando virá o dia" – continuou pensando – "em que vou sentir a alegria perfeita de sofrer tribulação?".

* * *

Assim chegou a Gúbio, cidade nobre e aristocrática. As pessoas riam dele na rua. Mas o Irmão não se preocupava com isso. Para ele já era normal que rissem de sua figura.

Dirigiu-se para a fidalga família dos Spadalunga. Foi recebido de braços abertos. Francisco falou-lhes de um cofre de ouro onde se guardam esmeraldas de desconhecida tonalidade; da ternura de Deus que nenhuma mulher da terra – esposa ou mãe –, pode conceder; da liberdade dos passarinhos; da paz do entardecer... Em resumo, da riqueza da pobreza.

Doutor Frederico ficou profundamente comovido. O Irmão deixou-se vestir pelos Spadalunga com o traje que os peregrinos e ermitães usavam naquele tempo: uma túnica com cinturão de couro, sapatos e um cajado. Ficou muito comovido e manifestou sua gratidão com palavras simples. Despediram-se e o Irmão empreendeu sua volta a Assis.

"É difícil ter dinheiro e ser livre", dizia a si mesmo no caminho. "Mas há ricos cujo coração contém ternura e piedade, como meus amigos Spadalunga. É um dom tratar com eles, principalmente porque o fazem com estilo de alta cortesia, e a cortesia é a linguagem dos anjos."

"Mas o meu Senhor Jesus Cristo acha que o paraíso está na outra margem, que a riqueza é um redemoinho quase irremediável em que os ricos se afogam sem poder agarrar uma beirada. Isso é verdade. Mas a piedade de meu Deus é muito mais poderosa do que os redemoinhos irremediáveis. Também os ricos serão salvos." E acrescentou em voz alta: "A misericórdia do Senhor é invencível".

COM ENTRANHAS DE MÃE

Quando chegou a Assis, não foi diretamente para São Damião, mas para São Salvador dos Muros, onde estavam seus amigos, os leprosos. Tinha acumulado e reservado a ternura recebida do Senhor para derramá-la completamente entre os doentes. Era uma necessidade.

Quando os *irmãos cristãos* viram-no chegar, deram um pulo de alegria, divertiram-se fazendo brincadeiras com aquela roupa de peregrino, felicitaram-no porque também eles tinham sido informados do que acontecera na praça diante do bispo.

Ele começou a dizer-lhes: "Prediletos de meu Senhor Jesus Cristo. Há vários meses, quando eu chegava aqui, vinha carregado de moedas, porque ainda era filho do mercador Pedro Bernardone. Mas agora que sou filho de meu Pai celestial, trago-lhes entranhas de mãe. E quero contar-lhes uma história. Uma vez, lá no céu, o Senhor chamou o arcanjo mais brilhante e lhe perguntou: 'Adivinha quem são os meus prediletos no mundo?'. 'As crianças', respondeu o arcanjo. 'Quero muito as crianças', disse o Senhor, 'mas não são elas.' 'Os pobres', prosseguiu o arcanjo. 'Os pobres me encantam, mas há outros mais queridos.' 'Os *irmãos cristãos*', disse o arcanjo. 'Eles mesmos', disse o Senhor, levantando-se. 'Eles são os que mais recordam meu

Filho submisso e entregue à morte'". Os leprosos se emocionaram muito. Alguns choravam.

Passou vários dias no meio deles. Não haverá no mundo mãe que tenha tratado seu pequenino doente com tanta delicadeza. O carinho brotava como o orvalho de suas mãos, olhos e boca. Lavava-lhes os pés. Atava-lhes as feridas. Tirava-lhes as escaras. Quando lavava as feridas, tocava-as com o maior cuidado, para evitar a dor.

Sabia os gostos de cada um quanto à comida. Na hora de lavar-lhes os pés, sabia quem gostava de água mais fria ou mais quente. Tinha aprendido a história pessoal de cada doente. Francisco tinha a vivíssima impressão de estar tocando o próprio Jesus, de estar aliviando suas penas ou curando suas feridas. Ficava em pé até altas horas da noite, lavando-lhes as roupas. Levantava-se cedo, varria a casa, preparava a comida. Queria que aqueles fossem dias de festa para aquele hospital.

RECORDANDO

O próprio Senhor tinha mandado que reconstruísse ermidas. Primeiro preocupara-se com a restauração das ruínas das ermidas vivas. Uma manhã, depois de despedir-se dos leprosos com um "até logo", percorreu devagar a vereda que levava a São Damião.

"Desde que recebi a ordem de construir ermidas", pensava enquanto ia caminhando lentamente, "já se passaram umas sete ou oito semanas. Quantas maravilhas, meu Deus, em tão pouco tempo! Parece uma obra de alvenaria colocada embaixo do arco da eternidade. É a nunca desmentida e invicta misericórdia do Senhor", disse em alta voz, mais consistente que as montanhas eternas.

O Irmão ia lembrando e ruminando uma por uma as aventuras sucedidas desde então e tinha vontade de chorar de pura gratidão. Caminhando pelo atalho que avançava sob as muralhas de Assis, olhando um pouco para cima, um pouco para baixo e um pouco para diante, saltou de uma vez aos seus olhos o cenário completo de todos os assédios da graça, dos presentes inexplicáveis que o Senhor lhe havia conferido gratuitamente em tão breve lapso de tempo.

Não pensava em entrar para algum mosteiro ou em preparar-se para o ministério sacerdotal. O Senhor o havia colocado como um explorador por veredas solitárias e inéditas. Seu futuro era como um dia de neblina. "Mas aquele que me pôs neste caminho", pensava, "saberá levar-me pela mão no meio da neblina e da solidão." Sentia-se livre, firme, feliz.

Assim chegou a São Damião. Em primeiro lugar, preocupou-se em encontrar o capelão. Ajoelhou-se com suma reverência a seus pés, pediu-lhe a bênção, explicou como o Senhor lhe havia mandado reconstruir ermidas, começando pela de São Damião, e como o bispo, no tribunal, tinha-lhe dado o estímulo e a bênção para cumprir a ordem de Deus. Mas o velho capelão não ficou totalmente convencido com essas explicações.

Depois se retirou para o interior da ermida para reviver diante do crucifixo bizantino aquele momento de saciedade divina que tinha experimentado semanas atrás.

Sem sair da ermida, começou a projetar os modos e meios para reconstruir as paredes arruinadas. "Foi uma quimera", dizia a si mesmo. "Não sei como eu podia confiar no dinheiro apenas algumas semanas atrás. Eu devia estar cego quando pretendi ajeitar a capela com moedas. Vã ilusão!", disse em voz alta. "São as mãos, o trabalho, o suor, o carinho – ferramentas da Senhora Pobreza – que constroem as obras do Senhor."

ÓLEO PARA A LÂMPADA

Vestido como um eremita, cheio de alegria no coração, o Irmão subiu por uma ladeira pedregosa e em poucos minutos alcançou as primeiras ruas da cidade.

Com expressão de paz e de serenidade no rosto, percorria as praças e os átrios das igrejas. Para muitos, a maioria, era indiscutivelmente o novo profeta de Deus. Alguns tinham dúvidas sobre a retidão de suas intenções ou a estabilidade de sua cabeça. Para outros poucos continuava a ser o louco de sempre e riam-se em sua cara. Diante do sorriso zombeteiro destes últimos, o Irmão pensava: "É normal que não acreditem em mim".

* * *

Em outros tempos, mantinha com o dinheiro de seu bolso a lâmpada que ardia diante do crucifixo. Agora que não tinha dinheiro, começou a mendigar óleo de porta em porta.

Conhecia a casa de um proprietário de grandes olivais, em cujos porões fabricavam azeite. Foi lá. Quando se aproximou, viu que o vestíbulo estava cheio de gente em animada conversação: eram seus velhos amigos.

Em um instante, levantaram-se das cinzas adormecidas os restos de sua vaidade não de todo extinta, paralisando-lhe as pernas. Voltou e foi por outra rua. "Responde, filho de Bernardone", disse a si mesmo, "como se chama um cavaleiro que renega seu Senhor?" E dizendo isso deu meia volta disposto a enterrar na sepultura aqueles restos de vaidade mundana.

Chegou a casa, cumprimentou com naturalidade os antigos camaradas. Todos se alegraram com o reencontro. Francisco disse: "Amigos, muita gente pensa que eu sou um santo. Vou contar-lhes o que acaba de acontecer. Há alguns minutos eu vinha vindo direto para esta casa, para pedir óleo. Quando os vi, fiquei com tanta vergonha que, como um covarde desertor, escapei por outra rua. E se não fosse pela infinita piedade de meu Deus, seria capaz de coisas piores". Seus amigos ficaram em silêncio.

Por amor do Senhor, pediu um pouco de óleo ao dono da casa, que lhe deu vários litros e, com essa preciosa carga, desceu para a ermida. Estava alegre, não pelo azeite, mas pelo triunfo sobre si mesmo. "Que seria de mim", pensava, "sem a misericórdia de Deus. A fera, mesmo machucada, fica agachada atrás da porta, disposta a dar o salto em qualquer momento. Mas o Senhor é mais forte do que a fera!", exclamou em voz alta.

UMA PEDRA E UM PRÊMIO

Ia à cidade todos os dias, percorria as ruas, reunia o povo ao seu redor. Falava-lhes da inexplicável felicidade que Deus dá àqueles que se entregam a ele. Cantava-lhes as canções antigas da cavalaria com palavras referentes à nova situação. Um estribilho com melodia adaptada dizia assim:

> Quem me der uma pedra, terá uma recompensa.
> Quem me der duas pedras terá duas recompensas.
> Três recompensas são para o que me der três pedras.

Formava rodas e fazia todo mundo cantar em coro o seu estribilho.

Depois descia alegremente para sua capela, carregando aos ombros pedras e outros materiais. Precisou de madeiramento para um andaime e o conseguiu em poucos dias. No alto dos andaimes, começou o trabalho de pedreiro. Os camponeses que trabalhavam nos vinhedos aí por perto deram gratuitamente algumas horas de trabalho. Todos se sentiam contagiados pela alegria de Francisco e a restauração avançava rapidamente.

Alguns habitantes de Assis, sensibilizados pela transformação do herdeiro do grande burguês, iam até lá para ver como iam as coisas e ficavam observando. Francisco convidava-os com bom humor, dizendo: "Que é que vocês estão olhando? O reino dos céus não é para os curiosos, mas para os que metem mão à obra. Subam. Não posso dar-lhes um tostão como pagamento, mas o seu coração será visitado pela consolação".

O capelão era um tipo desconfiado. Não se abria facilmente e mantinha certo ar de reticência diante das pessoas e dos acontecimentos. Pensava que, para abrir-se, as coisas têm que estar provadas e comprovadas. Também diante do Irmão manteve essa atitude de reserva, enquanto o estudava cuidadosamente durante várias semanas.

"Não é justo", disse um dia a si mesmo. "Esse rapaz nasceu em berço de ouro, foi criado com as maiores atenções, abandonou as comodidades burguesas para viver despido e pobre pelo Senhor... Não é justo que eu mantenha com ele esta atitude reservada."

Um dia chamou-o e lhe disse: "Meu filho, acostumado à vida folgada de uma família rica, as tuas mãos não foram feitas para o reboco e as pedras. O ofício de pedreiro é muito pesado. Vejo que estás feliz, mas extenuado. Não és de carvalho. Temo que a debilidade te domine. Permita-me que eu te queira bem e cuide de ti".

Desde esse dia o velho presbítero preparava esmeradamente os melhores guisados dentro de seus escassos conhecimentos de arte culinária. Queria-o mais que a um filho. E entre os dois surgiu uma profunda estima não isenta de carinho.

* * *

Quando anoitecia, o Irmão ia para dentro da ermida. Passava muitas horas derramando sua alma diante daquele crucifixo sereno, iluminado pelo resplendor da lâmpada de azeite.

Nesse tempo, o Irmão não tinha outros sentimentos senão os de gratidão. Sentia-se como um menino feliz guiado pela mão carinhosa do Pai. Passaria a noite inteira repetindo: "Obrigado, meu Deus!". Não tinha medo de nada. Não se preocupava com o futuro que, certamente, era muito incerto.

Todos os dias arranjava um tempinho para ir até São Salvador. Precisava derramar sobre os leprosos aquele mesmo carinho agradecido que sentia pelo seu Senhor. Tratava os mendigos que vagavam pelo vale de igual para igual. Fez grande amizade com eles. Visitavam-no frequentemente. Sentavam-se, cada um numa pedra, e conversavam amigavelmente. As paredes exteriores da capela logo ficaram prontas.

TIGELA NA MÃO

Uma noite, olhando fixamente para os olhos negros, bem abertos, do Crucificado, o Irmão disse a si mesmo: "Ele está numa cruz, não numa cama. Não está vestido, mas nu. Comendo como um mendigo e dormindo sob as estrelas, nascido em um estábulo e enterrado em sepultura alheia... E tu? Tratado e cuidado como um príncipe por um venerável sacerdote? Não pode ser!", disse em voz alta. "Filho de burguês", disse a si mesmo, "lembra-te: mendigo é aquele que recebe agradecido os restos de comida como os cachorrinhos, e come tudo sem reclamar e sem ficar com nojo. Se o Senhor se fez mendigo por teu amor, o correto é que te faças mendigo por seu amor. A partir de amanhã iremos, humildes e agradecidos, de porta em porta."

* * *

Depois de ter trabalhado toda a manhã, quando deu meio-dia foi para a cidade e, de tigela na mão, batia às portas dizendo: "Por amor do Amor, dá-me alguma coisa para comer". Em poucos minutos estava com a tigela cheia de restos de comida.

As pessoas diziam: "E pensar que esse mendigo era até ontem aquele magnífico senhor que preparava banquetes para seus amigos!". Com a tigela transbordante na mão, transpôs as muralhas e sentou-se numa pedra embaixo de uma leve sombra. Quando agitou um pouco aquela misturada, com intenção de começar a comer, sentiu o estômago revolver-se e quase vomitou.

"Outra vez o burguês!", disse em voz alta. Levantou-se, deixou a comida na pedra, enquanto se refazia para superar o problema. "Sempre acontece a mesma coisa", começou a refletir. "Quando não penso em Jesus e estou distraído, aparece o homem antigo, com seus instintos e impulsos, e sou capaz de cometer traições e até de cuspir nos pobres. O homem é barro, mas não vou me assustar com isso."

Pouco a pouco foi se acalmando e começou a pensar em Jesus. Com viva sensibilidade, imaginava Jesus caminhando, mendigando, com fome, com sede, comendo agradecido o que lhe davam. Com esses pensamentos, a Presença apoderou-se vivamente de todo o seu ser, corpo e alma, atenção e sangue. "Como Tu, meu Senhor!", disse em voz alta, e voltou para a pedra. Pegou a tigela e, sem deixar de pensar em Jesus, devorou rapidamente aquele estranho manjar. No fim, até limpou o prato com a língua.

* * *

Levantou-se e começou a descer lentamente para a ermida de São Damião. "Prodígios do Senhor! Prodígios do Senhor!", repetiu duas vezes em voz alta. "O coração do homem", pensava, "devia ser um mar de assombro. Jamais a mente humana admirará suficientemente o braço potente e amoroso do Senhor Deus." O Irmão sentiu uma alegria repentina, intensa como nunca, e vontade de cantar.

Uma embriagadora primavera cobria o mundo com um manto de glória. O Irmão dava uns passos e parava para mergulhar na respiração geral da vida. As cerejeiras em flor pareciam rainhas orientais. Rajadas de brisa suave açoitavam o rosto do Irmão, e ele respondia em voz alta: "Carícias de meu Deus!". Pequenos lagartos verdes tomavam sol sobre as pedras quentes; desapareciam de repente quando sentiam os passos do Irmão. Os trigais começavam a dourar. De repente, a atmosfera enchia-se de perfumes de romãzeiras e de tomilho. O Irmão aspirava intensamente aquele aroma, dizendo: "Presentes do Senhor!".

E assim voltou para a ermida. "Faz quatro horas que saí daqui", pensava. "Em tão pouco tempo, quanta Graça, meu Deus, quantos sucessos, quantas maravilhas! Pobre é aquele que passa o dia inteiro reclamando. Obrigado!", foi seu último pensamento.

MEU PAI, DÁ-ME TUA BÊNÇÃO

Cada dia o Irmão via-se enfrentando novas provas. O Senhor o fizera entrar por um caminho inédito e era normal que se encontrasse a cada momento com curvas inesperadas e emergências imprevistas. Cada frente de batalha exigia uma luta e cada luta ia curtindo-o a fogo lento.

Ao cair daquela tarde, o Irmão entrou na penumbra da ermida. Um sentimento de gratidão inundava seu coração como uma cascata de muitas águas. Abria as comportas e não fazia outra coisa senão debulhar palavras monótonas, permeadas de gratidão. E as horas passavam.

Pouco a pouco, apresentou-se em sua consciência uma viva inquietação: "Que devo fazer? Posso faltar à cortesia, se recusar a comida que o bom sacerdote prepara com tanto carinho. Posso faltar para com minha Senhora Pobreza, se tiver todos os dias a comida servida na mesa. Que fazer? Só os que não têm nada podem experimentar a liberalidade gratuita daquele que alimenta os pássaros e as flores. As aves são livres porque não têm celeiros. Só os que recebem sabem dar. Para amar é preciso ser pobre. É a pobreza que transforma este mundo de interesses e espadas em um grande lar onde uns dão e outros recebem, embora os que dão sejam os que mais recebem. E, acima de todas as razões", concluiu levantando a voz, "meu Senhor Jesus Cristo fez-se pobre".

Na manhã seguinte, foi diretamente procurar o velho capelão, beijou-lhe a mão com reverência e lhe disse: "Peço que me desculpe, Padre, pela decisão que tomei esta noite. Quero experimentar viva e diretamente o carinho do Pai.

Ele mesmo vai me dar comida todos os dias. Mendigarei de porta em porta como um filho de Deus, sem desviar-me da gratuidade. Perdoa-me por não poder mais sentar-me a tua amável mesa".

* * *

Sempre se podia ver o Irmão por volta do meio-dia percorrendo ruas, batendo às portas, com os olhos cheios de uma profunda serenidade, alimentando-se agradecido do que recebia das mãos do grande Esmoler. Passaram-se meses. As lutas cresciam e minguavam. Mas ainda havia espinhos dolorosos a esperá-lo no caminho.

Numa manhã de inverno, o Irmão subiu à cidade para participar da Missa. Entrou na Igreja de São Jorge, lugar onde tinha aprendido a ler e a escrever, a pouca distância da casa paterna.

Naqueles dias tinha havido grandes geadas e Francisco, com sua roupa de peregrino, tiritava de frio. Alguém lhe tocou o ombro dizendo: "Teu irmão Ângelo me mandou perguntar se podes vender algumas gotas de suor". Respondeu-lhe no mesmo tom zombeteiro: "Diga-lhe que não posso atendê-lo porque já vendi todas, e a preço muito bom, ao meu Deus".

Passaram-se alguns minutos e aquela cruel ironia começou a doer-lhe profundamente. Sentia muito vivamente as coisas da família. Mas logo depois reagiu pensando: "Que culpa tem ele de não ter sido visitado pelo Senhor?

No lugar dele, é certo que eu faria coisas piores". E esse pensamento consolou-o.

* * *

Mais do que a brincadeira de mau gosto de seu irmão, o que abatia profundamente a Francisco era a hostilidade de Pedro, seu pai. Aferrado à orgulhosa categoria dos Bernardone, não suportava ver Francisco mendigando de porta em porta. Era demais para ele.

Pode ser que Pedro não fosse tão desumano como o pintaram. Pode até ser que fosse um cidadão honrado. Mas era um burguês cheio de preconceitos de classe, orgulhoso de seu nome e de sua condição de rico comerciante. Afinal, era um escravo do *orgulho da vida*, que consiste em identificar pessoa, dinheiro e imagem social, e em levantar com tudo isso uma estátua, ajoelhar-se diante dela e prestar submissão. Era um escravo, como a maioria dos ricos.

Sempre que pai e filho se encontravam, de perto ou de longe, nas ruas da pequena cidade, Pedro soltava uma rajada de maldições contra Francisco. Apesar de todo o progresso na superação de si mesmo, apesar de ter crescido tanto no "conhecimento" de seu amigo Jesus, o Irmão não podia sofrer a maldição de seu pai. Sentia-o vivamente. E não havia o que pudesse consolá-lo nesses momentos, nem mesmo a lembrança do Crucificado. Então recorreu a uma estratégia tão surpreendente como original, e cheia de comovedora ternura.

Escolheu o mais velho e mais cordial de todos os seus amigos mendigos, um tal de Alberto, e lhe disse: "Meu amigo, daqui para frente eu vou te querer como a meu pai e vou te alimentar todos os dias com as esmolas que receber. Em troca, acompanhar-me-ás sempre pelas ruas. Quando Pedro Bernardone me lançar uma maldição, tu serás meu pai querido. Ajoelhar-me-ei diante de ti. Porás as mãos em minha cabeça. Farás o sinal da cruz sobre minha fronte e me abençoarás".

A cena era dramática e divertida, mas profundamente comovente. Por volta do meio-dia o Irmão ia de porta em porta, acompanhado por seu pai adotivo, como um cachorrinho fiel. O velho mendigo ia prestando atenção para quando aparecesse o orgulhoso mercador. Quando este vinha com uma maldição, o Irmão se lançava imediatamente aos pés do mendigo. Juntava as mãos sobre o peito e, inclinando levemente a cabeça, suplicava: "Dá-me tua bênção, meu pai". É uma cena que possui um conteúdo denso de ternura e de humanismo.

A ERMIDA DO BOSQUE

Acabou a restauração de São Damião. Depois começou e terminou a restauração de outra ermida dedicada a São Pedro. Enquanto isso, também ia restaurando, ou melhor, construindo em seu interior a imagem de Jesus Cristo. A voz de Espoleto estava lá longe, três anos atrás. Os sucessivos combates que tivera de enfrentar nesse tempo tinham dado ao Irmão uma grande maturidade e uma paz quase definitiva.

Fazia tempo que acalentava o projeto de restaurar também uma capelinha perdida no bosque central do vale, a uns três quilômetros da cidade. A capelinha estava quase engolida pelas trepadeiras e tinha rachaduras por todo lado. Pertencia aos beneditinos do monte Subásio, mas também eles a haviam praticamente abandonado. Por tudo isso, às vezes o Irmão perguntava se valeria a pena reformá-la, mas, só porque era dedicada à Mãe de Deus, por quem tinha especial devoção, enfrentou alegremente a nova restauração.

* * *

A ermida tinha (e tem) sete metros de comprimento por quatro de largura. Como estava solitária no meio do bosque e se dizia que era muito antiga, excitava a imaginação popular, que tinha criado muitas lendas. Dizia-se em Assis, e a versão era unanimemente aceita, que, nas vésperas de algumas solenidades, desciam de noite numerosos coros de anjos que cantavam aleluias a muitas vozes e faziam grandes festas.

Por essa razão era conhecida desde tempo imemorial como Santa Maria dos Anjos. Chamavam-na também de Porciúncula, porque a tradição dizia que os beneditinos tinham vivido ali antes de se instalar no monte Subásio, e lhes tinham dado uma *pequena porção* de terra para o cumprimento de suas obrigações monásticas.

Para a reconstrução, Francisco seguiu o método das outras ermidas. Primeiro juntava material, principalmente tijolos, cal, areia, gesso e argamassa. Depois procurava voluntários. Armava os andaimes. Fortificava as paredes menos arruinadas. Derrubava as mais estragadas e as levantava desde o alicerce. Primeiro trabalhava do lado de fora, depois por dentro.

ÊXODO E ASSOMBRO

A obra seguia. No começo, o Irmão pernoitava em São Damião. Mas logo ficou muito seduzido pelo encanto daquele ambiente do bosque, e resolveu ficar na ermida solitária dia e noite.

Para sua completa satisfação, a meia hora de caminho estavam os prediletos de seu coração, os leprosos, e não muito mais longe tinha a cidade para mendigar o pão de porta em porta. Nesse ir e vir, haveria de encontrar-se, sem dúvida, com seus queridos e velhos amigos, os mendigos. Em resumo, na Porciúncula tinha tudo: Deus, os pobres, o bosque.

* * *

Era uma solidão habitada por Deus e governada pela paz. "Não é de estranhar", pensava o Irmão, "que os anjos celebrem suas festas neste paraíso". Passaram-se várias semanas. A reforma ia progredindo, mas lentamente, porque a ermida estava distante da cidade e tinha menos colaboradores voluntários.

Mas o Irmão não tinha nenhuma pressa de terminá-la. Pelo contrário, estava tão feliz naquele lugar que resolveu instalar-se naquela localidade na condição de eremita. Como bem sabemos, nesse tempo o Irmão não tinha projetos para o futuro. Não sabia que rumo sua vida haveria de tomar. Esforçava-se apenas para ser fiel cada dia e vivia à espera da manifestação da vontade divina.

Trabalhando com argamassa, cal e areia, o Irmão dedicava várias horas ao trabalho, várias horas aos pobres e muitas horas a seu Senhor. As luas iam e vinham. Francisco sentia-se completamente feliz.

Durante esses meses houve novidades profundas em sua alma. O Senhor tinha predestinado Francisco para mestre de espíritos e condutor de povos. Embora o estivesse preparando havia anos para esse destino, submeteu o Irmão a uma preparação mais intensiva um pouco antes de fazê-lo assumir essas funções.

Foi um êxodo. Como explicar? Como qualificar o fenômeno? Onde classificá-lo? O Pobre de Assis fez-se mais pequenino do que nunca, mais submisso e dócil do que uma criança. Deixou-se seduzir. Foi arrancado de seus próprios abismos sem se opor. Era como uma folha de árvore arrastada pela correnteza.

Soltaram seus gonzos. Voaram seus eixos de ajustamento. Estalaram os pontos de apoio e os centros de gravidade. E o Irmão *saiu*, ou melhor, *deixou-se levar*. Por quê? Como chamá-lo? Por alguma coisa que era mais do que admiração. Que não era vertigem. Que parecia um suspense. Poder-se-ia dizer que era assombro. Mediu a altura do altíssimo. E, sem querer, por contraste, mediu sua própria altura. E foi assim que, aos pés do Altíssimo, nasceu o *Pobrezinho*. Também foi assim que nasceu o *Sábio de Assis*, quando teve uma visão proporcional da realidade (Deus, mundo, eu).

Saída, assombro, fascínio, aniquilamento, espanto. Uma impressão contraditória. "Quem és tu e quem sou eu?" É pergunta, é resposta, admiração, afirmação, adorar, aceitar com humildade e profundidade que o Senhor seja o Altíssimo e que o Irmão seja pequenino, adorar, não resistir, mas aceitar todo maravilhado e agradecido, começando pela própria pequenez. Adorar, ajoelhar-se aos pés da criação para lavar pés, tratar feridas, salvar insetos, servir a mesa, reverenciar o insignificante, não desprezar nada, ser o menor entre os pequenos, adorar, aceitar prazenteiramente que o Presente seja o Distante, e que aquele que é a essência da existência seja, ao mesmo tempo, a Outra Margem; ficar quieto, mudo, estático, amar.

É a revolução da adoração que faz cair todas as marcas e arrebenta com todas as fronteiras humanas.

* * *

Depois da jornada de trabalho, o Irmão descansava ao cair da tarde. Quando saíam as primeiras estrelas, preparava-se para seu encontro com o Senhor. Nunca, pensava o Irmão, nunca a presença divina é tão densa e refrescante como no mistério da noite.

Geralmente sentava-se ao pé de uma árvore e se dobrava até tocar os joelhos com a testa. Tinha pouca dificuldade para concentrar-se, deixava-se impregnar (não se poderia dizer como) pelas palpitações e pelas energias do mundo, submergia-se com prazeres nos abismos do Altíssimo, e assim passava muitas horas, às vezes a noite inteira, pronunciando com voz suave e maravilhada, lentamente e com espaços de silêncio, estas palavras: "Senhor, meu Deus! Senhor, meu Deus!". Só dizia isso. Cada vez mais pausadamente.

Depois se prostrava de bruços, com os braços estendidos, submerso na substância do mundo, e ficava calado. Ou melhor, a adoração nunca era tão profunda como nesse momento em que não dizia nada.

* * *

Muitas vezes levantava-se do solo e adquiria uma estatura estrelada. "Um céu limpo em um bosque noturno", pensava o Pobre de Assis, "é outra coisa."

Contemplar as estrelas da base dos abetos, azinheiras, carvalhos e castanheiras, embaixo de sua ramaria espessa, causava-lhe um feitiço difícil de explicar. Ficava comovido e agradecido. "É inútil", dizia. "É preciso ser pobre. Os que vivem nos quartos confortáveis e os que dormem em leitos macios dificilmente – é quase impossível – vão entender a linguagem das estrelas e o êxtase de quem está assombrado."

Só os pobres são capazes de descobrir, admirados, as insondáveis riquezas da criação. "Louvado sejas meu Senhor, pela libertadora e santa Senhora Pobreza".

O BOSQUE E SEUS HABITANTES

Tendo recebido tanto, o Irmão sentia necessidade de se doar. E se doava, primeiramente, à própria criação. Explode, aqui, uma segunda novidade: a sensibilidade para com as criaturas.

Embora houvesse em sua natureza uma predisposição inata para vibrar com a beleza do mundo, nessa época nasceu no Irmão, a partir de raízes desconhecidas, uma corrente de ternura e simpatia para com todas as criaturas. Numa mesma vibração estavam envolvidos Deus, as criaturas e Francisco, na mais saborosa e alta fusão.

Adquiriu então uma especial capacidade receptiva, uma hipersensibilidade de captação que não se poderia explicar, como se lhe tivessem nascido dez mil tentáculos vibráteis como antenas receptoras, como se tivesse sido dotado de um mágico radar equivalente a mil ouvidos e mil olhos, de maneira que distinguia perfeita e simultaneamente o movimento de cada inseto, o fresco ou morno do ar, as formas e cores das avencas, urtigas, musgos, líquens, fungos, rícinos. Sentia tudo e isso lhe causava uma embriaguez e uma plenitude dificilmente superáveis.

Como disse, sua natureza tinha uma grande sensibilidade, mas nesse tempo intensificou-se para além de todas as medidas. E o mais importante é que lhe nasceu algo similar a piedade ou ternura para com as criaturas pequenas, principalmente as mais indefesas.

* * *

Um dia saiu pelo bosque e se deparou com uns arbustos muito cerrados, com uma formosa teia de aranha. Parou. Ficou olhando, admirando. Logo caiu na rede uma mosca incauta, que começou a agitar-se violentamente para se libertar. Apareceu a aranha, com vários olhos dispostos em arco, quatro pares de patas e um enorme abdômen. Lançou-se com rapidez incrível sobre a mosca, agarrou-a e desapareceu com ela. O Irmão ficou admirado com a destreza da aranha.

Poucos segundos depois, invadiu-o uma grande tristeza, e não sabia dizer por quê. Sentiu uma aversão profunda pela aranha, levantou a mão para destruir aquela rede maravilhosa, tecida com tanta simetria e beleza. Mas deteve-se e disse em voz alta: "Não destruir nada, não desprezar nada!". Reprimiu seus sentimentos de aversão e não quis continuar a pensar. Foi embora depressa e com a alma em silêncio, pensando em voz alta: "Está tudo certo!".

Em geral ficava muito penalizado por esse holocausto biológico em que umas criaturas se alimentam de outras. Para dar um exemplo, não gostava das aves de rapina e, quando as via, em vez de admirar seu voo, olhava para o outro lado. Mas parecia-lhe que essa pena era uma espécie de censura à sabedoria de Deus, que tinha organizado a vida dessa maneira. Por isso nunca quis refletir sobre esse problema biológico. Simplesmente cortava o pensamento. Apesar de tudo, a tristeza voltava quando observava um animalzinho sendo capturado por outro maior ou mais agressivo. Então sufocava a tristeza repetindo várias vezes em voz alta: "Nós não sabemos nada! Tudo está certo!".

* * *

Havia épocas do ano em que não precisava ir à cidade mendigar alimento. O próprio Senhor preparava-lhe a comida no bosque. Conforme as estações, alimentava-se de morangos silvestres, de amoras dos espinheiros, de brotos tenros de árvores primaveris, das raízes de algumas plantas...

A cada fruta que comia, principalmente quando eram grandes, dizia alto: "Obrigado, meu Senhor!". E voltava satisfeito para a ermida, pensando que o ser humano transformou a vida numa enorme complicação, quando poderiam viver tão simplesmente da mãe terra.

Mas quando se surpreendia pensando nessas coisas cortava imediatamente o pensamento, porque lhe parecia que o primeiro mandamento da criação é não desprezar nada. E quando se voltava para si mesmo, tinha uma impressão aguda de que sabia ainda menos que os outros.

Cada saída ao bosque, principalmente nos dias de sol, era uma explosão de admiração. Descobria mil mundos. Cada metro quadrado era um abismo de mistérios e novidades. As coisas mais insignificantes, que não diziam nada aos outros, eram acolhidas pelo Irmão com maravilha e gratidão.

No seu modo de ver, o ser humano não era o rei da criação, mas um irmão mais pequenino, porque era o único que podia admirar e, ao fazer isso, tornar-se, mesmo sem querer, menor, mais irmão, mais humano. "Isso também é adorar", pensava.

Não se sabe por que, o canto dos grilos dava-lhe uma sensação especial, como se todo o seu ser, como uma harpa, entrasse em reverberação quase cósmica. Avançava pelo bosque devagarzinho, quase sem tocar o chão, para não assustar o inseto. De repente seu pé pisava algum pauzinho, que se quebrava. Com o estalido, o grilo calava. Francisco ficava em silêncio. Mas bem depressa, raspando seus élitros, o inseto irrompia outra vez com seu canto agudo. O Irmão chegava bem pertinho e ficava escutando atentamente por muito tempo, com a boca semiaberta. "Maravilhas do Senhor!", dizia com voz suave, antes de voltar para casa.

* * *

Um dia deparou com um fenômeno curioso. Sobre o pasto verde estava aberta uma longa fenda, como o fio de uma espada. O Irmão se agachou para observar de perto. Era um caminho feito pelas formigas, que iam e vinham em sua faina.

Ajoelhou-se e se inclinou para observar de pertinho aquela maravilha. Ficou assombrado com tanta atividade: as formigas carregavam às costas folhas cinco ou seis vezes maiores que seu corpo, trabalhavam incansavelmente numa organização impecável, em perfeita irmandade, saíam das galerias subterrâneas e para lá voltavam com sua carga. Cheio de admiração, o Irmão exclamava suavemente: "Senhor! Senhor!".

Depois, sem perceber e sem querer, começou a pensar que toda aquela maravilha de organização e trabalho era só para fazer provisão de comida para o futuro. Achou que todo aquele esforço escondia alguma coisa de avareza e muita falta de fé. Principalmente, achou que essa conduta era contrária à opinião de Jesus, que disse que bastava a cada dia a sua preocupação.

Sua admiração pelas formigas esfriou, e quando começou a ser assaltado por sentimentos contrários a elas, levantou-se depressa para não ceder à tentação e foi para a ermida dizendo em voz alta: "Está tudo certo!".

Pelo caminho, ia pensando: "Não, não posso permitir que nessa harmonia universal a minha presença (com pensamentos e sentimentos hostis) seja um acorde destoante. Reconciliação sim, conflito não! O amor une, a aversão separa; e a admiração é o pórtico do amor", pensava.

* * *

Um dia encontrou pelo caminho um sapo que dava saltos desajeitados. Teve repugnância e desviou o olhar, mas depois, como que para redimir sua falta e dar uma satisfação ao batráquio, ficou olhando para ele por muito tempo e com muito carinho. Tinha uma especial ternura para com as criaturas mais repulsivas e fracas.

Conhecia e distinguia pelo nome, com seu perfume e cores específicas e com suas características vitais, todas as plantas e arbustos do bosque: esteva, murta, zimbro, espinho, vime, liana, buxo. Detinha-se diante de qualquer delas para admirar, inclinava-se e cheirava, e dava graças a Deus, lembrando-se de que elas não sabiam falar.

Emocionava-se muito com os vaga-lumes, quando apareciam e desapareciam diante de seus olhos como estrelas errantes. "Como conseguem acender essa luz?", perguntava-se. "Será que a levam acesa também durante o dia? Não", respondia a si mesmo. "De dia certamente dormem."

Também os gafanhotos causavam-lhe grande admiração. Ficava muito tempo estudando-os. Sentia estremecimentos diante de seus saltos formidáveis. Tão pequeninos e davam saltos tão gigantescos! "Se eu desse um pulo proporcional, chegaria à altura do Subásio, ou pelo menos à altura da Rocca."

Às vezes, principalmente à noite, ficava quieto como numa estática implosão no mar da vida. Naquela complexíssima sinfonia, percebia distintamente as diversas vozes, lamentos e queixas dos batráquios, rãs e mil bichinhos diferentes, ao mesmo tempo em que percebia o correr da seiva nas artérias vegetais. Sentia-se profundamente realizado.

OS PREDILETOS

Naquele dia tinha ido à cidade, tinha dedicado quatro horas a seus queridos leprosos de São Salvador e voltava lentamente para Santa Maria dos Anjos.

A serenidade habitual tinha desaparecido de seu rosto e uma tênue tristeza velava seus olhos. Seu andar era o de quem está perturbado por pensamentos tristes. Alberto – o mendigo que o abençoava em resposta às maldições de Bernardone – e mais outros três mendigos tinham procurado o Irmão para desabafar e contar-lhe suas aflições. "Quando eu ia contigo", dizia Alberto, "todos me olhavam com simpatia. Agora viram a cara. O Podestá deu-nos uma ordem: só em determinado setor e em determinadas horas."

"Algumas vezes", continuaram os mendigos, "as estrelas nos surpreendem com um gole d'água e quatro azeitonas. Mas o pior, Irmão Francisco, é que prefiro mais o sorriso que a comida e mais o carinho que a esmola. E a maioria das pessoas nos dá com repulsa, com desdém, de má vontade, esticando o braço e desviando o olhar..."

* * *

Essas aflições é que tinham roubado a alegria do Irmão. Sempre tinha o maior cuidado de não cair no pecado do desprezo, mesmo que fosse em pensamento. Mas desta vez estava sombrio e dando vez a pensamentos escuros. "Sempre a mesma coisa!", disse em voz alta e ameaçadora. "As pessoas se diminuem diante dos grandes e se engrandecem diante dos pequenos. Eu também fazia isso", acrescentou, baixando a voz.

"Quando alguém bate à porta e vão abrir", continuava a pensar o Irmão, "os sorrisos, cerimônias e cortesia dos anfitriões são tanto maiores quanto mais o visitante parecer importante pela roupa, fama ou beleza. Na medida em que vai diminuindo a categoria do visitante, as pessoas passam da cordialidade à frieza, da frieza à desatenção, da desatenção ao desdém. O Senhor nos enviou nus a este mundo! Não há categorias. O resto são convencionalismos e roupagem artificial. Quando virá o dia em que os homens vão começar a valorizar a despojada substância de filhos de Deus?"

E levantando a voz pronunciou estas frases: "Qual a graça de amar o que é amável, de venerar o que é venerável, de apreciar a beleza da pessoa bonita, ou de ajoelhar-se diante de um campeão? O dinheiro classifica. Levanta muralhas de aço entre irmãos". Ia dizer: "Maldito dinheiro!", mas se conteve. Apesar de tudo, tinha mais horror pelo desprezo do que pelo dinheiro. "A roupa classifica", continuou pensando, "a fama classifica e a beleza também. Para o diabo com todas essas classificações! Que sobrará para todos os filhos de Deus que não têm dinheiro, beleza, títulos, saúde ou fama? Só o esquecimento e o desprezo..."

Nunca tinha sido visto tão transtornado. Sua respiração estava agitada e tinha um fulgor de ira no fundo dos olhos. Sentia que todos esses pensamentos lhe faziam mal. Não se sentia bem com essas reflexões, mas não podia evitá-las; era como uma força superior, vinda de fora e estranha a si mesmo.

* * *

Chegou à ermida de Santa Maria. Alguma coisa dizia-lhe que a paz tinha fugido como uma pomba assustada. "O coração puro nunca deve dar passagem para a ira", pensava, "nem mesmo em nome de sagradas bandeiras".

Sentia necessidade de reconciliar-se, mas, com quem? Não sabia. Depois de meditar um momento, disse: "Vou me reconciliar com a mãe terra, que mantém em pé e alimenta igualmente todos os filhos". Dizendo isso, ajoelhou-se lentamente. Depois deu um beijo demorado no solo. Ainda de joelhos, apoiou a testa no chão e ficou horas nessa posição. Aliás, era sua posição favorita para rezar.

E disse:

> Meu Deus, antes de tudo, põe a mão no coração do teu servo para que recupere a paz. Tira-me a espada da ira e cura a minha ferida. Sossega o meu coração e as minhas entranhas antes que teu servo pronuncie palavras graves. Nesta tarde de ouro, deposito em tuas mãos de misericórdia estas rosas vermelhas de amor. Não desprezarei os que desprezam. Não amaldiçoarei os que amaldiçoam. Não julgarei os que condenam. Não odiarei os que exploram. Amarei os que não amam. Não excluirei ninguém de meu coração. Deixa-me dizer agora uma palavra nova e aceita-a limpa e sem atenuantes. Meus preferidos serão os preteridos. Quanto mais marginalizados pela sociedade, mais promovidos serão em meu coração. Na medida em que forem menores os motivos para serem apreciados, tanto mais serão amados por mim. Amarei principalmente os não amáveis. Deixa-me reservar o cantinho mais florido do meu coração para os leprosos, os mendigos, os salteadores de estradas e os pecadores. Assim terei o privilégio de seguir os passos de Jesus.

HUMANISMO

Efetivamente, foram estes os favoritos de seu coração durante toda a sua vida: os marginalizados da sociedade medieval, os que não eram "atraentes" ou agradáveis de acordo com as regras do mundo. Em sua juventude o Irmão tinha observado o mundo e a vida por dentro e chegou à conclusão de que nas relações humanas o que funciona são os polos de atração.

Pensava: "Uma pessoa pode não ter beleza, dinheiro ou bondade, mas pode ter fama. Nesse caso, o polo de atração será a fama, que a fará rodeada e estimada. Outra pode não ter fama, beleza, simpatia ou bondade, mas pode ter dinheiro. Nesse caso, o dinheiro vai ser o polo de atração. Outras vezes vai ser a beleza ou a simpatia. Pode faltar tudo, mas a bondade pode ficar como polo de atração".

O Irmão viu que as pessoas nunca amam o homem puro, a criatura despojada. Amam as qualificações sobrepostas às pessoas. "Mas quem vai amar a pessoa quando começam a falhar, um por um, todos os polos de atração, sobrando apenas a criatura pura e nua? Quem vai olhar para ela? Quem se aproximará? Só um coração puro e desinteressado", pensava o Irmão. "Coração puro é o que foi visitado por Deus."

* * *

O Irmão viu que, normalmente, se o coração não foi purificado, o homem procura a si mesmo nos outros. Serve-se dos outros em vez de servir aos outros. Sempre há um jogo de interesses, secreto e inconsciente.

O caso mais claro é o dos políticos, que sempre proclamam estar interessados pelos pobres. Mas, de fato, em geral os pobres são o seu centro de interesses: servem-se deles como um trampolim para promoverem a si mesmos, construir uma figura social e progredir econômica e profissionalmente. Se esse interesse falhar alguma vez, os políticos abandonarão os pobres com bonitas explicações. Os pobres ficam sempre expostos ao mau tempo, esperando corações puros.

Humanismo? Humanismo é o culto ou dedicação *ao ser humano*, à criatura despojada de enfeites e carente de polos de atração. O verdadeiro humanismo é impossível onde não existir um processo de purificação do coração.

Isso precisaria de uma longa explicação, mas o humanismo puro não pode existir sem Deus, a não ser em escala reduzidíssima. Hoje só Deus pode fazer a revolução do coração, invertendo os critérios de valor, derrubando instalações e apropriações, e levantando novas escalas de interesses.

É por isso que há tão poucos humanistas verdadeiros, e é por isso que os pobres ficam sempre frustrados em suas esperanças, com as mãos cheias de palavras vazias.

Na história da humanidade houve poucas pessoas tão humanistas como o Irmão de Assis. Colocou veneração onde não havia motivos de veneração. Colocou apreço onde não havia motivos de apreço. Amou de maneira especial os que não eram amáveis. Quanto menos polos de atração havia nas pessoas, mais aumentava o seu carinho. Nisso, como em tudo, apenas seguiu o exemplo de Jesus.

Neste livro vamos encontrar, a cada capítulo, episódios emocionantes em que resplandece o humanismo do Pobre de Assis.

3. O SENHOR DEU-ME IRMÃOS

DE SURPRESA EM SURPRESA

Nessas alturas, o Irmão estava pensando em levar vida de eremita, instalando-se na capelinha restaurada de Santa Maria dos Anjos, mas esse pensamento ou intenção também era provisório. Sua vida continha, então, os seguintes componentes: vida contemplativa ao redor da ermida do bosque; dedicação aos leprosos e mendigos. Parece que, terminadas as ermidas, também trabalhou com os camponeses no campo para ganhar o próprio sustento e ajudar os indigentes.

Ao olhar distanciado de nosso tempo, há diversas coisas que impressionam vivamente na história singular do Irmão de Assis acontecida até agora.

Saltava de provisório em provisório. Sua única preocupação era ser fiel no momento presente. Não se preocupava com o amanhã, nem sequer em termos de fidelidade. Lançara-se nu ao mar de Deus e se deixava levar pelas correntes divinas. Pensava sempre: "O Senhor há de manifestar-se".

Nunca – nem nesse momento nem depois – foi uma mente ordenada, que se assenta para fazer análises e sínteses dos sinais dos tempos, combinando-os com reflexões teológicas e estatísticas de sociologia, para traçar linhas de ação numa perspectiva geral. Era o oposto do homem teórico ou intelectual.

Para fazer uma comparação, foi como um explorador: quando escala uma montanha, o explorador consegue ver uma elevação proeminente ao longe; quando consegue escalar essa outra, enxerga outros cumes que não tinha visto antes. Ou como o explorador de galerias subterrâneas: avança cinco metros perfurando as entranhas e, de repente, topa com um filão de qualidade e de cor desconhecidas. Continua perfurando e, pouco adiante, à esquerda, dá com uma jazida de metal novo e puro. Vive do imprevisível.

O Pobre de Assis viveu assim, principalmente naqueles anos: sempre a ponto de descobrir, à espera do inesperado, disponível e atento, sem pressuposições nem condicionamentos.

Recebia hoje uma inspiração divina, e já a punha em prática. Depois de algumas horas, numa outra curva, apresentava-se outro desafio, e o Irmão respondia na hora, sem complicações.

Não gostava de teorizar, e menos ainda de racionalizar. Foi o homem do concreto e do literal. Vimos que sua vida, no espaço de tempo que analisamos, teve um ritmo vertiginoso, saltando de surpresa em surpresa, de novidade em novidade, sem olhar para trás para analisar, sem olhar para a frente para fazer projetos, vivendo sempre à espreita: quando se apresentava uma exigência divina, executava-a na mesma hora, e ficava à espera de outra ordem. Foi de uma simplicidade terrível, feita de concretude e fidelidade. Um teorizador facilmente transforma-se em um racionalizador. A história já demonstrou que a gente pode fazer teorias até sobre um pé de uma trípode.

Foi o homem da improvisação, no melhor sentido da palavra. Como dizer? O homem da imprevisão? Digamos antes que foi o homem da surpresa, porque foi, originalmente, o homem do assombro. Tinha gestos dramáticos levados a cabo com naturalidade, sem dramatismo. Realizava as coisas maiores com simplicidade e sabia fazer as coisas menores com certa solenidade.

SOLIDÃO COMPLETA

O que mais surpreende o escritor que mergulha nas *Fontes* é a solidão completa em que o Irmão percorreu esse caminho. É estranho em um homem tão comunicativo. O escritor tem a impressão de que o Pobre de Assis foi tratado inicialmente com uma prodigalidade excepcional por parte do Senhor, com uma assistência muito especial e quase única, e talvez tenha sido por isso que o Irmão aguentou a solitária peregrinação sem esmorecer. O próprio Senhor, em pessoa, foi seu companheiro e seu guia.

Não consultou ninguém. Não buscou nenhum diretor espiritual. Não percorreu caminhos já trilhados. Não entrou em nenhum esquema. Nem monge, nem sacerdote, nem cenobita. Deus o lançou na escuridão, na incerteza e na solidão completas para percorrer um caminho que ninguém tinha percorrido antes, sem saber qual seria a meta e sem suspeitar das emboscadas que poderiam estar a sua espera em qualquer encruzilhada. Como sabia Francisco que estava agindo certo? Correu todos os riscos. Jogou-se inteiro a cada esquina. Não me lembro de nenhum outro profeta, em nenhum tempo, que se tenha lançado a tão incerta aventura.

Foi temerário? Em toda aventura há uma dose de temeridade. Mais tarde, certamente, o Irmão foi temerário diversas vezes. Mas não sei se essa palavra é correta. Seu procedimento algumas vezes parece autossuficiente. Mas certamente não o foi. Intuição? Inspiração? Pode ter havido algo assim, mas, fundamentalmente, foi outra coisa.

Deus lhe gritou do abismo: "Pula!", e o Irmão pulou, sem pensar duas vezes. O Senhor chamou-o da treva, dizendo: "Vem, meu filho!", e o Irmão meteu-se, sem vacilar, pela treva adentro. Foi uma fé única, uma confiança única. Foi aquela fé que transporta montanhas: fé de criança, fé adulta.

O Senhor disse: "Irmão Francisco, entra na selva e abre a picada. Não tenhas medo que estarei contigo", e ele se meteu às cegas na floresta. Foi uma fé de aventura.

A REVELAÇÃO

Chegou o outono com seus frutos dourados, e se foi. Chegou o inverno com neves e gelos. O Pobre de Assis permaneceu na ermida do bosque nos meses mais difíceis. Sentiu-se livre e feliz.

O caminho percorrido tinha durado três anos e tinha sido bonito e libertador. Também tinha sido sumamente doloroso, muito mais do que parecia. O Senhor conduzia-o passo a passo e preparava-o esmeradamente para o alto destino a que estava predestinado. Nessas alturas, o Irmão era uma terra arada, oxigenada e purificada. Estava tudo preparado.

Vivia o dia a dia. Nos primeiros planos de sua consciência não havia nenhuma preocupação sombreando o céu limpo. Mas o ser humano é constituído por muitos planos justapostos. E lá nos níveis mais profundos, aonde não chega a luz da consciência, o Irmão esperava alguma coisa, mas não sabia o quê. Pressentia rumos inesperados. Estava tranquilo, mas vivia à espreita.

Por mais esperada que fosse, a revelação ocorreu inesperadamente.

Um dia o Irmão foi até o mosteiro beneditino do Subásio. Disse aos monges que a ermida já estava restaurada e que seria conveniente fazer uma celebração eucarística para instaurar de novo o Culto Divino. Combinaram que, no dia seguinte, um sacerdote iria até o local.

Era 24 de fevereiro, festa de São Matias. A noite tinha sido muito fria. O Irmão passou muitas horas com o Senhor, para espantar o frio. Levantou-se cedo, ao clarear do dia talvez mais importante de sua vida. Preparou o necessário para a Missa com suma devoção e esmero. Convocou os camponeses dos arredores e ficaram todos esperando o sacerdote.

A Missa começou e o Irmão ajudava com grande piedade. Acolhia cada oração e cada leitura, cuidadosamente, no cofre de seu coração. Chegou a hora do Evangelho e todos ficaram em pé.

Dizia: "Vão e preguem por todo o mundo. Não levem nenhum dinheiro no bolso. Também não levem sacola de provisões. Uma camisa basta. Não precisam de sapato nem de bastão. Vivam do trabalho das próprias mãos. Quando chegarem a algum povoado, perguntem por alguma família honrada e peçam hospedagem. Sempre que entrarem em alguma casa, digam: 'A paz esteja nesta casa'. Sejam simples como as pombas e espertos como as serpentes. Se não os aceitarem em algum lugar, procurem outro sem protestar. Há muitos lobos por aí. No meio deles, vocês são cordeirinhos recém-nascidos. Pode ser que os arrastem aos tribunais; o Pai lhes porá na boca os argumentos de defesa, os argumentos certos. Não tenham medo. Eu vou ficar com vocês até o fim do mundo".

Um relâmpago diante de seus olhos não teria produzido o mesmo resultado. O Irmão parecia funcionar em alta voltagem. Ficou impressionadíssimo. Teve a sensação de que o sangue tinha parado em suas veias. Parecia que palavras mortas, tantas vezes escutadas, estivessem de repente recuperando a vida e ressuscitando mortos.

Parecia que tinha tido uma cortina escura diante dos olhos durante três anos. De repente, o Evangelho descerrou a cortina e ele viu um horizonte sem fim, cheio de claridade. Parecia que o sacerdote beneditino se houvesse esfumado e que fora o próprio Jesus quem pronunciara essas palavras.

A Missa continuou. O Irmão estava profundamente comovido. No fim da Missa os aldeãos voltaram para casa. Com muita delicadeza, como de costume, o Irmão aproximou-se do sacerdote para dizer-lhe: "Ministro do Senhor, as palavras do Evangelho tocaram a minha alma.

Desejaria escutá-las outra vez e, se fosse possível, que o senhor me desse alguma explicação".

Pegaram o livro de Missa. Saíram para fora da ermida. Sentaram-se nas pedras ao calor do sol. O sacerdote leu o Evangelho outra vez. Ia fazendo um comentário a cada versículo. Depois fez um comentário geral sobre o contexto. O Irmão fez algumas perguntas. O sacerdote deu as respostas. Por um momento, ficaram os dois em silêncio.

De repente, Francisco levantou-se. Parecia embriagado. Seus olhos brilhavam e sua estatura parecia muito maior. Levantou os braços como duas extensas chamas e exclamou com voz comovida: "Tateando as sombras, faz tempo que eu buscava e rebuscava a vontade de Deus e finalmente a encontrei. Glória ao Senhor! O horizonte está aberto, já sei o caminho. É obra do Senhor Jesus Cristo. Vou percorrer esse caminho evangélico, mesmo que haja espinhos no meio das flores, até chegar ao fim do mundo, e nesse caminho é que vai se apagar a minha vela".

Voltaram para a ermida. Pegou o bordão de caminhante e o jogou longe. "Que mais quer o meu Senhor Jesus Cristo?", perguntou. E, sem responder, tirou os sapatos e jogou-os no mato. Soltou a fivela do cinturão e o lançou com força, como uma serpente voadora. Despojou-se da túnica de ermitão deixando-a embaixo de uma árvore. "Que mais quer o meu Senhor Jesus Cristo?", perguntou outra vez, alegremente.

Pegou um saco rude. Cortou-o e lhe deu a forma de cruz, com um capuz, parecido com a roupa dos pastores do Subásio. Amarrou na cintura uma corda comum e, persignando-se, saiu caminhando.

PRIMEIRA SAÍDA

No caminho da cidade, o Pobre de Assis tinha a viva impressão de ter sido armado cavaleiro de Cristo. Isto o tornava radiante. No mundo inteiro não deve existir ordem de cavalaria mais nobre: percorrer o mundo às ordens do Grande Imperador Jesus Cristo, levar a Senhora Pobreza sobre a espuma dos sonhos, socorrer a todos os feridos pela tristeza, desfazer as tortuosidades do egoísmo, procurar a verdade do erro combater o desânimo dos pessimistas, assaltar as fortalezas do pecado, levar na ponta da lança o estandarte da paz, atingir as estrelas impossíveis... Esses pensamentos deixavam-no ébrio de felicidade, enquanto caminhava em sua primeira saída evangélica.

Aproximando-se da cidade, nem parou em São Salvador, com seus *irmãos cristãos*. Seguiu adiante e, quando topou com o primeiro camponês, cumprimentou-o: "O Senhor te dê sua paz". Daí em diante, começou a cumprimentar a todos que encontrava pelos caminhos ou pelas ruas com essa saudação evangélica, em vez de dizer "Bom dia".

Foi direto para a praça principal. Duas ou três pessoas se aproximaram, estranhando aquela roupa chocante. Ao explicar por que tinha trocado de roupa, começou a improvisar sobre os motivos do amor. Logo se juntaram dois ou três curiosos quando escutaram sua voz forte. Então subiu numa pedra grande da praça e levantou o tom e a inspiração.

O Irmão sabia muito bem quais eram os pontos fracos dos ouvintes e para eles dirigia as palavras com grande liberdade de espírito. Não era a primeira vez que os habitantes de Assis ouviam um leigo improvisando na praça. Estavam habituados a escutar os valdenses e os patarinos.

* * *

Eram palavras tão simples e penetrantes como o fio de uma espada. Nunca alçava voo pelas cumeadas da oratória. Era coisa que não combinava com sua personalidade. Muito pelo contrário, suas palavras eram breves, preferentemente palavras textuais de Jesus, com algum comentário adicional. Suas exortações eram reiterativas e tinham caráter muito prático. Nunca se perdia em palavrórios nem em elucubrações teológicas. Conciso, breve, prático.

Sua pessoa e sua vida eram uma verdadeira pregação. Havia calor e convicção em sua palavra porque só falava do que já tinha vivido. Quando acabava de falar e ia embora, os ouvintes voltavam em silêncio para casa. Ainda havia alguns que não levavam a sério e sorriam zombeteiros, mas quando viam sua sinceridade, o sorriso se lhes congelava e ficavam desarmados. Era difícil escapar daquela serenidade que cativava e contagiava.

Conseguia despertar a sede de eternidade que mora nos últimos porões da alma. Com sua palavra breve e simples, dava resposta às interrogações fundamentais da vida. Não se sabe por que, ouvindo sua voz, as almas recuperavam a sombra da paz para refrescar as chamas interiores. Todos se sentiam felizes.

O Irmão voltava todos os dias à cidade. Onde houvesse um grupo de cidadãos agrupados pela ociosidade ou por outro motivo, apresentava-se o embaixador da paz e, sem pedir autorização, começava a debulhar suas proclamações evangélicas. Fazia-o com tanta humildade e simplicidade que ninguém ficava ofendido por ter sido interrompido em sua conversação.

Um dos lugares onde mais gostava de anunciar a Palavra era o pórtico do Templo de Minerva, junto das grandes colunas coríntias.

A cidade acabou esperando as visitas do evangelista, porque todos sentiam que aquelas palavras lhes faziam muito bem e as pessoas voltavam para casa com calma e paz em suas almas. Além disso, esse mensageiro não atacava ninguém, nem o Podestá nem o clero nem os magistrados. Não se apresentava com ares de reformador, mas como aquele que descobriu um tesouro e quer partilhar com todos.

O PRIMEIRO COMPANHEIRO

É uma constante na História das Religiões o fato de que o profeta, uma vez assumida sua missão, abandone a família e se afaste de seu país. É raro que regresse, e nunca como profeta. Normalmente sua palavra e prodígios resplandecem em latitudes muito distantes de sua terra natal.

Nisso, como em tantas outras coisas, o Irmão foi uma exceção. Parece que nunca teve tentação de afastar-se de sua terra. Em nome do Evangelho, tornou-se um itinerante incansável para semear palavras de vida eterna em terras de fiéis e infiéis, mas nunca levantou sua tenda de campanha do vale em que nasceu, e a epopeia franciscana sempre teve seu epicentro em Assis.

Quanto à categoria social, Bernardo estava muito acima de Francisco. Era um cavalheiro, e uma crônica diz que "por seu conselho regia-se a cidade de Assis". Mercador como Francisco, mas de maior fortuna, Bernardo era naturalmente ponderado e reflexivo. Dificilmente se entusiasmava e mantinha controlados todos os seus impulsos. Reflexivo, cauto e um tanto reservado.

Tinha aquele sentido que permite distinguir o essencial do acessório. Tinha meditado muitas vezes sobre a contingência da transitoriedade de toda a criação e, misteriosamente, esse pensamento não o entristecia, mas lhe dava paz.

Convencido de que nada vale a pena, porque tudo vai e vem e coisa alguma permanece, foi desprendendo o coração dos bens terrenos e começou a aderir às raízes eternas e cultivar aquela sede de Deus que, além de Graça, era uma predisposição inata de sua personalidade.

Foi aí que começaram os primeiros devaneios místicos de Francisco. Sendo ponderado, Bernardo ficou na expectativa. Passaram-se meses e anos, e Bernardo começou a pensar: "Francisco acertou. Tinha tudo e deixou tudo. Agora parece mais feliz do que todos nós. Vive sem ter nada e como quem possui tudo. E sua conversão não foi uma febre passageira. Nada disso seria possível se esse Francisco não tivesse uma amizade ardente com Deus. Vou observá-lo de perto para verificar o grau de sua transformação".

Convidou-o um dia para jantar em sua casa. Depois, disse: "Francisco, já é muito tarde e a Porciúncula é longe. Vou mandar preparar outra cama no meu quarto, para você poder descansar". Bernardo tinha na parede uma imagem do Senhor, iluminada por uma lâmpada tênue.

Francisco deitou-se e fingiu um sono profundo. Bernardo também se deitou e começou a roncar para fingir que estava dormindo. Então Francisco levantou-se silenciosamente, ajoelhou-se diante da imagem, estendeu os braços em cruz e começou a dizer lentamente, suavemente: "Senhor, Senhor!".

Parecia que aquelas palavras vinham das entranhas da terra e arrastavam consigo a adoração de todo o mundo. Não dizia mais nada.

Nunca se viu tamanha fusão entre a pessoa, a palavra e o conteúdo da palavra. Bernardo estava profundamente comovido e até contagiado. Olhava-o dissimuladamente: ao clarão mortiço da lâmpada recortava-se a figura de Francisco, que parecia a adoração transformada em estátua.

Francisco não saiu dessa frase. Mas havia tal variedade de matizes na maneira de pronunciá-la, que sempre tinha um tom diferente, como se cada vez fosse a primeira. Às vezes elevava a intensidade da voz, mas a inflexão era mais da alma que da garganta. Outras vezes parava e ficava em silêncio. Com frequência o tom assumia a profundidade de um suspiro ou de um soluço. Então Bernardo ficava com um nó na garganta e tinha que fazer força para não chorar. Francisco permaneceu assim até a aurora. Foi uma noite memorável.

* * *

Na manhã seguinte, Bernardo disse a Francisco: "Irmão Francisco, o Senhor me deu riquezas. Vi que as riquezas me separam do meu Senhor. Eu quero que o Senhor seja minha riqueza. Que devo fazer?".

"É verdade, senhor Bernardo", respondeu Francisco. "Se as riquezas ocupam a alma, é difícil que o Senhor seja a sua riqueza. Trata-se de uma alternativa, senhor Bernardo: ou Deus ou o dinheiro." "Então, que devo fazer?", insistiu Bernardo. "Amanhã vamos cedinho à igreja e o próprio Senhor haverá de nos manifestar sua vontade", respondeu o Irmão.

No dia seguinte saíram cedo de casa. Passaram pela casa episcopal, onde chamaram Pedro Catani, cônego de São Rufino, que também tinha manifestado o desejo de fazer o mesmo que Francisco. Atravessaram a praça principal e chegaram à Igreja de São Nicolau. Participaram da primeira missa e, considerando a importância do momento, ficaram em oração até as nove.

Então Francisco levantou-se com a atitude de quem vai fazer alguma coisa muito importante, aproximou-se do altar-mor com reverência e pegou o missal. Com surpreendente ingenuidade e com aquela fé que transporta montanhas, submeteu a delicada questão ao juízo de Deus, suplicando ardentemente ao Senhor que lhe mostrasse sua vontade, ao abrir o livro.

Abriu o missal pela primeira vez e seus olhos caíram sobre estas palavras: "Se queres ser perfeito, vende tudo o que tens e dá-o aos pobres; depois vem e segue-me". Na segunda vez, leu: "Não levem nada pelo caminho, nem bolsa, nem dinheiro, nem bastão, nem troca de roupa". Na terceira vez, encontrou estas palavras: "Se alguém quiser vir comigo, renegue a si mesmo carregue sua cruz e siga-me". Eram textos que tinham a força a brevidade e a clareza de um relâmpago.

Francisco depositou outra vez o missal no altar. Voltou-se para os neófitos pressentindo a transcendência do momento. Havia em seus olhos um brilho de amanhecer.

Ergueu-se sobre o degrau mais alto do altar e lhes disse: "Amigos, o Senhor falou. Não precisamos comentar. Neste momento, um comentário seria uma audácia, talvez uma profanação. Foi o Senhor quem decidiu. O Evangelho será nossa única inspiração e legislação, não só para nós, mas também para os que quiserem juntar-se a nós. Vamos adiante, irmãos. Que o Evangelho recupere, sob os pés de vocês, todo seu frescor e novidade. Glória ao grande Deus e altíssimo Senhor Jesus Cristo que, em sua misericórdia nunca desmentida, indicou-nos o caminho e nos abriu as portas do mundo".

O Irmão estava emocionado. "Senhor Bernardo", disse, "essa é a resposta para a sua pergunta." Os três saíram da igreja atravessaram a praça e foram diretamente para a casa de Bernardo. Fizeram uma divisão: estas coisas e tanto dinheiro para o leprosário de São Salvador. Esses tecidos e mais tanto dinheiro para outros hospitais pobres. O resto vai ser repartido hoje mesmo entre os pobres na Praça São Jorge.

Foi um espetáculo capaz de comover as pedras. Em nome do Evangelho, o cavalheiro mais abastado da cidade desprendia-se de todos os bens para seguir a Cristo acompanhando os passos do Pobre de Assis. Era 16 de abril. Viúvas, velhos mendigos, todos os pobres afinal, reuniram-se na praça para receber sua parte.

A cidade foi sacudida por uma comoção profunda. Mas nem todos estavam de acordo com aquela prodigalidade. "Se todos os comerciantes de Assis fizessem o mesmo, arruinariam a cidade em um mês", disse alguém. "É um vírus perigoso o desse rapaz louco dos Bernardone", dizia outro. "Será que esse esbanjamento vai resolver a situação dos pobres?", perguntava um terceiro.

* * *

Sem teto, sem uma moeda no bolso, sem dispor de um palmo de terra neste mundo, sem família nem pátria, os três peregrinos cruzaram a porta ocidental das muralhas, saíram da cidade e, cheios de alegria e liberdade, dirigiram-se para Santa Maria dos Anjos. Ao pé da letra, eram estrangeiros neste mundo.

O Irmão estava feliz. Nunca analisava os acontecimentos nem projetava o futuro. Nem lhe passou pela cabeça se esse grupinho era, haveria de ser ou poderia ser a primeira célula de um grande movimento. Era o homem do presente. Vivia a alegria de pensar que grandes cavaleiros estavam ingressando na nova cavalaria, colocando-se às ordens do Grande Imperador, Jesus Cristo. E esse pensamento enchia-o de alegria.

No dia seguinte, levantaram três minúsculas choças com troncos, galhos secos, palha e um pouco de barro. Cada choça não era mais alta que um homem normal, tinha o comprimento de um corpo deitado e mais ou menos um metro e meio de largura. Posteriormente abriram uma valeta formando um quadrado amplo. Nela plantaram uma cerca viva de arbustos. No centro do quadrado levantaram uma cabana relativamente grande, semelhante à cabana dos pastores dos Apeninos.

Depois de alguns meses, já existia no bosque: a ermida restaurada por Francisco; a cabana grande dentro da cerca viva; várias choçazinhas individuais, cada vez mais numerosas espalhadas pelo bosque.

Bernardo e Pedro fizeram um roupão parecido com o de Francisco, da "cor dos burros da região", entre o pardo e o cinza tecido de acordo com um modelo muito simples: de uma só peça com um capuz, e cingido com uma corda. Também a roupa era parecida com a dos pastores.

NOVO MEMBRO

Os novos acontecimentos levantaram em Assis uma nuvem de boatos. A despedida do clérigo mais douto e do cavalheiro mais influente deixaram vivamente impressionado um jovem camponês chamado Egídio. Era uma alma transparente como o azul e simples como a de uma criança. No dia 23 de abril, festa de São Jorge, o cavaleiro de

Cristo, Egídio participou fervorosamente da missa e depois se dirigiu para a planície.

Chegou ao bosque da Porciúncula e não encontrou ninguém. Quando estava pensando em voltar, apareceu o Irmão, saindo do bosque. Egídio lançou-se a seus pés, dizendo: "Irmão Francisco, grande amigo de Deus. Eu também quero ser amigo do Senhor. Dá-me a mão e leva-me até o coração de Deus".

O Irmão ficou emocionado com aquela pureza e simplicidade. Seus olhos umedeceram-se. Abraçou-o com muito carinho e lhe disse: "Meu irmão queridíssimo, sabes o que aconteceu nesta manhã na cidade? Chegou o Imperador e escolheu entre todos os cidadãos de Assis um cavaleiro para ser camareiro secreto da casa imperial. Esse cavaleiro és tu. Que a mão do Senhor te cubra e te envie cada manhã o anjo da paz. Como te chamas?". "Egídio", respondeu o outro. "Como eu gostaria de ter um bosque de Egídios!", acrescentou o Irmão.

"Espera um pouco", irmão Egídio, disse Francisco. E entrou no bosque para chamar Pedro e Bernardo que estavam em oração. "Venham irmãos, venham depressa ver o presente que o Altíssimo nos enviou."

A alegria de Francisco parecia cascatas de cristal. Tomou Egídio pela mão e o apresentou aos dois amigos. E lhes disse: "Vamos fazer uma festa grande, maior do que quando nasce o filho desejado em uma família feliz". O sorriso não se apartou em momento algum dos lábios de Francisco, Pedro e Bernardo durante o ágape.

O novo candidato sentiu-se desde o primeiro momento como quem cai no seio de uma família acolhedora e cálida. Comeram o que havia: azeitonas e uns pedaços de pão recolhidos na véspera. Bernardo saiu para buscar água numa fonte próxima, com uma vasilha de barro. Olhando-o nos olhos com carinho, o Irmão disse a Egídio: "Desde hoje, já não tens pais e irmãos. Nós seremos para ti mãe, pai e irmãos".

* * *

Depois do ágape, Francisco e Egídio foram para a cidade mendigar pano para fazer o hábito do neófito. O Irmão irradiava tanta naturalidade e tinha tamanho encanto pessoal que Egídio sentiu-se à vontade durante toda a viagem, como se fossem velhos camaradas.

Uma velhinha aproximou-se pedindo esmola. O Irmão não tinha nada para dar e seguiu adiante. A velhinha insistiu. Francisco e Egídio continuaram em silêncio. Diante da nova insistência da velhinha, o Irmão olhou com carinho para o neófito e lhe disse: "Irmão Egídio, seria possível entregar por amor de Deus a essa velhinha alguma coisa de vestir?". Na mesma hora Egídio tirou a capa e a entregou a Francisco, que a passou para a velhinha. Mais tarde Egídio contava que sentiu nesse momento uma estranha felicidade, como se um perfume inebriante tivesse impregnado todo o seu ser.

VIDA E ATIVIDADE

Os quatro irmãos começaram a viver. Não se preocuparam em fazer um horário, e muito menos um estatuto. Apesar da categoria intelectual de Pedro e da capacidade de organização de Bernardo, foi o Irmão que imprimiu sua marca pessoal naquele grupo, e a vida foi brotando espontaneamente com o passar dos dias e das semanas.

Dedicavam muitas horas ao Senhor, cada irmão em sua cabaninha. Às vezes, internavam-se pelo bosque. Frequentemente o Irmão passava a noite inteira em oração, com o seu Mestre. De dia, alguns trabalhavam com os camponeses. Como recompensa do trabalho recebiam alimentos, mas nunca dinheiro. Algum deles sempre voltava para a ermida com um saquinho de nozes, azeitonas, maçãs ou uvas, conforme a época.

Outro irmão ia ao leprosário para atender os doentes. Outro ia à cidade exortar o povo à paz e ao amor; na volta pedia alguma coisa pelas casas, para comer. Os irmãos alternavam-se nessas atividades.

Era o Irmão que, cada manhã, dizia a cada um o que deveria fazer. Essa distribuição de trabalhos era um momento inenarrável: não era um mandar nem um suplicar, mas, para motivar o trabalho, o Irmão falava a cada um sobre as atitudes de Jesus, e o fazia com tanto amor, despedindo cada um com um abraço e uma bênção tão efusiva, que aqueles irmãos seriam capazes de ir até o fim do mundo. Ser mandado equivalia a ser amado.

* * *

Os irmãos sentiam-se ansiosos por voltar à ermida. Lá os esperava o Irmão com os braços abertos e o sorriso nos lábios. Iam voltando, um depois do outro. O Irmão tomava a cada um pela mão e o conduzia aos pés de Nossa Senhora. Dirigiam à Mãe uma saudação fervorosa e imploravam sua bênção.

Depois se reuniam na cabana central. Francisco perguntava a cada um sobre as andanças do dia. Os irmãos contavam as peripécias da jornada. O Irmão animava-os e bendizia o Senhor. Recordava-lhes constantemente as atitudes de Jesus. Todos os dias punham o espelho de Jesus diante dos próprios olhos, e confrontavam com ele sua existência diária.

Aquelas reuniões familiares duravam horas. Eles viviam de portas abertas uns para os outros. Sentiam-se mutuamente acolhidos. Era o próprio Irmão quem produzia aquele céu de confiança mútua. Amava-os tanto e tão sensivelmente, era de tal transparência para com eles que, inevitavelmente e por contágio, eles lhe respondiam e correspondiam entre si com a mesma atitude de abertura e acolhida. Falavam do Senhor entre si como de um amigo comum que ocupasse seus pensamentos: não podiam deixar de falar dele.

Foi assim que Francisco foi dando alma àquele grupinho.

PRIMEIRA GRANDE AVENTURA

Uma noite, depois da reunião familiar, o Irmão levou os três amigos para o altar da ermida. Rezaram juntos durante horas. Francisco levantou-se, colocou-se em pé sob o quadro bizantino da Virgem, e falou-lhes assim: "Nós cortamos com tesouras de amor os laços mais doces que nos ligavam a este mundo: a família. Enjaulamos e matamos a fera mais terrível das selvas humanas: o dinheiro. Contraímos esponsais indissolúveis com a Senhora Pobreza. Nossos calçados estão apodrecendo sob os arbustos e nossas túnicas se desfazem pelos matos. Abrimos de par em par as portas do Amor. Libertamos o coração. E assim obedecemos às ordens do Altíssimo Filho de Deus. Falta a última estrofe: saiam pelos caminhos do vento e semeiem meu Evangelho pelos montes e pelas planícies. Filhos de minha alma e cavaleiros do meu Senhor Jesus Cristo: já somos um trigal maduro. Vamos sair de dois em dois, sob o estandarte do Senhor, para onde o espírito nos levar. Em nome do Evangelho, distribuam pelo mundo essas quatro moedas de ouro: o amor, a paz, a alegria e a liberdade. Bernardo e Pedro irão para o norte. Eles são fortes. O Senhor caminhará ao seu lado. Eu irei em companhia da plantinha mais tenra, Egídio. Amanhã, ao raiar da aurora, quando os melros derem seus primeiros trinados, estaremos a caminho. Nosso carinho mútuo vai ficar reforçado com a ausência".

Depois se ajoelhou diante da Virgem, olhou para seu rosto e entregou-os a seus cuidados com palavras tão comoventes que começaram a derramar lágrimas tranquilas.

Naquela noite o Irmão não dormiu. Foi uma noite de súplica. Tratava-se da primeira saída em regra dos cavaleiros de Cristo e achou mais normal passar a noite em vigília em nome deles. Ao despontar da aurora, o Irmão esperava seus amigos na porta da ermida, para o último abraço. Depois Bernardo e Pedro foram para Perúsia; Egídio e Francisco, para Espoleto.

Não conseguiu evitar: os olhos do Irmão encheram-se de lágrimas e, para disfarçar, começou a entoar em francês antigas canções de cavalaria. Tinha medo de que Egídio se sensibilizasse demais. Nunca pensou que aquela despedida haveria de ser tão difícil. Não sabia que os amava tanto.

* * *

Depois de passar Foligno, internaram-se nos vales encravados na ampla garganta dos Apeninos Orientais, que séculos atrás recebeu o nome de Marcas de Ancona. Na primeira noite dormiram no pórtico de uma igreja, sob os arcos românicos.

Ao anoitecer chegaram dois mendigos com intenção de pernoitar. Francisco alegrou-se muito com essa companhia e entabulou uma longa conversa com eles. "Egídio", disse-lhe o Irmão ao ouvido, "deves saber que cada mendigo transporta sob seus farrapos Jesus Cristo em pessoa". O Irmão Egídio caiu num sono profundo. Francisco dormiu pouco. Passou horas olhando as estrelas e repetindo com admiração e gratidão: "Senhor, meu Deus!".

Ao raiar da manhã, o Irmão despertou Egídio tocando-lhe o ombro com suavidade, dizendo-lhe de bom humor: "Valente cavaleiro de Cristo, em pé, às armas!". Caminharam. Era uma manhã de diamante. O céu inundou-se de andorinhas graciosas e gaviões pretos, fazendo incríveis piruetas no ar. "Irmão Egídio", disse Francisco, "até chegar à próxima aldeia, vamos caminhar separados; eu irei na frente e tu uns quinze passos atrás. Precisamos encher a alma com o espírito do Senhor e sua santa fortaleza." Para cada andorinha repetia: "Louvado sejas, meu Senhor. Têm asas invejáveis, mas lhes falta alma. Serei a sua alma".

Irmão Egídio sorria abertamente a todos que passavam pelo caminho, dizendo em voz alta: "O Senhor te dê a paz". Quando via camponeses cortando capim ou debulhando milho, gritava jubilosamente: "O Senhor lhes dê sua paz". Os aldeãos ficavam sem saber o que responder. Era a primeira vez que ouviam essa saudação. Egídio repetiu diversas vezes a mesma cena. "Esse está maluco", disseram alguns segadores e, sentindo-se zombados, começaram a responder-lhe grosseiramente. No começo Egídio assustou-se. Depois ficou com vergonha. E chegou a sentir que por um momento perdia o entusiasmo por esse tipo de vida.

Aproximou-se atemorizado do Irmão e lhe disse: "Irmão Francisco, eles não entendem essa saudação. Acham que estou caçoando deles. Por que não me deixas cumprimentar como todo mundo?".

Num abrir e fechar de olhos, no tempo em que um raio atravessa o céu de ponta a ponta, cruzaram pela mente do Irmão mil pensamentos.

"Jogar a bolsa de ouro pela janela é fácil", pensava. "Receber trinta e nove chicotadas sem piscar é fácil. Caminhar a pé e descalço até o outro lado do mundo, açoitado pelos ventos e pisando neve, é coisa relativamente simples. Com a ajuda do Senhor, a gente pode até entregar o corpo às chamas ou à espada, apresentar o pescoço à cimitarra, ser torturado no tronco, arrastado por cavalos ou devorado por feras, e até mesmo beijar a boca de um leproso... Mas ficar calmo diante do fantoche do ridículo, não se perturbar quando arrastam no chão a túnica do prestígio, não enrubescer quando se é humilhado, não tremer quando nos despem de nosso nome social e da fama... tudo isso é humanamente impossível, ou é um milagre claro da misericórdia de Deus."

* * *

O Irmão tinha criado grande afeição pelo jovem e transparente neófito. Mas temia por ele. Temia que, a longo prazo, não fosse capaz de enfrentar a grande prova da desonra, da zombaria e do ridículo. "O homem", pensava o Irmão, "identifica-se facilmente com sua imagem como se fosse sua sombra. Quase inevitavelmente a pessoa e a figura confundem-se numa simbiose indissolúvel. Quando o homem é ferido em sua figura, sente-se ferido em seu próprio interior. Se vierem mais neófitos, esse vai ser o obstáculo mais difícil: a humanidade."

Egídio tinha pedido licença para cumprimentar de outra maneira. O Irmão não soube o que responder em um primeiro momento, e ficou quieto.

"É o medo do ridículo", pensou, "o eterno problema da imagem social." Em um momento, pensou em falar-lhe da serenidade de Jesus quando foi caluniado e zombado. Mas lembrou que ele não estava preparado para entender isso e menos ainda para pô-lo em prática.

Então resolveu responder-lhe na mesma linha do homem que está apegado a sua imagem: "Não tenhas medo, cordeirinho recém-nascido", disse-lhe o Irmão. "Até o fim do mundo essa saudação vai ficar famosa. Tranquiliza-te, meu filho! Vai chegar o dia em que os mais elevados príncipes da terra dobrarão os joelhos diante de ti por causa dessa saudação."

Não foi uma resposta evangélica, mas até "mundana". Pois Egídio ainda não estava maduro para assumir uma atitude evangélica valente. Era um principiante nas coisas do Espírito, e o Irmão, com grande compreensão, tratava cada um de acordo com as forças de que dispunha em cada etapa de crescimento.

Continuaram o caminho. O Irmão observou que o neófito não se sentia tão seguro como antes, porque não cumprimentava com tanto júbilo. Mas fez que não percebeu e não tocou mais no assunto. Durante muitas léguas, foi falando de Jesus.

Naquele dia só comeram ameixas secas e pão de cevada, e beberam água nas inúmeras fontes que brotam naquela zona montanhosa. Dormiram na entrada de um forno público em que as aldeãs assam o pão de cada dia.

Antes de dormir, estiveram muito tempo em profunda adoração. O Irmão observou que o noviço estava muito mais sereno, mas ainda sobrava um pouco daquela pequena tensão de quem tinha enfrentado sua primeira batalha. Com profundo carinho e devoção, o Irmão impôs as mãos sobre o noviço e lhe deu uma prolongada bênção. Egídio dormiu bem depressa. O Irmão ficou pensando muitas coisas... Antes de dormir, suplicou com veemência ao Senhor que lhes concedesse, a ele e a seus seguidores, o supremo dom da humildade.

* * *

Os dias seguintes foram cheios de peripécias. Entravam nas aldeias, subiam pelas ladeiras dos castelos, adentravam até o centro das cidades. Paravam onde havia algum grupo de pessoas. O Irmão falava-lhes de amor, de paz, de liberdade. Falava-lhes principalmente do próprio Jesus e, em alguns momentos, a emoção transbordava de suas palavras. Penetravam nas tavernas com audácia evangélica e Francisco falava com ingenuidade sobre o amor e a paz.

Seu lugar favorito eram as praças. Sempre acontecia a mesma coisa: o Irmão começava uma conversa animada com uma ou duas pessoas. Ia aparecendo mais gente. Na medida em que o auditório aumentava, o Irmão aumentava o tom e a inspiração.

Enquanto Francisco falava, Egídio percorria diversas vezes a praça e as ruas, convidando as pessoas: "Vão vocês também escutar Francisco de Assis, porque é um homem de Deus". Quando o Irmão terminava, Egídio plantava-se diante da assistência para dizer-lhes: "Meus irmãos, o que vocês escutaram é a pura verdade, e não se poderia dizer melhor. Acreditem nele porque lhes garanto que é um homem santo".

"Perderam a cabeça", diziam alguns. "Isso é resultado do vinho", replicavam outros. "Devem ser patarinos", acrescentavam outros ainda. "Nem uma coisa nem outra, são simplesmente uns pobres homens, quase umas crianças, que nem sabem o que dizem", concluíam alguns.

Descalços, com aquela roupa que não era nem clerical nem monacal, com aquele estilo que lembrava os valdenses, com a ousadia do espírito, com a liberdade dos filhos de Deus e a alegria de quem tem tudo, a passagem dos irmãos pelas aldeias e vilas das Marcas levantou uma nuvem de ardentes polêmicas.

Os mais sensatos diziam: "Acalmem-se. Não julguem precipitadamente. Essas palavras não são de idiotas, e menos ainda de patarinos. Eles não falam contra o clero nem contra a nobreza, nem contra nada. Só falam de Deus e da paz. Além disso, qualquer um pode observar em suas almas uma irradiante alegria e uma estranha liberdade. Nossas zombarias não os perturbam. Não há dúvida de que isso vem de Deus".

Alguns tinham veneração por eles. A maioria afastava-se, suspeitando alguma coisa. As moças, principalmente, achavam que eram bruxos e, quando os viam de longe, davam um grito agudo e se escondiam em casa.

Na volta para Espoleto, não puderam entrar em algumas vilas em que tinham entrado e eram conhecidos. Atiçavam-lhes cachorros bravos e os apedrejavam. Passaram fome de dia e frio de noite. Dormiram no palheiro dos estábulos. Mas às vezes nem isso lhes era permitido. Então iam para o campo aberto, recolhiam braçadas de ervas secas e se deitavam para dormir embaixo das árvores, sob as estrelas.

GOZO, PREOCUPAÇÃO, PRODUTIVIDADE

Durante todo esse tempo, o Irmão viveu no centro de duas forças poderosas e contraditórias: por um lado a imensa alegria de viver a experiência de Jesus perseguido e caluniado; por outro lado, uma grande preocupação por seu querido neófito. Parecia que ele pouco ligava para a reação das pessoas, mas vivia permanentemente atento ao estado de ânimo de seu Egídio.

Tinha medo de que o jovem não conseguisse assimilar tão forte alimento, de que sucumbisse ao desânimo ou ficasse incuravelmente ferido. Era o cuidado de uma mãe por seu filho em perigo. Para ele um irmão valia como um povo ou como a Ordem. Por exemplo, Egídio valia como o condado de Camerino ou o de Ancona.

À noite, quando se apagavam os fogos do mundo e as vozes humanas, o Irmão aproveitava a intimidade sob as estrelas para infundir ânimo no jovem noviço.

"Filho de minha alma", dizia-lhe. "Bem-aventurados os cavaleiros de Cristo, cobertos de feridas vermelhas e cicatrizes azuis. Elas brilharão como esmeraldas por eternidades sem fim. Felizes somos nós que fomos considerados dignos de correr a mesma sorte de nosso bendito capitão, Cristo. Que dirias tu, filho meu, se o Imperador se apresentasse em uma grande praça e, indicando-te com o dedo, dissesse: 'Eu te convido a caminhar, a caminhar ao meu lado, mas toma nota: teremos que correr a mesma sorte, vamos nos meter na primeira fila do combate, mas eu irei primeiro. Estás disposto?'. Egídio, meu filho. Vou abrir meu coração e contar-te umas coisas muito íntimas.

Quando eu penso na humildade de meu Senhor Redentor, que se calava quando era caluniado, que não ameaçava quando lhe batiam, que não protestava quando era insultado... Quando penso na paciência infinita de meu Senhor Jesus Cristo, sinto vontade de chorar e uma vontade louca de que me joguem barro, pó, pedras; que me lancem blasfêmias e me aticem cachorros. Seria o homem mais feliz do mundo. E quando penso que ele fez tudo isso por nosso amor... sinto que fico louco e que me nascem asas para voar pelo mundo gritando: o Amor não é amado, o Amor não é amado!"

Numa noite de lua cheia, Egídio pôde perceber como os olhos de Francisco estavam cheios de lágrimas. Com essas confidências, o noviço ficava profundamente comovido, dormia feliz e acordava animado na manhã seguinte. Francisco era como uma águia que soltava o filhote sobre o abismo, dizendo-lhe: "Voa!". Em duas semanas, Egídio tinha adquirido uma grande maturidade.

Em termos de produtividade, aquela primeira saída apostólica foi um fracasso completo. Nenhuma conversão, nenhum prosélito e, pelo que parece, nenhuma comoção popular. Francisco tinha meditado demais em seu Cristo pobre e crucificado para preocupar-se com os resultados palpáveis e brilhantes. Jamais pensou – nem nessa ocasião nem nunca – em termos de eficácia. Mas Egídio, além de novato, era um camponês acostumado a olhar as coisas do ponto de vista de resultados palpáveis, e estava visivelmente deprimido por aquela aparente esterilidade.

Um dia em que as palavras do Irmão estavam sendo recebidas com zombarias e sorrisos, Egídio começou a dar ao povo explicações e dados históricos sobre a identidade de Francisco para que sua palavra produzisse um efeito maior. O Irmão não gostou disso, mas não disse nada.

Naquela noite dormiram nas ruínas de um velho castelo. Era uma noite profunda e brilhante como poucas. Não dava vontade de dormir. O Irmão estava feliz e com a alma cheia de inspiração. Naquela noite queria dizer ao noviço as coisas mais profundas, mas não sabia como dizê-las. Chegou perto e, com grande carinho e frases entrecortadas, começou a falar:

"Como te contarei, meu filho, como te contarei? Era uma árvore queimada e rachada por um raio, que não serve para nada, nem para madeira nem para lenha. Assim era meu Senhor. Era uma grinalda de cravos jogada no lixo e coberta de moscas. Assim era meu Senhor. Era um bosque incendiado e adormecido para sempre na areia e na cinza. Assim era meu Senhor. Sem voz e sem brilho, cravado e impotente, derrotado e imóvel, com as lâmpadas apagadas e as harpas silenciadas, enquanto a humanidade passava como uma procissão sem fim diante de sua sombra desmaiada, dizendo em coro: 'Não serve para nada, tudo é inútil, os sonhos acabam aqui...'."

Nesse momento, Francisco ergueu-se acima da escuridão da noite, adquiriu uma estatura estelar e, levantando a voz continuou: "Foi desse lixo, dessa impotência muda, dessa submissão do Filho que Deus Pai arrancou para sempre a Vitória, a Utilidade e a Redenção, ou todas as energias que vão transformar o mundo até o fim dos tempos. Egídio, meu filho, os velhos estandartes do orgulho tremulam em nossas galerias subterrâneas. Levantamos ao alto a bandeira da glória de Deus, e, na mais suja simbiose, identificamos nossa glória com a glória de Deus, nossos interesses com os interesses de Deus. 'Converteu-se o condado de Fabriano!' dizemos, e nos alegramos vivamente. Será que nós estamos nos alegrando pelo triunfo da Graça ou pelo nosso êxito? Vemos que uma outra aldeia repudiou a Graça e ficamos tristes. Mas, por quê? Porque resistiram a Deus ou porque nos rejeitaram?".

* * *

O Irmão estava inspirado. Meditando sobre a pobreza e a humildade do Crucificado, tinha descoberto por contraste os motivos últimos da conduta humana. Mas não tinha comunicado suas conclusões a ninguém e, agora que o estava fazendo, sentia-se aliviado como se jogasse fora um peso.

Continuou: "Somos capazes de elaborar um tratado de teologia para fundamentar a República Cristã, dizendo depois que defendemos os interesses divinos. Quando os exércitos pontifícios conseguem um triunfo, dizemos logo que é a vitória de Deus. Nossa boca está cheia de palavras sonoras: eficácia, produtividade, organização, interesses da Igreja, resultados. Esses são os nossos juízos de valor e critérios de ação. E as nossas satisfações sobem e descem no vaivém desses valores. É uma mistura estranha e horrenda", disse o Irmão em voz muito baixa, tanto que Egídio nem escutou.

"Todos queremos triunfar, brilhar e o fazemos numa mescla sacralizada, mas profana de nossos desejos com os interesses de Deus. Quando penso nisso, tenho vontade de chorar. Meu filho, não nos esqueçamos da cruz. Como custa despojar-nos! Como é difícil tornar-se pobre. Ninguém quer ser pequenino. Cremos que podemos e temos que fazer alguma coisa: redimir, organizar, transformar, salvar. Só Deus salva, meu caro Egídio. Na hora da verdade, nossas organizações de salvação, nossas estratégias apostólicas vão rolando pela ladeira da frustração. Temos lições recentes, mas não nos corrigimos. Acredita-me, meu filho, é infinitamente mais fácil montar uma poderosa maquinaria de conquista apostólica do que se fazer pequenino e humilde. Nós nos parecemos com os Apóstolos quando, a caminho de Jerusalém, o Senhor lhes falou do Calvário e da Cruz. 'Eles não entenderam nada', não quiseram saber de nada e viraram-se para outro lado. Nossos movimentos primários sentem uma viva repugnância pela Cruz. Por isso, fechamos instintivamente os olhos para a Cruz e justificamos com mil racionalizações nossas ânsias de conquista e de vitória. A salvação é fazer-nos pequeninos. Comecemos reconhecendo que só Deus salva, só ele é onipotente e não precisa de ninguém. Se precisasse de alguma coisa, seria de servos pequeninos, pobres e humildes, que imitem seu Filho submisso e obediente, capazes de amar e de perdoar. Da nossa parte, só isso. O resto fica por conta de Deus."

As palavras do Irmão foram se apagando pouco a pouco. Os dois estavam sumamente comovidos e ficaram muito tempo em silêncio. Egídio não precisava pedir nenhuma explicação. Estava tudo muito claro.

Passaram grande parte da noite olhando as estrelas, em silêncio, e pensando em seu Cristo pobre e crucificado. Sentiam-se imensamente felizes.

REENCONTRO E FESTA

Francisco e Egídio voltaram para a Porciúncula. Bernardo e Pedro já os estavam esperando. Era o primeiro reencontro. Uma cena difícil de contar: com os olhos úmidos, fundidos num longo abraço, sem conseguir falar...

Depois dos primeiros momentos de emoção, foram para a ermida. Ajoelharam-se diante do quadro de Nossa Senhora. Rezaram em silêncio. Depois o Irmão levantou a voz e dirigiu acaloradas palavras de gratidão à Mãe do Céu. E foram para a cabana.

Foi uma reunião familiar cheia de espontaneidade. Cada um contava as aventuras da excursão apostólica. Os quatro estavam radiantes. Celebravam as peripécias. Glorificavam o Senhor. O Irmão interrompia-os de vez em quando com palavras de estímulo. Era uma festa de família, e não há festa sem banquete. Pedro e Bernardo, nos dias anteriores, tiveram o cuidado de preparar alimentos para esse momento especial: muitas azeitonas, algumas nozes, pão de cevada e água fresca. Eram felizes.

* * *

Poucos dias depois, juntaram-se a eles mais três cidadãos de Assis. A primeira medida do Irmão foi propor-lhes as palavras evangélicas da renúncia total e, a exemplo de Bernardo, despojaram-se de seus bens e se incorporaram à fraternidade da Porciúncula.

A família aumentava. O Irmão não se inquietava por isso. Pelo contrário, cada pessoa que batia a sua porta era um dom de Deus. O Irmão nem chamava nem escolhia ninguém. Simplesmente recebia irmãos da mão do Senhor.

Nunca se incomodou com o futuro daquele movimento incipiente que ia se desenvolvendo numa velocidade acelerada. Só se preocupava, a cada momento, em estimular, frear ou polir cada irmão, um por um, conforme suas necessidades, estados de ânimo ou personalidade. Deixava o amanhã nas mãos de Deus.

* * *

Mas, se o Irmão não se preocupava com o futuro daquele grupinho, quem começou a inquietar-se foram os habitantes de Assis. O fato de cidadãos eminentes renunciarem às comodidades burguesas comoveu as pessoas, no começo. Mas depois, como acontece sempre, o tempo cobriu de pó essas emoções e a volúvel opinião popular deu uma reviravolta completa.

Achavam que era uma epidemia de loucura, provocada por um louco fracassado. "Desse jeito vão acabar nossas fontes de economia e a cidade vai para a ruína, com efeitos piores do que uma peste. Até certo ponto, poder-se-ia

tolerar que alguns dessem seus bens aos pobres, mas seria uma monstruosidade fazer com que a cidade tivesse que alimentar esses novos mendigos. Aliás, já há demais."
Afinal, com a nova loucura estavam subvertendo a ordem estabelecida e o sentido comum. Era preciso pôr um fim.

Um dia Francisco subiu à cidade e, em vez de pães, deram-lhe pedras. Qualquer outro teria sucumbido ao desânimo. O pior era que o povo irritado parecia ter razão. À primeira vista, Francisco arrancava os cidadãos de suas famílias e, depois de obrigá-los a dilapidar seus bens, lançava-os no mundo sem dinheiro nem lar.

Para o sentido comum, além de loucura esse idealismo era uma subversão perniciosa e perigosa. Até os mais ardorosos partidários de Francisco fraquejaram em seu entusiasmo e estavam pensando que alguma coisa tinha de ser feita para deter o contágio.

ENTRE A SUBMISSÃO E A RESISTÊNCIA

Os cidadãos de Assis depositaram suas inquietações nas mãos do Bispo Guido. Afinal de contas, ele era o maior responsável por aquela novidade, e em suas mãos estava a espada para cortar a corrente, se quisesse. De fato, um dia convocou Francisco para rever os planos.

Disse-lhe: "Meu filho, não preciso falar-te nada. Basta saíres à rua e conversares com qualquer pessoa para perceberes que um surdo descontentamento tomou conta da população. E é contra ti. Em alguns olhos verás até as brasas da ira. O mais grave é que põem a culpa em mim. Não me preocupo por mim mesmo, que sou um pobre mortal.

O mais grave é que essa indignação afasta as pessoas da Igreja e do próprio Deus. Não estou de acordo com algumas queixas. Por exemplo, não podem queixar-se de que alguns cavaleiros te seguem. Não é a ti que seguem, é a Cristo. Também não têm razão quando dizem que dilapidam suas riquezas, porque, de fato, renunciam a seus bens para seguir o conselho e o exemplo da pobreza evangélica. Mas acho que, em algumas queixas, eles têm razão. Queixam-se de que tua mendicidade constitui um peso muito grande. Muitos deles são pobres, mal têm com que viver. Permita-me dar-lhe alguns conselhos, meu filho. Tens que rever o estilo de vida do teu grupo. Acho que é prudência elementar garantir os meios de subsistência. Essa vida é dura, dura demais. Francisco, meu filho, um indivíduo como tu, e poucos mais, são capazes de manter uma vida heroica sem se arrebentar. Mas a massa está longe dos altos picos. Um agrupamento humano movimenta-se sempre abaixo do paralelo normal. A coisa mais importante é a sensatez, meu filho, pés no chão. Eu mesmo posso ajudar-te a conseguir umas pequenas propriedades, um olival, uma vinha, uma horta modesta. Trabalhai nessas propriedades como Deus manda e vivei honrada e pobremente com o suor do próprio rosto. Sustentar-se com o trabalho de cada dia é o ideal da vida cristã, mesmo da monacal".

* * *

O Bispo calou-se. O Irmão ficou em silêncio. Estava outra vez no redemoinho central de um drama, o drama de todo profeta. Não tinha nascido para conflitos nem para combates. Era um homem de paz por natureza e por graça. Teria vivido feliz como um perpétuo anacoreta nas gargantas agrestes do Subásio. Mas a mão do Senhor foi conduzindo-o de combate em combate e agora acabava de colocá-lo no encontro de duas correntes: entre a submissão e a resistência.

A quem obedecer? Não fora o próprio Senhor quem lhe revelara essa forma de vida mediante a palavra evangélica? Mas a Igreja também não era depositária da vontade de Deus? A quem obedecer? Poderiam contradizer-se a palavra evangélica e a voz da Igreja? É a tentação: Evangelho *versus* Igreja. Um intelectual perder-se-ia, enrascado por mil interrogações e distinções. Um bispo *é* a Igreja? O Papa ou o Concílio *são* a Igreja?

O Irmão não se perdeu em elucubrações sutis nem caiu na tentação de contrapor o Evangelho e a Igreja. Com humildade, reverência, e com voz baixa, olhando com confiança e naturalidade para o rosto de Dom Guido, respondeu: "Meu senhor e pai. Se tivermos um olival, vamos precisar construir um lagar. Quando tivermos o lagar, vamos precisar de carros e de bois para ir vender o azeite. Quando vendermos o azeite, teremos um pequeno lucro. Com o lucro, vamos comprar mais terras. Com mais terras, vamos empregar trabalhadores e aumentar nossas propriedades. Com muitas propriedades, vamos acabar precisando de soldados para sua vigilância e defesa. Os soldados vão precisar de armas. As armas nos levarão inevitavelmente a conflitos e guerras. De propriedades a guerras, esse é o resumo da história", concluiu Francisco.

Era um encadeamento infernal. Guido escutou com receptividade, enquanto lhe iam caindo das mãos os argumentos e as palavras. Foi uma resposta implacável. Francisco, o homem da paz tinha tocado na ferida viva e aberta da sociedade humana: toda propriedade é potencialmente violência.

Nosso Irmão nunca foi um típico pensador, e menos ainda um intelectual. Mas a sabedoria do Evangelho, unida a sua intuição natural, fizeram com que acertasse em cheio diante dos problemas fundamentais da vida. Onde há propriedades surge a correlação entre propriedade e proprietário, digamos, uma apropriação. Quando a propriedade sente-se ameaçada, ela mesma invoca e reclama o proprietário. Este se perturba e se arma para a defesa da propriedade ameaçada.

Da defensiva é fácil passar para a ofensiva. Nascem ambições que são sonhos de conquistas maiores, que exigem armas mais eficazes. Só com as armas (emocionais ou verbais, jurídicas ou de aço) defendem-se as propriedades já existentes e conquistam-se outras, e assim, *propriedade e guerra* acabam confundindo-se.

E como tudo isso tem uma cara grotesca, vem a necessidade de racionalizar, de encobrir os fundos podres com roupas vistosas: e assim se tecem os estandartes sagrados de combate como pátria, ideologias, interesses superiores e até os chamados interesses da Igreja. As palavras perdem o sentido natural, as pessoas tergiversam e mentem com palavras coloridas até que a sociedade (pequena ou grande) chega a ser um conjunto monstruoso de interesses camuflados, segundas intenções, palavras ambíguas, diplomacias chochas. Uma adulteração enorme.

Só a pobreza total leva à paz, à transparência e à fraternidade.

ASSALARIADOS E TESTEMUNHAS

Dom Guido não insistiu mais. Esse silêncio era uma autorização tácita para continuar pelo caminho da pobreza absoluta. Não podemos deixar de reconhecer e de admirar no fundo desses fatos o valor evangélico desse prelado. Deve ter sido um homem de fé e de intuição. Nesse caso, uma vez mais, não quis opor-se aos desígnios divinos e, saindo de lado, deixou que Deus conduzisse por caminhos inéditos esse estranho profeta.

O Irmão voltou para o grupo familiar da Porciúncula. Pelo que parece, o descontentamento popular passou depressa. É bem provável que, em vista do sucedido, os irmãos tenham tomado providências para não agravar tanto o povo. Talvez tenham até feito um amplo reajuste em suas reuniões fraternas, pensando como combinar a pobreza evangélica com o sustento de cada dia.

Os meses seguintes foram ricos de inventiva; e a vida franciscana incorporou a seu estilo boas experiências e modalidades novas. É possível que os dois anos que se seguiram tenham sido a época de ouro da história franciscana, e que em seu leito de morte o Irmão tenha se lembrado com saudades desses tempos. Não havia caminhos. Abriram-nos na medida em que foram caminhando.

"O Bispo tem razão", pensava Francisco. "O trabalho tem que ser o meio normal de sustento." Mas Guido pensava no trabalho dos monges em suas fazendas. E com isso Francisco não estava de acordo. Nenhuma propriedade. Então? A conclusão impunha-se por si mesma: trabalho assalariado em propriedades alheias. Essa foi uma das grandes novidades, quase uma revolução, introduzida por Francisco nos costumes da vida religiosa, em nome da pobreza evangélica. Quase sem pretender, estava atingindo duas finalidades: o sustento de cada dia e a presença profética dos irmãos no meio do povo de Deus, principalmente entre os trabalhadores.

* * *

A vida do irmão Egídio representa a maneira típica de trabalhar dos primeiros franciscanos. Uns anos mais tarde, encontramos Egídio em Fabriano (comuna da província de Ancona), ocupado em fabricar guarda-roupas e utensílios de vime. Depois levava as mercadorias para a cidade e as vendia, recebendo o pagamento não em dinheiro, mas em comida e roupa para ele e para seu companheiro. Com esse trabalho, conseguiu vestir muitos irmãos.

Quando vivia em Roma, ia para o bosque todas as manhãs depois da missa, e voltava com um molho de lenha nas costas para vender no mercado. Na vindima, colhia uvas, levava-as para o lagar e as espremia com os pés descalços. Estava todas as manhãs nas praças onde se contratavam diaristas.

Um fazendeiro queria contratar trabalhadores para apanhar nozes. Ninguém queria ir porque as nogueiras eram muito altas e a plantação era longe da cidade. "Eu te ajudarei", disse Egídio, "se me pagares o trabalho em nozes." Chegou, fez o sinal da cruz e trepou nas árvores enormes, trabalhando o dia todo. O pagamento foi tão grande que não coube na bolsa. Tirou o hábito, amarrou as mangas e o capuz fazendo uma grande trouxa, que encheu de nozes, e levou para casa, repartindo-as também com os pobres.

Nas colheitas de cereais, ia ao campo e recolhia as espigas que tinham ficado perdidas. Se um camponês queria dar-lhe um feixe, Egídio recusava dizendo: "Não tenho celeiro para guardar trigo". Quando chegava numa aldeia ou cidade, a primeira coisa que fazia era procurar trabalho e arranjar um contrato de diarista. Reservava sempre suas melhores horas para a oração. No trabalho era sempre alegre e competente.

* * *

Os outros irmãos seguiam o mesmo teor de vida, nos primeiros anos. Encontramo-los dedicados ao cuidado dos leprosos. Era uma de suas ocupações mais frequentes. O Irmão permitia-lhes manterem os instrumentos próprios do ofício.

Nos primeiros anos, vemos os irmãos empregados nas mais variadas atividades, de acordo com as épocas e os lugares: carregavam água potável das fontes para as aldeias; cortavam lenha nos bosques; enterravam mortos, principalmente durante as epidemias; consertavam sapatos, faziam cestas, lixavam móveis; conforme o tempo, ajudavam os camponeses na colheita de cereais, de frutas, de azeitonas, de nozes, ou uvas, recebendo como salário espécies do mesmo gênero. Mais tarde, em outras regiões, encontramo-los misturados aos pescadores e marinheiros, manobrando remos pesados ou redes de pesca. Encontramo-los até mesmo em cozinhas dos senhores feudais.

O Irmão respeitava profundamente as condições e habilidades pessoais. Dava-lhes completa liberdade quanto às horas e modalidades de trabalho, mas punha sempre uma condição: "Contanto que o trabalho não extinga o espírito de oração e devoção".

Como dissemos, nunca recebiam dinheiro, a não ser para as necessidades dos doentes. Além de servir aos leprosos, pediam esmolas para eles, de maneira que houve leprosários mantidos economicamente pelo trabalho dos irmãos.

Quando entravam na Fraternidade, não se isolavam de seu ambiente original; pelo contrário, consideravam sua antiga profissão como o campo normal em que tinham de exercer o próprio apostolado. O ideal primitivo do Irmão Menor, segundo Francisco, era que o chamado, uma vez transformado pela oração e pela fraternidade, pudesse regressar a seu lugar de origem como testemunha de Deus. Mas o Irmão não exigia essas provas de todos. Pelo contrário, estudava as possibilidades de cada um, media suas forças, e não fazia ninguém arriscar para além de suas capacidades.

* * *

Quando saíam para anunciar o Evangelho ao mundo, não descuidavam do trabalho manual como sustento de vida e como apostolado de presença. Era normal que os irmãos ajudassem nas tarefas dos camponeses durante o dia, e anunciassem a Palavra ao cair da tarde aos próprios companheiros de trabalho e a outros, reunidos na pracinha da aldeia. Iam de dois em dois pelas aldeias e cidades com os pés descalços, sem cavalgadura, sem dinheiro, sem provisões, sem proteção nem morada fixa.

À noite retiravam-se para alguma ermida, leprosário ou outro domicílio provisório, para dedicar longas horas ao Senhor e para descansar. Em algumas ocasiões pediam hospedagem nos mosteiros. Mas, normalmente, refugiavam-se nos pórticos das Igrejas ou das casas, em cabanas abandonadas, nas grutas ou nos fornos públicos... E aí se deitavam no chão sobre um pouco de palha. Na manhã seguinte dirigiam-se muito cedo para a igreja paroquial ou para a capela mais próxima, para depois começar sua jornada de trabalho e de apostolado.

Nesses primeiros anos, os irmãos saíam do forno pessoal e direto de Francisco. Ele era pedagogo, pai e irmão de cada irmão. Enquanto o Irmão pôde manter a influência imediata sobre cada um, a fraternidade foi um espetáculo de beleza, principalmente quando saíam pelo mundo. Quase todos eram jovens; pobres e felizes; fortes e pacientes; austeros e dóceis.

Entre si eram corteses e carinhosos. Não amaldiçoavam a nobreza, nem o clero, nem ninguém. Sua boca sempre pronunciava palavras de paz, pobreza e amor. Misturavam-se de preferência com a multidão de doentes, pobres e marginalizados. Sua palavra tinha autoridade moral porque primeiro tinham dado exemplo.

MESTRE DE ESPÍRITOS

Mas tudo isso não brotou por magia e nem tudo era ouro puro. Voltemos aos sete irmãos da Porciúncula.

Francisco sabia muito bem de que material somos feitos. Sem ter saído de suas fronteiras, conhecia, por experiência, a fragilidade humana. Lembrava suas oscilações e os altos e baixos dos primeiros anos para corresponder à Graça, apesar de ter recebido poderosas "visitações" do Senhor. Se Deus tinha usado de tanta misericórdia para com ele e, apesar disso, ele tinha sido tão renitente em seus anos de conversão, que devia esperar dos outros?

"Na formação do Irmão é preciso ter um grande respeito, muita paciência e principalmente uma esperança invencível", pensava. "Enquanto o homem respirar", dizia, "é capaz de fazer prodígios." Ele sabia muito bem que também poderia haver catástrofes, mas preferia não pensar nisso.

Tratava cada um como Dona Pica o havia tratado: com ilimitada paciência e muito carinho. Nunca vigiava. Sempre cuidava. Ninguém se sentia ofendido por suas correções. Mais do que correções, eram orientações.

"O amor!", pensava mil vezes. "Essa é a chave: o amor. Formar é amar. O amor faz possível o impossível." O Irmão nasceu sensível ao amor. Recebeu de sua mãe uma ternura interminável e de Deus Pai excepcionais cargas afetivas. Tudo isso fez com que fosse feliz e livre. Aprendeu com a vida que as únicas armas invencíveis na terra são as do amor. Em seus últimos anos, dava sempre este conselho para os casos impossíveis: "Ama-o como é".

"Qual a graça de amar uma pessoa cativante?", perguntava-se. Bem depressa começaram a chegar à Porciúncula toscas pedras de cantaria com um grande desejo de se consagrarem a Deus e de serem polidas pela mão maternal de Francisco.

Como em todo grupo humano, além dos jovens transparentes chegavam também à Casa Mãe da Porciúncula outros jovens fechados em seus próprios muros, daqueles que entreabrem a porta mais para observar do que para serem observados, daqueles que guardam explosivos em seus átrios e daqueles que, mesmo sem saber, escondem serpentes em suas galerias.

O Irmão estudava caso por caso. Nunca foi homem de síntese ou de generalizações nem amigo de deduções. Tratava-se deste Irmão concreto, aqui, hoje, agora. Ontem estava feliz, hoje abatido. Anteontem estava tentado, hoje está livre. "Não existe o homem", pensava o Irmão, "e nem mesmo a pessoa. Este Irmão hoje amanheceu radiante; ao anoitecer está sombrio. Nem parece a mesma pessoa".

* * *

Começava por aí sua tarefa de polidor, com mãos delicadas e infinita paciência de mãe. "Delicadeza, essa é a palavra", pensava muitas vezes. Era preciso dar pancadas nas pedras toscas, mas ele mesmo sofria mais do que as pedras feridas.

Tinha a arte rara de inverter papéis e distâncias: conseguia que o discípulo se sentisse "mestre". No fim da vida, dizia que o ministro deve tratar de tal maneira os irmãos, principalmente quando são admoestados, que se sintam como "senhores". Esse seria o carisma supremo de um formador ou de um coordenador. E era certamente o que o Irmão fazia.

"Não é preciso assustar-se com nada", pensava. Tinha essa rara sabedoria de não precipitar a marcha da evolução, de não pretender queimar etapas. "A paciência e a sabedoria são a mesma coisa", pensava. Depositava nas mãos de Deus os defeitos fraternos que não conseguia melhorar. "Para ele tudo é possível." Polia com suma cautela as "prudências" de Bernardo, as dúvidas de Pedro, as inseguranças de Egídio, as esquisitices de João Capela.

Punha à prova as forças dos irmãos mandando-os pregar ou trabalhar. Quando voltavam, conversava com eles, perguntava-lhes sobre as alternativas e as dificuldades da viagem. Estimulava-os com exemplos evangélicos. Alentava-os falando-lhes do Senhor. Sabia impressionar com metáforas. Criava-se rapidamente uma intimidade. Frequentemente, dramatizava. Possuía a arte difícil de abrir as portas dos outros abrindo as próprias.

POR QUE CHORAS?

Passaram-se vários anos. Foram-se o outono e o inverno. Ajuntou-se a eles um novo companheiro, chamado

Filipe Lungo. A tradição afirma que o Anjo do Senhor tinha purificado os lábios do irmão Filipe com um tição em brasa. Por isso, sempre que Filipe falava de Deus, usava palavras altíssimas e sumamente inspiradas.

Frequentemente o Irmão passava noites inteiras em oração. A lembrança do Crucificado queimava-o como fogo, produzindo nele uma estranha mistura de prazer e dor, de pena e de alegria. No ápice de seu espírito sentia florescer uma rubra ferida. Sempre que pensava no Crucificado, a ferida se abria e manava sangue. Então começava a chorar e não se importava que os outros o vissem chorando.

Numa sexta-feira, disse aos irmãos: "Filhos, ide cuidar de vossas tarefas. Eu vou ficar em casa". Nesse dia não comeu nem bebeu nada, nem um gole de água. Acocorado no chão junto de um imenso abeto, passou a manhã pensando e sentindo a Paixão do Senhor. Lá pelas três da tarde não aguentou mais e começou a chorar. Chorava soluçando e gemendo desconsoladamente. Começou a andar pelo bosque, gemendo e chorando. Deparou-se com um camponês e não se calou, continuou chorando. Não sentia nenhuma vergonha.

O camponês perguntou: "Que aconteceu, por que estás chorando?". O Irmão respondeu: "Meu irmão, o meu Senhor está na Cruz e me perguntas por que choro? Quisera ser neste momento o maior oceano da terra, para ter tudo isso de lágrimas. Quisera que se abrissem ao mesmo tempo todas as comportas do mundo e se soltassem as cataratas e os dilúvios para me emprestarem mais lágrimas. Mas ainda que juntemos todos os rios e mares, não haverá lágrimas suficientes para chorar a dor e o amor de meu Senhor crucificado. Quisera ter as asas invencíveis de uma águia para atravessar as cordilheiras e gritar sobre as cidades: o Amor não é amado! o Amor não é amado! Como é que os homens podem amar uns aos outros se não amam o Amor?".

O camponês também não aguentou e se pôs a chorar. A crônica termina dizendo: "Conhecemos esse homem. Ele referiu esse caso a nós, companheiros do bem-aventurado Francisco, para grande consolação de nossas almas".

PREPARAÇÃO INTENSIVA

Já eram oito irmãos. Chegou a primavera. Os meses de inverno tinham passado em completo retiro, no serviço dos leprosos e na ajuda aos camponeses. Já eram suficientemente adultos na fé. Cumprindo as ordens de Cristo, tinham de sair outra vez, anunciando ao mundo os motivos de sua felicidade e os caminhos da libertação. As andorinhas tinham chegado, trazendo a primavera. Eles, andorinhas do Senhor, tinham de sair levando a primavera do espírito.

Mas o Irmão estava preocupado. Não tinham sido apagadas de sua lembrança as hostilidades que haviam sofrido em sua primeira saída pelas Marcas de Ancona e, principalmente, não se esquecia dos sobressaltos de Egídio. Ficava com o coração cheio de temor. Voltou a rememorar os antigos pensamentos.

"Estou certo de que estes irmãos estão preparados para passar fome e frio", pensava o Irmão. "Mas, e o desprezo? O absurdo? A inutilidade? Temos nome e sobrenome grudados em nós como a roupa na carne. O herói tem medo do ridículo e o que mais assusta o santo é a humilhação. Outra vez diante do terrível mistério da Cruz!"

Que fazer? O Senhor Deus tinha depositado em suas mãos esses pequenos para que cuidasse deles, para que os fizesse crescer até serem árvores adultas, como o próprio Senhor tinha feito com ele. Mas tinha medo. Era a águia que solta os filhotes sobre o abismo dizendo: "Voem!". E se não conseguirem voar? Se suas asas ainda estiverem implumes? Se forem esmagados pelo vento contra as rochas? Tinha medo. Medo de estar queimando etapas, medo de que sucumbissem ao peso da cruz, medo de que caíssem nos braços do desânimo.

E decidiu fazer uma preparação intensa antes de lançá-los ao mundo. Os cronistas conservaram amplos esquemas sobre os ensinamentos que o Irmão dava naqueles tempos. A melodia que percorria e sustentava todas as suas palavras era a humildade nas perseguições.

* * *

Os irmãos estavam voltando ao entardecer. Uns tinham estado nas vinhas, outros no leprosário e outros traziam aos ombros os alforjes de mendicantes. Estavam um pouco cansados, mas sumamente alegres. Jantaram. Durante o ágape fraterno reinou um clima de ampla confiança e abertura. Depois o Irmão convocou-os para a ermida. Ajoelharam-se e rezaram durante muito tempo. Então o Irmão pediu à Senhora dos Anjos autorização para falar. Os outros se sentaram no chão. Ele, como de costume, ficou embaixo do quadro bizantino e começou a falar: "Meus filhos. Já viram alguma vez o vento fechado em um barranco ou numa gruta? Se não há espaço livre, o vento deixa de ser vento. Assim é o espírito de Deus; se não se irradia, deixa de ser força e vida. Já saboreamos o pão da paz e provamos o vinho da felicidade. Seríamos egoístas se agora dormíssemos a sesta da satisfação. Os que têm fome e sede estão esperando por nós".

Foi uma introdução fraca e meio artificial. Eles ficaram com os olhos muito abertos, sem entender exatamente a intenção dessas palavras. O Pobre de Assis não estava inspirado, ou melhor, sua inspiração estava bloqueada. Todos tinham sofrido tanto na primeira saída, que tinha medo de anunciar-lhes abertamente a segunda. Era como uma mãe que sofre pensando no que vão sofrer seus filhos.

Dando a modulação máxima de ternura a sua voz, continuou: "O Evangelho é nossa Regra, Irmãos, e nosso comandante é o bendito Senhor Jesus Cristo. Louvado seja seu nome para sempre! No Evangelho o Senhor nos manda sair ao mundo para anunciar palavras ressuscitadoras. Não fomos chamados para salvar só a nós mesmos. O povo tem fome e frio. Vamos levar-lhe pão e calor. Nesta tarde conversei numa intimidade especial com meu Senhor e resolvemos que nossa família saia mais uma vez, na direção dos quatro pontos cardeais, de dois em dois. Isso vai ser na próxima semana. Enquanto esperamos, vamos fortalecer-nos no espírito, olhando de frente o rosto bendito do Senhor. Os que quiserem podem interromper seu trabalho habitual, subir ao Subásio, chegar até os cárceres, e lá ficar vários dias com o Senhor em profunda familiaridade".

Calou-se. Tinha coisas mais importantes – e mais temíveis, para dizer-lhes, mas não teve coragem. Aquilo bastava para começar. Alguns dos irmãos ficaram inquietos, outros tranquilos. Deu-lhes a bênção e foram descansar. O Irmão ficou em vigília quase a noite toda, pedindo o óleo da fortaleza para seus irmãos.

* * *

Falava-lhes todas as noites sobre a *disposição* de Jesus. Nunca fez alarde de sua condição divina. Era Onipotente e não sonhou com onipotências. Despojou-se de seu poder e se vestiu como um escravo. Renunciou às vantagens de ser Deus e se submeteu às desvantagens de ser homem. Inclinou a cabeça humildemente diante do golpe da morte e subiu à cruz em silêncio. Caluniado, não abriu a boca. Golpeado, não ameaçava.

Foi como um cordeirinho indefeso e inofensivo. No meio de uma tempestade de insultos, açoites e injustiças, não deu nenhuma demonstração de amargura, ou de violência, nenhuma resposta brusca, nenhuma palavra agressiva. Atravessou a cena da Paixão vestido de silêncio, dignidade e paz.

Os irmãos ficavam profundamente comovidos, e ele muito mais. Às vezes, perdia a voz. Depois de ter falado sobre a humildade de Jesus, deixava-os em silêncio durante muito tempo, para que a imagem de Jesus manso e humilde se imprimisse em suas almas. Depois do silêncio e antes de saírem para descansar, ainda lhes dizia: "Não se esqueçam; o Senhor bendito vai sair à nossa frente, de pés descalços".

* * *

Intuitivo e clarividente, o Irmão sabia o que estava esperando esses orfãozinhos no mundo. Com aquela roupa esquisita que não era nem clerical nem monacal, pareciam-se mais aos montanheses rústicos dos Apeninos. Não pertenciam a nenhuma instituição religiosa e não levavam nenhuma credencial da Santa Sé ou de algum bispo, para que pelo menos os católicos pudessem acreditar neles. A roupa e o estilo de vida levaram muitos a pensar que fossem valdenses ou outros hereges.

Era a véspera da saída. Eles sabiam. Havia emoção em seus rostos, com uma mistura de temor e de alegria. Francisco estava animado. Procurava dissimular os temores. Reuniram-se na ermida. Era o *envio*. O Irmão quis dar solenidade a essa cerimônia de despedida. Alguma coisa lembrava-lhe as cerimônias cavaleirescas, quando os cavaleiros andantes saíam para suas aventuras.

Estava na hora de jogá-los na água para que perdessem o medo. Disse-lhes: "Meus filhos, amanhã sairemos pelo mundo, seguindo nosso capitão Cristo, que também vai descalço. Lá fora não vamos encontrar rosas nem aplausos. Nós somos ignorantes e pequeninos. Nossas espadas de combate não são a ciência nem o preparo intelectual, mas a humildade, o bom exemplo e a firmeza na fé. Não tenhais medo. O próprio Senhor colocará em vossa boca as palavras adequadas a cada momento. E porque sois pequeninos, vossos nomes estão escritos no Livro da Vida com letras de ouro. Alegrai-vos".

* * *

O Irmão observava as reações que se refletiam nos olhos deles e viu que estava indo tudo bem. Então, foi mais fundo: "Encontrareis homens de boa vontade que acolherão vossas palavras com admiração e gratidão. Mas esses serão os menos numerosos. A maioria vai desprezar vossas palavras como palavras ridículas, e há de ver-nos como gente ignorante, cabeças vazias, pessoas imbecis e intrometidas. E possível que até alguns clérigos vos vejam assim. Mas haverá coisas piores. Alguns vão resistir frontalmente e vão atacar-vos com sarcasmos. Não vai faltar quem vos lance por cima cachorros e pedras, quem vos jogue água fria e quem faça roda em torno de vós como em torno de loucos".

Falou tudo isso de uma vez só, sem olhar para eles. Quando acabou a última frase, levantou os olhos e viu seus rostos espantados. Era demais. Não foram capazes de absorver. Não estavam preparados. Assustados, começaram a fazer perguntas, a tremer, e o pânico se apoderou do grupo. Mais uma vez enfrentavam-se o mundo e a cruz dentro do homem!

O Irmão voltou atrás. Desceu da cruz e deu uma satisfação ao *mundo* que morava dentro deles. Disse-lhes: "Vejo que estais assustados. Parece que tendes vergonha de pertencer às nossas fileiras. É verdade que somos poucos e pequenos. Mas logo vamos ser muitos, e numerosos sábios e nobres vão entrar em nossas fileiras, e vão pregar a príncipes, reis e imperadores, e por nossa palavra converter-se-ão muitos ao Senhor".

Era uma conclusão "mundana", uma verdadeira transação no mistério da cruz. Mas o Irmão tinha de fazer isso diante da fragilidade humana e calculando sempre cuidadosamente a profundidade da fortaleza evangélica dos irmãos.

Ele não deixou de sentir certa frustração, mas reagiu na mesma hora e a superou. Se ele desanimasse, onde iria buscar ânimo? Continuou dizendo: "Se vos perguntarem por nossa identidade, respondei simplesmente que somos 'penitentes da cidade de Assis'".

* * *

Naquela noite o Irmão não dormiu. De joelhos e com os braços em cruz, pediu ardentemente ao Crucificado humildade e fortaleza para os irmãos, para que nenhum deles viesse a desfalecer nas provas.

Na manhã seguinte, o Pobre de Assis esperava os expedicionários evangélicos à porta da ermida, todo sorridente. Pareciam todos animados e contentes. "Louvado seja o Senhor!"

Deu-lhes as últimas instruções. Depois cortou o galho de um arbusto e, segurando-o na mão, colocou-se na frente da ermida, dizendo: "Em nome do Senhor!" e traçou com o galho uma grande cruz no chão, dirigindo cada traço para um dos pontos cardeais. Em cada direção colocou dois irmãos, enviando os oito para todos os horizontes.

Um depois do outro, ajoelharam-se todos aos pés do Irmão e ele lhes deu uma bênção comovente. Depois os fez levantar e, enquanto se abraçavam demoradamente, disse-lhes: "Lança tuas inquietações no Senhor. Ele vai ser a tua força".

ANDANÇAS E AVENTURAS

Francisco e outro irmão, cujo nome ignoramos, dirigiram-se para o vale de Rieti. Se dermos crédito às descrições dos Três Companheiros, os temores de Francisco tinham até sido moderados, porque as aventuras foram muito mais numerosas e desditosas do que imaginara.

Onde quer que entrassem, cidade ou castelo, aldeia, vila ou povoado, os irmãos saudavam as pessoas com um "O Senhor vos dê sua paz". E não pediam licença para desfraldar a bandeira da paz, começando humildemente a lhes explicar a doçura e a paz que o Senhor concede aos que confiam nele. Todos estranhavam muito aquela veste insólita, perguntando que raça de homens seria essa que tinha aparecido tão de surpresa.

Alguns os escutavam de boa vontade. Outros soltavam gracejos ou comentários jocosos. A maioria apertava-os com perguntas: "Quem são vocês? De onde vêm? A que se dedicam?". Respondiam humildemente, como Francisco os tinha ensinado: "Somos penitentes da cidade de Assis".

As opiniões eram as mais variadas. "São uns impostores", diziam alguns. "São uns pobres doidos", diziam outros. A maioria achava que eram perigosos e ninguém os queria receber em casa, com medo de que fossem ladrões. Em muitos lugares nem lhes permitiam dormir em um paiol e eles tinham de se abrigar nos átrios das igrejas, nos castelos abandonados ou em fornos públicos.

* * *

Os Irmãos Bernardo e Egídio foram na direção de Santiago de Compostela. Quando passaram por Florença tiveram aventuras divertidas. Não sabemos onde foram os outros. Como tinha ensinado Francisco, quando viam de longe uma cúpula ou uma torre que indicasse a presença eucarística, ajoelhavam-se imediatamente e diziam de mãos juntas, olhando para a igreja: "Nós vos adoramos, Santíssimo Senhor Jesus Cristo, aqui e em todas as igrejas que há no mundo inteiro, e vos bendizemos porque por vossa Santa Cruz remistes o mundo".

As crônicas dizem que muitas pessoas, importantes ou não, jogavam-lhes insultos ou pedras. Houve uma vez em que alguns atrevidos os fizeram cirandar e lhes arrancaram as roupas rudes. De acordo com o conselho evangélico, os irmãos não usavam mais do que uma túnica. Sem ela, ficavam seminus. Mesmo assim, não reclamaram.

Quando a devolveram, agradeceram como se tivessem recebido um grande favor.

Alguns lhes jogavam barro, outros lhes colocavam dados nas mãos e os convidavam a jogar com eles. Os moleques puxavam seus capuzes e os arrastavam pendurados em suas costas. Os Irmãos se acostumaram a tudo e, no fim, nem se incomodavam com essas coisas, tendo adquirido um grande domínio de si mesmos. Passaram fome, frio, nudez, e toda classe de tropelias e vexames.

Nessas circunstâncias, lembravam-se dos exemplos e palavras de Francisco e isso lhes dava força para sofrer em paz. Eram formados na escola evangélica de Francisco. Tais incidentes repetiram-se nas outras expedições missionárias a terras cristãs e mais tarde também nas terras dos infiéis, nos dez primeiros anos.

UTILIDADE E INUTILIDADE

Em termos de eficácia apostólica – repetimos –, ou melhor, quanto a resultados estatísticos, aquelas primeiras expedições apostólicas não produziram nada. Foram mesmo um fracasso completo. Mas o Pobre de Assis, o homem do Evangelho, esteve sempre acima das estatísticas e dos conceitos de utilidade e de eficácia. Para ele, o grande serviço apostólico era viver simples e totalmente o Evangelho. Viver o Evangelho queria dizer cumprir as palavras do Mestre e repetir seus exemplos.

* * *

"O Reino de Deus", pensava o Pobre de Assis, "é o próprio Jesus. E o Reino cresce na medida em que os irmãos vão reproduzindo em suas vidas os impulsos e as reações de Jesus, os reflexos e as atitudes, o estilo de vida e o comportamento geral de Cristo Jesus. O Reino cresce na medida em que os irmãos encarnam e refletem os impulsos profundos, as preferências e os critérios, e o objetivo geral da vida do Senhor Jesus Cristo."

O Irmão repetiu, e ensinou a repetir, quase com mimetismo, tudo que o Senhor fez e mandou, com a simplicidade de uma criança e com a fidelidade de um cavaleiro andante.

Naturalmente, foram muitas as coisas que Jesus fez ou mandou fazer. Mas houve aspectos do mistério de Jesus que impressionaram vivissimamente a alma sensível do Irmão de Assis, que se resumem nestas duas palavras juntas: *pobreza-humildade*. Esse aspecto, por sua vez, condensa-se em tudo que significam Belém, Calvário e Sermão da Montanha.

Para o Irmão, por exemplo, o martírio era o apostolado supremo. Em seu modo de ver eram apostolados excelsos, por exemplo, perdoar as ofensas, alegrar-se nas tribulações, rezar pelos perseguidores, ter paciência nos vexames, pagar o mal com o bem, não se perturbar com as calúnias, não amaldiçoar os que amaldiçoam. Afinal, viver o que o Senhor viveu na Paixão e ensinou na Montanha.

O salvador onipotente do mundo é o próprio Deus e não precisa de ninguém para salvar, a não ser de servos que, como Jesus, se entreguem na fé pura e na fortaleza invencível nas mãos de seus executores; servos obedientes até a morte e morte de cruz, abandonados e submissos nas mãos do Pai, mesmo no meio de situações dolorosas que não dependem de nós, servos capazes de alegrar-se por serem dignos de sofrer em nome de Jesus.

Na verdade, foi este o apostolado fundamental do Irmão e de seus primeiros companheiros: o da vida evangélica. Também pregaram, mas isso era secundário, breve e sempre apoiado no bom exemplo.

Esse tipo de apostolado é muito mais difícil do que o apostolado organizado e ministerial, porque não permite calcular resultados tangíveis e é preciso proceder com fé pura. Trata-se de vida apostólica mais do que de atividade apostólica. Não há necessidade de uma preparação intelectual, mas de uma conversão profunda e permanente do coração. Também não é preciso ser sacerdote. Por isso, encontramos muito poucos sacerdotes na fraternidade primitiva e a ordenação sacerdotal era mesmo alguma coisa acessória para esse esquema ou forma de vida. O essencial era ser *Irmão Menor*.

* * *

Voltando aos expedicionários que andavam pelo mundo, os cronistas continuam dizendo que se alegravam nas tribulações, que se dedicavam assiduamente à oração e ao trabalho manual, sem nunca receber dinheiro, e que entre eles reinava uma cordialidade profunda. Quando as pessoas comprovavam isso, convenciam-se de que esses *penitentes de Assis* não eram hereges nem velhacos e, arrependidas, voltavam para pedir-lhes desculpas. Os irmãos diziam: "Está tudo perdoado", e lhes davam conselhos.

A razão principal que levou as pessoas a se convencerem de que eram homens evangélicos é que se serviam uns aos outros com grande carinho, ajudando-se em todas as necessidades, "como faz uma mãe com o seu filho queridíssimo". Essa deve ter sido a parte mais original da revolução franciscana, e nisso estava a genialidade daquele homem simples e sábio: lançar os irmãos nos braços da fraternidade, partindo da pobreza total. Sobre esse assunto vamos falar mais adiante.

Os cronistas dessa expedição contam casos impressionantes nesse sentido. Um dia, dois irmãos que caminhavam encontraram um louco que começou a atirar-lhes pedras. Um deles, que estava do lado oposto, quando viu que seu irmão estava mais exposto, mudou de lado, para proteger o companheiro. "A tal ponto estavam dispostos a dar a vida um pelo outro."

PARA RIETI

O Irmão e seu companheiro, como dissemos, foram para o lado de Rieti. Passaram por Espoleto, sem entrar. Foram penetrando paulatinamente nas ásperas gargantas dos montes Sabinos.

Francisco cantava e falava de Deus durante toda a viagem. "Irmão", lembrava frequentemente ao companheiro, "à nossa frente vai indo descalço o nosso bendito companheiro Jesus Cristo, e se tivéssemos um pouco mais de fé, veríamos como a cada pouco ele olha para trás e nos sorri. Que seria de nossa vida sem ele? Assim como, com ele, nós somos os homens mais livres e mais alegres do mundo, sem ele seríamos os órfãos mais infelizes da terra. Para sempre seja louvado!"

Quando via de longe, no alto da colina, a torre de uma igreja, segurava o companheiro pelo braço. Muitas vezes os seus olhos se marejavam de lágrimas, quando pensava em Jesus presente no Santíssimo Sacramento. Ajoelhavam-se. Rezavam várias vezes e lentamente o "Nós vos adoramos". Quando se levantavam e voltavam a caminhar, sempre tinha pensamentos vivos para comunicar. "Acredita-me, Irmão", disse uma vez, "quando penso nesse Cristo bendito perco toda vontade de comer e de beber. Posso estar tiritando, como esta noite embaixo do portão daquele castelo; basta pensar em meu Senhor Jesus Cristo e um sol cálido entra em minhas veias".

* * *

Um dia, na entrada de um pequeno vale, viram de longe a cidade de Terni, com um mosteiro no alto da colina. Como de costume, o Irmão ajoelhou-se para rezar e o fez por muito tempo. Depois, tomando a mão do companheiro, sem deixar de olhar para o mosteiro e baixando a voz como quem vai dizer uma coisa terrível e misteriosa, disse: "E pensar que nesse bendito Sacramento Cristo nos deu tudo, tudo! Que podemos fazer nós senão, pelo menos, entregar-nos inteiramente a ele? Desculpa-me companheiro. Deixa-me andar sozinho".

E se adiantou uns vinte passos, caminhando sozinho muito tempo, absorto e concentrado em Deus. Ao meio-dia pediu alguma coisa para comer em uma casa. Deram-lhe, mas passou ao companheiro. Nesse dia, Francisco não comeu nada. Sua alma parecia estar na outra margem.

Passaram-se dias. Vales e montanhas se alternavam. O mundo era primavera, vida e esplendor. Passaram por Stroncone, Le Marmore e Piediluco. O Irmão entrava em todos esses lugares e falava sobre o Amor. Aconteciam casos e aventuras como nas histórias cavaleirescas. Um dia, numa casa em que pediu alguma coisa para comer, deram-lhe um rato morto. Ele o recebeu com bom humor.

Dormiam onde a noite os surpreendesse. Às vezes passavam frio. Houve noites em que o Irmão tirou a túnica e a deu ao companheiro para que se esquentasse, enquanto ele ia rezar, o que lhe bastava para aquecer-se.

Constantemente, de modo especial antes de dormir, o Irmão falava ao companheiro sobre os outros seis irmãos. Lembrava-se deles e rezava nas intenções de cada um. "Que será de nosso Egídio?" Ia nomeando cada um. Às vezes ficava com os olhos úmidos pensando nas perseguições que poderiam estar sofrendo.

Tratava o companheiro como uma mãe queridíssima. Antes de dormir, dava-lhe uma cálida bênção. Não havia melhor escola de formação do que conviver alguns dias com o Irmão.

* * *

Quando os irmãos saíram das gargantas selvagens, abriu-se diante deles, como uma abóbada de sonho, o vale de Rieti. Era um planalto feito de esplendor e de serenidade, flanqueado de todos os lados pelos montes Sabinos, como sentinelas invictas. Essa planície viria a ser, com o tempo, o *vale sagrado* de São Francisco, com quatro eremitérios cravados em cada lado, como fortalezas do espírito. Aqui haveriam de suceder acontecimentos transcendentais para a história franciscana.

"Irmão", disse Francisco ao companheiro, "quanta paz! Que silêncio! Não é um vale. E um paraíso. Deve ser habitado por anjos." O verdor do vale contrastava com os picos nevados dos montes Sabinos. Água limpa e fresca corria pelas artérias e dava rumor ao vale e vida ao campo. O Irmão sentiu-se completamente embriagado.

Encravada na encosta de uma montanha apareceu a seus olhos a aldeia de Gréccio. O Irmão ajoelhou-se para rezar o "Adoramos". Quando se levantou, disse ao companheiro: "Irmão, se o Altíssimo permitir, eu gostaria de transformar este vale em um templo de adoração!".

Olhou para o outro lado e, subitamente, seus olhos ficaram presos em um ponto. Que tinha visto? Numa montanha rochosa e nua brilhava um povoadozinho em plena serrania. Perguntou a alguns passantes o nome daquela aldeia e lhe disseram: Poggio Bustone. "Vamos para lá, meu Irmão", disse. E puseram-se imediatamente a caminho.

Levaram horas para escalar aquela subida abrupta. A cada cem passos, mais ou menos, o Irmão parava e olhava para trás. O vale ia adquirindo uma fisionomia cada vez mais cativante. Do lado direito corria um barranco, como uma fenda brutal. Dava medo e emoção. Ao longe se viam as montanhas nuas e nevadas.

Chegaram à aldeia. Francisco não sentiu o desejo de comunicar a paz às pessoas, como costumava. Ele mesmo não parecia estar em paz. Desde alguns dias atrás vinha arrastando um abatimento como se nuvens pesadas cobrissem os seus céus. "Ninguém pode pronunciar a palavra 'paz' se ela está ausente da alma", pensava. Por isso passaram ao lado do pequeno povoado e continuaram subindo.

Perdido entre os picos mais altos, com acesso quase impossível e muito longe de Poggio Bustone, a mais de mil metros sobre o nível do mar, encontraram um *specco*, isto é, uma saliência da pedra ou gruta. Ao redor tudo era desolação implacável e aspereza bravia: "lugar ideal para um grande combate", pensava o Irmão. Bastava levantar os olhos para longe e se divisava um horizonte simplesmente indescritível. A alma ficava aniquilada perante tanta grandeza.

"Irmão", disse Francisco ao companheiro, "a ansiedade grudou na minha alma como uma roupa molhada. Como poderei ser luz para o mundo, se vivo nas trevas? Como poderei levantar o estandarte da paz, se a angústia me asfixia? Não poderei consolar os irmãos, porque não há consolo na minha alma. Preciso travar um grande combate com Deus. Irmão, deixa-me sozinho por alguns dias, não te preocupes comigo. Vai para a aldeia. Pede pão e dá paz. Quando a paz voltar a minha alma, irei procurar-te em Poggio Bustone."

DESOLAÇÃO E CONSOLAÇÃO

Houve uma crise espiritual nesse ponto da vida do Irmão. No meu modo de ver, esse acontecimento foi um embrião daquela grande crise que haveria de sofrer nos últimos anos de sua vida. Nos dois casos, no problema e no desenlace, quanto a suas motivações profundas, tinham as mesmas características. Em nosso propósito de desvelar pelo menos alguns fragmentos do mistério do Irmão de Assis, é sumamente interessante averiguar e descobrir a natureza dessa crise.

Para isso precisamos lembrar o ambiente de sua vida, e principalmente estudar com muito cuidado o Capítulo XI da primeira biografia de Celano. Nesse capítulo agitam-se indistinta e alternadamente os motivos pessoais e os que diziam respeito à fraternidade.

É significativo que Francisco tivesse sentido tanta pressa de voltar para a Porciúncula quando superou a crise. O conteúdo do discurso que fez depois de voltar foi, sem dúvida, o fundo motivador de suas dúvidas, inseguranças e desconfianças.

Inclusive, considerando o amplo contexto de sua vida e deste capítulo, para mim é claro que no *specco* de Poggio Bustone Francisco de Assis tomou a resolução de fundar uma Ordem. Por outro lado, é preciso notar que os momentos mais cruciais do Irmão – como no caso dos grandes profetas – sempre são esclarecidos na solidão completa com Deus.

* * *

Na crise de que estamos falando foram alinhavadas até o fim sua impressão de insegurança pessoal e a impressão de incapacidade para conduzir um povo. Vamos considerar cada uma separadamente.

É a terrível incógnita do ser humano, "esse desconhecido", que tem milhares de camadas e a maioria delas fica lá embaixo, nas galerias escuras, sem nunca vir à luz. Não podem ser comparadas nem com as entranhas da terra, nem com os abismos do mar, nem com o mundo das estrelas. É muito mais complexo. Todo ser humano carrega regiões inexploradas e quase inexpugnáveis. Em seu interior travam guerra elementos antagônicos, na mais contraditória fusão.

O Irmão conhecia o mistério da eterna misericórdia de Deus. As consolações e as gratuidades tinham caído como um dilúvio em sua alma. Sabia de sobra, "conhecia" de cor o mistério do Amor eterno e gratuito, a piedade nunca desmentida do Altíssimo.

Mas, apesar de tudo, aqui e agora, o Irmão estava duvidando. Pensava (sentia) que o cúmulo de seus pecados era maior do que a misericórdia de Deus. Que estava acontecendo? Como explicar isso? Ainda existiam em Francisco regiões inteiras que não tinham sido "visitadas", onde a Graça e a Misericórdia ainda não tinham chegado. Sobravam sedimentos não tocados, zonas não redimidas. Teologicamente, isso é um absurdo. Mas é o pão nosso de cada dia na história das almas.

Apesar de "saber" tanto sobre a infinita misericórdia de Deus, acontecia o seguinte na alma do Irmão: das regiões desconhecidas subiam ao primeiro plano de sua consciência faixas do subconsciente ainda "não visitadas". Tomavam posse dos primeiros planos conscientes, dominando a esfera geral da personalidade; e o Irmão sentia que "não acreditava" no perdão divino; isto é, não sentia o que "sabia". Por quê?

Poderia ser devido a certos traços negativos de sua constituição pessoal ou a uma formação religiosa feita de temor e tremor... O fato é que se apoderou dele uma crise de profunda desconfiança. Desconfiança de quê? De não ser suficientemente perdoado, de não ser aceito por Deus. Por isso passava o tempo repetindo: "Tem piedade de mim, Senhor porque sou um grande pecador". E apesar de saber experimentalmente a dimensão da infinita piedade de Deus, essas sombras o dominavam e não conseguia afugentá-las.

Ainda mais no fundo, faltava-lhe esperança. Toda desesperança provém de apoiar-se em si mesmo, de "fixar-se" em si mesmo, de confiar e desconfiar de si mesmo. O que ele estava precisando era sair de si mesmo.

Todo ato de esperança envolve um não se apoiar em si mesmo e um apoiar-se no Outro. O Irmão não devia ter concentrado sua atenção em sua vida dissipada, em seus pecados antigos. Deveria ter focalizado sua atenção na interminável piedade de Deus. Não olhar para si. Olhar para o Outro. Estava faltando o Êxodo, a Páscoa.

Sabemos que foi durante toda sua vida um homem eminentemente pascal, saído de si mesmo e projetado no Outro. Mas agora estava passando por uma crise, isto é, por uma situação de exceção, transitória.

Nos rochedos altíssimos dos montes Sabinos, o que aconteceu no dia da solução da crise foi um salto, uma saída.

* * *

Tudo isso tinha também uma dimensão lateral. A desconfiança de si mesmo, a agudíssima consciência de sua indignidade passou para sua condição de condutor de irmãos.

A obra que o Senhor lhe havia encomendado poderia frustrar-se por sua indignidade, ou por sua incapacidade, ou pelas duas.

Se ele não era aceito por Deus, como poderiam os irmãos ser colocados em suas mãos? Como poderia um pecador conduzir um povo de escolhidos?

O Pobre de Assis, que sempre viveu olhando para Deus, nesse caso começou a olhar para si mesmo, e foi sucumbido por uma viva impressão de que não valia nada, de que não tinha preparo nem qualidade para conduzir um grupo de Irmãos e, pior do que tudo, de que era infiel e pecador. O pobre Irmão deve ter vivido uma situação desesperadora.

O contexto vital era esse. Por seguir fielmente a Deus, tinha provocado uma verdadeira revolução na família e na cidade, ou melhor, tinha provocado um escândalo. O próprio Senhor indicou-lhe o caminho evangélico, e começou a andar por ele com alegria. É certo que essa forma de vida era absolutamente diferente de todas as instituições religiosas até então existentes. Não tinha outras pretensões nem projetos a não ser viver literalmente o Evangelho.

Mas, pouco tempo depois, o Senhor começou a enviar irmãos, um por um. Colocou-os no mesmo caminho evangélico. Já eram oito. E, agora, que fazer? O que era esse grupo familiar? O que estaria o Senhor querendo com eles? Seu gênero de vida não cabia nos outros esquemas de vida religiosa. E se o Senhor continuasse mandando irmãos? Ele era o único responsável.

Mas, quem era ele? E assim começou a focalizar o olhar exclusivamente sobre si mesmo. Ele era um pobre homem, um *qualquer*, sem preparação alguma, iletrado e ignorante, absolutamente carente dos dotes de guia.

Esses irmãos tinham confiado nele, e o que tinha para lhes oferecer? Sua indignidade e sua condição de pecador. Que seria desse grupo daí a três ou quatro anos? Deveria ir ao Papa para pedir autorização de viver outro esquema de vida religiosa? Mas isso não seria presunção? Quem era ele para atrever-se a tanto? Além disso, ia pedir ao Papa o quê? Se podia lançar um grupo de pessoas por um caminho heroico? E se fracassasse? Será que ele não seria um embusteiro, um atrevido e, pior, um pecador?

Não tinha por onde sair. Fechado em si mesmo, o pobre Francisco foi rolando pela ladeira da insegurança, da dúvida, da desconfiança. A angústia foi como uma cheia de rio e inundou todo o seu ser.

* * *

Só havia uma solução: sair.

E o Senhor lhe deu, mais uma vez, a graça suprema de sair. No fundo, sair quer dizer esquecer-se de si mesmo e lembrar-se do Outro. Todo mistério está em que o Outro ocupe por completo a minha atenção, a ponto de ser como se eu não existisse. E foi isso que aconteceu nas solidões bravias do monte Rosatto, depois de tantos dias de jejum e de lágrimas.

O Irmão de Assis começou a ter uma evidência meridiana e vivíssima do único Deus. Era muito mais do que convicção, muito diferente de uma ideia. Era como se o próprio Senhor lhe dissesse: "Pobre Francisco, por que te preocupas? Por que sofres tanto. Eu sou. Sou a aurora sem ocaso, sou o presente sem passado. Eu sou a eternidade. Eu sou a imensidade. Eu não tenho contornos nem fronteiras. Eu sou. Por que tens medo, Francisco, filho de Assis? Eu sou o único Salvador. Posso tudo. Tiro filhos vivos das pedras frias. Num instante faço levantar gerações sepultadas. Desde sempre e para sempre sou o único Pastor. Eu sou o único guia dos povos. Também sou o único Pastor dos oito orfãozinhos – e de todos os que ainda virão – da Porciúncula. Francisco, filho de Assis. Acredita em mim. Espera em mim. Salta, Francisco. Pula para os meus braços. Estou aqui no fundo. Pula, vem. Só precisas colocar-te em minhas mãos. O resto eu farei. Eu sou o fundador e o guia da nova Ordem. Eu serei teu descanso e tua força, tua segurança, tua alegria, tua ternura, teu pai, tua mãe...".

Acontece sempre o mesmo. Quanto mais profunda é a desolação, maior a consolação. As crônicas se esforçam para descrever o que aconteceu, embora dificilmente o consigam: felicidade ou êxtase? (como dizer?) Repentino e explosivo? Intenso como nunca?

O Irmão saiu da gruta profunda do *specco*. Era como se os montes Sabinos tivessem desaparecido e o mundo se tivesse dilatado até o infinito, esfumando-se nas distâncias siderais... E não houvesse terras, montanhas ou estrelas, mas só existisse o gozo, ou melhor, só existisse Deus... Era como se o Irmão se tivesse dilatado, crescido, subido, escalado os cumes do ser até quase, quase ocupar as fronteiras de Deus. Ó prodígio! Justo nesse momento o Senhor era o Altíssimo, e ele era o Pobrezinho, formiguinha insignificante, mas onipotente nas mãos do Onipotente. "Tu és meu tudo, eu sou teu nada. Quem és tu, quem sou eu?"

Era difícil imaginar estatura humana mais alta. Que tinha acontecido? Outra *experiência infusa* poderosíssima? Acho que sim. A consciência do "eu" (do Irmão) foi completamente atraída pelo Outro, arrancada de seus gonzos pela força do Outro.

O Irmão ficou extrapolado. Como resultado disso, a atenção de Francisco foi ocupada inteiramente pelo Outro. O Irmão deixou de agarrar-se a si mesmo. Voaram pelos ares as inseguranças. Voaram também as desconfianças, e foram substituídas pela segurança, a alegria e a paz.

Celano, depois de narrar amplamente esse episódio, termina dizendo: "Quando, afinal, desapareceu aquela suavidade e aquela luz, renovado espiritualmente, ele já parecia transformado em outro homem".

ARMAR-TE-EI, CAVALEIRO DE CRISTO

Quem poderia descrever a alegria do reencontro de Francisco com seu companheiro? Sentia pressa, quase ânsia de regressar à Porciúncula. É possível (era quase inevitável) que também os outros Irmãos perguntassem: Qual será nosso futuro? Essa pergunta deve ter aparecido, sem dúvida, mais de uma vez nas conversas fraternas. O único que poderia responder era Francisco, e ele não tinha resposta.

Mas agora que o Senhor tinha descerrado o véu, possuía uma resposta concreta e sentia a urgência de comunicá-la. Iriam a Roma e pediriam autorização ao Santo Padre para viver segundo a forma do Santo Evangelho.

Sentia-se tão seguro que, pela primeira vez, começou a convidar. Até então os Irmãos tinham chegado sem ser chamados. Mas também o Senhor Jesus tinha convidado. A seu exemplo, começou a convocar os jovens para a nova forma de vida. Desceram da montanha para o vale e se dirigiram alegremente para Rieti. Atravessaram as ruas cumprimentando os transeuntes com o seu costumeiro "O Senhor lhes dê a Paz".

Chegaram à praça principal. O Irmão estava com a alma inundada de paz. Um grupinho de pessoas estava em animada conversação sob os arcos de um pórtico. Chegou e abriu a boca. Um rio de paz saía de seus lábios. Estava inspiradíssimo. Falava-lhes do Amor, da riqueza, da pobreza, da liberdade dos que abandonam tudo por Amor.

Ao terminar, quando se preparavam para sair da cidade, um jovem que os havia escutado na praça deteve-os. Perguntou quem eram e que tipo de vida levavam.

Como o Irmão se encontrava naquela santa euforia, falou longamente sobre seus ideais. O jovem ficou impressionado. Chamava-se Ângelo Tancredi. Tinha jeito de cavaleiro e procedia de estirpe feudal. O Irmão ficou encantado com ele. Na realidade, deixava-se cativar por tudo que evocasse cavalheirismo e cortesia.

O Irmão percebeu que o rapaz era de boa cepa para ser cavaleiro de Cristo. Apresentou-lhe mais uma série de considerações e lhe disse diretamente: "Já serviste bastante ao Conde de Rieti e ao Imperador. Vem comigo. Eu te armarei cavaleiro de Cristo. No pó dos caminhos vais encontrar a liberdade. Tua língua será uma espada e trombeta de salvação. Caminharás sob o estandarte da paz, e Cristo vai ser teu único capitão. Em marcha, combatente de Cristo!".

GRANDES NOTÍCIAS

O rapaz despediu-se da família e Francisco levou-o para a Porciúncula. Durante a viagem de volta, o Irmão sentia o desejo ardente de encontrar-se, quando chegasse, com todos os Irmãos. "Senhor, faz com que todos tenham chegado!", suplicava. De fato, todos estavam presentes. O fervor fraterno explodiu como uma caldeira: abraços, lágrimas, beijos... Era uma emoção impossível de controlar. Depois dos primeiros momentos, Francisco convocou os irmãos para a ermida.

Cumprimentou a Senhora dos Anjos e lhes apresentou o novo candidato. Depois, com brilho nos olhos e júbilo nas palavras, soltou o que vinha guardando havia dias: "Cavaleiros de meu Senhor Jesus Cristo, respirai alegria e revesti-vos de regozijo. Tenho grandes notícias. Alegrai-vos. Louvado seja o Senhor. A primeira coisa que tenho a dizer é que não deveis ter medo. Que nunca sejais dominados pela tristeza ou pela vergonha de serdes tão poucos. Não vos enrubesçais por eu e vós sermos tão pouca coisa. Porque o Senhor me revelou que Ele mesmo, pessoalmente, irá aumentando prodigiosamente a nossa família, até transformá-la em um povo inumerável, que cobrirá os horizontes do mundo. Isso foi o que o Senhor me disse expressamente. Mas me revelou muito mais. Teria prazer em guardar o segredo sem comunicar a ninguém, mas acho que a notícia poderá fazer-vos muito bem. Escutai.

Eu vi. Vi uma multidão incalculável de homens, procedentes do Oriente e do Ocidente, de todas as línguas e nações. Vinham chegando de toda parte para os pés de Nossa Senhora dos Anjos, para vestir nossa roupa e viver nossa vida. Ainda escuto seus passos. Chegam os franceses, apressam-se os espanhóis. Aproximam-se os alemães. Correm os ingleses. Quando virdes tudo isso, vossos corações baterão de emoção. Vêm por mares e cordilheiras, por atalhos e por estradas, por terra e por ar, por todas as partes vêm os eleitos do Senhor".

Os irmãos ficaram com as artérias e as pupilas dilatadas. O Irmão conseguiu transmitir-lhes tanta segurança que só faltou dizer: "E agora, em marcha para os pés do Santo Padre!". Se não o disse, era essa a decisão que já tinha assumido firmemente no coração.

Poucas semanas depois, juntaram-se a eles mais três neófitos. Agora já eram doze os varões penitentes de Assis.

EM POUCAS E SIMPLES PALAVRAS

"Precisamos de apoio do Santo Padre", pensava o Irmão. "É a sombra de Cristo na terra. Nunca ninguém me insinuou ou aconselhou o que devia fazer. O próprio Senhor me revelou esta forma evangélica de vida. Mas, mesmo assim, é bom que ela seja ratificada pelo seu representante na terra."

Francisco pensava que seria conveniente redigir um pequeno documento, escrito em poucas e simples palavras, para sintetizar e refletir o gênero de vida que tinham vivido até então. Pensava que seria uma recordação para as gerações futuras e serviria de documento básico para a aprovação pontifícia.

* * *

Enquanto os Irmãos iam levando a vida normal, Francisco e Pedro Catani, o jurista, ficaram na Porciúncula para a redação do documento.

Nesse tempo os irmãos tinham encontrado um estábulo abandonado, não longe da Porciúncula, numa zona que se chamava Rivotorto, por causa de um riacho que atravessava o campo ziguezagueando. Como já eram doze e não cabiam nas choças da Porciúncula, alguns alojaram-se no tugúrio de Rivotorto. Algumas vezes também Francisco e Pedro iam lá para redigir o documento, pois era um lugar tranquilo.

Começavam o dia com uma oração prolongada. Depois, no trabalho, Francisco ditava e Pedro redigia. Trocavam impressões. Francisco colocava o espírito e a letra, Pedro dava a forma jurídica. Não se tratava de inventar nada, mas de refletir por escrito e com simplicidade o estilo de vida dos irmãos.

No fim do dia, quando os irmãos tinham regressado e feito intensa oração, reuniam-se todos na cabana grande. Francisco comunicava o resultado da redação do dia. Os Irmãos faziam perguntas e apresentavam dúvidas. O Irmão esclarecia. E assim, em poucos dias, o documento ficou pronto.

* * *

Chamou-se Regra Primitiva ou *proto-regula* (embrião das Regras posteriores).

Esse documento foi perdido e não foi possível reconstruí-lo, mas sabemos que constava apenas de um aglomerado de textos evangélicos que faziam referências às normas dadas por Jesus aos *enviados* e a outras insistências do Mestre sobre a renúncia e a pobreza. A essa coleção de citações evangélicas mais ou menos ordenadas, acrescentaram-se alguns poucos elementos para uniformizar a vida dos irmãos. No conjunto, o documento constava de uns quatro ou cinco pequenos capítulos.

A intenção do Irmão, mais do que fazer um documento, era que o próprio Evangelho fosse declarado como única inspiração e legislação da nova forma de vida. Só e todo o Evangelho, entendido ao pé da letra.

Em sua convicção íntima, não era necessário que o Santo Padre aprovasse a Regra. Não precisava aprovar, mas confirmar, porque só se tratava de cumprir a Palavra de Jesus. No foro íntimo do Irmão, o fato de apresentar-se à Santa Sé para que seu representante referendasse a Palavra do Representado era apenas uma deferência, uma cortesia.

Aqui está a síntese:

> Francisco e seus sucessores prometem reverência e obediência ao Papa. Os irmãos devem plasmar sua vida no molde de todo o Evangelho e principalmente nos textos colecionados neste documento. Os candidatos renunciarão a seus bens e os distribuirão entre os pobres. Os irmãos vestir-se-ão com pobreza e não desprezarão os que se vestem ricamente. O responsável da fraternidade será o último e servidor dos outros. Entre si mesmos observarão uma especial caridade: não critiquem, não se irem, respeitem-se e acolham-se. Acolherão benignamente os salteadores das estradas, tratarão dos doentes com as mesmas atenções de uma mãe para com seu filho. Se for possível, trabalharão no mesmo ofício que tinham antes de entrar na fraternidade. Como recompensa do trabalho podem receber alimento e roupa, mas nunca dinheiro. Em caso de necessidade, pedirão esmola. Quando andarem pelo mundo não levarão nada, e sentirão a alegria de conviver com os leprosos e os mendigos.

4. AO PÉ DA SANTA IGREJA

"Estes orfãozinhos", pensava Francisco, "sentem-se como um canavial exposto ao vento e sem proteção. Sempre o mesmo perigo. O pequeno se diminui diante dos grandes e o inseguro cai no chão diante de qualquer autoridade. Só podem imaginar o Papa como um imperador, quando na realidade é apenas a sombra bendita de Cristo. Ainda não se lançaram completamente nos braços de Deus", disse em voz alta. "Quando isso acontecer, serão onipotentes como o próprio Deus. Bendito seja o Senhor!"

Já fazia semanas que os irmãos comentavam a viagem aos pés da Mãe Igreja. O Irmão gostava de cercar de solenidade os momentos importantes.

Um dia, ao cair da tarde, chamou todos os irmãos à capela da Porciúncula. Eram os primeiros dias do verão e o bosque transcendia frescor. O momento era importante e Francisco deu o maior calor possível às suas palavras.

"Filhos caríssimos", disse-lhes, "chegou a hora. Nossas asas cresceram e estão cobertas de penas. Já podemos voar. Nossa família está aumentando cada dia e precisamos da bênção e do selo do Santo Padre. Empreendamos a marcha para os pés de nossa querida e amorosa Mãe, a Santa Igreja Romana. Contaremos tudo ao Santo Padre: nossas andanças e alegrias, nossas lágrimas e também nossas aventuras pela fidelidade à Senhora Pobreza, e pediremos seu beneplácito para continuar no caminho empreendido.

Não tenham medo do Papa. Sob suas vestes solenes bate o coração de um pai bondoso. Neste momento, eu gostaria de ser uma galinha e que vós fósseis pintainhos indefesos para jogá-los no mar que é Deus. Só então começareis a ser onipotentes, e, olhando para esse mar, os grandes deste mundo e suas grandezas parecerão fumaça inconsistente. Vós sois os aristocratas do Reino do Pai e, por serdes pequenos, sois seus prediletos; como por serdes pobres, sois os herdeiros e reis do Reino dos Céus".

Com essas palavras, os irmãos ficaram sumamente animados e desejosos de empreender a marcha. Francisco acrescentou: "Convém que entre nós haja um guia, que vai ser a voz de Cristo. Iremos pelo caminho que nos indicar e dormiremos no lugar que nos determinar para o descanso. Será nosso pastor e vigário de Cristo". Tiraram a sorte e o cargo coube a Bernardo.

* * *

Os penitentes saíram da Porciúncula na manhã seguinte, muito cedo. Não precisaram preparar malas. De acordo com o Evangelho, não levavam nada para o caminho, literalmente nada: nem bolsa, nem provisões, nem troca de roupa...

Estranho exército esse, sem espadas nem bandeiras. Suas terras de conquista eram antes de tudo as fronteiras de si mesmos e, depois, os reinos invisíveis do espírito. Desde os dias do Evangelho, em que o Mestre enviou os apóstolos sem nada além da Palavra, não se tinha visto semelhante espetáculo na face da terra. Nunca houve tanto contraste: a alegria de não ter nada, a liberdade da pobreza e o poder – onipotência – emanados de Deus.

Caminhavam alegres. Conversavam sobre os exemplos e as palavras de Cristo. Faziam turnos, todos os dias, para conseguir o que comer "na mesa do Senhor".

Também comiam espigas recolhidas nos restolhos e frutas silvestres. Bebiam água fresca nas fontes. Em seus rostos havia um gozo inextinguível e uma satisfação geral difícil de explicar.

Para dormir, às vezes tinham de formar pequenos grupos: uns iam para um paiol, outros para as eiras onde juntavam as messes, outros para as ruínas de velhos castelos... Cada noite era uma aventura divertida e na manhã seguinte tinham o que contar uns aos outros. Riam-se. Francisco dizia que eram aventuras cavalheirescas pela Senhora de seus pensamentos, a Pobreza.

Vendo-os tão felizes, Francisco estava tranquilo. Mas em todas as paradas falava-lhes de esperança e de consolação. Até agora não tinham tido nenhum motivo de preocupação, mas pressentia que em Roma haveriam de encontrar fortes provações.

Para animá-los, disse: "Sonhei esta noite que ia caminhando pela Via Flaminia e, ao lado da estrada, levantava-se uma árvore muito alta e copada. Parecia a rainha da paisagem. Tomei alguma distância para apreciar as proporções da árvore. Aí, mas que prodígio! Comecei a crescer até ficar do tamanho da árvore. Segurei nas mãos sua galharia e a inclinei sem esforço até o chão".

"Foi Deus quem te mandou esse sonho", diziam os irmãos, e durante o dia, enquanto caminhavam, iam todos comentando o sonho e cada um apresentava sua própria interpretação. Mas todos achavam que aquele sonho era um bom presságio.

Quando viam de longe a torre de alguma igreja, ajoelhavam-se e rezavam devotamente o "Adoramos". Era um espetáculo. Frequentemente, quando Bernardo decidia, paravam nos bosques solitários e consagravam algumas horas ou o dia inteiro à oração. De vez em quando, o Irmão se isolava do grupo, entrava nas aldeias, convocava as pessoas para as praças, e lhes falava do Amor, da Paz e da Pobreza.

Caminhando pela Via Flaminia, atravessaram o planalto de Rieti. Foram descendo, depois, para as baixadas da Campina Romana. E um belo dia chegaram a Roma.

EM BUSCA DO PONTÍFICE

A maioria deles nunca tinha estado na Cidade Eterna. Quando atravessaram as muralhas e pisaram as primeiras ruas, sentiram-se, ao mesmo tempo, surpresos e oprimidos pelo rumor da poderosa cidade. Igrejas sem conta, umas mais esplêndida que as outras, palácios e torreões, senhores feudais com seus séquitos de cavaleiros, elegantes damas em corcéis brancos ou pretos, cortes de reis... E, no meio desse esplendor, aquele punhado de órfãos, com os olhos no chão, as mãos dentro das mangas e os braços cruzados, bem achegados uns aos outros, constituíram um espetáculo difícil de esquecer.

Atravessaram a cidade no meio da curiosidade das pessoas que os olhavam e perguntavam quem eram. Eles quase não percebiam nada, absorvidos pela ideia de que estavam pisando solo sagrado.

Passaram por uma das pontes do Tibre e foram logo ajoelhar-se diante do sepulcro dos Santos Apóstolos na grande basílica constantiniana, na colina do Vaticano. Os peregrinos entravam e saíam, mas os nossos irmãozinhos ficaram pregados no chão, profundamente inclinados e com os olhos fechados, formando como sempre um pequeno pelotão. Que espetáculo!

A emoção apoderou-se do grupinho. Mil pensamentos cruzaram a mente de Francisco. "Somos pequeninos e não valemos nada", pensava o Pobre de Assis. "Que podemos fazer para firmar as colunas da Igreja? Não podemos lutar contra os sarracenos, pois não temos armas. Além disso, que adianta combater? Não podemos lutar contra os hereges porque nos faltam os argumentos dialéticos e a preparação intelectual. Nós só podemos oferecer as armas dos pequeninos: o amor, a pobreza e a paz. Que podemos pôr a serviço da Igreja? Só isto: viver ao pé da letra o Evangelho do Senhor."

* * *

Saindo da basílica, o Pobre de Assis aproximou-se de um clérigo e lhe perguntou onde vivia o Santo Padre. No palácio de Latrão, respondeu o outro. "É fácil conversar com ele?", insistiu o Irmão. "Reis, príncipes e cardeais passam semanas na antessala esperando sua vez para uma audiência, respondeu o clérigo."

"Vamos para a casa do Vigário de Cristo", disse Francisco aos Irmãos. "É claro que ele vai receber-nos de braços abertos, porque é a sombra bendita de Cristo na terra. Se era tão fácil conversar com o Senhor nas colinas da Galileia, por que vai ser difícil entrevistar-se com o seu Vigário nas colinas romanas? Vamos, em nome do Senhor." E dirigiram seus passos para o palácio de Latrão.

Sempre formando aquele grupinho unido, atravessaram outra vez a cidade por entre trombetas e palácios, vendedores ambulantes e bufões, cortesãos de reis longínquos, damas elegantíssimas e perfumadas, cidadãos vindos de todas as tribos e nações.

Os irmãozinhos, assustados e deslumbrados, nem levantavam os olhos, e em momento algum tiveram a curiosidade de ver os palácios ou mesmo de visitar as igrejas. Tinham vindo procurar o Santo Padre e o resto não lhes interessava.

PRIMEIRA ENTREVISTA

Quando chegaram à grande esplanada do palácio pontifical Francisco disse: "Fiquem aqui, meus Irmãos. Supliquem ao Senhor que se digne inclinar o coração e a mente do Santo Padre para que ponha seu selo em nossa pequena Regra".

Separando-se deles, avançou com tranquilidade até a porta principal do enorme edifício. Entrava e saía muita gente. Atravessou a porta principal e continuou avançando, com os pés descalços e aquela roupa estranha.

Seguiu um corredor e depois mais outro. Perguntou pelo apartamento do Santo Padre e lhe deram uma orientação aproximativa. Olhava para todos os lados e para todas as pessoas. Mas fazia-o com os olhos tão límpidos e um olhar tão confiante que em nenhum momento os guardas desconfiaram dele.

Foi assim que chegou até o coração do edifício, nas proximidades da antessala do Papa. No corredor que unia e separava a antessala da sala, o Irmão de Assis encontrou-se, de repente, com a figura imponente de Inocêncio III. No mesmo instante, o Pobre de Assis lançou-se a seus pés e começou a falar depressa: "Bom dia, Santíssimo Padre. Eu me chamo Francisco e sou de Assis. Venho a seus pés para pedir um privilégio: quero viver o Evangelho ao pé da letra. Quero ter o Evangelho como única inspiração e regra de nossa vida, não ter rendas nem propriedades, viver com o trabalho de nossas mãos...".

Disse tudo isso olhando-o de baixo para cima, de joelhos e tão pequenino, diante do Pontífice em pé e tão imponente.

Este não lhe cortou logo a palavra porque viu nos olhos do Pobre uma transparência estranha, e percebeu em seu jeito uma infinita reverência, completamente isenta de servilismo.

Mas, depois das primeiras frases, o Pontífice disse: "Está bem, está bem!", como quem diz: "Basta!". O

Irmão calou-se na mesma hora. O Pontífice ficou surpreendido com a obediência instantânea. Tudo aconteceu em segundos.

Durante o instante que o Pontífice levou para se refazer da surpresa, houve um silêncio brevíssimo que o Irmão entendeu como tácita autorização para continuar e aproveitou para dizer: "O próprio Senhor me revelou que eu devia viver segundo a força do Santo Evangelho. Faz dois anos que comecei a viver esta forma de vida. Depois o Senhor me deu Irmãos. Agora somos doze. Eles estão lá fora. Escrevemos uma Regrazinha, com palavras simples e breves...".

Quando ia começando a tirar a Regra debaixo do braço, o Pontífice fez um pequeno movimento, quase um gesto, como quem dissesse: "Agora, chega!".

"Francisco, eu carrego aos ombros problemas urgentes e gravíssimos", disse o Papa. "Estou velho. Não posso atender tudo pessoalmente. Se quiser que te escute, pede recomendação, consegue uma audiência e espera tua vez." Deu meia volta e se foi.

O Irmão levantou-se e ficou olhando até que perdeu o Pontífice de vista, na entrada de sua câmara. Começou a voltar com passo lento. Na curva do corredor, olhou para trás, para ver se ainda enxergava o Pontífice.

Enquanto percorria os intermináveis corredores que levavam ao átrio, o Irmão ia pensando: "Ele tem razão. O Santo Padre carrega o mundo nas costas. Seus problemas são graves. Os nossos não são nada. Não queria roubar-lhe tempo. Só queria que dissesse um 'está bem' para o nosso pedido. Pedir uma recomendação, a quem? Não conheço ninguém. Nós somos insignificantes. Nesta noite, vou consultar o Senhor".

RECOMENDAÇÃO

Quando reencontrou os irmãos, ante seus olhares interrogadores, a primeira coisa que Francisco disse foi: "Temos que rezar mais e fazer penitência. Vamos sair da cidade e procurar um bosque para rezar. O próprio Senhor, só ele, vai resolver as dificuldades".

Na rua, já perto das muralhas, deram de cara com Dom Guido, Bispo de Assis. Grande surpresa e alegria para todos. Dom Guido não sabia das andanças e das intenções dos irmãos. Supunha que, como de costume, andassem pelo mundo em suas viagens apostólicas.

"Este Francisco não serve para os bastidores da diplomacia", pensava Dom Guido. "A Igreja administra os tesouros eternos, mas está instalada no reino da terra. Seu destino é transformar a terra em céu; por isso os interesses são celestiais, mas os usos e costumes são terrenos. Francisco não pertence à política, mas à transparência."

"Seria uma pena", continuou pensando, "que por falta de uma orientação diplomática Francisco se perdesse para a Igreja e a Igreja perdesse esse formidável fermento evangélico. Para triunfar na Igreja, não basta o espírito. É preciso ter também tino, perspicácia e circunspeção, isto é, uma diplomacia fundamental."

Por isso, o Bispo decidiu dar todo apoio a Francisco, abrindo-lhe acesso aos meandros da alta política eclesiástica, para que sua voz chegasse diretamente aos ouvidos do Santo Padre. "Ficai aqui, irmãos, que eu vou aplainar o vosso caminho."

* * *

Dom Guido lembrou-se de seu grande amigo, o Cardeal João de São Paulo. "Hoje em dia", pensava Guido, não há nenhum cardeal no Colégio Cardinalício que seja tão influente e principalmente tão estimado pelo Santo Padre como João de São Paulo.

Dom Guido foi direto para a casa do Cardeal. Contou os antecedentes históricos de Francisco e do movimento, falando com entusiasmo da comoção de Assis e de tantos sucessos bonitos e dramáticos.

"São submissos e reverentes com os sacerdotes", disse. "O testemunho de vida às vezes causa um pouco de confusão e de desafio, e quase sempre obriga os sacerdotes a fazerem uma revisão de vida. Mas isso é bom." E acabou dizendo que seria melhor Sua Eminência conhecer pessoalmente os irmãos, convivendo com eles alguns dias.

De fato, Francisco e alguns de seus companheiros foram hóspedes do Cardeal de São Paulo por alguns dias.

PROCURANDO DISSUADIR

O Cardeal tinha estudado e exercido a medicina. Mais tarde ingressou no mosteiro cisterciense de São Paulo Fora dos Muros. Depois de uma vida penitente de muitos anos, foi nomeado Cardeal em 1193. Seu coração tinha sido refeito à imagem e semelhança de Cristo Jesus. Era difícil encontrar no Colégio Cardinalício outro homem tão austero e de tanta fé.

Nos dias em que Francisco e seus companheiros estiveram na casa do Cardeal, viveram sua forma de vida ao pé da letra, como de costume. O Cardeal esteve observando suas atitudes e palavras. Como era sensível às coisas do espírito, não custou para descobrir e avaliar a envergadura daqueles pobrezinhos.

Por dias seguidos, o Cardeal submeteu Francisco a amplos interrogatórios. Bem depressa ficou cativado pela simplicidade de alma e pelo poder espiritual do Pobre de Deus.

"A gente tem a impressão", pensava o Cardeal, "de que o Evangelho é um livro embolorado, encadernado e dourado, mas todo coberto de pó e abandonado em um canto da biblioteca." Agora parecia que, ao toque mágico desse anãozinho de Deus, o livro tinha recuperado todo seu antigo esplendor. "Bendito seja Deus! Hoje, que a Igreja é uma poderosa república sagrada, e o Papa um imperador, é bom que apareça um pobrezinho desprotegido para nos lembrar que Deus é onipotente."

* * *

Mas, mesmo assim, uma fundação lhe parecia empresa desproporcionada. Na história da Igreja tinha havido poucas fundações, embora houvesse muitas reformas. Para dissuadi-lo da ideia, o Cardeal chamou Francisco a sua sala de audiência.

"Francisco, filho de Assis. Uma nova fundação é, em nível simplesmente humano, uma empresa tremenda e, nesse caso, quase temerária." Disse essa última parte baixando a voz, para não ferir o Irmão.

"Demasiado temerária", interrompeu Francisco. O Cardeal ficou surpreso com essa saída e não atinou exatamente com a intenção ou sentido da intervenção. Se não conhecesse a profunda simplicidade do interlocutor, tomaria como ironia. Os interlocutores estavam em órbitas diferentes, e isso explicava tudo.

"Eu estava dizendo", continuou o Cardeal, "que uma fundação, hoje em dia, é uma empresa arriscada." O Cardeal estava pensando, nesse momento, no grupinho de iletrados alistados na Legião da Santa Ignorância. Conhecia por dentro os critérios e sistemas da maquinaria eclesiástica. Sabia qual o poder das influências e quais as influências do poder.

Conhecia de cor as motivações secretas dos palácios lateranenses em que, como em todos os palácios do mundo, prevaleciam os critérios políticos em que jogam sua grande cartada o dinheiro, as vitórias militares e as balanças do poder. Achava que uma nova fundação estaria submetida a essas motivações.

"Uma nova fundação", continuou o Cardeal, "requer uma preparação intelectual por parte dos fundadores". Francisco de Assis disse-lhe, olhando carinhosamente para o pobrezinho, "uma nova fundação é quase uma batalha, e os iniciadores têm que saber manejar com destreza a dialética, pelo menos como os soldados manejam a espada."

"Nestas cúrias", continuou, "como nos palácios do mundo, a aprovação de uma fundação exige uma recomendação poderosa. Uma recomendação poderosa pressupõe recomendadores poderosos. Os poderosos só se deixam influenciar pelo poder, seja espiritual, apostólico ou militar. Vós estais alistados, e jurais fidelidade, na Ordem da Santa Impotência. Acho que essa intenção está quase destinada ao fracasso. Desculpe-me, filho querido."

* * *

O Irmão escutava tranquilo e em atitude receptiva.

"Tudo isso", concluiu o Cardeal, "já foi prevenido pelo Senhor quando nos diz para sermos espertos como as serpentes."

Em seu foro intimo, o Cardeal estava cem por cento de acordo com os ideais de Francisco. Mas, conhecendo os bastidores da cúria romana, tinha medo de que o pedido de Francisco fosse negado, e queria preparar-lhe o ânimo para lhe evitar uma profunda frustração. "Seria terrível", pensava, "que também este novo profeta partisse para a contestação."

"Além disso", continuou o Cardeal, "já sabes o que se passa, e isso é história humana em todos os âmbitos, e não só nos palácios e cúrias. Para começar uma empresa grande e original ou para aprová-la, como é o caso, há sempre mais razões para deixar de fazer do que para fazer. Temos medo do incerto e do desconhecido. Preferimos a segurança do conhecido à incerteza do desconhecido. Queremos evitar o fracasso a todo custo. Por tudo isso, eu te proponho uma solução: por que não vos incorporais numa ordem religiosa austera, que tenha as características da vida que desejais viver? Que te parece, meu filho?"

O PODER DA DEBILIDADE

Houve um silêncio prolongado, mas não angustioso. O Pobre de Deus olhava para o chão. Não era a primeira vez que lhe faziam essa proposta, nem seria a última. Deixou passar um momento e repetiu com voz apagada e grande naturalidade: "É temerário demais".

"Nós não temos nada", começou a falar calmamente. "Não temos estudos nem preparação intelectual. Não temos casas nem propriedades. Não temos influências políticas. Não temos base para sermos recomendados. Não podemos impressionar porque não oferecemos utilidades apostólicas palpáveis nem eficácias sonoras. Parecemos uma estranha Ordem da Santa Ignorância ou da Santa Impotência..."

A intensidade de sua voz foi crescendo aceleradamente. "Não podemos oferecer à Igreja universidades para formar combatentes para a defesa da verdade. Não dispomos de um esquadrão compacto de dialéticos para confundir os albigenses. Não temos amplos recintos monásticos para acolher os homens que querem consagrar-se a Deus. Não temos nada, não podemos nada, não valemos nada..."

Nisso, chegando ao clímax mais agudo, o Pobre de Deus ficou em pé, levantou os braços e a voz, e ajuntou: "Justamente por isso, porque somos impotentes e fracos como o Crucificado, porque chegamos ao paralelo total da inutilidade e da inservibilidade como Cristo na cruz, por isso o Onipotente vai revestir de onipotência a nossa impotência. Da nossa inutilidade o Todo-Poderoso vai arrancar energias imortais de redenção; e, por meio de nós, indignos, inúteis, ignorantes e pecadores, vai ficar bem claro diante de todo o mundo que o que salva não é a ciência, o poder ou a organização, mas só Deus e Salvador. Vai ser a vitória de nosso Deus e não da diplomacia".

O Cardeal levantou-se sem dizer nada e retirou-se para que Francisco não visse as lágrimas em seus olhos. De regiões olvidadas renasciam-lhe antigos ideais adormecidos havia muito tempo. Entrou outra vez no escritório e disse: "Francisco de Assis, vai para a capela e reza". Enquanto isso ele pegou o carro cardinalício e foi rapidamente para o Palácio de Latrão.

Pediu audiência papal em caráter de urgência. "Santo Padre", disse-lhe o Cardeal, "Deus é testemunha de quão sinceramente lutamos todos estes anos pela santidade da Igreja. Estávamos esperando um enviado do Senhor para restaurar ruínas e ressuscitar mortos. O esperado chegou, Santo Padre. Bendito seja Deus! Observei sua vida e perscrutei sua alma. É um homem forjado na montanha das bem-aventuranças e suas cordas vibram em uníssono com as de Cristo."

O Pontífice alegrou-se visivelmente com essa notícia e mandou suspender as audiências do dia seguinte.

Precisava receber o tal varão evangélico com seus companheiros, e os cardeais deveriam assistir também à reunião.

SESSÃO TEMPESTUOSA

No dia seguinte, estavam outra vez frente a frente o Pobre de Assis e o Papa Inocêncio. O Papa sentou-se no trono. O Pobre aproximou-se, lançou-se-lhe aos pés, beijou-os pausadamente com infinita reverência e lhe disse: "Dá-me a bênção, Santo Padre". Francisco tinha a impressão de estar "com reverência e submissão" aos pés de toda a Igreja. Foi um dos momentos mais importantes de sua vida. Inocêncio III reconheceu-o imediatamente e não deixou de dar-lhe um leve sorriso que significava complacência e simpatia.

Quando o Irmão de Assis recebeu permissão para falar, começou assim: "Santo Padre, venho a seus pés para pedir-lhe o privilégio de viver o Santo Evangelho de Nosso Senhor Jesus Cristo. Não desejamos ter rendas nem propriedades. Queremos subsistir com o trabalho de nossas mãos. Iremos pelo mundo sem provisões, sem bolsas nem dinheiro, anunciando a Palavra do Senhor...".

Sua voz não dava o menor sinal de nervosismo. Olhava limpidamente, ora para o Papa, ora para os cardeais, com um olhar tão confiante que era como para desarmar um inimigo. Papa e cardeais estavam de olhos e ouvidos fixos em sua boca. Dir-se-ia que eles estavam mais ansiosos que o Irmão de Assis.

"Diante de Sua Santidade", prosseguiu o Pobre, "queremos celebrar hoje o divórcio com o dinheiro e os esponsais com a Senhora Pobreza. Queremos nos vestir pobremente e não desprezar os que se vestem ricamente. Queremos viver amando-nos e cuidando-nos uns dos outros diante dos olhos do mundo, como uma mãe ama e cuida do filho de suas entranhas. Não faremos resistências aos que nos resistirem. Ofereceremos a outra face aos que nos ferirem e responderemos às ofensas perdoando. Acolheremos benignamente os salteadores das estradas e nossos príncipes vão ser os leprosos e os mendigos."

* * *

"É um sonho", disse em voz alta um dos cardeais. O Pobre de Assis olhou para o lado de onde vinha a voz. "Meu filho", prosseguiu o Cardeal, "nossas costas estão encurvadas pelo peso de tanta desilusão. Cada ano aparecem nesta sala sonhos de ouro. O tempo demonstra que esses sonhos acabam, um por um, na cova da frustração. Acabamos não acreditando nas palavras. Costumamos esperar os resultados, e com muito ceticismo."

Francisco respondeu, olhando para ele: "Tudo que acabo de expor, senhor príncipe da Igreja, nós já o pudemos praticar, com a misericórdia de Deus".

"Agora sois poucos", disse o Cardeal. "Poucos e idealistas. Estais começando. Todos os princípios são animadores. Muitos de nós, na juventude, sonhamos com esses ideais. Só os jovens sonham, porque ainda não viveram bastante. Mas a vida nos faz pôr os pés no chão. Não somos derrotistas, mas realistas. Não temos asas, mas pés de barro. O homem é argila, impotência e limitação. Francisco, filho de Assis, podes dizer-me o que faria para alimentar, por exemplo, dois mil Irmãos?"

O Pobre de Assis escutou com toda atenção e ficou comovido. Tinha nascido clarividente e seu idealismo não lhe impedia a visão da terrível fragilidade humana, começando por sua própria história. "É verdade, senhor Cardeal", disse. "Nós temos coração de águia e pés de pardal. Somos frágeis como uma ânfora de barro, isso eu sei por experiência própria. Ninguém nesta sala", disse volvendo o olhar pelo hemiciclo, "é tão pecador quanto eu; poucos terão sido tratados tão privilegiadamente pela Graça como eu", disse com voz quase inaudível. "E, se não fosse pela nunca desmentida piedade de Deus, que seria de nós?"

Mas tinham feito uma pergunta concreta da qual não podia escapar. E respondeu, com incrível segurança: "Quanto a sua pergunta, senhor Cardeal, tenho a dizer o seguinte: se a mão de Deus alimentou até agora doze orfãozinhos, por que não vai alimentar duzentos? E por que não dois mil? Quantos milhões de pássaros voam pelo mundo? Não é o Senhor que os alimenta todos os dias? Será que o Altíssimo tem limitações? Quantos milhões de estrelas luzem no firmamento? Não é o Altíssimo que as acende todas as noites? Se nem um pardal cai de fome, como iria permitir que morresse de fome um filho imortal? Santo Padre e senhores Cardeais, vós sois sábios e eu, ignorante. Desculpai-me dizer estas coisas". E levantando a voz, acrescentou: "Se a misericórdia do Altíssimo é mais profunda do que os abismos e mais alta do que as cordilheiras, sua onipotência e riqueza excedem todas as fronteiras imagináveis. Nós só temos de fazer uma coisa: saltar".

* * *

O Papa Inocêncio tinha travado mil combates e conseguido mil vitórias. Só tinha falhado em uma batalha: a reforma da Igreja. Desde jovem, o idealismo e a piedade tinham sido seus distintivos. Fora eleito Papa aos 39 anos e, com espantosa energia, tinha levantado a *República Cristã* a seu mais alto cume; nesse momento, era praticamente o imperador da terra. Jamais teocracia alguma tinha abrangido tão amplos espaços. Seu brilhantíssimo pontificado tinha transcorrido entre manobras diplomáticas e batalhas campais, procurando sempre os mais elevados interesses.

Nesse momento, escutando o Pobre de Assis, era como se o fragor de seus anos de pontificado se desvanecesse, como se seus velhos amores se reencarnassem e ficassem outra vez em pé. O Pontífice estava estranhamente encantado. Nem ele mesmo sabia muito bem por quê.

Começou a ter uma profunda simpatia pelo Irmão. Gostaria de ter-lhe dito aí mesmo: "Tens a minha bênção, começa". Mas era bom que os cardeais pusessem o profeta à prova e peneirassem seu programa. Seguia o debate com muito interesse.

* * *

Efetivamente, havia um grupo de cardeais que não se deixou arrastar pela magia do divino encanto, e analisava friamente o programa, dizendo que era impossível. Um rebanho é sempre medíocre, e este era um programa para gigantes. Poderiam vivê-lo ao pé da letra Francisco de Assis e mais alguns. Mas estavam tratando de aprovar ou não uma Regra para muitos. "É impossível."

Então se levantou a figura venerável do Cardeal São Paulo e disse: "Irmãos do Sagrado Colégio Cardinalício, gosto de ver que julgais friamente. Acho que é nosso dever cortar as fantasias artificiais. Só que... (e fez uma breve pausa) temos de ser consequentes e tomar cuidado para não cortar o laço da coerência. Se Vossas Eminências opinam que não se deve aprovar esta forma de vida por ser impossível de praticar, eu pergunto: que está pedindo esse Pobrezinho de Deus a não ser cumprir ao pé da letra e integralmente o Evangelho do Senhor Jesus? Se esse programa for impraticável", continuou, "então sejamos consequentes! O próprio Evangelho é também uma utopia e seu autor um outro fantasista. Mas, se o Evangelho é impossível, que sentido tem a Igreja? Que significa e para que serve o Colégio Cardinalício e o próprio Papa? Que estamos fazendo aqui? Tiremos a conclusão: todos nós somos uns impostores".

Um raio não teria causado maior efeito. Os cardeais ficaram em silêncio, olhando para o chão. Era óbvio. Daí para frente, quem levantasse a voz para impugnar aquela Regra, seria um embusteiro. Nem o dialético mais audaz podia agarrar nas mãos aquela brasa ardente. O próprio debate estava abortado. A única coisa a fazer era suspender a sessão.

* * *

Inocêncio III, embora habituado a embates tempestuosos, desta vez não se sentiu seguro. Tinha medo. Temia que essa primavera do espírito abortasse justamente na porta da Igreja. Conhecia a sensatez e teimosia dos cardeais canonistas e sabia que seriam capazes de interromper friamente, em nome do senso comum, a marcha do espírito. "O que seria uma lástima", pensava, "talvez uma tragédia".

Além disso, a sessão tinha atingido temperaturas elevadas demais. Habituado a manobrar com habilidade, o Pontífice achou que um bom trabalho por trás dos panos poderia dar a Francisco uma posição vantajosa, muito mais do que uma polêmica aberta. E suspendeu a reunião.

Levantando-se, aproximou-se de Francisco. Tomou-o carinhosamente pelo ombro e lhe disse: "Coragem, meu filho. Nós estamos buscando, com sinceridade, a vontade de Deus. Roga que o Senhor mesmo no-la mostre".

CONSOLAÇÃO

Retiraram-se. Os irmãos estavam com medo e com pena. Na verdade, aquela sessão tinha tido um fundo de aspereza e acabara no meio de muita tensão e incerteza.

Francisco pediu aos irmãos que o deixassem sozinho. Na realidade, eles precisavam dele, agora mais do que nunca. Mas Francisco não tinha para dar-lhes nesse momento o que precisavam: consolação, certeza, paz. Ele mesmo estava precisando recuperar tudo isso.

Também estava com pena. Era como um soldado que recebe ferimentos no campo de batalha e que, em um primeiro momento, com o corpo ainda quente, não sente nada. Conforme as horas foram passando, o Irmão começou a sentir as dores.

* * *

Quando se viu sozinho, as asas negras do desânimo começaram a cobrir sua alma. "Não entendo nada", pensava. "A Palavra do Senhor é concreta como uma pedra. Por que essas vacilações? A coisa é tão simples, por que complicam tudo? É tão fácil, por que esperar?" Acostumado a receber uma inspiração e a colocá-la em prática na mesma hora, achava incompreensível aquela lentidão. "Por que o Santo Padre, pessoalmente, não acaba com toda essa discussão estéril e não me dá de uma vez uma simples autorização?"

Quando surpreendeu a si mesmo queixando-se do Papa, interrompeu drasticamente as reflexões solitárias. "Isso não!", disse em voz alta. E não quis continuar a pensar. Tomou sua posição habitual para rezar: ficou de joelhos, apoiou a testa no chão, mas demorou muito para se entregar nas mãos de Deus. Custou muito tempo para relaxar e recuperar a paz, e muito mais para lançar-se *de verdade* no seio de Deus.

Como nos píncaros do monte Rossatto, nessa noite teve de pular outra vez. Mais de uma vez desprendeu-se de si mesmo e depositou sua alma no Senhor. Mais de uma vez escutou as palavras de outrora: "Vem, salta em meus braços, meu filho. Em minhas mãos estão as chaves. Eu abro e fecho as portas do Papa e dos cardeais. Coloca-te em minhas mãos, abandona-te, confia. Eu farei o resto".

E a paz foi como uma penumbra do entardecer, quando as montanhas vão cobrindo com suas sombras os vales lá embaixo. Pouco a pouco, muito lentamente, a consolação foi inundando sua alma até possuí-la por completo. Agora já podia consolar os irmãos.

O JOGRAL DE DEUS

Houve uma terceira sessão. A facilidade com que essa sessão deu a licença a Francisco faz supor que entre a segunda e a terceira entrevistas houve consultas e manobras entre o Papa e os cardeais. Em vista do poder carismático do Homem de Assis, decidiram outorgar-lhe uma autorização verbal.

"Vai ver que eu não sirvo para fazer uma exposição ordenada de ideias", pensava o Pobre de Assis. "Deve ser por isso que a apresentação do programa que fiz diante dos cardeais não os convenceu. Não tenho jeito de professor. Além disso, também o meu Senhor Jesus não falava como um professor e sim como um rapsodo popular, com parábolas e comparações. Sempre sonhei em fundar uma Ordem de jograis de Deus. É uma boa oportunidade para estrear na nova profissão de jogral diante do Santo Padre.

E isso combina comigo, porque sou cavaleiro de Cristo e embaixador da Rainha Pobreza."

* * *

Na câmara papal, quando o Irmão teve licença para falar, contou o seguinte: "Era uma vez uma mulher que vivia no deserto. Não tinha casa nem terrenos. Era muito pobre. As esmeraldas da terra e as estrelas do céu fizeram uma reunião e disseram: 'Vamos emprestar nosso brilho à mulher do deserto'. E o fizeram. Sua beleza era tão grande que nenhum poeta ousava dedicar-lhe poemas e os rapsodos emudeciam em sua presença. Um dia, o rei estava atravessando o deserto em sua carruagem. Quando viu aquela mulher, ficou cego por sua beleza e um dardo atravessou seu coração. O rei e a mulher se amaram e tiveram muitos filhos, que cresceram com a mãe e se tornaram adultos. Um dia, a mãe os chamou e lhes disse: 'Vocês são pobres, mas não fiquem com vergonha por causa disso. Levantem a cabeça porque vou lhes dar uma grande notícia: vocês são filhos de um grande rei. Vão a sua corte e peçam tudo o que quiserem'. Quando ouviram isso, eles ficaram radiantes. Foram à corte e se apresentaram diante do rei. Só de vê-los, o coração do rei começou a bater, e ele não sabia por quê. 'Quem são esses, que parecem o espelho de minha alma?' E, olhando para eles, perguntou: 'Quem são vocês e onde vive sua mãe?'. Responderam: 'Nossa mãe é uma mulher pobre que vive no deserto'. Quando percebeu que eram seus filhos, o rei mudo falar de emoção. Ao recuperar o domínio de si, disse: 'Vocês são príncipes e herdeiros de meus reinos. Se os estranhos sentam-se a minha mesa, para vocês foram reservados os primeiros lugares à minha direita e à minha esquerda. Alegrem-se'."

* * *

Um trovador nos aposentos do Papa! Nunca tinham visto coisa igual. Só faltou o alaúde e a dança final. O Papa Inocêncio já tinha visto muitas coisas durante seu longo pontificado, mas nunca um penitente com alma de jogral. Quando acabou a rapsódia, não havia mais nenhuma explicação.

Mas o Pobre de Assis, com ar de inocente satisfação, ajuntou: "Essa mulher pobre sou eu, Santidade. O resto estava claro. A condição para pertencer ao Reino é ser pobre. Só os pobres herdarão o Reino de Deus. Os pobres são a herança de Deus e Deus é a herança dos pobres. Os que abraçaram a pobreza absoluta são os nobres do Reino. Os seguidores de Francisco, com ele à frente, são aqueles que, não tendo casa, campo ou dinheiro, vão caminhando pelo mundo e levando nas mãos o pergaminho (a pobreza) que acredita como príncipes herdeiros do Reino dos Céus".

BÊNÇÃO E DESPEDIDA

O Papa Inocêncio levantou-se. Aproximou-se de Francisco. Convidou os outros a se achegarem, formando aquele conhecido pelotão. Sem deixar de apoiar sua mão carinhosamente no ombro de Francisco, disse: "Eu já sou velho, meu filho. Quantas coisas não aconteceram nos últimos quinze anos! Os reis submeteram-se a nós. Os cruzados chegaram ao Santo Sepulcro. O mundo obedece a nossa voz. Mas nem tudo foi triunfo. Tenho feridas aqui dentro que não deixam de sangrar. Quis ser santo, fui medíocre. Lutei para que os homens da Igreja fossem santos. Em vez disso, via a avareza e ambição levantarem baluartes por todas as partes. Em vez da reforma da Igreja vi que a heresia, a contestação e a rebeldia levantavam a cabeça por todos os lados. Organizei Cruzadas para extirpar os rebeldes. Eram destruídas nos campos de batalha, mas, como por encanto, germinavam em outros pontos. Com o tempo, eu me convenci de que era preferível acender uma luzinha do que atacar as trevas. Passei muitas noites de insônia, e houve noites em que chorei", disse, abaixando a voz. "É terrível ser Papa. É o ser mais solitário da terra. Todo mundo acorre a ti, e tu, a quem vais recorrer? Infeliz do Papa que não se apoiar em Deus."

* * *

Tinha ido muito longe. Acostumado ao protocolo artificial e à diplomacia formalista, sentia-se no meio daquele grupinho como em um lugar acolhedor. Os irmãos olhavam-no candidamente. Ele se sentia acolhido e amado, e se deixou arrastar pela corrente da intimidade.

"Na solidão das noites", continuou, "supliquei ardente e repetidamente a meu Deus que enviasse quanto antes o ungido por sua mão. Da elevada atalaia de Roma tenho sido a sentinela sempre vigilante, que olha para todos os lados para ver quando e onde aparece o eleito que há de restaurar as ruínas da Igreja. Parece que minhas súplicas foram ouvidas. Bendito seja o Senhor. Nestes dias, pensei muito em ti, Francisco, filho de Assis, e em vós todos. Perguntei a Deus: Senhor, será que esse Pobre de Assis não é o marcado por teu dedo? E ontem à noite" – fez uma larga pausa –, "ontem à noite chegou a resposta de Deus." Quando disse essas palavras, perdeu a voz de uma vez. Fez uma pausa muito longa. Alguns irmãos se assustaram e todos abriram desmesuradamente os olhos.

"Esta noite eu vi em sonhos, vi com a claridade do meio-dia... Estas poderosas torres de São João de Latrão começaram a curvar-se como palmeiras. O edifício inteiro começou a ranger e, quando parecia que as paredes da igreja iam ao chão, um homenzinho esfarrapado arrimou-a com os ombros, sustentou-a e impediu que a igreja viesse abaixo. E ainda estou vendo aquele mesmo esfarrapado. Eras tu, Francisco, filho de Assis e jogral de Deus."

Alguns dos irmãos começaram a chorar, outros se puseram a gritar. Francisco não pestanejou, permaneceu olhando fixamente os olhos do Pontífice.

"Estou velho", concluiu o Papa. "Agora já posso morrer em paz. Meus filhos, saiam pelo mundo, com as tochas na mão. Pendurem lâmpadas nas paredes da noite. Onde houver fogueiras, ponham fontes. Onde houver espadas, ponham rosas. Transformem em jardins os campos de batalha. Abram sulcos e semeiem o amor. Plantem bandeiras de liberdade na pátria da pobreza. E anunciem que depressa vai chegar a era do Amor, da Alegria e da Paz. Depois de algum tempo, antes de minha morte, venham contar-me as boas notícias, para consolação de minha alma."

Deu-lhes a bênção. Abraçou a cada um. E os irmãos foram embora. Saíram da cidade e voltaram para Assis.

A IDADE DE OURO

Chegaram a Assis e instalaram-se em Rivotorto. As dúvidas, temores e desconfianças tinham voado com o vento. Estavam radiantes. Não pareciam homens de carne e osso. O espírito apoderara-se da matéria, reduzindo-a a cinzas. Parecia que restava apenas espírito.

"Somos uma estirpe estranha", pensava o Irmão. "Somos casados sem mulher, bêbados sem vinho, fartos com fome e ricos com a pobreza. Somos os homens mais livres do mundo porque somos os mais pobres", dizia em voz alta. "Não nos falta nada. É o paraíso!"

A moradia era paupérrima. Em outros tempos tinha servido de abrigo a rebanhos de passagem. Ocasionalmente, servia para guardar capim seco. Era parada obrigatória dos mendigos. Fazia muito tempo que a cabana estava descuidada, sem nenhum conserto. Por isso, as paredes tinham brechas por onde passava o vento, e o teto esburacado deixava passar a chuva. Ao seu redor, as urtigas estavam da altura de uma pessoa e as trepadeiras cobriam os muros esburacados. A única coisa sólida do tugúrio eram umas vigas de madeira que mantinham firmemente o esqueleto.

* * *

Nesse palácio estranho, passou-se a idade de ouro do franciscanismo. Os doze irmãos cabiam dificilmente naquela choça. Para evitar confusão e não se estorvarem uns aos outros na hora da oração e do descanso, Francisco escreveu com giz o nome de cada um dos irmãos nas vigas. Cada um tinha seu lugar. Em uma das paredes laterais, pendurou uma cruz de madeira. A cabana servia de dormitório, oratório e refeitório. É difícil imaginar um trono mais adequado para a Rainha Pobreza.

Rivotorto oferecia outras vantagens para os irmãos. Tinha um leprosário a pouca distância. Bem pertinho passava um caminho real, por onde transitavam seus amigos, os mendigos.

A poucas milhas, afrontavam-se os primeiros contrafortes do Subásio. Subindo pelas elevadas gargantas, que parecem cicatrizes de um raio, chegava-se a umas grutas naturais que a geração primitiva chamou de *cárceres*, lugar ideal para fomentar a vida contemplativa. Ainda por cima, Rivotorto formava a ponta de um triângulo, com São Damião e a Porciúncula nos outros dois ângulos. Lá passaram os meses do outono, do inverno e da primavera.

ESPONSAIS COM A SENHORA POBREZA

Perdem-se na escuridão o autor e o tempo em que foi composta esta alegoria. Vamos fazer uma breve transcrição, seguindo a linha do poema, mas com palavras próprias.

Francisco saiu pelas ruas e pelas praças perguntando aos passantes: "Vocês não viram pelos montes ou pelos vales a Dama dos meus pensamentos?". "Não sabemos de quem você está falando", responderam. Então Francisco foi procurar os doutores e magnatas da cidade, perguntando: "Vocês sabem onde anda minha Rainha, a Pobreza?". "Nós só sabemos que a vida é curta; comamos e bebamos que amanhã vamos morrer", responderam.

Francisco pensou: "De certo minha Rainha não mora na cidade". Saiu para o campo. Logo encontrou dois velhinhos sentados numa pedra e esquentando-se ao sol enquanto conversavam sobre a fugacidade da vida.

Irmão Francisco chegou e perguntou: "Digam-me, por favor, veneráveis anciãos, onde mora, onde pastoreia, onde descansa a minha Rainha Pobreza?". "Nós a conhecemos", disseram eles. "Passou muitas vezes por aqui. Na ida, sempre acompanhada; na volta, sozinha e sem enfeites. Nós a vimos chorar muitas vezes, dizendo: 'Todos me abandonaram'. Nós a consolávamos, dizendo: 'Não se aflija, grande dama, são muitos os que a amam'. Nós sabemos que ela tem sua morada no alto de uma montanha solitária. Mas é inútil perguntar o lugar exato para quem quer que seja, nem as águias o sabem. Mas nós sabemos um segredo para encontrar sua habitação: primeiro é preciso despojar-se de tudo, absolutamente de tudo. Só assim, livres de peso, é que se pode chegar àquela altura. Como ela ama os que a amam e se deixa encontrar pelos que a buscam, bem depressa vai apresentar-se aos seus olhos. Então vocês vão sentir-se livres de toda inquietação. Não dá para imaginar riqueza maior."

* * *

O Irmão Francisco tomou consigo vários companheiros da primeira hora, e daí a pouco estavam ao pé da temível montanha. Quando viram que era a pino, alguns disseram assustados: "É impossível, não somos capazes". "Somos capazes, sim", replicou Francisco. "O que precisam é livrar-se do peso, jogando fora o lastro da vontade própria e a carga dos pecados. Não devem olhar nunca para trás, mas sempre para o Cristo que caminha descalço à nossa frente. É uma aventura maravilhosa. É a marcha da liberdade." Animados com essas palavras, os irmãos empreenderam a subida.

Enquanto subiam, a Senhora Pobreza estendeu seu olhar lá das alturas pelo terrível precipício. Quando viu os intrépidos escalando com tanto brio, exclamou: "Quem são esses que sobem como uma nuvem?". E escutou uma voz do alto que dizia: "São a estirpe real dos eleitos". E lhes fez esta pergunta: "Que procuram, irmãos, nesta montanha de luz? Será que vêm por minha causa? Não veem que eu não passo de uma cabana abandonada, açoitada pela tempestade?".

"Senhora e Rainha", disse Francisco, "viemos por tua causa. Ouvimos falar da tua realeza e da tua formosura; agora estamos vendo com nossos próprios olhos. Ajoelhamo-nos diante de ti, Senhora de nossos pensamentos, e te dizemos: vai à nossa frente. Conduze-nos pela mão até lá dentro das muralhas do Reino. Salva-nos do medo. Livra-nos da agonia da alma. Entra a angústia debaixo de sete metros. Espalha o vento da tristeza como cinza fúnebre. Levanta a bandeira da liberdade, começa a marcha e guia-nos até os umbrais da Salvação. Olha-nos com bondade e marca-nos com o sinal da tua predileção. Vem, fica para sempre conosco."

* * *

Uma grande comoção apoderou-se da Senhora Pobreza quando ouviu essas palavras. Abraçou efusivamente cada um deles, e lhes disse: "Com vocês, eu fico para sempre. Hoje nós selamos uma aliança eterna".

O Irmão Francisco, radiante de alegria, entoou um hino de gratidão. Desceram todos juntos da montanha e foram diretamente para a cabana em que os irmãos moravam. Era meio-dia.

"Está na hora de comer", disseram. "Digne-se sentar-se em nossa mesa, ó Grande Dama." Ela respondeu: "Antes eu gostaria de dar uma olhada na sala do capítulo, no oratório e nos claustros". "Não temos mosteiro, é só esta choça." "Sim", disse a Dama, "vejo que vocês não têm nada, mas estão radiantes e cheios de consolação. Que paradoxo!"

"Senhora e Rainha", disseram-lhe, "depois de tão longa caminhada, deve estar cansada. Precisa reconfortar-te. Se não te opuser, vamos nos sentar à mesa." "Claro", respondeu ela. "Mas tragam antes água para eu lavar as mãos e uma toalha para enxugá-las."

Em um caco de vasilha – não havia nenhuma inteira – trouxeram a água. Enquanto a derramavam sobre suas mãos, todos andavam de um lado para o outro, procurando uma toalha. Naturalmente, não havia. Um dos irmãos ofereceu-lhe a ponta da túnica para enxugar as mãos. A Dama agradeceu o gesto.

Depois a levaram para onde estava preparada a mesa, ou o que chamavam de mesa. Na realidade não havia mesa nenhuma, mas a grama verde na terra firme. Sentaram-se todos no chão e a Dama observou bem, mas não viu mais do que três ou quatro restos de pão sobre a relva. Exclamou, admirada: "Por gerações e gerações, nunca se viu um espetáculo como este. Bendito sejais, Senhor!".

"Amigos", disse a Rainha, "eu gostaria de comer alguma coisa cozida". Trouxeram uma tigela cheia de água fresca para que todos pudessem molhar o pão.

"Gostaria de comer algumas verduras temperadas", disse a Rainha. "Senhora", responderam, "não temos horta nem hortelão". Mas os irmãos não ficaram parados. Foram depressa ao bosque, colheram um maço de ervas silvestres e as apresentaram à Dama.

Ela insistiu: "Passem-me um pouco de sal para pôr nestas ervas, que parecem amargas". "Tem um pouco de paciência, Senhora, que voamos à cidade buscar um pouco de sal."

"Enquanto isso", insistiu a Dama, "emprestem-me uma faca para cortar este pão, que parece pedra". "Perdão, Senhora e Rainha, não temos ferreiro nem objetos cortantes; vai ter que usar os dentes. Mais uma vez, desculpe, Senhora."

"Está bem", disse ela. "Mas será que não têm um pouco de vinho?" "Nobre Senhora, para nós o essencial é pão e água. Além disso, o vinho não combina com a esposa de Cristo. Perdoe-nos, Senhora!"

Todos ficaram saciados e sentiram-se felizes. A Rainha estava cansada. Deitou-se no chão para descansar. Pediu um travesseiro. Trouxeram uma pedra.

Depois de ter descansado um pouco, perguntou: "Amigos, onde estão os claustros e fazendas?". Com grande cortesia, Francisco tomou a Rainha pela mão e a levou para o alto do Subásio, indicando com um gesto amplo os cumes dos Apeninos, coroados de neve: "Senhora nossa, são esses os nossos claustros e propriedades".

TENTAÇÃO DAS SAUDADES

A pobreza era exigente em Rivotorto. Eram os meses de outono e inverno. Defendiam-se com muita dificuldade das nevascas e dos aguaceiros. Acendiam alguma fogueira para se esquentarem e secarem. Às vezes, não tinham nada para comer. Iam pelos campos, alimentando-se de beterrabas e nabos. Não sentiam escrúpulos em lesar a propriedade alheia.

Não era tempo de colheita. Não havia trabalho estável no campo. Alguns dias, quando o tempo permitia, trabalhavam na sementeira dos camponeses. A maior parte dos irmãos prestava serviço nos leprosários. Alguns consertavam calçados ou faziam móveis. Todos tinham o seu turno para ir aos *cárceres* aprofundar-se no relacionamento pessoal com Deus.

"Este é o noviciado da nova ordem de cavaleiros de Cristo", pensava o Irmão. "Com a permissão do Senhor, seja-nos permitido deixar por uns meses as saídas apostólicas", disse aos irmãos. "Precisamos crescer na oração, na obediência e principalmente na fraternidade."

"Como é o coração do homem!", pensava o Irmão. "É capaz de entregar o corpo às chamas, mas, de repente, a saudade pode dobrá-lo como um bambu." Francisco tinha medo; medo de que o tentador se vestisse de saudades. Era a pior tentação, pensava, por ser a mais sutil.

Havia dias em que chovia sem parar. Muitas vezes, ficaram bloqueados pela neve. Não podiam sair do tugúrio. Passavam horas de braços cruzados, em ociosidade forçada, umedecidos até os ossos, com o vento e a chuva penetrando por todos os lados, olhando as águas sujas da enxurrada, sem comida...

Nesses momentos, Francisco sentia que a tentação estava rondando perigosamente os moradores da cabana, dizendo-lhes: "Vida absurda, sem sentido. É muito melhor viver lá em cima na cidade, nas casas confortáveis, no calorzinho do fogão, ao lado de uma esposa terna e de filhos carinhosos, alimentando-se com a colheita armazenada graças ao trabalho do ano...".

Conhecendo os pontos fracos do ser humano, o Irmão reunia-os todos os dias e lhes repetia estas palavras: "Irmãos caríssimos, Deus é nossa esposa. Deus é nosso fogão. Deus é nosso banquete. Deus é nossa festa. Se tivermos Deus na alma, a neve aquecerá, os invernos transformar-se-ão em primaveras. Infelizes de nós se o Senhor não nos ajudasse. Seríamos arrastados pelas torrentes da tentação, como essas águas da enxurrada, e sucumbiríamos.

Como um hábil treinador, Francisco ensinava-os a boiar nos abismos de Deus. Quando voltavam dessas latitudes, os irmãos eram capazes de enfrentar a geada, a neve e as saudades.

DA POBREZA PARA A FRATERNIDADE

Em Rivotorto havia duas árvores interdependentes que cresceram muito alto: a pobreza e a fraternidade. Mas havia uma flor de cores próprias: a alegria. A penitência vestida de alegria!

"Somos os homens mais alegres do mundo", pensava Francisco, "porque não temos nada." Naqueles meses Francisco já repetia o que mais tarde haveria de colocar na legislação: "Mostrem-se contentes com o Senhor, alegres e amáveis como convém".

Como da semente da rosa nasce a roseira, como a ressurreição brota da morte de Jesus, a alegria franciscana surge da pobreza franciscana.

"Irmão", disse um dia Francisco a um de seus companheiros, "o dia está bonito, vai à 'mesa do Senhor' pedir esmola." Depois de algumas horas, o irmão voltou, com poucas esmolas, mas cantando de alegria. Escutando de longe o seu canto, Francisco saiu correndo ao seu encontro cheio de felicidade e descarregando-lhe os alforjes, abraçou-o efusivamente, beijou-lhe os ombros, segurou-lhe as mãos e exclamou: "Bendito seja o nosso Irmão, que foi mendigar sem fazer-se de rogado e agora volta para casa de tão bom humor".

* * *

Uma vez, quando todos estavam dormindo, um irmão começou a gemer de dor. "Que aconteceu?", perguntou Francisco. "Estou morrendo", respondeu o outro. O Irmão levantou-se imediatamente. Acendeu a lâmpada e começou a movimentar-se entre os irmãos adormecidos, perguntando: "Quem és? Onde estás?". "Estou aqui, sou eu, Irmão Francisco", disse o outro. Chegou-lhe a lâmpada e perguntou: "O que há?". "Fome, Irmão Francisco, estou morrendo de fome." Francisco sentiu o coração apertar-se e rangerem suas entranhas maternais.

Quis disfarçar a dor da alma com ares de alegria e de bom humor. "Irmãos queridos, levantai-vos todos, vamos fazer uma festa. Trazei tudo o que houver para comer." Que haveria? Algumas nozes e azeitonas. Acabaram com tudo. Todos comeram. Todos cantaram. Espetáculo único de uma família pobre e feliz! Francisco estava extremamente efusivo na festa noturna, Mas, lá no fundo, sua alegria era uma máscara piedosa. O temor enroscou-se em seu coração como uma serpente: será que não os estaria sobrecarregando com pesos insuportáveis? Não seria ele um inconsequente, impondo-lhes semelhante pobreza? Sofria. Temia.

Em momentos como esses, não havia nenhuma prioridade, nem mesmo a pobreza. A única coisa importante era o próprio irmão. Não lhe importava se era dia de jejum rigoroso. Não fazia questão do silêncio e das outras formalidades.

O irmão estava acima de tudo. Aquilo era uma família. Cada irmão valia tanto como a família, a Ordem ou a cidade. Não havia nenhum valor acima do próprio Irmão. Quando um sofria, todos sofriam.

Deitaram-se outra vez, rindo bastante. Todos, menos Francisco. Pensou longamente em cada um deles. Depositou todos, um por um, nas mãos de Deus Pai.

* * *

Era aí que estava começando o grande salto: da pobreza para a fraternidade. Onde os membros de uma comunidade são suficientes para tudo e não têm necessidades, a fraternidade é difícil, quase impossível. Mais do que os princípios, é a própria vida que vai abrindo os caminhos fraternos. Quando há uma necessidade, aparece a ajuda do outro. A pobreza cria necessidades e as necessidades abrem os irmãos uns para os outros.

Esse gênero de vida foi primeiro vivido; nos últimos anos de vida é que o Irmão o codificou.

Francisco começa dizendo que "os irmãos não se apropriem absolutamente de nada para si mesmos, nem casa, nem lugar, nem coisa alguma". As propriedades dão ao ser humano uma sensação de segurança. Não tendo nada, o Irmão fica como uma ave implume. Passa a ser um joguete no vaivém dos ventos com uma sensação de orfandade e de fraqueza total.

O ser humano, para não sucumbir ao peso da desolação precisa de um mínimo de segurança. Onde pode encontrá-la? Nos braços da fraternidade.

Francisco diz a esses irmãos sem mosteiro nem convento nem casa, indefesos e órfãos de todo apoio, caminhando às soltas pelo mundo, que "onde quer que estejam ou se encontrem, mostrem-se familiares uns para com os outros".

A ideia e a palavra são geniais: *familiares*. Isto é, a fraternidade fará as vezes de uma casa. Manifestando-se acolhedores ou familiares entre si, o calor fraterno será capaz de substituir, fará as vezes de um lar. A segurança e o abrigo que os outros encontram em uma casa confortável é dada em nosso caso pelo calor fraterno.

Que mais? "Até agora resolvemos poucas coisas. Sobram mil necessidades e problemas quanto ao vestir, comer, doenças". Francisco sabia disso. Como resolver? "O dinheiro abre todas as portas. Mas esses Irmãos não dispõem nem podem dispor de dinheiro. Então, como há de ser?"

Mais uma vez o Irmão há de responder com sabedoria: "Manifestem-se confiadamente um ao outro em suas necessidades. Aí estão a pobreza e a fraternidade enlaçadas num matrimônio ideal. Quebra-se a verticalidade e abrem-se os horizontes. Isto é, os irmãos *abertos uns aos outros*, uns para dar e outros para receber, uns para expor necessidades e outros para resolvê-las". Com que simplicidade Francisco provoca o êxodo pascal, a grande *saída fraterna*, origem de toda libertação e maturidade.

E se as necessidades forem demais, ou se realmente os irmãos não as puderem resolver, que se fará? O Irmão levanta mais uma vez a bandeira da *mãe*, a que transforma o impossível em possível: "Façam o que uma mãe faz com o filho de suas entranhas".

* * *

Assim, sem grandes teologias ou psicologias, Francisco lança os irmãos à grande aventura fraterna na arena da pobreza. Não temo qualificar de genial o Capítulo VI da Regra definitiva como esquema organizativo de vida.

Suponhamos que quatro irmãos vão pelo mundo. Um deles machuca o pé. Os outros três se "voltam" para ajudá-lo. Um vai buscar água morna, outro pede uma tira de pano; o terceiro fica cuidando dele. Os três estão *voltados* para o irmão ferido.

Num outro dia é outro irmão que fica com uma febre alta. Param a peregrinação e ficam três dias e três noites cuidando do irmão enfermo. Um vai buscar ervas medicinais no campo. Outro percorre a aldeia em busca de um quarto ou pelo menos de um paiol para o doente deitar-se. O terceiro não sai do seu lado. Alternam-se nos cuidados. Como uma mãe com seu filho, os três vivem *para* o doente. De noite emprestam-lhe a capa para que se cubra bem. Sentem-se felizes quando a febre baixa. Recomeçam a peregrinação. Vão observando e medindo as forças do convalescente para saber se devem ir mais depressa ou mais devagar. *Todos saíram de si mesmos e voltaram-se para o outro.*

Um outro irmão entra numa crise de depressão e abre-se com os companheiros. Sofrem com ele, rezam por ele. Consolam-no, dão-lhe forças. Não há "meu" nem "teu". Tudo é comum: saúde, doença, tristeza, alegria. Tudo é transparência e comunicação.

Francisco imagina um caso pior: um dos irmãos fica gravemente doente enquanto vão pelo mundo. Em que hospital, em que enfermaria vão interná-lo? Não há casa, nem hospital, ou enfermaria. Que fazer? Diz Francisco: "A fraternidade será a enfermaria: os outros irmãos devem servi-lo como gostariam de serem servidos eles mesmos". O cuidado fraterno *é* o hospital.

Porque são pobres, precisam uns dos outros. Porque precisam uns dos outros, ajudam-se e se amam. Porque se amam, são felizes e testemunham diante do mundo que Jesus é o Enviado.

MÃE QUERIDÍSSIMA

Esse era o título que Frei Pacífico, o "rei dos versos" e provincial da França, dava a Francisco: *mater carissima*, mãe queridíssima.

Já fazia dias que um irmãozinho estava com cara de doente. Os outros não perceberam. Mas o Irmão percebeu e ficou observando durante vários dias, com crescente preocupação. "Que fazer?", perguntava-se Francisco. Um dia, pensou: "Se esse Irmãozinho comesse umas uvas bem maduras, em jejum, haveria de sarar bem depressa".

Como não era preguiçoso, na manhã seguinte, bem cedinho, acordou com grande delicadeza o doente enquanto os outros ainda dormiam. Levou-o pela mão e foram à primeira vinha que encontraram (não importava quem fosse o dono). Sentaram-se no chão e se fartaram. Francisco ia buscar os cachos maiores e mais maduros. Fizeram isso durante vários dias. Depois de uma semana, o irmão estava corado e forte.

O conceito de propriedade privada não tinha sido anulado, mas transcendido. O valor supremo era o próprio irmão. Diante desse absoluto, todos os outros valores passavam a ser relativos.

Aliás, essa era uma das muitas virtualidades emanadas da pobreza: *o senhorio*. Francisco e seus companheiros não só procediam de modo cavalheiresco e nobre, mas davam a impressão de sentir-se senhores e donos do mundo.

Os grandes mistérios ligam-se pelas raízes: o senhorio de Jesus emana de sua condição de *servo*, conforme a catequese primitiva. Consumado o fato da reverente submissão à morte, e morte de cruz, por obediência ao Pai, consuma-se *ipso facto* também o senhorio de Jesus, tanto em cima como embaixo. O Senhor nasce do Servo.

Por essa linha, quando o Pobre de Assis renuncia a tudo, converte-se em senhor de tudo. Como não tem nada, sente-se com direito sobre todas as coisas, diante de algum problema humano. Indicando os horizontes do mundo, Francisco diria à Senhora Pobreza: "Estes são os nossos claustros e propriedades". Ser pobre é ser senhor.

* * *

Um dia, Francisco e Leão fizeram uma longa caminhada. Os dois estavam extenuados, e Frei Leão morria de fome. "Senta-te aqui, meu filho, e descansa." O Irmão saiu do caminho, entrou pelo campo e chegou a uma vinha. Cortou os melhores cachos e os trouxe para Frei Leão. "Come, que enquanto isso vou buscar mais alguns cachos para a viagem." Quando Francisco estava escolhendo as melhores uvas, apareceu o dono da propriedade com um grosso porrete e deu uns bons golpes nas costas de Francisco.

Durante a volta os dois riam gostosamente da tragicômica peripécia. Francisco compôs um estribilho, que repetia de vez em quando para frei Leão:

> O irmão Leão se regalou,
> Mas foi Francisco quem pagou.
> Frei Leão teve um banquete
> E Francisco levou porrete.

Voltaram para casa bem felizes. Quando os irmãos souberam, também se divertiram muito.

* * *

Francisco conhecia as tentações e dúvidas dos irmãos e sofria mais do que eles mesmos. À noite, passava horas pensando nas vicissitudes de cada um. Preocupava-se quando os via preocupados. Ficava feliz quando estavam felizes. "Guarda-os em teus braços", repetia constantemente ao Senhor, "e não os soltes de tuas mãos."

"Esta é a profunda e suprema pobreza", pensava o Irmão: "viver como uma mãe, desprendido de si e voltado para o outro." Francisco dispunha de uma rica sensibilidade por natureza, era verdade. Mas se tivesse guardado essa riqueza dentro de si mesmo, teria sido um tipo suscetível, hipersensível e egocêntrico no mais alto grau. A pobreza libertou essas riquezas. Para lembrar-se do outro é preciso esquecer-se de si mesmo.

"Não há coisa pior que instalar-se", pensava o Irmão. "Em campo aberto, na arena do combate é que o homem se fortalece." Por isso, Francisco não retinha os irmãos por muito tempo. Bem depressa os soltava pelos caminhos abertos do mundo, porque sabia que sem batalha não há fortaleza e que a maturidade é fruto de muitas feridas.

Mas cada partida e cada chegada era um espetáculo de beleza fraterna. Os cronistas repetem de mil maneiras que em cada despedida sua alma sofria mais que a de uma mãe, e não conseguia disfarçar. Abraçava-os com ternura e efusão, entregando-os nas mãos de Deus. Às vezes acompanhava-os durante léguas, quase sempre com lágrimas nos olhos.

Quando os irmãos estavam ausentes, vivia lembrando-os pelo nome. "Como estará a saúde de fulano? Que estará sentindo tal outro? Quando vão voltar?" Será difícil encontrar no mundo uma mãe que suspire tanto pela volta de um filho como Francisco suspirava pela dos seus.

Quando o grupinho aparecia lá longe, dizem os cronistas que não se podia descrever o reencontro: saía da choça, corria ao seu encontro, abraçava-os com os olhos marejados, bendizia-os, dizia-lhes que eram valentes cavaleiros.

Levava-os para a choça e interrompiam o silêncio, o trabalho e todas as outras observâncias regulares, fazendo uma grande festa. É difícil imaginar uma família tão feliz.

Podemos amar assim um filho, um amigo excepcional, mas para fazer isso com cada pessoa de um grupo é preciso estar em pleno estado de *Páscoa*. A pobreza é essa força pascal.

* * *

Como em uma família, os mais fracos eram os preferidos do Irmão. Quando os benfeitores traziam algum prato especial, o Irmão reservava-o exclusivamente para os seus doentes, sem se importar se era dia de jejum. Nesse caso, para que os doentes não ficassem com escrúpulos de consciência, ele mesmo comia com grande tranquilidade na frente deles.

Não se importava de sair à rua para pedir carne para os seus doentes durante a Quaresma, com estranheza das pessoas. A fraternidade estava acima de todas as considerações.

* * *

Frei Rizzerio, como diríamos hoje, estava com um tanto de mania de perseguição. Era desse tipo de pessoas que têm facilidade para fazer suposições gratuitas: "fulano não gosta de mim; sicrano me olha feio; beltrano me virou a cara; tem gente conspirando contra mim...".

Ficou com a obsessão de que Francisco não lhe queria bem, o que, para ele, era indício fatal de que Deus já não o amava. Como acontece com esse tipo de pessoas, vivia sombrio de dia e de noite, cada vez mais mergulhado nas trevas, na beira do precipício.

Informado, Francisco pediu na mesma hora um papel e lhe escreveu uma *cartinha de amor*: "Meu filho, eu te suplico, por favor, que tires da cabeça esses pensamentos que são a tua aflição. A verdade é esta: eu te amo muito. Até mais: eu gosto mais de ti do que dos outros. Se é verdade que gosto muito de todos, tu és o que merece minha maior predileção. Vem ver-me sempre que quiseres e, quando vires meus olhos, hás de convencer-te de minha predileção por ti".

Esta cartinha foi o talismã mágico que libertou o irmão de suas sombras e suspeitas até o fim de seus dias, transformando-o no que seria depois: o Beato Rizzerio.

"No fundo de toda tristeza agita-se uma carência afetiva", pensava o Irmão. No tempo em que recebeu as chagas no monte Alverne, Francisco vivia perdido na outra margem e descuidou de Frei Leão. Este, sensível como era, deixou-se levar pela tentação da tristeza, achando que Francisco não gostava mais dele. O Irmão percebeu bem depressa o que estava acontecendo e lhe disse: "Irmão Leão, ovelhinha querida de Deus, eu não te esqueci, não. Pelo contrário, gosto de ti agora mais do que nunca. Vai buscar papel e pena que vou dar prova da minha predileção. E escreveu a famosa bênção que Frei Leão conservou até o fim de seus dias".

"Até um pedacinho de unha pode consolar uma pessoa, quando existe carinho", pensava Francisco. Uma vez, um irmão que estava abatido por uma série de crises pessoais, dizia a si mesmo: "Oh! se eu tivesse um pedacinho da unha do pé de Francisco, estas tentações haveriam de dispersar-se como nuvens! Onde estará Francisco?". Responderam-lhe que estava em Rieti, muito doente.

O fradinho foi sem preguiça a Rieti e manifestou o desejo de ter um pedacinho de unha do pé de Francisco. Os que estavam cuidando de Francisco acharam o pedido ridículo e não o deixaram entrar.

Mas Francisco soube e mandou que o deixassem entrar imediatamente. Estendeu-lhe o pé com grande carinho, para que ele cortasse a unha e, enquanto cortava, foi dizendo palavras de infinita consolação. Depois lhe impôs as mãos e lhe deu uma calorosa bênção. Não havia no mundo homem mais feliz do que aquele fradinho com o seu pedacinho de unha e o carinho de Francisco.

"É tão fácil fazer uma pessoa feliz", pensava Francisco. Basta um pouco de carinho.

* * *

Fazia meses que tudo dava errado para um irmão. "É uma corrente", pensava Francisco, "não há uma prova sem outra. É a desgraça humana. Se o Senhor, em sua infinita piedade, não nos enviasse provações dolorosas, mas libertadoras, o ser humano acabaria inteiramente enredado em si mesmo". "É a pior escravidão", disse em voz alta.

Um dia, mandou chamar o irmão atribulado e foi com ele passear no bosque. Enquanto caminhavam, repetia: "Lembra-te, meu filho: quanto maiores tribulações choverem em cima de ti, mais te amarei". Sempre a magia do amor. Durante o passeio, apresentava-lhe estas reflexões: "Não seremos verdadeiros servos de Deus enquanto não tivermos atravessado o rio da tribulação. Uma prova assumida em paz é o anel de aliança com o Senhor. O Senhor só põe à prova os que são fortes".

Francisco tinha vivido muito em pouco tempo. Desde que o Senhor lhe dera irmãos, não tinha mais saído desse campo de batalha que chamam de relacionamento humano. E tinha aprendido muitas coisas.

"Vivemos sempre em uma corda bamba estendida entre a fragilidade humana e a Ordem", pensava o Irmão. "A Ordem exige que os maus sejam submetidos. Em nenhuma sociedade a desordem pode estar à vontade. Acabaria com a própria sociedade. Entretanto, continuava pensando, se estiver muito esticada, a corda da fragilidade acaba rompendo. Que fazer?"

"É preciso salvar a Ordem", dizia. "Precisamos da correção fraterna, da admoestação e até de alguma ameaça velada, contanto que isso seja feito com paciência e doçura. Mas, o que é mais importante, a Ordem ou o irmão? E se, para garantir a Ordem, esmagarmos o irmão? E se, para respeitar o irmão a Ordem desmoronar? Não existe sociedade sem Ordem, mas será que a sociedade não foi feita para o irmão?"

Mas Francisco nunca se perdeu nessas elucubrações. Sempre acreditou no amor como força suprema do mundo.

E Francisco foi longe, para além da Ordem, da sociedade da disciplina, da correção, da observância regular; foi muito mais longe: chegou ao problema da *redenção*. "O Irmão que se comportar mal", dizia Francisco, "submeter-se-á, sem dúvida, diante de uma ameaça ou de um *ultimatum*. Mas, há de redimir-se? Claro que não. Pelo contrário, vai ficar ressentido, sombrio pertinaz." Tinha aprendido com a vida que a correção garante a Ordem, mas que só o amor é capaz de redimir. Não se pode descuidar da correção, mas o amor é insubstituível.

Tendo mergulhado durante muitos anos nas raízes humanas, tinha chegado à conclusão de que na base de toda rebeldia há um problema afetivo. Os difíceis são difíceis porque se sentem rejeitados. Mas também sabia que é difícil amar os não amáveis, e que as pessoas não os amam justamente porque não são amáveis, e que ficam menos amáveis ainda quanto menos são amados, e que a única coisa no mundo que pode curar o que se comporta mal é o amor. "Só o amor salva!", concluía sempre.

Em seus últimos anos, quando a fraternidade era numerosa e se pressupõe que havia irmãos difíceis, lançou a grande ofensiva do amor. Escreveu uma carta de ouro, uma verdadeira *carta magna da misericórdia*, justamente a um ministro provincial que se queixava da contumácia de alguns súditos:

> ... Ama os que pecarem. Ama-os justamente por isso...
> Quero saber se amas ao Senhor e a mim, servo dele

e teu, justamente nisso, se assim procederes: que não exista no mundo nenhum Irmão que, por mais que tenha pecado, possa alguma vez afastar-se de ti, depois de ter olhado para os teus olhos, sem ter obtido a tua misericórdia, se é que a procura. Se não a estiver procurando, tu mesmo deves perguntar-lhe se não a quer.

E se o Irmão tornar a pecar mil vezes diante de teus próprios olhos, ama-o mais do que a mim, para atraí-lo ao Senhor. E te compadece sempre de pessoas assim.

A CASA MÃE

Um dia, os Irmãos estavam todos em oração no tugúrio de Rivotorto. A tarde caía. Apareceu na cabana um camponês rude, puxando um jumento pelo cabresto, e com intenção de pernoitar ali. Quando viu que o tugúrio estava ocupado, ficou muito contrariado.

Como era um abrigo para transeuntes, e pensando que os novos moradores queriam instalar-se para sempre, o grosseiro aldeão quis mostrar seus direitos, entrando atropeladamente na choça com ar insolente.

Começou a gritar grosseiramente com o asno, mas dirigindo-se aos moradores: "Entre, entre, você vai ver como se está bem aí dentro".

Francisco aguentava com serenidade qualquer insulto. Mas sofria muito com as grosserias. Foi sempre tão sensível à cortesia e à descortesia! Que fazer? Resistir? "Somos os pobres de Deus", pensou, "e não temos direitos". A vontade de Deus, que se manifesta até no caminho errante dos astros, não estaria sendo mostrada também nas maneiras grosseiras de um arreeiro bronco? E assim o Irmão se acalmou por completo, pensando que a cena brusca também revelava a vontade de Deus.

Dirigiu-se aos irmãos, dizendo: "Que será que o Senhor quer com tudo isso? Deve querer livrar-nos da tentação da instalação. Nós não dizemos todos os dias que somos peregrinos e estrangeiros neste mundo? Lembrai-vos, onde há instalação há segurança, e onde há segurança não há pobreza. Vamos com alegria, irmãos. Não temos nada neste mundo, a não ser as mãos misericordiosas do Altíssimo, que nunca nos vão faltar".

E abandonaram sem problemas aquela casa, berço de ouro do franciscanismo. Valia mais a liberdade da pobreza do que o berço de ouro. Caindo a noite, o grupo de irmãos viu-se outra vez errante e à deriva, sem saber onde passariam a noite. Decidiram ir à Porciúncula. Mas lá não cabiam todos e alguns tiveram que dormir nos fornos públicos, o que não era novidade para eles.

* * *

Na manhã seguinte, Francisco foi ver os beneditinos do monte Subásio, a quem pertencia a Porciúncula, e pediu licença para ocupar a ermida e o bosque ao redor. Diante do impulso que o movimento iniciado por Francisco estava tomando, os beneditinos concordaram de bom gosto. Até manifestaram o desejo de ceder a Porciúncula como propriedade perpétua, contanto que o lugar fosse considerado como o berço do grande movimento que viria a ser.

O Irmão respondeu: "Não queremos ter propriedades, nem agora nem nunca. Queremos viver como o Senhor Jesus, sem morada fixa, em cabanas de barro e palha, para nos lembrarmos de que somos estrangeiros neste mundo e cidadãos da outra pátria".

Mas não se contentou com isso. Sabia muito bem com que facilidade o homem se enraíza onde mora e se apropria da casa, primeiro emocional e depois juridicamente. E para que isso nunca acontecesse com a Casa Mãe do franciscanismo, prescreveu que todos os anos a fraternidade da Porciúncula levasse aos beneditinos uma cesta de peixes pescados ali no rio, como pagamento do aluguel.

E assim, todos os anos, nos primeiros dias de verão, os irmãozinhos da Porciúncula metiam-se nas águas do Rio Chiaggio para encher a cestinha de pequenos peixes.

Depois cobriam o recipiente com folhas cheirosas do bosque e o levavam, com certo ar litúrgico, até o mosteiro do monte Subásio. Que espetáculo! Havia simplicidade e drama, como em todas as coisas do Irmão. Era um protesto: não eram proprietários. Era uma afirmação: estavam de passagem.

O abade correspondia a esse ato de cortesia, mandando como recibo um cântaro de azeite para a fraternidade da Porciúncula. O intercâmbio durou séculos, até que foi destruída a abadia.

SERMÃO AOS PASSARINHOS

Naquele tempo, o Irmão chamou Frei Masseu e lhe disse: "Irmão Masseu, faz dias que estou num poço e não posso sair. Que devo fazer? Fechar as asas, abaixar-me aos pés de Deus e viver sempre assim, ou abri-las e voar pelo mundo anunciando a Palavra? Às vezes tenho medo de que, se andar pelo mundo, me grude à poeira da estrada. Mas quando penso em nosso bendito Cristo, que renunciou à doçura do Paraíso para salvar nossas almas, fico com vontade de mergulhar no mundo e não parar mais. Que faço?".

"Irmão Francisco", respondeu Frei Masseu, "sempre ouvi dizer que Deus manifesta sua vontade para as almas que rezam bastante. Por que não pedir o conselho de algumas destas almas?"

"Frei Masseu, amanhã de manhã irás a São Damião falar com a Irmã Clara. Ela mora no quarto mais secreto do Senhor: todos os mistérios divinos são familiares para ela. Dirás que Francisco quer saber se deve dedicar-se só à contemplação ou também à evangelização. Mas diz-lhe que, antes de dar a resposta, escolha a Irmãzinha mais simples, inocente e ignorante do mosteiro e a consulte sobre esse grave problema. Depois, querido Masseu, subirás pela garganta profunda do Subásio até os cárceres, onde nosso Irmão Rufino vive escondido em Deus, e lhe farás a mesma pergunta."

No dia seguinte, antes de clarear, Frei Masseu foi cumprir o desejo do Irmão em todos os seus pormenores. Francisco também passou grande parte da manhã suplicando ao Senhor que lhe manifestasse inequivocamente sua vontade. As horas iam passando e Masseu não voltava. De fato, tinha de fazer um caminho bem longo. Francisco estava impaciente para saber a resposta dos grandes adoradores.

* * *

Frei Masseu voltou ao meio-dia. Francisco se alegrou muito quando o viu. Mas não perguntou o resultado de sua missão. Primeiro lhe deu um grande abraço. Depois o levou para um das chocinhas onde tinha preparado água morna. Lavou-lhe os pés com reverência e carinho. Enxugou-os, beijou-os devagarzinho. Depois o levou para a choça grande e, sentados à mesa, deu-lhe azeitonas, figos secos, pão e água fresca.

Então o segurou outra vez pela mão e o levou para o bosque. Internaram-se no mato mais fechado. Francisco ajoelhou-se diante dele como em uma cena cavaleiresca. Tirou o capuz com reverência. Estendeu os braços em cruz e perguntou em voz alta: "O que manda o meu Senhor Jesus Cristo?".

"Tanto Irmã Clara como Frei Rufino disseram-me que lhes foi revelado que deves ir pelo mundo pregando o amor de Deus", respondeu Masseu.

O Pobre de Assis foi tomado por uma exultação profunda quando ouviu essa resposta. Levantou-se, ergueu os braços e disse: "Em nome de Deus, em marcha!". E, sem voltar para a ermida, atravessou o campo na companhia de Ângelo e Masseu, na direção de Espoleto. Arrastados pelo impulso do Espírito, ébrios de felicidade, chegaram depressa a um pequeno povoado chamado Cannara.

Encontrou um grupinho de pessoas e começou a falar sobre o Amor Eterno, sobre a Paz e a Pobreza. Mas um bando compacto e inumerável de andorinhas e outros passarinhos, chilreando e fazendo acrobacias, não permitiam que escutassem Francisco com tranquilidade. Dando uma modulação inefável a sua voz, Francisco suplicou às andorinhas que, pelo amor do Amor, ficassem quietas e em silêncio por algum tempo.

Elas obedeceram. O povo ficou arrebatado e queria abandonar tudo para seguir o Irmão de Assis. Ele lhes disse: "Acalmem-se e não se precipitem. Vai chegar a sua hora, e não me esquecerei de vocês".

Aquela gente ficou muito consolada com essas palavras e o milagre das andorinhas. Os irmãos foram para outra aldeia chamada Bevagna. Francisco estava revestido de fervor e de alegria. Sentia-se o homem mais feliz da terra.

* * *

Ao longe, à direita do caminho, viam-se diversas árvores de copa muito alta e grande diâmetro. Francisco contemplava-as com muita atenção. Quando chegaram perto, começaram a ouvir um vozerio heterogêneo e polifônico. O Irmão abriu desmesuradamente os olhos e quase não podia acreditar no que estava vendo: uma multidão quase infinita de pássaros, de todas as plumagens e tamanhos, enchia a espessura das árvores.

"Irmãos, fiquem aqui", disse Francisco aos companheiros. "Foi o Senhor quem me preparou este auditório original. Também as aves vão entrar no paraíso. Quem sabe se seu coração também não é terreno preparado para produzir cem por um?"

E devagar, quase sem tocar o chão para não espantar as aves, Francisco entrou pelo campo e, a alguma distância, começou a pregar aos passarinhos que estavam ciscando pelo chão. Não se pode acreditar no que aconteceu. Os pássaros, que estavam inquietos, bicando sementes invisíveis, aquietaram-se quando ouviram a voz de Francisco e, colocando-se em semicírculo, ficaram olhando e escutando Francisco.

Ele continuou a falar. E, ó prodígio! Da ramaria profusa desceram ao solo milhares de outras aves. Puseram-se em ordem diante de Francisco: na frente as pequeninas, no meio as de tamanho médio e atrás as maiores. Durante todo o sermão, nenhuma piou nem esgravatou o chão. Ficaram quietas até que Francisco parou de falar. Mas não foram embora. Esperaram pacientemente que lhes desse a bênção. Pregando, o Irmão passeava entre elas. Mesmo quando as roçava com seu hábito, não se assustavam nem se mexiam.

Não acreditaríamos nisso tudo se não tivesse sido contado pelo próprio Frei Masseu ao Irmão Tiago de Massa.

* * *

Foram estas as palavras que o Irmão dirigiu às aves:

> Queridas aves, minhas irmãs: vocês fazem o que é mais bonito na criação: voar. Nós que somos filhos de Deus não devemos ter inveja, mas eu lhes confesso esse pecado: eu invejo vocês que podem voar. Gostaria de voar agora mesmo até o alto dessa árvore, até aquele ponto

inacessível. Para vocês não há nada inacessível. Como deve ser bonito o panorama lá das alturas!

Seus cantos de ouro, seus assobios sonoros, tudo isso ainda é pouco para aclamar o amor e a sabedoria de nosso Criador. Desde o nascer até o pôr do sol, vocês devem rasgar os ares anunciando que não existe outro Todo-Poderoso a não ser seu Criador. Mesmo que ninguém as escute, encham o mundo com os louvores do Senhor!

Em sua infinita criatividade, o Criador as vestiu com uma plumagem dupla e até tripla, para preservá-las do frio, para que os raios do sol não as queime e para que vocês vejam que são bonitas. O Senhor lhes deu penas que não se molham para que a chuva corra por vocês e possam voar até no meio do aguaceiro mais torrencial. Suas penas têm as cores mais variadas. Têm tonalidades que não se veem em nosso arco-íris: verde-escuro, preto-azulado, vermelho-esbranquiçado, verde-amarelado... Vocês são muito vistosas, minhas irmãs aves. Tudo é graça de Deus.

Seu Pai teve grande cuidado de conservá-las na Arca de Noé para que não desaparecesse a estirpe. E quando as águas baixaram, foi uma ave a primeira a sair da arca para ver se a terra estava habitável. Porque vocês são as únicas capazes de voar por cima das águas. Além disso, o Senhor deu-lhes esse céu azul e esse espaço aberto para vocês agitarem alegremente as asas e cantar. Nunca vi vocês tristes. Pelo contrário, vejo que estão sempre felizes. São as criaturas mais privilegiadas da criação. Tudo é graça de Deus.

E o Pai semeou a terra de fontes e de rios em consideração a vocês, para que pudessem saciar a sede e tomar banho nos dias de calor. E levantou as montanhas altas e os vales espaçosos para vocês morarem sem que os outros as molestem. Mas a maior invenção de Deus, o maior presente para vocês são as árvores. Não quero falar de suas qualidades porque vocês as conhecem melhor do que eu. Só lembro que se as árvores são altas é para que vocês possam colocar nelas os seus ninhos na primavera, sem nenhum perigo. Dessa maneira, as crianças que tanto gostam de ninhos não os podem alcançar e destruir. Tudo é graça de Deus.

Finalmente, vocês encontram todos os dias a comida preparada. O homem precisa ir para o campo para semear no inverno, capinar na primavera e no verão para ceifar e colher; e para vestir-se precisa construir numerosas fábricas e oficinas de tecidos. Vocês não precisam se preocupar com nada disso. Pulam do ninho, e o Pai veste-as por toda a vida. E nunca se viu um passarinho morrer de fome. Tudo é graça de Deus.

Realmente, vocês são as criaturas prediletas do Altíssimo Pai. Seu único pecado é a ingratidão. Guardem-se desse pecado, minhas irmãs. E louvem, bendigam e agradeçam eternamente o amor do Senhor.

Enquanto Francisco lhes falava dessa maneira, todos aqueles pássaros começaram a abrir os bicos, espichar os pescoços e estender as asas, inclinando respeitosamente a cabeça até o chão, para manifestar com atitudes e cânticos o enorme contentamento que tinham pelas palavras de Francisco.

O Irmão de Assis regozijava-se e se recreava com elas, sem deixar de maravilhar-se por tão grande multidão de pássaros em tão bela variedade, e com a atenção e familiaridade que demonstravam. E louvava devotamente o Criador por causa disso.

Quando o sermão acabou, Francisco traçou sobre elas o sinal da cruz e lhes deu licença para irem embora. Então os pássaros saíram em revoada, cantando harmoniosamente. Depois se dividiram em quatro grupos, seguindo a cruz que Francisco havia traçado. Um grupo voou para o Oriente. Outro, para o Ocidente. O terceiro foi para o Norte e o quarto, para o Sul. E cada bando afastava-se cantando maravilhosamente.

"Os Irmãos menores devem ser como os passarinhos, confiando todos os cuidados na mão de Deus e sem ter nenhuma propriedade neste mundo."

OS ASSALTANTES DE MONTECASALE

A poucos quilômetros de Borgo San Sepolcro, subindo uma ladeira íngreme, chega-se a um lugar chamado Montecasale. No barranco havia uma rocha saliente (*specco*) de dimensões extraordinárias. Parecia o teto do mundo.

Francisco procurava sempre esses lugares para cultivar a amizade com Deus, porque os irmãos podiam defender-se do sol, da chuva ou da neve, e tinham água corrente bem perto. Construiu no alto do barranco uma choça de palha seca, galhos e barro. Chamava-se *eremitério de Montecasale*. À frente dos ermitães estava o Irmão Ângelo Tarlati que, como seu homônimo Ângelo Tancredi, tinha sido cavaleiro e homem de armas.

Circulavam por essas passagens solitárias, três famosos bandoleiros, que se dedicavam a assaltar os transeuntes. Como não tinham ninguém para assaltar, apresentaram-se um dia, mortos de fome e não com muito boas intenções, na choça dos irmãos.

Quando os viu, o antigo soldado irou-se e lhes disse: "Assassinos e folgadões. Não contentes de roubar gente honrada agora querem engolir as poucas azeitonas que nos restam? Vocês têm idade para trabalhar. Por que não arranjam emprego como diaristas?".

Os bandoleiros pareceram não dar importância a essas palavras. Pelo contrário, a sua frieza mostrava que persistiam nas suas turvas intenções.

"É bom saberem", disse Frei Ângelo ameaçadoramente, "que eu fui soldado e que mais de uma vez arrebentei com canalhas como vocês. Agora não tenho nenhuma espada atrás da porta, mas tenho um bastão que dá para lhes quebrar as costelas." E avançou para eles, que escaparam precipitadamente. Era mais uma vitória do antigo soldado. Os irmãos se divertiram muito com o episódio.

* * *

Quando Francisco voltou da esmola, à tarde, os irmãos contaram, no meio de risadas, o que tinha acontecido.

Enquanto eles estavam contando, o Irmão não esboçou o menor sorriso. Eles perceberam que Francisco não achava graça nenhuma na história e então pararam de rir. O Irmão não disse uma palavra. Retirou-se em silêncio e foi para o bosque. Estava agitado e precisava acalmar-se.

"Um soldado!", pensava. "Todos carregamos dentro de nós um soldado. E o soldado sempre quer afugentar, ferir, matar. Vitória militar! Quando uma vitória militar edificou um lar ou um povoado? A espada nunca semeou um metro quadrado de trigo ou de esperança." Francisco estava profundamente perturbado. Mas evitava que a perturbação se voltasse contra Ângelo Tarlati, porque isso seria igual ou pior do que dar pauladas em bandidos.

"Arranca de mim a espada da ira, meu Deus, e acalma a minha tempestade", disse o Irmão em voz alta. Quando ficou completamente calmo e decidiu conversar com os irmãos, disse a si mesmo: "Francisco, filho de Assis, lembra-te: se repreenderes os irmãos com ira e perturbação isso vai ser pior do que dar bordoadas nos assaltantes".

* * *

Convocou os irmãos e começou a falar-lhes com muita calma. No começo eles estavam assustados. Mas se acalmaram quando o viram sereno. "Eu sempre penso", começou, "que se o ladrão do Calvário tivesse tido um pedaço de pão quando sentiu fome pela primeira vez, uma túnica de lã quando sentiu frio, ou um amigo cordial quando sentiu a primeira tentação, nunca teria cometido o que o levou à cruz."

Francisco falava baixo, sem acusar ninguém, com o olhar no chão, como se falasse consigo mesmo: "Todos os justiçados sentiram a falta de uma mãe em sua vida. Quem é que sabe o que está por trás de cada coisa? Quantas vezes é a aurora que está escondida atrás da montanha? Ninguém é mau. No máximo, é fraco. E o certo até seria dizer *doente*. Nós prometemos observar o Santo Evangelho. E o Evangelho diz que fomos enviados para servir os doentes, não os sãos. Doentes de quê? De amor. Esse é o segredo: o bandoleiro é um doente de amor. Distribuam um pouco de pão e um pouco de carinho pelo mundo e vão poder fechar todas as cadeias. Oh! O amor! Fogo invencível, labareda divina, filho imortal do Deus Imortal! Quem pode resistir ao amor? Quais as barreiras que o amor não pode saltar e quais os males que não pode remediar?". E Francisco entoou um hino inflamado ao Amor, Filho de Deus.

"Agora", acrescentou devagar e baixando muito a voz, "eu mesmo vou sair por aí para procurar os bandoleiros, pedir-lhes perdão e levar-lhes pão e carinho." Ouvindo essas palavras, Frei Ângelo sobressaltou-se: "Irmão Francisco, eu sou o culpado; sou eu quem deve ir". "Todos somos culpados, meu caro Ângelo", respondeu o Irmão. "Pecamos em comum, santificamo-nos em comum, salvamo-nos em comum."

Frei Ângelo ajoelhou-se, dizendo: "Pelo amor do Amor, Irmão Francisco, deixa-me fazer esta penitência". Francisco comoveu-se e lhe disse: "Está bem, meu caro Irmão, mas vais fazê-lo como eu vou dizer. Subirás e baixarás pelos cumes e quebradas até encontrar os bandoleiros. Não devem estar longe. Quando os vires, dirás: 'Venham, irmãos bandoleiros, venham comer a comida que o Irmão Francisco preparou para vocês com tanto carinho'. Se eles perceberem paz em teus olhos, vão se aproximar imediatamente. Então suplicar-lhes-ás que se sentem no chão. É claro que eles vão obedecer. Então estenderás uma toalha branca no chão, colocarás em cima este pão e este vinho, estes ovos e este queijo. Servi-los-ás com o maior carinho e cortesia. Quando estiverem saciados, suplicarás de joelhos que não assaltem ninguém. O resto será feito pela infinita misericórdia de Deus".

Foi o que aconteceu. Os ex-bandoleiros subiam todos os dias ao eremitério, carregando lenha nos ombros. Francisco lavava-lhes os pés frequentemente, e conversava bastante com eles. Foram sendo transformados, lenta e completamente.

POR QUE A TI?

Naquele tempo, o Irmão estava sendo acompanhado por Frei Masseu em suas saídas apostólicas. Frei Masseu era um dos irmãos mais queridos da fraternidade primitiva: homem de oração, esbelto e muito cortês. Os irmãos já sabiam que, quando Frei Masseu saía para pedir esmolas, o dia era de boa colheita. Seus modos agradáveis cativavam imediatamente e logo as pessoas ficavam gostando dele.

Nesse tempo, o Irmão de Assis já era conhecido e admirado em toda a Úmbria e parte da Toscana. Não raro, sua passagem pelas aldeias era acompanhada a toque de sinos. Os povoados se esvaziavam num instante porque todo mundo ia vê-lo, escutá-lo e, se possível, tocá-lo.

Fazia muitos dias que Frei Masseu estava intrigado e não conseguia entender por que todo mundo ia atrás de seu companheiro. Um dia, quando iam caminhando em silêncio, soltou pela primeira vez a pergunta explosiva: "Por que a ti?".

Francisco não entendeu a pergunta e continuou em silêncio. Um pouco depois, com voz mais forte, veio a pergunta outra vez: "Por que a ti mais do que a outro qualquer?".

Francisco perguntou: "Que queres dizer com isso, Irmão Masseu?". "Francisco de Assis, não entendo nada." "Que é que não entendes, Irmão Masseu?" "Olha", respondeu, "de acordo com as regras do mundo, tu, Francisco de Assis, não tens nenhum motivo para cativar a atenção popular. Não és bonito, por que todos querem ver-te? Não és eloquente, por que todos querem ouvir-te? Não és sábio, por que todos querem consultar-te? Por que todo mundo corre a ti quando não tens nada para atrair? Qual é o segredo do teu fascínio?"

* * *

Quando ouviu isso, Francisco ficou visivelmente emocionado. "Irmão, nunca foram ditas nesta terra palavras tão sábias Diz-me, Masseu, onde foste buscar tanta sabedoria? Quem te inspirou ideias tão certeiras?" Ajoelhou-se e quis beijar os pés de Frei Masseu, mas ele não deixou. O Irmão levantou os olhos para o céu e disse: "Obrigado, Senhor Altíssimo, por teres revelado as grandes verdades às almas transparentes". Depois respondeu a Masseu: "Queres saber por que todos vêm a mim? Eu vou dizer: é para *confundir*. Ó, Frei Masseu! Aquele Altíssimo Senhor, cuja substância é Amor e Misericórdia, tem mil olhos, com que penetra nos meandros da alma humana. Ele vê o que está do outro lado das coisas. Não há escuridão que não seja clareza para ele. Pois bem, esses altíssimos olhos olharam por toda a terra e não encontraram criatura mais incapaz, inútil, ignorante e ridícula do que eu. Justamente por isso, ele me escolheu, para ficar bem claro diante de todo mundo que o único Magnífico é o Senhor".

E continuou: "Se Francisco de Assis tivesse uma bela figura, uma eloquência arrebatadora, uma longa preparação nas escolas de Bolonha, e até sabedoria como os anjos, o povo ia dizer: 'É a sua beleza, é a sua sabedoria, é a sua eloquência'. Mas, como não tenho nada disso, as pessoas são obrigadas a concluir que é o Senhor. Frei Masseu, não te lembras da bendita Mãe de Deus, a Virgem Maria? Ela disse: 'Tenho maravilhas, mas não são minhas. Porque eu sou *nada*', disse aquela mulher sublime, fui escolhida para evidenciar que o Maravilhoso é o Senhor. Por que me escolheu? Que vou dizer, Irmão Masseu? Repito que foi para confundir, Irmão, para confundir. Para que fique evidente e estridente diante de todo mundo que *o que salva* não é a sabedoria, nem o preparo, nem os carismas pessoais, porque o único que salva, redime e ressuscita é o próprio Deus. Para que se saiba que não há outro Todo-Poderoso. Não há outro Deus a não ser o Senhor. Em resumo, ele me escolheu para confundir a nobreza, a grandeza, a fortaleza, a beleza e a sabedoria do mundo".

Quem ficou confundido foi Frei Masseu. Continuaram um bom tempo em silêncio, pensando nessas coisas.

Durante dias, o Irmão falou a Frei Masseu sobre a humildade de coração. "Frei Masseu", disse-lhe um dia, "como eu quisera ser uma sombra diante da Luz. Nós não temos nada. Ou melhor, se temos alguma coisa, não é nossa, é empréstimo. Deus nos livre da tentação do furto. Porque o homem que se apropria dos dons de Deus é um ladrão, Frei Masseu. O Irmão que se envaidece por suas qualidades (que não lhe pertencem) é um ladrão vulgar. Frei Masseu! Eu sou o maior pecador da terra. E isso não é mentira nem exagero. Se qualquer outra pessoa tivesse recebido tantas consolações como eu, seria um fidelíssimo servo de Deus."

CLARA DE NOME

Poucos segredos foram tão cuidadosamente guardados entre mulheres como o daquele dia. Era o domingo de Ramos de 1212. Clara, a nobre Patrícia, filha dos Scifi, teve naquele dia um capricho incompreensível para sua mãe e as duas irmãs. Sem que ninguém soubesse por que, quis engalanar-se com o vestido mais vistoso de seu guarda-roupa. A mãe, Ortolana, e as duas irmãs, Inês e Beatriz, acharam que tinha sido uma veleidade gratuita e sem motivo.

Clara fez que não ouviu e foi vestindo suas sedas, braceletes e joias mais luzidias. Parecia uma noiva real no dia do casamento. E foi assim que as quatro damas foram para a Catedral de São Rufino no meio do alegre repicar dos sinos, chamando atenção de todo mundo.

Era a despedida solene, o último adeus. Ninguém sabia a não ser sua prima Buona e talvez Dom Guido. O templo estava perfumado de louro, palmas e ramos de oliveira.

Começou a cerimônia. No momento em que a multidão avançou para o presbitério para receber os ramos bentos, Clara ficou paralisada em seu lugar, no fundo da igreja. Não percebia onde estava nem o que estava acontecendo ao seu redor. Estava no ponto mais alto da luta, abismada em si mesma no assalto final: entregar-se ou voltar atrás; hoje ou nunca.

Mostrou em sua vida que era uma mulher resoluta. E se há alguma coisa que sobressaía em sua personalidade era sua fortaleza na fidelidade. É difícil encontrar mais elevado exemplar da *mulher forte* da Bíblia.

O passo a dar era um salto mortal no vazio. Tinha vivido dezoito anos na intimidade cálida de uma família opulenta, com pais excelentes e cinco irmãos carinhosos. Era uma moça resplandecente, cheia de encantos e atrativos, admirada e quase adorada por toda Assis.

Num abrir e fechar de olhos lhe estava desabando este castelo de sonhos. Tinha consciência de que seu plano iminente ia atrair a repulsa da cidade e que, na melhor das hipóteses, ninguém ia compreender, ou pelo menos ninguém ia aceitar. O mais admirável e terrível era a solidão completa em que tinha tomado sua decisão e haveria de chegar à execução. Até parecia uma conspiração.

Personalidade poderosa e resoluta, Clara estava jogando naqueles minutos o *tudo ou nada*. Por isso não é de estranhar que tenha ficado como uma pedra no fundo da Igreja de São Rufino.

E aconteceu algo de extraordinário. Dom Guido saiu do presbitério, avançou pela nave central, chegou ao ponto em que Clara estava chorando e, com grande simpatia, entregou-lhe um ramo de oliveira, para surpresa geral. Era Deus quem estava aceitando a oferta de Clara. A predileção do Bispo era um sinal.

Clara deixou de sofrer. Saiu do templo rodeada pelos familiares. Lá dentro ficaram para sempre as suas vacilações, esfumadas como incenso de ouro diante do Senhor. Tudo estava decidido, a sorte lançada. Clara estava tranquila. Deixou o dia passar como se não tivesse acontecido nada, nem estivesse para acontecer. Participou da festa familiar. Atendeu com cortesia e carinho os numerosos hóspedes.

A FUGA NOTURNA

A tarde foi caindo. Vozes e luzes apagaram-se uma por uma. Antes de se retirar para o quarto, Clara despediu-se como de costume de suas irmãs e de sua mãe. Para elas, era um rito normal, cotidiano. Para Clara, era o último adeus. O silêncio envolveu o mundo. Sobrava a noite, como única rainha. Era a hora propícia para a conspiração.

A literatura exaltou, mil vezes, as mulheres que arriscaram a vida pelo escolhido de seu coração, ou que deram sua vida por um amor impossível. A história está cheia de amantes que fizeram proezas audazes. Mas é difícil imaginar uma mulher organizando e executando o que Clara fez por seu Escolhido.

Minuciosas, como costumam ser as mulheres, Clara e sua prima precisaram lembrar-se de mil obstáculos e resolvê-los previamente. Era difícil sair da casa-castelo sem fazer ruídos suspeitos. Mais difícil ainda sair à noite do recinto cercado de muralhas. Os portões ficavam fechados durante toda a noite; para sair para o vale, precisavam burlar a vigilância das sentinelas. As duas devem ter percorrido, alguns dias antes, o perímetro das muralhas, para procurar uma saída. Também é difícil imaginar uma mulher esperando outra, à meia-noite, na esquina de uma rua escura. Mas, está escrito. Quando uma mulher está enamorada de Jesus Cristo, nenhuma força pode cortar-lhe o passo, não há fronteiras que a detenham nem sombras que a assustem.

A fuga tinha todas as características de uma conspiração, de uma santa conspiração. E as duas mulheres executaram-na com sangue frio, coração ardente e perfeita sincronização.

* * *

Naquela noite, Clara não se deitou. Ficou de vigília, com seu traje de gala. À meia-noite, saiu do quarto e, evitando com cuidado todo ruído, quase sem tocar o chão, desceu as escadas de pedra e se dirigiu para uma saída secreta do palácio que tinha descoberto alguns dias antes.

Mas a saída estava obstruída por um montão de paus, ramos e pedras. Qualquer outra pessoa teria desanimado na mesma hora. Ela, porém, com tenacidade e paciência, começou a remover os obstáculos, um por um, na escuridão da noite. Só de pensar em Jesus, adquiria energias indomáveis. Com fria tenacidade, acabou retirando o último pedaço de madeira e apareceu, por fim, a velha porta. Puxou o ferrolho, com grande cuidado, para evitar rangidos, e, finalmente, encontrou-se na rua. Logo se juntou a sua prima Buona Guelfuci, que a estava esperando numa esquina. Estava saindo tudo de acordo com o plano. Bendito seja o Senhor!

Deslizaram como duas sombras velozes pelas ruas silenciosas e logo alcançaram o buraco aberto nas muralhas, como tinham descoberto dias atrás. Desceram pelas pendentes escarpadas, tomando cuidado para que as pedras não rolassem na direção do vale, despertando suspeitas. Duas fugitivas? Duas conspiradoras? Duas desterradas? Não. Duas caminhantes em busca de uma pátria melhor, em busca da liberdade total.

Clara estava entrando pela via solitária e áspera dos grandes *escolhidos* da história, um caminho de riscos, solidão e incerteza. Mas, fazia-o sem medo, com a alegre audácia dos namorados. Numa noite fria e estrelada do inverno de 1212, o céu de Clara estava cheio de estrelas.

ALIANÇA ETERNA

Os irmãos tinham rezado durante toda a noite para que Clara não tivesse contratempos e tudo acontecesse de acordo com os desejos de seu coração. "Clara é como o vime", dizia Francisco aos irmãos: "doce, flexível, mas inquebrável. Em seu coração há fogo suficiente para queimar todos os obstáculos."

"Irmão Francisco", disseram-lhe os irmãos, "Clara é uma mulher e as mulheres se assustam com as sombras e têm medo do escuro." "Mas do coração de Clara", respondeu Francisco, "sai uma luz para iluminar a escuridão do caminho: é a luz velada do Rosto de seu Amado. Acho bom, porém, irmos ao seu encontro, para que fique mais tranquila."

Clara e sua prima avançaram por um atalho conhecido de cinco quilômetros de extensão. Logo viram algumas luzes, ao longe. Eram Francisco e os irmãos. Tinham acendido uns ramos secos e saído ao encontro de Clara, levantando-os como tochas.

Na profundidade escura da noite, foi emergindo lentamente à luz das tochas, diante dos olhos deslumbrados dos irmãos, a figura branca, esbelta e radiante de Clara. Francisco avançou sorridente, entre os irmãos que sorriam, e lhe disse: "Seja bem-vinda, noiva valorosa do Rei Imortal". Clara sorriu. Sentia-se feliz. O medo tinha passado. Seus desejos estavam cumpridos.

Entre duas filas de tochas, no fundo escuro da meia-noite, Clara avançou, entre cânticos de alegria, na direção da ermida. Talvez nunca se tenha visto na história do espírito um cortejo nupcial como esse. Estava escrito que na vida de Francisco tudo teria ar de romance e fantasia.

Clara chegou até o altar da ermida. Ajoelhou-se diante do quadro bizantino de Nossa Senhora. Os irmãos ficaram em pé, com as tochas erguidas.

Francisco, em pé, diante de todos, disse: "É uma noite de casamento, Irmã Clara, noite Clara como o teu nome. Fecharam-se as asas do mundo e se abriram as asas do teu espírito, para abraçar o Noivo. Os anjos de Santa Maria chegaram voando e rondam pelos ares, esperando o momento em que vão ser testemunhas desses esponsais de laços eternos. Tudo está preparado. Cristo vai ser o Esposo. Nossa Senhora vai ser o celebrante e os anjos serão as testemunhas. Mas eu te aviso, Irmã Clara, que vais casar com um viúvo. Sua primeira esposa chamou-se Pobreza: hoje é uma Rainha destronada e desterrada. A nova esposa tem de ser como a primeira. Aqui tens o vestido de noiva".

Tudo tinha sido preparado com largueza. De acordo com as medidas anatômicas da nobre Patrícia, como se fora no melhor salão de alta costura, sua prima tinha feito um hábito com grosseiro pano cor de terra. A conspiração seguia a velas despregadas. Nesse momento da cerimônia, Clara saiu da ermida, acompanhada por sua prima. Ajudada por ela, foi se libertando, pouco a pouco, de seus preciosos vestidos e se envolveu no burel escuro.

Depois, voltou à capelinha. Não dava para acreditar. À luz das tochas, Clara parecia tão bonita ou ainda mais do que com o vestido de festa. Seus pés brancos calçavam tamancos. Da antiga Clara Scifi sobravam apenas os longos cabelos dourados, que lhe caíam pelos ombros. Que espetáculo!

* * *

Clara ajoelhou-se diante do altar e disse palavras com grande peso de eternidade: "Senhor meu, abre o teu cofre de ouro, que nele quero pôr meu coração. Nesta noite, estou acendendo a chama eterna no turíbulo do mundo.

Quero que a chama continue agitando-se ao vento, mesmo depois que as estrelas se apagarem. Meu Senhor, eu te declaro senhor único de meus territórios. Estende tuas asas de comando sobre os horizontes de meus mundos. Caminharei descalça, contigo que também vais descalço, até que se apaguem todas as tochas em cima das muralhas da história. Não conhecerei outra voz nem outro rosto. Nenhuma criatura se interponha entre nós dois, a não ser a espada fidelidade. Sou jovem. Conheço muito pouco da vida. Falaram-me de outonos. Eu sei que nos teus hemisférios não há outonos. Disseram-me que o amor vive ameaçado de morte pelo vírus do tédio e da rotina. Falaram-me até em deserção e desamor, coisas que nunca imaginara. Eu sei muito bem que, nas tuas torres, nunca se arria a bandeira da fidelidade, e que vais guardar cuidadosamente o tesouro de minha vida em teu cofre de ouro, até o cair da tarde".

Estendendo os braços, acrescentou: "Meu Senhor Jesus Cristo, põe o teu selo sobre as minhas palavras e aceita com agrado a minha consagração". Francisco não se conteve. Derramava lágrimas tranquilas. Os irmãos soluçavam. Clara manteve-se extraordinariamente serena. Buona Guelfuci também chorava.

* * *

Sem dizer nada, de acordo com o ritual combinado, Francisco pegou uma tesoura tosca e se aproximou da desposada. Pegava uma mecha de cabelo e dava um corte.

Depois, outra mecha e outro corte. O Irmão fazia-o com delicadeza, quase com reverência. Parecia que tinha pena de destroçar aquela maravilha de ouro que eram os cabelos de Clara. Foi depondo cada mecha em cima do altar.

Depois, com visível reverência, colocou-lhe um véu branco na cabeça e um véu preto por cima. Foi assim que Clara de Assis nasceu para a história do espírito. Francisco dirigiu-lhe umas palavras finais e a cerimônia estava acabada. Mas a noite continuava.

Como em um complô perfeito, os protagonistas não tinham esquecido nenhum detalhe. Previam que haveria de desencadear-se uma tempestade por parte dos familiares, para resgatar a nobre patrícia. E trataram de encontrar um refúgio para ela.

Nessa mesma noite, Francisco com Buona e alguns irmãos levaram Clara para o mosteiro das beneditinas de São Paulo, a uns cinco quilômetros da Porciúncula. O dia já estava clareando quando Clara de Assis, cansada e feliz, pode afinal deitar-se em uma celazinha do mosteiro.

Tinham sido vinte e quatro horas vertiginosas. A memória da jovem fervia de recordações recentes. Em sua imaginação os acontecimentos precipitavam-se, sobrepunham-se, confundiam-se no meio das ondas das emoções. As vacilações, os temores e os sustos, tudo tinha acabado. Os riscos tinham sido felizmente superados. A santa conspiração tinha tido pleno êxito. Louvado seja Deus! Agora podia dormir um pouco.

TENTATIVA DE RESGATE

De manhã, Dona Ortolana acordou para a realidade: sua filha mais velha tinha fugido. Em poucos minutos, pôs em movimento a parentela toda. Logo descobriram o paradeiro da menina de ouro. A estratégia do resgate foi projetada em rápidos arranjos: primeiro a compaixão, depois a promessa, mais tarde a ameaça e, se fosse preciso, a ação direta. Mas Ortolana, que conhecia bem a personalidade tenaz da filha, não tinha muitas ilusões quanto a essa recuperação.

Foi assim que chegou à portaria do mosteiro o exército de resgate, formado por familiares e vizinhos. Clara já estava esperando o assalto e tinha preparado sua alma. Recebeu-os com naturalidade e doçura. Eles começaram a contar o estupor causado pela notícia em toda Assis, falando também do desgosto dos parentes e das lágrimas de Ortolana. Era uma indignidade: a moça mais brilhante da cidade tinha vestido farrapos e começado uma vida vagabunda, absolutamente sem rumo.

Nesse primeiro *round*, a nobre patrícia recebeu os golpes impávida. Nem se alterou. Diante do fracasso, os familiares passaram ao segundo assalto. Aparentando calma, disseram que, se desejasse levar uma vida completamente dedicada a Deus, dariam todas as facilidades: não insistiriam mais quanto ao casamento, deixariam o tempo livre que quisesse para cuidar dos leprosos. Clara aceitou agradecida as ofertas, mas disse que sua sorte já estava decidida.

Havia tanta serenidade em sua voz que os familiares ficaram exasperados e passaram para a fase das ameaças.

Gritaram-lhe que seus planos eram caprichos ridículos, que ela era uma vergonha para a família mais aristocrática da cidade, que não tolerariam e acabariam com isso, por bem ou por mal. Quanto mais aumentava a força de suas ameaças, mais aumentava a serenidade de Clara.

Não aguentaram mais. Soltou-se a ira retida. Levantaram-se ameaçadoramente de suas cadeiras, dispostos a entrar em ação. Clara também se levantou e, olhando-os com altivez, repetiu a frase de São Paulo: "Quem, neste mundo, vai ser capaz de me separar dos braços de meu Senhor Jesus Cristo?". E, quando os familiares se lançaram sobre ela, escapou das mãos deles, e correu depressa para a igreja.

Tudo estava premeditado: ela sabia muito bem que o altar era um asilo inviolável até para os criminosos, e o cabelo cortado – a tonsura –, significava que já não pertencia ao mundo, mas ao foro eclesiástico, e só a Igreja poderia julgá-la.

A grotesca perseguição foi um espetáculo muito raro: Clara na frente e seus familiares atrás. Clara agarrou com uma mão a toalha do altar e com a outra soltou o véu. Apareceu a cabeça tonsurada. Os familiares entenderam e pararam. Se dessem mais um passo, ficariam excomungados e entrariam em conflito com a Igreja. Clara de Assis tinha ganhado mais uma vitória.

* * *

O Irmão de Assis esvoaçava como uma águia para defender a virgem de Assis, em suas primeiras tentativas de voo. Quando soube o que acontecera, temendo que os familiares tentassem outro assalto mais audaz sobre a moça indefesa, procurou e encontrou outro refúgio mais seguro. Era o mosteiro das beneditinas de Sant'Angelo di Panzo, situado na vertente meridional do monte Subásio. O mosteiro estava rodeado por grossas muralhas e sólidas portas de madeira, com grade dupla.

* * *

Fazia dez anos que o Irmão tinha empreendido solitariamente um caminho, nunca antes percorrido. Na mais completa incerteza, em um suceder de acontecimentos, o Senhor havia aberto para ele o caminho, desde a revelação da vida evangélica até à aprovação pontifícia da nova forma de vida. Foi uma década cheia de novidades.

Agora, o Irmão de Assis estava começando de novo uma rota incerta, não para ele mesmo, mas para Clara. Que desejaria o Senhor com essa nova situação? É o destino do profeta: percorrer caminhos desconhecidos e abrir os horizontes da história.

Qualquer outro teria metido Clara em um dos numerosos mosteiros femininos do vale da Úmbria. Era a solução mais normal e mais fácil. Porém, com a simplicidade de sua fé e de intuição, o Pobre de Assis via que o Senhor queria outra coisa para Clara. Mas, o quê?

Essa terrível audácia, esse atirar-se ao desconhecido, esse arriscar-se dia a dia, são coisas que só podem ser feitas pelos que são dotados de uma fé simples e total. E começaram a caminhar.

INTENÇÃO E SIGNIFICADO DE CLARA

Pelo que parece, a primeira tentativa de Clara foi partilhar o estilo de vida iniciado por Francisco, vivendo em casas pobres, servindo os leprosos e, provavelmente, levando vida itinerante no estilo apostólico.

Em outubro de 1216, Tiago de Vitry, numa carta escrita aos Cônegos de Lião, expressa-se com palavras tais que parecem estabelecer semelhança e paralelismo entre a vida dos irmãos e a das "clarissas". Diz:

> Tive a consolação de ver numerosos homens e mulheres que deixam seus bens e saem pelo mundo por amor de Cristo. Chamam-nos de "Irmãos Menores" e "Irmãs Menores"... Durante o dia, os Irmãos vão para as cidades e povoados, dedicando-se a atividades apostólicas. De noite, voltam para suas ermidas, ou se retiram para a solidão, para dedicar-se à contemplação. Quanto às mulheres, moram em diversas hospedarias e asilos, perto das cidades, vivendo em comum, do trabalho manual, sem aceitar retribuição alguma.

Esse documento extrafranciscano é de uma importância extraordinária e permite pensarmos que o ideal primário de Clara era viver a vida evangélica no estilo de Francisco e de seus irmãos.

Mais tarde, as "damianitas" se monacalizaram, parece que por requerimento da Santa Sé. Naqueles tempos, não se concebia outra forma de vida religiosa feminina a não ser a monacal. Os tempos não estavam maduros para a existência de irmãs de vida ativa.

Essa monacalização, entretanto, parece ter um significado mais transcendente do que uma simples disposição da Santa Sé.

* * *

Clara desenvolveu plenamente um dos filões mais profundos e não suficientemente realizados de Francisco: a vida contemplativa. Conhecemos bem a atração irresistível que o Irmão de Assis sentiu, desde os primeiros dias de sua conversão, pela vida eremítica. Ainda hoje, os lugares sagrados do franciscanismo levantam-se nas altas montanhas do centro da Itália, como testemunhas mudas das frequentes e prolongadas retiradas de Francisco para a solidão completa. Não faltou quem tivesse chamado Francisco de "homem das cavernas".

A vida do Irmão transcorreu em um movimento de retirada e abertura, das montanhas para os caminhos e das multidões para as solidões. Seus três últimos anos, quando já tinha as chagas, foram uma peregrinação de eremitério em eremitério. Em sua vida houve momentos de vacilação entre viver uma vida mista ou exclusivamente contemplativa.

Temos a impressão de que Francisco foi um eterno insatisfeito em sua sede inextinguível de Deus e de que um lado importante de sua alma ficou incompleto e de certa forma frustrado. Por si mesmo, teria sido um feliz e perpétuo anacoreta, em qualquer rincão dos Apeninos. Foi o Evangelho quem o arrancou da solidão.

Esse lado incompleto foi completado por Clara. Atrevo-me a dizer que Clara, encerrando-se na contemplação, levou à plenitude os sonhos mais profundos, o inconsciente mais anelado, o rincão mais florido e favorito da alma de Francisco: a ânsia nunca saciada de contemplar o Rosto do Senhor e de dedicar-se exclusivamente a cultivar o desejo de Deus.

Sem Clara, o franciscanismo seria como uma planta sem flor, uma partitura sem melodia.

* * *

Adorar! Esse foi o único sonho de Francisco. O resto era acessório. Disse isso mil vezes, a seus irmãos: "Limpem os leprosos, trabalhem com os camponeses ou com os pescadores, metam-se entre os remadores ou entre os coveiros, ajam onde quiserem e como quiserem, contanto que o trabalho não mate o espírito de oração e devoção". Adorar! Essa era a tarefa primordial: proclamar a primazia de Deus.

A adoração suprema é o holocausto. Nos velhos tempos, havia sacrifícios e holocaustos. No sacrifício, a rez era imolada e oferecida a Deus. Mas sua carne era aproveitada pelos levitas e os servidores do templo.

Nos holocaustos, os bezerros eram imolados e depois eram imediatamente *queimados por completo*, incinerados. Assim a saborosa carne não era comida por ninguém. Essa "inutilidade" era a mais alta expressão de adoração, porque demonstrava a supremacia de Deus, isto é, que Deus, só por ser Deus, merece que lhe dediquemos qualquer bem, sem nenhuma outra utilidade.

É esse o significado de Clara em São Damião. Não faz catequese, não serve os leprosos, não prega a Palavra nem dá aulas. É uma vida "inútil", que não serve para nada. Justamente por isso, sua vida contemplativa é a mais alta adoração porque demonstra que Deus é tão grande que vale a pena dedicar-lhe a vida, sem nenhuma outra utilidade; que a existência seja completamente queimada em sua honra, sem nenhum outro proveito.

Entre as paredes de São Damião, Clara foi como um círio que se consumiu, sem nenhuma utilidade prática. Passou a vida sem "fazer" nada, a não ser adorar. Sua existência foi tão "inútil" como o incenso que se queima ou o adorno que realça a beleza de alguém. Resumindo: Clara realizou o sonho dourado da alma de Francisco: adorar.

INÊS

Clara viveu no mosteiro de Sant'Angelo di Panzo durante algumas semanas. Quase todos os dias recebia visita de sua irmã Inês. Era uma mocinha encantadora, de quinze anos. Como Clara, Inês possuía naturalmente uma notável sensibilidade divina. Depois da fuga da irmã, os familiares depositaram em Inês os sonhos para uma descendência, e logo a prometeram em casamento.

"Querida Inês", dizia sua irmã, "eu não me enganei. Não há vinho que embriague tanto como o meu Senhor. É preferível viver um dia nos átrios do Senhor que um milênio aí fora. A juventude é um vento que passa; a beleza dissipa-se como a fumaça; o amor envelhece como a roupa; a vida acaba como um suspiro. Não sobra nada. Oh! minha irmã! Se experimentasses um pouco a altura e a amplidão do amor de Deus! Garanto que não há mares que possam conter tamanha consolação. Inês, minha irmã, nós precisamos de um esposo livre da velhice e da morte".

Clara vivia sua lua de mel. Precisava de uma confidente para suas ardentes vivências místicas. E o fogo de seu coração passou bem depressa para o coração sensível de Inês.

Depois de sete entrevistas, também Inês fugiu do palácio dos Scifi e pediu a Clara que a protegesse escondendo-a em lugar seguro, porque a nova perseguição seria certa.

Não se enganaram. Mais uma vez formou-se um pelotão de resgate. A família Scifi encarregou seu parente Monaldo, militar de profissão, para preparar um comando de resgate e ir buscar, a qualquer preço, a segunda filha.

Monaldo era um militar arrebatado. Chegou com um piquete de soldados às portas do mosteiro, chamou a porteira e mandou abrir a porta. Quando viu que as beneditinas resistiam, arrombou a porta com seus soldados e irrompeu no mosteiro, de espada em punho.

Diante do aço afiado, as beneditinas assustadas prometeram entregar a fugitiva. Os invasores chegaram até o aposento onde estava a moça e lhe impuseram voltar para casa. Inês respondeu-lhes com a mesma altivez de sua irmã.

O comando tinha ordens de tratá-la com aparente brutalidade, para amedrontá-la. Por isso, lançaram-se sobre ela no meio de um vozerio selvagem. Agarraram-na pelos cabelos e a levaram aos empurrões até a porta de saída. Inês resistia valentemente. Nem Clara nem as beneditinas podiam fazer nada diante daqueles bárbaros foragidos.

Os soldados de Monaldo continuaram a arrastá-la. Conseguiram arrancá-la do recinto monástico e a levavam à força por uma ladeira pedregosa. Os cabelos da adolescente tinham sido arrancados em mechas e seu vestido estava rasgado por ter sido arrastada pelo chão.

Mas, de repente, a menina ficou mais pesada que chumbo e os doze soldados não conseguiam movê-la. Assustaram-se e desistiram. Monaldo ficou louco de raiva e quis dar-lhe um tapa. Quando, porém, levantou o braço, sentiu uma dor agudíssima e o braço ficou paralisado no ar.

Nesse momento apareceu Clara, que saía do claustro disposta a dar a própria vida pela irmã. Enfrentando-os, disse-lhes na cara: "Miseráveis e covardes! Não tendes medo do julgamento de Deus? Não estais vendo o milagre? Nem vocês nem um batalhão inteiro seríeis capazes de movê-la". Eles voltaram para cidade, de cabeça baixa.

Clara levou com todo carinho sua irmã machucada para o mosteiro. As duas estavam vivamente emocionadas pela intervenção prodigiosa de Deus. Curou-a, durante vários dias, com vinagre, sal e ervas medicinais.

Quando Francisco soube o sucedido, foi ao mosteiro. Cumprimentou Inês por sua valentia, impôs-lhe o véu e o santo hábito.

Depois de alguns anos, quando as duas irmãs já estavam instaladas em São Damião, juntou-se a elas uma terceira irmã, Beatriz, sem oposição da família. Muito mais tarde, também a mãe, Ortolana, já viúva, fez-se "clarissa" em São Damião com as três filhas. Assim, aquela mãe, que tinha infundido tão viva fé em suas filhas, acabou realizando o sonho de sua juventude, interrompido pelo matrimônio, de dedicar-se completamente a Deus.

FORMA DE VIDA

As duas não podiam ficar indefinidamente asiladas no mosteiro beneditino. Mas, que queria delas o Senhor? A vontade de Deus manifesta-se através dos acontecimentos. Não havia outro caminho a não ser ir saltando do imprevisível para o previsível.

Francisco conseguiu uma morada estável para elas. Os beneditinos do monte Subásio ofereceram a ermida de São Damião, restaurada pelas próprias mãos de Francisco. Elas se instalaram lá.

Mais tarde, outras damas juntaram-se a elas para partilhar seu gênero de vida. No começo, foram chamadas "damianitas", por causa do lugar onde viviam. Mais tarde, Clara chamou-as "Irmãs Pobres", como réplica ao nome de Irmãos Menores. Francisco, porém, que gostava de dar um ar cavaleiresco a tudo, chamou-as "Damas Pobres". Muito mais tarde, quando fundaram mosteiros em todos os países, receberam o nome Clarissas, por causa de sua fundadora.

Quando as irmãs chegaram a um bom número, Clara pediu a Francisco que a ajudasse a organizar uma forma de vida que fosse uma adaptação dos ideais franciscanos à situação claustral.

A originalidade das Clarissas entre os institutos monásticos foi a pobreza. As damas que entravam tinham de desprender-se de todos os seus bens e dá-los aos pobres. Essa cláusula tão simples era uma novidade tremenda para os costumes daqueles tempos, quando muitas princesas se faziam religiosas e conservavam suas grandes posses. O mosteiro não aceitava nenhum bem das candidatas. Grande revolução nos esquemas da vida monástica. A comunidade vivia do trabalho das próprias mãos. Se não fosse suficiente para o sustento, podiam recorrer à esmola.

Mas a inovação mais importante – quase uma revolução – viria da Regra escrita por Clara, um ano antes de sua morte, e se referia à fraternidade. Nela, Clara acabou com a verticalidade da autoridade, colocando nas bases a origem e o uso do "poder". O valor primário que emerge do seio desta legislação é o da fraternidade, com todas as suas consequências.

Foi assim que começou para Clara uma existência pouco espetacular, mas extraordinariamente rica de vivências espirituais e fraternas, no pequeno reduto de São Damião. Foram trinta e oito anos de existência radiante e oculta.

CONSOLAÇÃO PARA FRANCISCO

Clara trazia, desde o berço, um profundo desejo de Deus, uma sede insaciável que é a estampa de toda mulher contemplativa. Em sua vida não fez outra coisa a não ser escavar cada vez mais as suas galerias profundas, que eram cada vez mais interiores. As crônicas não falam nem poderiam falar dessa história decisiva. Só sabemos que, quando pronunciava o nome de Jesus, sentia desfalecer-se e ser transportada para outras regiões.

Manteve, durante toda a sua vida, uma presença aristocrática, sem que isso diminuísse sua cordialidade. Durante os seus trinta e oito anos de clausura, demonstrou ser uma verdadeira mãe, uma mulher cheia de ternura e uma franciscana de coração. Todas as noites passava diversas vezes pelos dormitórios, cobrindo suas irmãs como uma mãezinha. Se alguma não acordava para as matinas, as crônicas dizem que sua maneira de despertá-las, com carinho e fineza, era um espetáculo de delicadeza.

* * *

Tinha em sua personalidade algo que faltava a Francisco: não se saberia como dizer, era algo assim como uma estranha equanimidade, uma serenidade quase invulnerável. Francisco, ao contrário, como era impressionável, deixava-se abater com facilidade e, nesses momentos, a fortaleza feminina de Clara era o seu precioso refúgio. Nos últimos anos, muitas vezes "ferido" no combate pelo ideal,

Francisco de Assis procurou e encontrou em Clara a consolação e a segurança.

Foi um bonito espetáculo. Francisco foi o inspirador de Clara. Francisco lançou Clara na grande aventura franciscana. Ela foi uma discípula fidelíssima, a plantinha mais bonita do seu jardim. Mas era Clara quem tinha que confirmar Francisco em seu ideal. Como uma mãe invencível, deu-lhe mais de uma vez coragem e estímulo àqueles anos difíceis.

Numa visão de conjunto, Clara aparece como uma personalidade definida e encantadora, quase cativante.

GRANDE FIDELIDADE

Todavia, o que mais impressiona em sua vida é a grande fidelidade. É uma história sublime e dolorosa, chamada *Privilégio da Altíssima Pobreza*. Naqueles tempos, ninguém conseguia entender um mosteiro sem rendas nem propriedades. Clara prometeu a Francisco que viveria sem bens estáveis. A promessa foi ratificada pela Santa Sé, e consistia em que o mosteiro vivesse do trabalho das próprias mãos, sem dotes nem rendas.

Clara sobreviveu vinte e sete anos a Francisco. Nessas três décadas, os papas e os cardeais esforçaram-se para fazer com que Clara renunciasse a esse ideal que consideravam irrealizável. Além disso, dos 24 mosteiros que se fundaram em seus dias, só no de Monticelli estava vigente o *Privilégio da Altíssima Pobreza*.

Por outro lado, nos vinte e sete anos que sobreviveu a Francisco, o ideal primitivo da pobreza franciscana foi desmoronando-se precipitadamente, diante de seus olhos impotentes, até transformar-se num esquema conventual.

Mas, incrivelmente, no meio de tudo isso, Clara manteve-se comovedoramente fiel ao ideal prometido. Não bastava: era preciso que, antes de morrer, o Santo Padre ratificasse esse "privilégio" para as gerações vindouras. A ofensiva final foi um remate digno de uma lutadora invencível.

Foi no último ano de sua vida. Clara tinha escrito uma Regra que incluía o *Privilégio da Altíssima Pobreza*, porém, não queriam aprová-la.

A saúde de Clara piorava dia a dia. Diversas vezes tinha chegado perto da agonia. Em setembro de 1252, o protetor Cardeal Reinaldo chegou a sua cabeceira. Clara considerou providencial a visita. Em seu leito de doente, usou todos os argumentos para persuadi-lo. O Cardeal não pôde resistir e aprovou a Regra, como representante do Papa. Mas Clara desejava e tinha pressa de que o próprio Papa a aprovasse. O Papa Inocêncio IV, então reinante, achava aquela regra muito rigorosa e não queria aprová-la.

Clara já estava às portas da morte. Nesse tempo, a corte já estava em Perúsia, a vinte quilômetros de Assis. Quando Inocêndo IV soube que Clara estava moribunda, foi a São Damião. Clara pensava que o Papa trouxesse consigo a bula de aprovação da Regra. Perguntou ao Pontífice se havia ou não aprovação pontifícia. O Papa deu uma resposta evasiva. Para Clara, era uma resposta negativa.

Como um animal ferido no leito da agonia, algumas horas antes de expirar, a virgem fiel travou a batalha mais comovente que se possa imaginar.

Não sei onde foi buscar as palavras. Também não sei que argumentos usou. O fato é que, nesses minutos, Clara deve ter usado tão grande poder de persuasão e tanta força emotiva, que Inocêncio IV foi precipitadamente ao Sacro Convento, distante uma légua, escreveu a bula de aprovação com o próprio punho. A tinta ainda não estava seca quando o documento chegou a São Damião. Clara o beijou. Leram-no para ela, mais de uma vez; ela escutou comovida, com lágrimas nos olhos e... morreu naquela mesma noite.

APAGA-SE A DAMA DE LUZ

Por outro lado, seu final foi sereno como um entardecer. Clara era um trigal dourado, um pomar repleto de frutas de ouro. Estava no ponto, e podia ser cortado em qualquer momento.

Fazia três semanas que não comia nada. Mantinha lucidez perfeita e sua habitual inteireza. Sua irmã, Inês, tinha chegado de Monticelli e chorava ao pé da cama. Clara pôs-lhe a mão na cabeça e disse: "Irmã querida, não deves sofrer. Nossa separação vai durar o mesmo que o brilho de uma estrela cadente. Vamos nos encontrar bem depressa". De fato, daí a três meses, morria também Inês.

Os velhos e fiéis amigos, Leão, Ângelo e Junípero, estavam ali ao lado. Pediu-lhes que lessem para ela, pela última vez, o Evangelho da Paixão. Junípero leu o Evangelho e fez comentários infinitamente consoladores sobre o amor de Deus. Enquanto isso, Leão ficou ajoelhado ao pé da cama, em silêncio, beijando, com lágrimas nos olhos, o saco de palha que servia de colchão para a moribunda. Ângelo procurava consolar as Damas Pobres que soluçavam. Que espetáculo!

Clara, como um meteoro de luz, foi-se apagando lentamente, cada vez mais longe no espaço sideral, nas profundidades da eternidade.

Abriu a boca com intenção de dizer alguma coisa. Todos apuraram o ouvido para escutar suas últimas palavras. Com voz quase inaudível, disse: "Mil graças, meu Deus, por me haverdes criado!". E, apertando fortemente entre os dedos enrijecidos a bula papal, entregou sua alma a Deus.

Foi assim que nos deixou a Dama de Luz, "Clara de nome e mais Clara por sua vida", como disse Tomás de Celano.

5. A GRANDE DESOLAÇÃO

DE PASSAGEM

Existe uma zona obscura na vida de Francisco, por falta de notícias e por causa de uma cronologia incerta. Vai, mais ou menos, de 1211 a 1218.

Foi a época de suas viagens apostólicas em território cristão e de suas incursões nas terras dos infiéis. No fim de 1212, empreendeu uma viagem à Síria. Ventos contrários lançaram o navio nas costas da Dalmácia, e ele teve de voltar a Ancona.

Um pouco mais tarde, dirigiu-se para Marrocos com intenção de converter o Sultão Miramolim, passando pela Espanha, em companhia de Bernardo. Essa viagem também fracassou, ao que parece, por causa de uma doença. Acredita-se que, nessa ocasião, tenha chegado até Santiago de Compostela.

Nesse tempo, fez uma excursão apostólica pela Toscana, conseguindo bom número de discípulos que se incorporaram à Fraternidade. Passou a Quaresma do ano seguinte, na ilha maior do lago Trasimeno, sem comer nada. Foi celebrar a Páscoa no eremitério de Celle. Nessa oportunidade, parece que se juntaram a ele homens de sinais contrários: o Beato Guido e Frei Elias. O Irmão ficou encantado com a cortesia de Guido e comentou com seu companheiro: "Meu irmão, a cortesia é um dos mais belos atributos de Deus. É irmã da caridade, acaba com o ódio e acende o amor fraterno".

A Fraternidade estendia-se velozmente pela geografia da cristandade. Antes de 1216, já tinha atingido todo o Centro e o Norte da Itália, a França e a Espanha.

Dirigindo-se para a Romanha, Francisco parou na fortaleza de Montefeltro. Falou aos cavaleiros sobre a Pobreza, a Paz e o Amor. O Conde Orlando foi tocado por suas palavras e quis presenteá-lo com uma montanha do Casentino. Estranho presente! Francisco aceitou-o, pensando em instalar nela um eremitério para o exercício da penitência e da contemplação. Era o monte Alverne.

Nessa época, foram fundados diversos eremitérios, como ninhos do espírito, no alto das montanhas: Sarteano, Cetona, Montecasale, San Urbano de Narni, La Floresta, Greccio, Fonte Colombo, Poggio Bustone...

Segundo a opinião mais provável, em novembro de 1215 Francisco assistiu ao IV Concílio de Latrão. Lá, ouviu dizer que só se salvariam os que estivessem marcados pelo *Tau*, de acordo com a visão do profeta Ezequiel. Desde então, esse seria o seu distintivo. Talvez, durante o Concílio, Francisco de Assis tenha se encontrado com Domingos de Gusmão.

Foi nesse tempo que Francisco conseguiu a indulgência da Porciúncula para alcançar a misericórdia de Deus e conseguir a salvação de muitas almas.

No Capítulo de 1217, resolveu enviar grupos de missionários às terras cristãs. Dividiu a Ordem em Províncias. No Capítulo de 1219, decidiu enviar expedições missionárias para as terras dos infiéis, principalmente para as dos sarracenos.

Antes de completar os dez primeiros anos de vida, a Fraternidade já contava com vários milhares de irmãos.

AS RAÍZES DO CONFLITO

A Fraternidade tinha nascido e crescido como um simples sopro. Era como uma chama ao vento, solta das brasas. Os irmãos tinham tomado só e totalmente o Evangelho como legislação de suas vidas; o Evangelho entendido ao pé da letra, sem interpretações benignas, nem racionalizações. Como programa espiritual era formidável, mas como legislação para um grupo humano era muito pouco.

Até esse momento, Francisco tinha sido não só modelo e pai para todos os irmãos, mas sua própria lei. Era o livro da vida para eles. Com algumas poucas exceções, Francisco era fonte de inspiração e farol seguro para todos.

Os irmãos enxergavam o mundo e a vida pelos olhos de Francisco em tudo o que se referia a prioridades, objetivos de vida, critérios orientadores e mentalidade geral. Os que viviam na Lombardia ou na Toscana respiravam o perfume da Porciúncula.

* * *

A Fraternidade teve um crescimento explosivo. Os acontecimentos atropelaram-se em marcha acelerada e precipitada. No começo, eram poucos e heroicos. Quase todos eles vinham da cidade de Assis ou, pelo menos, da comarca da Úmbria. Eram amigos ou, pelo menos, conhecidos. Estavam unificados pelo mesmo idioma, a mesma idiossincrasia, e principalmente o mesmo molde: a alma de Francisco de Assis.

Bem poucos anos depois, havia alemães, húngaros, ingleses, espanhóis... burgueses ricos ao lado de humildes artesões, clérigos renomados junto a seculares humildes, doutores formados nas universidades junto de camponeses ignorantes, e não havia uma escola de formação que unificasse, em grau nenhum, toda essa terrível heterogeneidade.

As normas da vida primitiva não serviam para solucionar essa complexidade. Que fazer? Como impedir que fosse atraiçoado ou debilitado o ideal primitivo e, ao mesmo tempo, dar um pouco de ordem a essa imensa massa de irmãos à deriva?

* * *

Os primeiros irmãos de Rivotorto e da Porciúncula, forjados na fornalha de Francisco, estavam agora espalhados no meio do povo imenso dos irmãos. Os homens penitentes da cidade de Assis, que Francisco tinha recebido, preparado e formado, não tinham nenhuma influência especial na opinião pública. Dos milhares de irmãos atuais, a maioria não tinha recebido a formação direta de Francisco. Muitos nem o conheciam de vista.

Os condutores da Fraternidade vinham, em sua maioria, do clero distinto e influente. Foram eles que travaram a batalha com o Irmão. Em geral, tinham muita boa vontade, reta intenção e vocação verdadeira. Todos amavam e admiravam o seu fundador.

Achavam que Francisco de Assis tinha sido enviado por Deus para suscitar um grande movimento de reforma na Igreja. Mas, uma vez gerado o movimento, Francisco era incapaz de organizar, canalizar e conduzir toda essa multidão. Era ignorante e "partidário" da ignorância.

Não tinha dotes de organizador. Pior, era desse tipo de carismáticos – pensavam eles – que não dão importância à organização, nem percebem sua necessidade.

Em resumo, nessas alturas, Francisco era um perigo para o franciscanismo. Se não houvesse ordem e disciplina, o movimento suscitado pelo Irmão de Assis transformar-se-ia em um rio fora do leito, sem rumo e à deriva, afogando e arrasando tudo, até acabar por desaparecer na mais completa frustração.

* * *

Como vimos, o Irmão respeitava os dons e as inclinações de cada um. Os irmãos dispunham de uma incrível liberdade, vivendo uns como ermitães, outros como diaristas ou peregrinos, alguns como enfermeiros, ou também como pregadores ambulantes.

No começo, todos obedeciam a Francisco: ele era o nexo natural de união.

O conceito e o uso da autoridade eram limitados e relativos. Os animadores eram nomeados provisoriamente para cada expedição missionária, ou melhor, eram eleitos democraticamente, ou mesmo por sorteio. E mais do que ordenadores da sociedade eram servidores domésticos que se preocupavam com as necessidades primárias dos irmãos. Hoje era um leigo iletrado, amanhã podia ser um douto clérigo.

Era a forma ideal de governo para um grupo heroico de penitentes. Sob a ação da Graça e da liberdade de espírito, esses penitentes escalaram os mais altos cumes da maturidade espiritual. Mas uma Ordem com milhares de irmãos era outra coisa, ainda mais que nem todos tinham uma verdadeira vocação nem uma sólida formação...

Em resumo, a Fraternidade não estava preparada para enfrentar essa aluvião de irmãos. Faltavam plano de formação, estruturas de governo, sulcos para uma canalização e uma armação vertebrada que a sustentasse. Só dispunha de uma personalidade carismática com enorme poder de atração.

APOSTA

A necessidade de uma reorganização estava dando na vista e ninguém a discutia. Havia, porém, o perigo de ferir as raízes e lesar o ideal. E esse foi o doloroso campo de luta entre os intelectuais da Ordem e o Irmão de Assis.

Como veremos nas páginas seguintes, se os ministros e intelectuais focalizavam sua luta a partir da necessidade de uma reorganização, para Francisco a questão era uma aposta. O Irmão tinha apostado sua vida no Evangelho. Os dois pontos de vista eram opostos.

No fundo dessa *agonia* a que vamos assistir, questionava-se o próprio Evangelho. Essa era a ótica de Francisco. Seus ouvidos ainda lembravam aquela cena tempestuosa no meio dos cardeais e diante de Inocêncio III: se o programa evangélico de Francisco não é possível, o próprio Evangelho é uma utopia e seu autor um fantasista.

Se os ministros vencessem a luta, Francisco teria perdido a aposta. Isto é, a vida desmentiria o Evangelho. A própria vida, com seu realismo, estaria proclamando que o Evangelho era um programa quimérico. Em resumo, da parte de Francisco foi uma luta defensiva pelo ideal evangélico.

* * *

O autor que escreve alguma coisa sobre São Francisco sente-se identificado com a alma do Pobre de Assis. Do contrário não escreveria. No combate doloroso que se avizinha, no qual o escritor necessariamente tem de mergulhar, sempre se corre o perigo de acusar agressivamente o grupo que tanto fez sofrer o Irmão de Assis.

Seria, porém, injusto. Desde o começo, o autor quer declarar que, em geral, aqueles opositores tiveram a melhor das intenções.

A NOITE ESCURA DO ESPÍRITO

O historiador percebe o fenômeno, mas o mistério profundo lateja sempre em profundidades inacessíveis. Para descrever certos momentos do desolado Francisco, os cronistas usam palavras de incomum patetismo. Frei Leão, amigo inseparável e confidente excepcional, qualifica a crise de "gravíssima tentação espiritual". Usando a terminologia de São João da Cruz, penso que o Senhor submeteu Francisco à terrível prova purificadora que é chamada de *noite escura do espírito*. Foi muito mais do que um conflito de organização.

Foi uma agonia. O Irmão atravessou uma noite sem estrelas. Durante uns quatro anos, ou mais, Francisco deixou de ser aquele Irmão de Assis que conhecemos. Sucumbiu à pior das tentações: a tristeza. Deixou crescer em sua horta a erva mais daninha: a violência.

> Houve um problema profundo:
> Onde está a vontade de Deus?
> Houve um problema mais profundo:
> Onde está Deus?
> Houve um problema final:
> Deus *é ou não é*?

Nós nos propomos a acompanhar nosso querido Irmão de Assis nesta misteriosa, dolorosa e transfigurante peregrinação, com simpatia e carinho. Sem dúvida, é uma das etapas mais difíceis para desvelar o mistério geral de Francisco de Assis.

Toda crise é uma contradição. O desenvolvimento fatal dos fatos históricos (conduzidos pela mão do Pai) colocam o eleito numa encruzilhada: uma força quer arrastá-lo de um lado e outra, de outro. Resultado? Uma desintegração.

"O Senhor me revelou expressamente que eu devia viver o Evangelho na pobreza e na humildade." Para Francisco isso era transparente como um céu azul: nesse céu nunca passou a nuvem da dúvida: era uma revelação pessoal. "Mas agora o representante do Papa e os sábios acham que nós temos de nos organizar em ordem, disciplina e eficácia. A quem obedecer?"

Para Francisco não havia satisfação maior do que fazer a vontade de Deus. Todavia, onde estava, de verdade, essa vontade? Na voz da Porciúncula, que disse para andar pelo mundo como peregrino e forasteiro, trabalhando com as próprias mãos, sem carregar documentos pontifícios, entregando as preocupações diárias nas mãos de Deus? Ou na voz do representante papal, que quer dar à Fraternidade rumos de eficiência e produtividade para as necessidades da Igreja? Pode existir contradição entre as duas vozes? E, se houvesse, quem estaria enganado? Onde está a vontade de Deus?

Francisco não dizia sempre que os irmãos são e querem ser sempre "submissos e obedientes a todos"? Se querem ser submissos a todos, quanto mais às autoridades da Igreja? Francisco de Assis não tinha prometido sempre "reverência e obediência" ao Santo Padre? Não chegou a pedir um Cardeal Protetor para sua Ordem, garantindo que obedeceria a ele como se fosse o Papa? E Hugolino não era seu melhor amigo, defensor do movimento franciscano, diante dos cardeais hostis?

O programa franciscano de humildade era magnífico; por que não ser consequente, renunciando ao próprio ponto de vista para aceitar a opinião de pessoas autorizadas?

O Irmão de Assis achava que estava obedecendo a Deus se defendesse sua própria inspiração. A Igreja não fala em nome de Deus? Não é depositária da vontade de Deus? Entre ela e Francisco não estava claro que o enganado só podia ser Francisco? Não é verdade que a Igreja, com toda sua experiência e universalidade, sabia mais sobre os sinais e as necessidades do mundo? Muito mais do que Francisco de Assis? Não são palavras de Cristo: "Quem vos obedece, obedece a mim?". Francisco queria ser um homem apostólico. Por que não começar obedecendo ao sucessor de Pedro?

* * *

Todas estas interrogações projetaram uma sombra profunda na alma de Francisco. Neste minuto terrível em que tanto precisava da voz de Deus, Deus estava calado. Se Deus cala, não são os representantes de Deus sua voz autorizada? Tornava a ser pressionado pela avalanche de perguntas.

O representante do Papa e os ministros – até eles – queriam a pobreza e a humildade; porém, com estrutura suficiente para poder controlar essa massa errante de irmãos, colocando-a a serviço da Igreja. A Igreja tinha uma experiência de séculos, nessa estrutura. Estariam todos errados? Diante dessa estrutura e contra ela, Francisco dizia que tinha recebido a revelação de uma nova forma de vida de itinerantes, penitentes, pobres e humildes. O mesmo Deus pode dar orientações tão divergentes? Onde está Deus, de verdade?

Foi uma agonia. Francisco não era organizador, nem dialético, nem lutador. Tinha sido tão feliz com seu Deus e seus leprosos! Depois, o Senhor o meteu no meio de uma multidão sem conta de irmãos. Agora, sua vida era um redemoinho em cujo centro ele se debatia como um pobre náufrago. Batia à porta do céu, e o céu não respondia. Perdeu a calma. Ficou mal-humorado, ameaçador, tenso. Começou a excomungar. Estava triste. Não era o Irmão de Assis. Era outra personalidade transitória.

Todavia, era muito mais do que isso. O *escolhido* tinha entregado a Deus, incondicionalmente, o seu campo de ação. Todo esforço do Senhor Eterno é para libertar o homem e divinizá-lo. E para isso, ele afunda o *escolhido* nos abismos mais inexplicáveis, infinitamente além das fronteiras psicológicas. É justamente aí que começa a *noite escura do espírito*. Vou tentar dizer algo sobre isso.

* * *

O barco está sulcando as águas por todos os lados e nós estamos em alto-mar, em um mar ameaçador. Não se enxerga nada. Não se enxerga, ou não há mesmo nada?

O Senhor me revelou que devia viver segundo a forma do Santo Evangelho. E se não foi o Senhor? E se foi minha própria voz? Será que, pelo fato de ser um fracassado nos campos de batalha e na sociedade, eu não me agarrei numa quimera para me projetar, de acordo com a lei da compensação?

Ver-se adorado pelas multidões e contemplar-se como uma máscara vazia. Os irmãos da primeira hora agarravam-se a Francisco, mas a quem Francisco ia agarrar-se? Lutar como um campeão por um ideal e acabar descobrindo que era um delírio de grandeza?

Descobrir, no fim, que se está enganado é muito, mas não é o pior. O pior é ter arrastado multidões para o mesmo delírio e ver que os outros ainda estão acreditando nesse delírio. E para que despertá-los?

A *noite escura do espírito* é um turbilhão que agarra e arrasta tudo para o abismo final.

Como explicar? É como se alguém descobrisse, de repente, que ele mesmo não passa de uma mentira que pregou a si mesmo, como uma brincadeira de criança em que cada um quer ver quem engana o outro, sabendo que todos estão enganando todo mundo.

Como explicar? É como um desdobramento da personalidade, como se, de repente, alguém descobrisse que estava enganando a si mesmo e que as duas partes de si mesmo sabiam que estavam enganando e sendo enganadas.

O paralelo passa pelo absurdo e pela tragédia. Palavras como fracasso, desilusão etc. são palavras inocentes que não querem dizer nada, em comparação com a realidade.

"Tempestuosa e horrenda noite", diz Frei João da Cruz.

Para cúmulo de todos os males, por debaixo de todo esse absurdo e escuridão – parece sarcasmo – mantém-se a certeza da fé, fria como uma espada invencível. Por isso, há mais um desdobramento da personalidade, e trágico, entre o *saber* e o *sentir* da fé: o *sentir* quer convencer e enganar o saber, e o *saber*, sabendo que querem enganá-lo, também quer convencer e enganar o sentir, em um circuito caleidoscópico e alucinante.

O sentir diz: é tudo mentira. O saber diz: é tudo verdade. A treva é total. Morrer é o único alívio e a única saída.

Quando Jesus, no Getsêmani, disse: "Sinto uma tristeza mortal", poderíamos traduzir: *estou com vontade de morrer*. Também Jesus viveu por alguns momentos a noite escura do espírito. É a crise do absurdo e da contradição. É agonia. E Francisco passou por essa noite.

Entretanto, misteriosamente, as almas que são submetidas a essa terrível catarse nunca sucumbem. Não conheço ninguém, nunca soube de ninguém que, colocado nesse fogo, tenha sido queimado. É uma prova extremamente purificadora, e Deus nosso Pai só submete a ela as almas que sabe que não vão ser esmagadas sob o peso de sua mão.

Pelo contrário. Saem da noite transformadas em astros incandescentes. Totalmente despojadas e livres. O Francisco de Assis, que vamos contemplar em seus últimos anos, é uma figura quase divinizada, prelúdio do homem do paraíso.

ENCONTRO COM HUGOLINO

Como dissemos, a Fraternidade tinha crescido com uma rapidez incrível. O Irmão estava perdendo o contato direto com seus irmãos, devido ao seu elevado número. Por isso, decidiu celebrar, todos os anos, uma assembleia geral de toda a Fraternidade. Ficava emocionado quando lembrava que o Rei Artur também fazia isso com os seus cavaleiros da Távola Redonda.

Os Irmãos vinham de todas as partes e se reuniam na Porciúncula. Lá apareciam tanto os companheiros da primeira hora como os neófitos recém-admitidos. Francisco conversava pessoalmente com todos e os animava. Faziam uma revisão geral da forma de vida.

Não havia uma Regra propriamente dita. A rápida difusão da Fraternidade exigia, porém, certa organização. Cada ano iam acrescentando novas normas para serem experimentadas até o próximo capítulo. A Regra a ser redigida posteriormente não seria mais do que uma codificação da vida levada até então. Por isso mesmo haveria de receber o título de Vida e Regra dos Irmãos Menores. As assembleias ou capítulos eram celebrados no tempo de Pentecostes.

* * *

No capítulo de 1217, Francisco disse: "Caríssimos, nossa família cresceu inesperadamente, graças à proteção do Senhor. Somos como uma ninhada impaciente para voar. Vamos transpor montanhas, semear e plantar em países longínquos. Não se esqueçam dos valentes cavaleiros do Rei Artur, que vadeavam rios procelosos, atravessavam cumes nevados e penetravam nos bosques infestados de inimigos. Nosso bendito capitão, Jesus Cristo, vai à frente, descalço, com o estandarte da Pobreza, da Paz e do Amor".

Em cada *envio*, Francisco sofria interiormente, embora não dissesse nada e procurasse disfarçar como podia. Sabia o que os esperava. Se pudesse assumir todas as perseguições no lugar deles, sentir-se-ia feliz. Mas isso era impossível.

"Não lhes posso encobrir os perigos", continuou. "Sois os cavaleiros valentes do valente capitão Cristo, e sei que não vos assustareis com o que vou dizer. Ninguém vos chamou, ninguém vos espera. Desconheceis o idioma e os costumes desses países. Não podeis pregar como Cristo, mas podeis sofrer em silêncio como Cristo, e essa será nossa contribuição para a Redenção. Caminhareis sem dinheiro e sem bolsa de provisões. Em muitos lugares, vão pensar que sois hereges e vos perseguirão. Fica terminantemente proibido pedir cartas de recomendação ou documentos eclesiásticos que documentem vossa catolicidade. Cristo bendito não pediu cartas de recomendação para se proteger da perseguição. Bem-aventurados sereis se vos perseguirem por seguirdes o exemplo de Cristo. Alegrai-vos. Sereis redentores juntamente com ele. Quantos dos aqui presentes querem alistar-se nesta expedição apostólica?".

Apresentaram-se centenas de irmãos.

"Não seria cavalheiresco mandar-vos para o meio do combate e eu ficasse aqui saboreando as doçuras da paz. Eu também irei convosco."

Os voluntários ficaram muito animados com essa notícia.

No dia seguinte, Francisco chamou de lado os voluntários e lhes disse: "Ireis de dois em dois, caminhando com toda humildade e modéstia, orando sempre, evitando palavras ociosas. Durante o dia, comportai-vos como se estivésseis nos eremitérios, carregando a cela convosco, porque a cela é o corpo que nos acompanha em todo lugar. E o ermitão que nela vive é sua alma, que deve viver constantemente unida a Deus".

Deu-lhes a bênção. Abraçou-os um por um. Mal conseguia conter as lágrimas. Dizia a cada um: "Filho, lança o fardo de tuas preocupações no seio do Pai e vai". Ele mesmo tomou como companheiro Frei Masseu e seguiu o caminho que levava à França. Gostava muito desse país porque havia lá um culto especial ao Santíssimo Sacramento.

* * *

Quando chegou em Florença, encontrou-se com o Cardeal Hugolino, que estava pregando a cruzada na Toscana.

Na sua amizade por Francisco havia vários motivos. Entre outras coisas, o Cardeal Hugolino era um homem de Deus. Suas raízes tinham veios místicos profundos, forças congênitas que o inclinavam fortemente para Deus. Nesse sentido, sua alma concordava plenamente com a alma de Francisco.

Além disso, como verdadeiro homem de Igreja, Hugolino lutava incansavelmente pela reforma eclesiástica. A força secreta de suas jogadas políticas e tramas do poder era a glória de Deus. Nesse sentido, Hugolino via Francisco como um homem providencial para a animação da Igreja. Por esse lado, sua amizade era interessada.

Mas também se encantava com a personalidade de Francisco e admirava seu poder carismático, sem deixar de ter fortes reservas sobre alguns aspectos de seu ideal.

Da parte de Francisco para com Hugolino havia, em primeiro lugar, aquelas semelhanças espirituais que os aparentavam naturalmente. Em segundo lugar, porém, admirava-o "com reverência e veneração" por sua atitude geral diante de toda autoridade eclesiástica.

É possível que tivesse também algum interesse, vendo nele uma valiosa proteção na Cúria Romana. Francisco também tinha divergências profundas com o Cardeal quanto à interpretação do ideal evangélico.

* * *

Hugolino tinha um dia livre em sua agenda. Convocou Francisco para uma ampla troca de ideias. Conversaram, primeiro, sentados no escritório do palácio, depois, andando pelos jardins. Depois de trocar algumas frases formais, o Cardeal entrou direto no assunto: "Francisco, meu filho, na Cúria Romana ainda há um grupo poderoso de cardeais que não veem com bons olhos nem você nem sua Fraternidade. Ainda não perderam a impressão que você deixou diante de Inocêncio III. Chamam-no de sonhador. Isso não é novidade para você. Mas há mais: agora eles estão dizendo que você é um sonhador perigoso".

O Irmão baixou os olhos. Sentiu a pancada.

"O melhor presente entre amigos é a franqueza, meu filho. Sinto ter de lhe dizer essas coisas; contudo, todos nós estamos buscando interesses superiores. De toda a Itália chegaram à Cúria Romana notícias sobre seus irmãos. E nem todas são boas. Você já sabe o que acontece: recebemos trinta notícias positivas e três negativas, mas, para quem é negativo, a realidade resume-se a essas três notícias desfavoráveis. Eu e mais alguns poucos cardeais defendemos você como podemos. Você, porém, precisa ajudar-nos nessa defesa. Não deve atravessar os Alpes. Não vá embora. Seu rebanho está correndo perigo. O próprio Cristo não disse que o bom pastor ronda, vigia e toma conta de seu rebanho? Se você for para esses países afastados, os mais benignos da Cúria vão dizer que é um irresponsável. E não deixariam de ter razão."

Uma tênue sombra velou os olhos de Francisco. Foi um prelúdio de tristeza. Mas a sombra passou depressa. O Irmão logo acordou e se recompôs: "Senhor Cardeal, meus irmãos foram como cordeiros no meio de lobos. Eu sei por experiência o que os espera: sarcasmos, cachorros, pedras e blasfêmias. Não seria cavalheiresco jogar os outros no meio da tempestade e ficar, tranquilo, junto do fogão".

"Entre a audácia dos cavaleiros", respondeu o Cardeal, "e a prudência dos pusilânimes há um espaço: a temeridade. Deixe-me dizer: você foi temerário, meu filho, temerário demais, mandando seus irmãos indefesos a regiões remotas, expostos a todo tipo de contradição. Você precisa de circunspecção, de sabedoria. Isto é, tem de medir as forças e saber com que está lidando."

* * *

Francisco pensou, imediatamente, no Evangelho e no exemplo de Cristo. Levantou a voz com satisfação e começou a falar com os olhos brilhando: "Desculpe que eu fale, senhor Cardeal, porque sou um ignorante. Meu Senhor Jesus Cristo não pediu doze legiões para defender-se contra as tropas de assalto. Não usou sua onipotência nos momentos de impotência. Renunciou às vantagens de ser Deus e se submeteu às desvantagens de ser homem. Ofereceu a outra face, não apresentou pergaminhos de identidade nem cartas de recomendação...".

"Chega!", cortou o Cardeal. Parou um pouco para pesar bem as palavras; abaixou a voz como se falasse consigo mesmo disse: "Que é o homem para comparar-se com Deus? Quem poderá emular Cristo? Iríamos além da temeridade; isso seria atrevimento e, no fundo, estupidez". A última palavra foi dita em voz muito apagada. Olhou-o nos olhos com carinho, e disse: "Francisco, nós somos filhos do barro. É coisa de que não temos que nos envergonhar, apenas reconhecer".

Uma sombra profunda cobriu todo o rosto de Francisco. Era a tristeza. O Irmão abaixou os olhos e ficou em silêncio. Fazia muitos anos que não lhe acontecia isso. Talvez nunca tivesse acontecido.

Nesse momento de silêncio, mil pensamentos passaram precipitadamente por sua cabeça. O Cardeal tinha razão. Era tão evidente e ele nunca tinha pensado: "Comparar-se com Cristo é um atrevimento. Mas, durante toda minha vida, não fiz outra coisa a não ser emular Cristo, pisar em suas pegadas, repetir suas atitudes... Em resumo, querer estar à sua altura. Entretanto, é claro que isso é atrevimento e, no fundo, estupidez ou falta de apreciação proporcional da realidade".

Pela primeira vez, o Irmão de Assis começou a perder a segurança. Pior, começou a perder terreno na alegria de viver.

* * *

O Cardeal Hugolino era uma figura galharda. Agiu a vida toda com energia e habilidade pouco comuns. Era parente de Inocêncio III e partilhava completamente seus ideais. Haveria de ser Cardeal Protetor da Ordem Franciscana e, mais tarde, Papa, com o nome de Gregório IX, durante catorze anos. E haveria de canonizar Francisco.

Distinguiu-se por uma vida austera. Seu passatempo favorito era conviver com os monges e com os homens de Deus. Sempre colocou os interesses da Igreja acima dos próprios.

Viveu quase cem anos. No momento que descrevemos já era uma venerável figura de uns setenta anos. Era um verdadeiro mestre na arte de governar e tinha aquele sentido realista que fazia com que acertasse em cheio em todos os problemas fundamentais.

* * *

Hugolino percebeu que a tristeza tinha tomado conta da alma de Francisco. Ficou com muita pena. Todavia, era – parecia-lhe – o único jeito de derrubar aquela santa teimosia.

Os ministros e intelectuais da Ordem não se atreviam a enfrentar diretamente o Irmão. Suplicaram, então, ao Cardeal que usasse sua autoridade para debilitar, pelo menos um pouco, sua fortaleza, para que cedesse em sua posição. Ninguém poderia calcular a dor do venerável prelado. Afinal, parecia-lhe que se tratava do bem da Igreja.

"Francisco, meu filho", disse-lhe, enquanto passeavam pelo jardim, "a Igreja é mestra de vida e tem muitos anos de existência. Em nossos arquivos de Roma, há documentação de numerosos movimentos de reforma que acabaram, primeiro, em protestos e depois em cinzas. O espírito e a liberdade são bons, porém, se não forem devidamente canalizados, descontrolam-se e acabam arrastando tudo o que encontram, para desaparecer na mais completa esterilidade. Temo que aconteça alguma coisa assim com a sua Fraternidade".

* * *

Houve um longo silêncio. Era o pior: Francisco tinha perdido a vontade de lutar. A vida defende-se por instinto. Quando não se defende, é sinal de que começa a deixar de ser vida.

Como o Irmão não dizia nada, o Cardeal continuou: "Você já viu algum moinho a vento, meu filho? Quando a força do vento é canalizada e aplicada em certo ponto, que eficiência! Todavia, se o vento se esparrama, a energia é inútil e pode até ser nociva. A Ordem é o vento. Você entende o que quero dizer, Francisco? Três mil homens vagando pelo mundo, sem casa nem convento... não pode ser! Por que não criar algumas pequenas estruturas? Uns conventos sólidos, mas humildes? Uma preparação intelectual, apta para o serviço na Igreja? Uma certa estabilidade monacal?...".

Nesse momento, o Irmão ficou com vontade de empunhar a espada. Não tinha força, porém, ou melhor, sentiu-se completamente incapaz. Não havia jeito de combater. Francisco sentiu que os dois moviam-se em órbitas tão distantes e opostas que a própria luta não tinha sentido. Para que falar?

Vendo que o Irmão continuava em silêncio, o Cardeal disse: "Diga alguma coisa, querido Francisco".

O Irmão começou a falar sem vontade, aparentemente sem convicção. Mas logo se aqueceu e ficou inspirado. "Todas as coisas têm casca e miolo, verso e reverso, senhor Cardeal. Conheço a linguagem dos intelectuais da Ordem: um exército compacto, dizem, bem preparado e bem disciplinado, a serviço da Igreja. Dizem que a vida tem um ritmo – chamado evolução – e que o programa de Rivotorto não serve para a realidade atual. Falam de organização poderosa, de disciplina férrea... Senhor Cardeal", disse abaixando a voz, "é a linguagem dos quartéis:

Poder! Conquista! As minhas palavras são outras: Manjedoura! Presépio! Calvário!"

Francisco calou-se, esperando que seu interlocutor replicasse. Mas dessa vez, foi o Cardeal que ficou mudo, sem saber o que dizer. O Irmão continuou: "Os ministros têm um palavreado cativante. É a casca, senhor Cardeal, ou, se me permite, é a caricatura. A realidade, porém, é outra: ninguém quer ser pequenino; ninguém quer parecer fraco, nem nos tronos nem na Igreja. Todos somos inimigos instintivos da Cruz e do Presépio, a começar pelos homens da Igreja. Somos capazes de derramar lágrimas diante do Presépio e de nos sentirmos orgulhosos levantando a cruz nos campos de batalha, como fazem os cruzados. Temos, porém, vergonha da Cruz. Não chamarei ninguém de farsante, mas isso é uma farsa, quase uma blasfêmia. Perdoa-me, Deus meu!".

* * *

Assustado, o Cardeal replicou: "Você foi longe demais, meu filho". "Desculpe-me, senhor", respondeu rapidamente Francisco. "Em toda a terra não há outro pecador como eu; não estou julgando ninguém, só analisando os fatos. O engano trabalha por baixo da consciência", continuou Francisco. "Ninguém é mau, mas nós nos enganamos. As coisas feias precisam de aparência bonita. O mundo que existe dentro de nós precisa de uma roupagem vistosa. O homem velho, o soldado que vive dentro de nós, quer dominar, emergir, ser senhor. Esse instinto feio veste-se de ornamentos sagrados e nós dizemos: 'É preciso confundir os albigenses, temos que aniquilar os sarracenos, temos que conquistar o Santo Sepulcro...'. No fundo, é o instinto selvagem de dominar e de prevalecer. Nós dizemos que é preciso levantar grandes conventos para pôr a multidão dispersa sob ordem e disciplina. Mas, no fundo, o que acontece é que ninguém quer viver nas choças. Dizem que é preciso cultivar a ciência para prestar um serviço eficaz. A verdade é que têm vergonha de parecer ignorantes. A Igreja precisa de ferramentas de poder, dizem. A verdade, porém, é que ninguém quer parecer destituído de poder. Nós dizemos que Deus deve estar por cima, deve predominar. Mas somos nós que queremos estar por cima e predominar, e para isso subimos no trampolim do nome de Deus. Deus nunca está por cima. Está sempre abaixado para lavar os pés de seus filhos e servi-los, ou está pregado na cruz, mudo e impotente. Somos nós que agitamos nossos velhos sonhos de onipotência, projetando-os e mistificando-os com os direitos de Deus. Dizem que é preciso preparar-se intelectualmente para levar as almas para Deus. Que Deus? É bem capaz que Deus seja mais glorificado se nos apresentarmos no púlpito, balindo como ovelhas. Exclamamos: o nome da Ordem, os interesses da Igreja, glória de Deus! E identificamos nosso nome com o nome da Ordem, nossos interesses com os interesses da Igreja, nossa glória com a glória de Deus. No fundo, a verdade é esta: ninguém quer parecer pequeno e fraco. Apesar das frases retumbantes, nós temos vergonha da Manjedoura, do Presépio e da Cruz do Calvário. Senhor Cardeal, a Igreja tem pregadores demais que falam maravilhosamente sobre a teologia da Cruz. O Senhor não nos chamou para pregar brilhantemente o mistério da Cruz, e sim para vivê-lo humildemente. Roldão, Olivério e outros grandes paladinos não se dedicaram a cantar as façanhas dos outros, mas a realizá-las."

* * *

Hugolino permanecia calado. Vencido, não, porém, convencido. Achava que tudo isso era verdade. Contudo, se começasse a aceitar tudo indiscriminadamente, muitas coisas teriam que mudar, na Igreja, pela raiz... Era demais. Parecia-lhe magnífico que houvessem carismas como esses, na Igreja, mas achava que ela tinha que ter de tudo.

TELHAS QUE VOAM

Francisco voltou para Assis. Frei Pacífico dirigiu a expedição e foi assim que coube ao "Rei dos Versos" a honra de ser o fundador da Ordem, na França.

Em todos os países os irmãos foram considerados hereges ou loucos, e tratados como tais. Esse novo fracasso foi uma arma formidável nas mãos da oposição. A vida ia dando razão aos opositores: Francisco não servia para governar, seu programa estava sendo desmentido inteirinho pela própria vida. A Maternidade não podia continuar assim. Os irmãos precisavam preparar-se, aprender línguas estrangeiras, proteger-se com documentos papais. O sentimento de fracasso das expedições missionárias entristeceu a maioria dos irmãos, e muitos começaram a sentir vergonha da simplicidade e inépcia de seu fundador.

* * *

Em Pentecostes de 1219, celebrou-se, na Porciúncula, uma nova assembleia geral. A oposição se tinha fortalecido e, tendo perdido o respeito por Francisco, agia abertamente.

Quando o Irmão chegou à Porciúncula, encontrou um desafio estridente. Em poucos dias, quase que subitamente, a oposição tinha erigido um sólido edifício de cantaria junto à ermida de Santa Maria, para alojar os capitulares.

Era como se alguém no templo da Paz, gritasse: Guerra! Era como se levantassem uma estátua a Mamon, no berço da pobreza. Um sacrilégio, uma profanação! Mas também era o sinal de que a oposição tinha passado à ofensiva e de que a guerrilha tinha passado à guerra com artilharia pesada.

Francisco de Assis não disse uma palavra. Em um primeiro momento, entregou-se à tristeza e ficou abatido. Mas depois a tristeza virou em santa fúria. Chamou os companheiros da primeira hora e lhes disse: "Vamos subir ao telhado. Acabou o tempo das palavras e chegou a hora da ação".

Lá no telhado, Francisco e seus companheiros começaram a derrubar o prédio. As telhas voavam uma por uma. Os irmãos da oposição pensaram que fosse só um gesto dramático. Quando, porém, viram que a coisa era séria e ele ia demolir a casa toda, chamaram urgentemente alguns cidadãos de Assis com quem tinham combinado tudo anteriormente. "Irmão", gritaram essas pessoas, "o proprietário desse edifício é a municipalidade e os irmãos não têm nada a ver com essa casa."

Francisco ficou perplexo. Era muito simples. Sentia-se perdido nesse jogo de sutilezas jurídicas. Percebeu que o estavam enganando, mas não tinha armas para contra--atacar nesse terreno.

Nesse ambiente abriu-se o Capítulo. Nas primeiras assembleias gerais, Francisco era a alma da reunião por sua inspiração e espontaneidade. A alegria reinava, respirava--se confiança e um encanto indizível presidia a assembleia.

Agora estava tudo mudado. Havia um programa variado e intenções bem concretas; e, sutilmente, um jogo político dominava as sessões plenárias e os contatos de bastidores. Nesse ambiente, o Irmão sentia-se asfixiado. Mas, que fazer? Deus tinha feito dele pai desse povo.

MAIS UM LOUCO NESTE MUNDO

No segundo dia do Capítulo, os intelectuais lançaram a primeira ofensiva bem premeditada. Era voz comum entre os irmãos que Francisco tencionava escrever uma Regra, em regra. Então, os intelectuais foram ter com o Cardeal Hugolino, que compartilhava sua mentalidade, e lhe disseram: "Senhor Cardeal, não estamos dispostos a aceitar as normas, absolutamente impraticáveis, que Francisco quer impor na nova Regra. Para um bebê, há uma linguagem, uma roupa adequada e um tratamento apropriado. A simplicidade, a ignorância e a ingenuidade estavam bem para a Fraternidade de Rivotorto. Nós, porém, crescemos muito em pouco tempo. Hoje, somos um povo numeroso. Mas também somos um povo à deriva. Sim, senhor Cardeal", continuaram, "hoje somos órfãos, sem lar nem pátria. Só há uma solução: armar uma estrutura sólida, aproveitando as experiências comprovadas dos beneditinos, cistercienses e agostinianos; e dar guarita a todos os irmãos. Não estamos dispostos a aceitar a Regra de Francisco se em sua redação não colaborarem alguns dos nossos peritos, como assessores".

* * *

Hugolino chamou o Irmão para uma entrevista e foram para o bosque. "Querido Francisco", disse o Cardeal, "um grupo de Irmãos qualificados desejam assessorá-lo na redação da nova Regra. Acham que você deve aproveitar as vigas mestras da instituição monacal para reorganizar a Fraternidade." Francisco permanecia calado, enquanto o Cardeal continuava, explicando as vantagens que adviriam das Regras de Santo Agostinho e São Bento. Acabou dizendo que grande parte dos problemas seriam solucionados.

Hugolino calou-se para ver a reação do Irmão. Este não abriu a boca. Sem dizer palavra, tomou o Cardeal pela mão e o levou assim para a assembleia. Estava visivelmente comovido, dominado por um misto estranho de furor, alegria, segurança e temor.

Selvagem, como uma pantera a quem querem roubar os filhotes, levantou os braços e começou a gritar, textualmente: "Meus Irmãos, meus Irmãos. O caminho que tomei é o da humildade e da simplicidade. Se meu programa vos parece novo, sabei que o próprio Deus foi quem mo indicou, e que de maneira alguma vou seguir outro. Não venhais falar em outras Regras, nem de São Bento, nem de Santo Agostinho, nem de São Bernardo, ou de qualquer outra forma de vida, a não ser daquela que o Senhor teve a misericórdia de me mostrar e dar. O Senhor me disse que queria que eu fosse um novo louco neste mundo; e não quis conduzir-nos por um caminho diferente do dessa 'ciência'. Quanto a vós, que Deus vos confunda com vossa sabedoria e com vossa ciência. Espero que o Senhor, por meio de seus verdugos, vos dê o castigo merecido, para que sejais forçados a voltar à senda de vossa vocação, se algum dia tiverem a ousadia de desviar-se dela".

Nunca o tinham ouvido falar assim. Não era Francisco de Assis. Uma personalidade nova, com fogos do Sinai, apoderara-se do Irmão. Era a mãe que arranca forças indomáveis de desconhecidas profundidades para defender os filhos que lhe querem arrebatar.

O Cardeal ficou de ombros caídos, olhando para o chão, paralisado, esmagado. Quisera estar, neste momento, no pico mais alto dos Apeninos. Os sábios e ministros não sabiam para onde olhar. Os irmãos da primeira hora ressuscitaram, pensando: "Finalmente o Irmão agarrou as rédeas com firmeza!".

A ofensiva dos intelectuais foi abortada. Hugolino e os ministros acharam melhor não insistir, por enquanto.

O Capítulo tratou de outros assuntos e tomou decisões importantes. A maior inovação foi a de enviar missionários para as terras dos infiéis, e, a maior surpresa, a decisão de Francisco de ir pessoalmente para as terras dos muçulmanos.

Designou dois vigários de sua confiança para substituí-lo durante sua ausência: Mateus de Narni e Gregório de Nápoles. O primeiro para morar na Porciúncula e admitir os noviços; o segundo para que, "visitando as Fraternidades, pudesse consolar os irmãos".

Numa manhã de junho, rodeado por muitos irmãos, Francisco começou a viagem para Ancona, a fim de embarcar para o Oriente. Em Ancona, os que o tinham acompanhado queriam embarcar com Francisco. O Irmão disse: "Os marinheiros estão dizendo que não há lugar para todos. Eu não posso escolher, porque amo a todos igualmente. Vamos fazer com que Deus manifeste sua vontade". Chamando um menino que estava brincando por lá, Francisco pediu-lhe que indicasse, ao acaso, doze irmãos. E embarcou com eles.

POR QUE SE AUSENTOU?

Houve diversas dúvidas. A Fraternidade era um vulcão. A presença de Francisco nunca fora tão necessária à frente de sua Ordem.

Por que se ausentou? Fuga? Falta de sentido prático? Irresponsabilidade?

Outra pergunta. Dois anos antes, em Florença, Hugolino convencera Francisco a não sair do país, porque a

Fraternidade estava ameaçada. Agora, a crise tinha chegado ao clímax mais agudo. Por que permitiu que saísse para países longínquos, de infiéis, com perigo da própria vida? Não faltavam maliciosos para dizer que Hugolino fez isso para ficar com as mãos livres e pôr as coisas em ordem. Contudo é difícil dar uma resposta satisfatória e nem interessa muito. O que podemos fazer é responder satisfatoriamente à primeira pergunta.

* * *

Para mim, a viagem de Francisco, nesse momento tão delicado, elevou-se à altura sobre-humana. Não só não foi fuga, foi também a atitude mais coerente com o contexto de sua vida e convicções.

Francisco não nasceu dialético. Nesse terreno, sentia-se desarmado. Era uma nulidade para manejar sutilezas mentais. Tinha vislumbrado a terrível iniquidade da racionalização. Francisco percebeu que o intelectual manipula palavras e teorias (e mesmo "teologias") com a maior destreza. E geralmente o faz sem se ruborizar e até mesmo com frivolidade, colocando as palavras a serviço de seus interesses. É o que se chama "prostituição" da palavra, ou sofisma.

O Irmão era muito simples e franco, e se sentia mal numa discussão. Não era forte em palavras, e sim em fatos. É impressionante o fato de, nos últimos anos, ele não fazer nem sequer exortações, mas dizer: "Quero viver pobre e humilde"; "Quero obedecer ao guardião que me derem";

"Agora eu me retiro para dar bom exemplo e rezar". A isto se chama *protesto*: expressar publicamente uma intenção. Francisco expôs esse pensamento mil vezes e de mil maneiras: o Senhor não nos chamou principalmente para pregar, mas para viver.

É nesse contexto que temos de englobar e interpretar a ausência de Francisco, em um momento delicado da Ordem. Que lhe adiantaria ficar na Porciúncula, discutindo interminavelmente com os intelectuais e ministros? "É tempo perdido", pensava. Depois, quando discutia, logo perdia a calma; a controvérsia fazia-lhe mal.

Defenderia seu ideal não falando, mas vivendo. Em vez de travar batalhas dialéticas, ia lá longe sofrer por Cristo, e, eventualmente, morrer por Cristo, vivendo pobre e humilde, sofrendo a perseguição em paz. Sua fidelidade ao ideal conferiria solidez e contundência a esse ideal. Isso daria respeitabilidade e credibilidade ao programa de Francisco mais do que argumentos brilhantes. Por isso, foi para o Oriente.

A REVOLUÇÃO DOS VIGÁRIOS

Francisco esteve no Oriente por dezoito meses. Assistiu ao cerco de Damieta. Quis levar a batalha do Amor até a presença de Melek-el-Kamel. Nem estava interessado na batalha da verdade. "A verdade" – pensava – "não precisa de combate. Por acaso a luz precisa agredir as trevas para vencê-las? Basta que a luz descubra o rosto para as trevas fugirem espantadas".

Mal a embarcação de Francisco tinha levantado âncoras, em Ancona, os ministros irromperam com força e ousadia. Estimularam os estudos. Reforçaram as medidas disciplinares. Multiplicaram os jejuns e abstinências. Em diversos lugares, levantaram amplos edifícios. Fundaram um *Studium* em Bolonha. Para um apostolado mais eficaz, conseguiram bulas da Santa Sé. Em resumo, a fisionomia da Fraternidade primitiva foi profundamente alterada, no breve espaço de um ano e meio. Os temores de Francisco tinham sido pequenos.

Os primeiros companheiros protestaram contra tão drásticas inovações, mas os contestadores foram castigados. Alguns foram postos em presídios conventuais e açoitados. Outros foram expulsos da Fraternidade como indesejáveis. Outros vagaram por regiões diversas, como sombras tristes, chorando a ausência de seu guia e pastor.

* * *

Correu o boato de que Francisco tinha morrido. É sempre isso que acontece. Basta um covarde soltar uma patranha que a mentira começa a correr sozinha, sem que ninguém possa detê-la. Poucos meses depois, os primeiros companheiros estavam por terra, com a suposta morte do Irmão. E a Fraternidade ficou desorientada, convulsionada, em estado de caos e anarquia.

Mas nem todos acreditaram no boato. Pelo menos alguns acharam que deviam certificar-se.

Os primeiros irmãos encarregaram um tal de Frei Estêvão de ir ao Oriente encontrar-se com Francisco a fim de informá-lo, se estivesse vivo, sobre a situação da Fraternidade. Frei Estêvão saiu pelo mar, sem pedir autorização aos Vigários e, depois de muitos meses, encontrou Francisco em São João d'Acre.

Informou-o minuciosamente sobre o estado dramático da Fraternidade e lhe deu um exemplar das novas Constituições. Para comemorar o reencontro fraterno, fizeram uma festinha. Havia carne na mesa. As tais Constituições proibiam terminantemente comer carne. Francisco voltou-se para Pedro Catani e perguntou: "Senhor Pedro, que fazemos?". "Tu és a autoridade, Irmão Francisco", respondeu Pedro. E Francisco retrucou: "Já que o Evangelho nos dá liberdade de comer o que puserem na mesa, vamos comer a carne!".

Francisco tomou quatro irmãos e voltou urgentemente para a Itália, chegando a Veneza em fins de julho.

A PROPRIEDADE DA CIÊNCIA

Vindo de Veneza, pôde ver com os próprios olhos, em Bolonha, a profundidade da revolução operada na Fraternidade durante sua ausência. O provincial da Lombardia, João Staccia, tinha erigido uma casa de estudos, algo como um *Collegium* medieval, no coração da cidade. Não se conhecem as verdadeiras proporções arquitetônicas desse *Studium*, mas, em comparação com as cabanas dos irmãos, devia dar uma impressão de poderio e grandeza.

Em sua penetrante intuição, Francisco adivinhou o que havia acontecido. Fundamentalmente, tratava-se do orgulho da vida, inimigo número um da simplicidade evangélica. Foi por rivalidade e emulação com os Irmãos Pregadores que o provincial da Lombardia levantou o *Collegium*.

Bolonha, naqueles tempos, era o centro intelectual da Itália e mesmo da cristandade. Os dominicanos tinham adquirido, desde o primeiro momento, uma posição de poder nessa cidade intelectual. Lá haveria de morrer, no ano seguinte, o santo fundador, Domingos de Gusmão. Desde o primeiro momento, a Ordem dos Pregadores tinha instalado em Bolonha seu quartel-general, e os Irmãos Pregadores eram sumamente apreciados. De acordo com a finalidade para a qual foram fundados, os Irmãos Pregadores tinham erigido e organizado, em 1219, um esplêndido *Studium* de teologia para contrapor-se às artes liberais da Universidade, que menosprezavam ou, ao menos, subestimavam as ciências sagradas.

Diante do prestígio dos dominicanos, os Irmãos Menores ficaram eclipsados e pareciam "pouca coisa". Francisco tinha dito mil vezes: "Nossa vocação, na Igreja, é viver como pobres e pequenos". Tinha percebido, mil vezes, a repugnância que os Irmãos sentiam em ser pobres e aparecer como insignificantes. "Como é difícil a nossa vocação!", pensava o Irmão. "Estamos na Igreja para imitar Cristo pobre e humilde. É bom que a Igreja tenha outros institutos que imitem Cristo doutor e mestre. O Senhor não nos chamou para organizar hostes intelectuais ou para defender o prestígio da Igreja. Para defender a Igreja é preciso argumentar brilhantemente e isso exige uma preparação intelectual sólida. Nós não fomos chamados para defender o Evangelho, mas para vivê-lo. Muitos de nossos irmãos olham, com inveja, para os institutos de finalidade mais brilhante. Não entenderam a essência de nossa vocação. Falam de maior eficiência, mas, no fundo, têm vergonha de nossa pequenez e ignorância."

* * *

Francisco estava indignado e machucado interiormente. Não quis entrar no tal *Studium* dos Irmãos Menores e pediu hospedagem no convento dos Irmãos Pregadores. Lá, se acalmou e pensou com serenidade no que devia fazer.

"Não posso mostrar fraqueza", pensava. "São capazes de confundir a misericórdia com complacência. É preciso corrigir para que aprendam. Nossos irmãos já estão instalados em Oxford, em Paris, em Copenhague, nas cidades mais importantes da cristandade. Se eu não for enérgico agora, daqui a um ano, o espírito da Porciúncula já estará degenerado."

Mandou chamar o provincial da Lombardia. "Irmão, como te atreves a destruir a forma de vida que o próprio Senhor me revelou, esquecendo que minha vontade é que os irmãos se consagrem mais à oração que ao estudo?"

Depois, mandou, por obediência, que todos os irmãos abandonassem aquele estabelecimento intelectual, mesmo os doentes. E ainda invocou a maldição do céu sobre o protagonista principal, João de Staccia. O diapasão de

Francisco nunca deu um som tão agudo e estridente. Ninguém sofria como ele por tudo isso, e seus lábios se queimavam ao pedir o castigo do céu. Tinha visto que certos tipos interpretam a delicadeza como debilidade e só se detêm diante de atitudes de força. Violando seu íntimo mais profundo, recorreu a esses gestos dramáticos de força.

Ademais, quando os amigos do provincial da Lombardia pediam a Francisco que revogasse a maldição, ele respondeu que era tarde, porque já tinha sido confirmada pelo próprio Cristo.

É a reação da vida quando pressente a morte. Chama-se *espasmo*. A vida é feita assim. Quando qualquer tipo de vida "sente o cheiro" de agentes mortíferos, recorre, agressivamente, a todas as suas defesas.

* * *

Com certa intuição, Francisco percebeu que um único *Studium* já seria capaz de jogar por terra o seu ideal, porque um elo puxa o outro. Francisco pensava: "Nós temos que viver em choças transitórias. Como os ministros buscam resultados eficientes, precisam viver em mansões sólidas. Depois, vão precisar de boas bibliotecas. Mais tarde, farão acrobacias sutis para demonstrar que o que fazem está benfeito. Perderão o espírito de simplicidade e adquirirão o espírito de complicação. Quando o guardião lhes corrigir algum defeito, vão buscar cem argumentos para tapar a boca de qualquer um, demonstrando que estão certos. Justificarão brilhantemente o injustificável, puxando sempre a água para o próprio moinho. Vão ser capazes de levantar teorias sobre o pé de uma mesa. Se forem sábios, receberão honras. Quando receberem honras, vão entrar em conflito com outros que recebem honras maiores. Por serem sábios, sentir-se-ão poderosos e usarão maneiras de ser de quem tem poder e domínio sobre seus irmãos. Esquecer-se-ão de servir à mesa e de lavar os pés".

"O binômio ideal", pensava Francisco, "seria santidade--ciência. Mas, como é difícil! Assemelha-se à questão sobre os ricos poderem 'entrar' no Reino. Sim, podem, mas como é difícil!"

O Irmão não era inimigo dos estudos. Disse que "devemos venerar os teólogos que nos transmitem espírito e vida". Entre seus primeiros companheiros havia alguns formados em Bolonha e, ao mesmo tempo, excelentes Irmãos Menores.

Mas tinha visto, também, muitos irmãos que eram inimigos declarados dos estudos, não por um bom espírito, mas por serem folgazões. De muito boa vontade esses tais prestariam culto diário à Deusa *"Dolce Far Niente"*. Tinha visto muitos irmãos que arrastavam uma vida medíocre e vulgar enquanto lançavam diatribes contra os estudos. Um sábio envaidecido é mau, mas um ignorante sem espírito é pior.

SEM ENTRAR NA PORCIÚNCULA

A notícia de que Francisco estava vivo e tinha voltado à Itália encheu de júbilo os seus partidários. Os antigos irmãos perseguidos pelos vigários saíram de seus esconderijos nas montanhas. Uma imensa comoção tomou conta de todas as fraternidades da Itália. Os partidários fiéis imaginaram que o Irmão destituiria imediatamente os vigários, empunharia com firmeza o timão da Fraternidade e que tudo voltaria a seu lugar.

Francisco, porém, não pensava assim. Seu instinto nunca o enganou. A revolução consumada em sua ausência denotava que os opositores não só eram fortes, mas que tinham agido com respaldo de poderosos personagens da Cúria. A Fraternidade, numerosa, dispersa e principalmente dividida, precisava urgentemente de uma alta autoridade eclesiástica que lançasse pontes sobre os territórios inimizados.

Ele, Francisco de Assis, não tinha qualidades de líder. Tinha nascido para inspirar e amar, não para dirigir. O amor pode gerar um povo, porém não pode conduzi-lo. E o Irmão começou a ceder terreno, abdicar. Também não tinha nascido para lutar. Estava cansado de lutar.

Naqueles dias, teve um sonho. Viu uma galinha pequena e feia, do tamanho de uma pomba. Ao redor dela andavam uma porção de pintainhos pretos. A galinha não podia cobrir, com suas asas, tão numerosa prole. Esse foi o sonho.

Quando acordou, contou o sonho aos irmãos e comentou: "Essa galinha sou eu mesmo. Sou baixinho, não sou bonito e tenho cabelos pretos. Não valho nada, não tenho capacidade nem preparo. A pomba com que se parece a pequena galinha é a simplicidade evangélica, base da nossa fundação. Os pintainhos são os irmãos que o Senhor me deu. Numerosos demais! Como eu sou pouca coisa, não posso abrigar todos nem os defender. Já sei o que tenho que fazer: vou ao pé da Santa Igreja para que ela proteja os meus irmãos.

E partiram para Roma. Passando pelas diversas fraternidades, Francisco foi comprovando que o estrago causado pelos vigários tinha sido maior do que suspeitara. Por toda parte surgia das cinzas um novo fervor, diante do encanto divino despertado pela presença do Irmão.

Ao atravessar o vale da Úmbria, não quis entrar na Porciúncula, mesmo passando a poucos quilômetros do amado lugar. Não queria encontrar-se com os vigários. Demonstrou, por sua vida, que não tinha medo de enfrentar ninguém, mas tinha medo de perder a paz.

No caminho, foi informado que o Santo Padre Honório III estava em Orvieto e foi para lá.

* * *

Quando conseguiu audiência, o Irmão ajoelhou-se aos pés do Papa, com suma reverência e devoção, dizendo-lhe: "O Senhor lhe dê sua paz, Santíssimo Padre". "Deus te abençoe, filho querido", respondeu Honório III.

De repente, o Irmão sentiu-se tomado por uma estranha segurança. Fazia alguns anos que um peso enorme oprimia sua alma. Quando, porém, se viu aos pés do Papa, a opressão desapareceu e voltou o alívio.

Embora doentes, seus olhos recuperaram a antiga transparência e, olhando para o Papa, com infinita confiança e complacência, disse: "Santo Padre, o Senhor Deus vos colocou em um trono muito alto, demasiado alto para nós que somos pobrezinhos. Conheço vossa vida, Santo Padre: gravíssimos e urgentes problemas passam, todos os dias, por vossas mãos. Que importância podem ter nossos problemas insignificantes? São insignificantes, mas para nós são grandes. Quando encontramos todas as portas fechadas, a quem podemos recorrer senão ao coração do Pai comum?".

"Meu filho", respondeu Honório III, "aqui, em nossa cúria há muitos cardeais que poderiam, em meu lugar, resolver os teus problemas".

"Santo Padre", respondeu Francisco, "rogo que o senhor mesmo me indique um. Ele será o nosso 'papa'. Nós lhe ofereceremos submissão e reverência como ao Senhor mesmo, Santo Padre. Vamos expor-lhe os nossos problemas, pedir conselhos e seguir suas orientações. Para nós, será 'protetor, governador e corretor da Fraternidade'."

"Poderias tu mesmo indicar-me um nome, meu filho?", insistiu o Papa.

"Há um", respondeu Francisco, "que manifestou profunda simpatia por nós. É mais do que amigo. Quase pai de todos nós. Seu carinho para com a Fraternidade levou-o, diversas vezes, a despojar-se de sua púrpura para vestir nosso burel. Ninguém duvida de sua inteligência e habilidade. Mas o que mais nos cativa é sua piedade. Trata-se de Hugolino, Cardeal de Óstia."

Desde então, Hugolino foi o procurador da Santa Sé para Francisco e a Fraternidade. Francisco chamava-o de "meu senhor apostólico". Assessorou-os em tudo. Foi o árbitro supremo entre grupos rivais. Com suma paciência, fez o impossível para cobrir o abismo que separava a mentalidade do fundador da dos ministros. Hugolino conseguiu dar forma possível e prática a muitas ideias de Francisco. E foi também a instâncias suas que Francisco deu um estatuto definitivo à Fraternidade.

RENÚNCIA DO CARGO

Francisco estava mais tranquilo. No Oriente, tinha contraído uma misteriosa enfermidade nos olhos. Não suportava o brilho do sol. Precisava caminhar conduzido pela mão.

Tinha ido ao Oriente em busca do martírio, e Deus lhe dera outro martírio, martírio da alma a fogo lento. Não há pior martírio do que aquele que não se procura. A sensação de fracasso o atormentava. A impressão de incapacidade o crucificava. Volta e meia tinha consciência de ser pecador. Com que cara poderia apresentar-se ao mundo falando de amor, se o amor não reinava em sua própria casa? Como poderia transmitir uma mensagem de paz, se a paz não se aninhava em sua alma?

Sentia um desejo profundo de voltar para os eremitérios a fim de viver acocorado aos pés de Deus, podendo recuperar a paz por completo. Mas o Senhor lhe tinha dado um povo de irmãos. Ele não os havia escolhido. Simplesmente aceitara-os das mãos de Deus. Aceitara-os como eram, com seus defeitos e qualidades. Não podia abandonar esse povo, porque seria como abandonar o próprio Senhor.

Cada vez vislumbrava melhor o porquê de sua agonia. Sem dúvida vivia agarrado a alguma coisa de si mesmo. Não sabia exatamente a quê. Sua alma estava devastada pelo temor; a paz tinha fugido como um passarinho assustado. Ela, porém, queria voltar. Percebia que o caminho por onde a paz voltaria seria o da desapropriação total. Fazer-se cada vez mais pequenino. Despojar-se, ao máximo, de todo revestimento. Como o pobre mais pobre, refugiar-se no seio de Deus e aí depositar rodas as incapacidades e fracassos, e mesmo seus antigos pecados. Quando nada mais fosse "seu", a paz voltaria.

* * *

Voltaram para a Porciúncula. Francisco não podia mais permanecer como ministro-geral. Poucos anos atrás, um olhar de Francisco, uma de suas palavras calorosas eram suficiente para que os irmãos entendessem por intuição o ideal e o pusessem em prática. Mas, agora, era necessário um guia, e Francisco não tinha dotes para essa função.

Depois, os acontecimentos dos últimos anos tinham feito com que perdesse a segurança. Se ficam martelando, durante anos, em um homem sensível como Francisco: "tu não serves, esse ideal não vale, é preciso mudar de programa etc.", esse homem vai perdendo a fortaleza moral a cada pancada. O profeta vacila. A inspiração já não brota alegre e espontânea. A certeza cambaleia. O *escolhido* entra em uma zona de insegurança mais profunda: "Não estarei buscando a mim mesmo? Não serei um verdadeiro

Irmão Menor enquanto não sofrer tudo com alegria". O homem mais humilde, diz Sabatier, sempre corre o perigo de renunciar a suas convicções contanto que evite afirmar-se.

* * *

Por isso, decidiu abdicar. Seria um capítulo a mais na desapropriação progressiva. Para substituí-lo, encontrou o segundo homem em seu coração: Pedro Catani, primeiro companheiro junto com Frei Bernardo. Pedro Catani era o homem ideal para ministro-geral, principalmente para esse momento.

A transmissão do cargo foi feita no Capítulo de 29 de setembro de 1220. Francisco estava em um período especialmente sensível e uma depressão tinha tomado conta dele. Nesse dia, homem tão luminoso que era, parecia todo escuridão. Nuvens ameaçadoras cobriam seus horizontes. As palavras conservadas pelos cronistas indicam uma atmosfera carregada.

Disse: "Irmãos, de agora em diante, estou morto para vocês. Aqui está Pedro Catani, a quem todos, vocês e eu, obedeceremos".

Muitos acontecimentos, durante toda sua vida, tinham tido ares dramáticos. Mas dessa vez também houve alguns esplendores trágicos. Ajoelhou-se, com grande humildade, diante do novo ministro, e lhe prometeu solenemente obediência e reverência. Os irmãos não puderam conter as lágrimas. Choravam abertamente e, ao que parece, não sentiam vergonha de chorar. Não se saberia como explicar:

uma impressão de orfandade apoderou-se de todos, como se de fato o Irmão tivesse morrido.

Sensível como era, Francisco captou imediatamente essa impressão. Levantou-se. Colocou-se outra vez diante dos irmãos, abriu os braços, levantou os olhos para o céu e disse: "Senhor Deus, em tuas mãos entrego esta família que me confiaste. Meu dulcíssimo Jesus, já sabes que, devido às minhas enfermidades, não tenho condições para continuar cuidando dela. Hoje eu a entrego nas mãos dos ministros. Eles responderão diante de ti, no dia do juízo, se algum Irmão malograr por sua negligência, mau exemplo ou áspera correção".

* * *

Nessa noite, o Irmão não se deitou. Estava dominado por uma impressão generalizada, impossível de identificar. O que tinha acontecido parecia-lhe um despojamento, como se alguém lhe tivesse arrancado a roupa ou a pele. Era o alívio de quem se vê livre de um peso. Era como quando os filhos se afastam da casa paterna porque já são adultos. Era como quando tiram a alma de alguém, deixando apenas despojos. Era como quando arrebatam das mãos de alguém o estandarte e não se sabe em que mãos vai cair ou qual vai ser sua sorte. Todas essas multidões vão levar seu nome: *franciscanos*. Pertence a eles, mas eles já não lhe pertencem.

Naquela noite, quando o tumulto das impressões se acalmou, Francisco de Assis começou a sentir-se leve, livre. Entrou despido no mar de Deus e pôde dizer: "Tu és o meu Bem. Tu és o meu Descanso. Tu és a minha segurança".

Fazia tempo que não sentia tanta paz. Mas a noite escura não tinha terminado.

* * *

Durante o outono e o inverno de 1220, Francisco dedicou-se à redação da Regra. No dia 10 de março de 1221, recebia um novo e duro golpe: faleceu, repentinamente, o ministro-geral Pedro Catani. Em termos humanos, foi uma perda irreparável e de consequências imprevisíveis, porque a um homem *tão franciscano* sucedeu, no governo, Frei Elias Bombarone, homem tão pouco franciscano.

Foi ministro durante treze anos, e na época mais delicada da evolução. Todos os escritores, antigos e modernos, arremetem violentamente contra Frei Elias. Não estou certo de que mereça tantas pauladas. Foi uma personalidade controvertida e misteriosa. Diante de sua maior obra, o Sacro Convento, o espectador se sente dominado por sentimentos desencontrados: de um lado, parece uma alta traição, mas, do outro, alegra-se porque o mundo rendeu uma homenagem digna para perpetuar a memória do Irmão de Assis.

Temos a impressão de que, enquanto Francisco viveu em sua presença, Frei Elias teve um comportamento digno. Ao que parece, Frei Elias amava e admirava sinceramente a Francisco. Este o apreciava e depositou nele sua confiança. Como pode ter escapado a um homem tão perspicaz como Francisco a verdadeira natureza da personalidade de Elias? O escritor fica com tentação de pensar que Elias foi um perfeito político, um mestre da dissimulação, e que agiu sempre buscando a própria promoção. Mas isso seria entrar no terreno das intenções, o que não é permitido a nenhum mortal.

Intelectual saído da Universidade de Bolonha, escrivão de profissão, Elias era amável, liberal e tinha o dom de lidar com as pessoas. Cumulava os simpatizantes de honras, e esmagava sem dó os adversários. Depois da morte de Francisco, Frei Elias lançou-se de bandeiras despregadas sobre os mares da grandeza e da eficácia. Em seu tempo, a Ordem chegou a ter 72 províncias espalhadas pelo mundo inteiro. Foi destituído do cargo por suas arbitrariedades. Fez inimizade com o Papa. Foi excomungado. Fez penitência e morreu reconciliado com a Igreja.

REGRA DE 1221

Francisco entregara seu cargo de ministro-geral. Nem por isso deixava de ser pai e legislador da Fraternidade. Até mais: temos a impressão de que, quando deixou a chefia, sua estatura moral cresceu muito, e os irmãos passaram a venerá-lo mais do que nunca.

Acompanhado por Cesário de Spira, profundo conhecedor da Escritura, Francisco retirou-se para um eremitério para pôr seu ideal por escrito. Até agora, tinha sido o homem das obras e das palavras. Mas sabia que as palavras são levadas pelo vento e que os escritos permanecem.

Livre das obrigações do governo, tinha tempo para registrar as suas ideias.

Os intelectuais esperavam que a Regra fosse uma convenção. Supunham que o Irmão tivesse aprendido as lições da vida e que as pancadas recebidas durante esses anos tivessem debilitado sua santa contumácia.

Enganaram-se. Na extensa Regra de 1221, o Irmão derramou sua alma inteira, sem nenhuma inibição. Não é um documento legislativo. É uma invocação apaixonada e uma provocação para responder ao Amor.

Quem escreve não é um legislador: é um pai que apela e toca as fibras mais sensíveis para um seguimento cavalheiresco e incondicional de Cristo Jesus. Lança, aqui e ali, algumas cargas de profundidade, a fim de despertar e liberar energias adequadas para uma resposta ao Amor.

A Regra tem 23 longos capítulos e mais de cem textos bíblicos. É como um filão telúrico, cheio de força primitiva e contraditória, em que Francisco lançou todos os ideais alimentados e retidos desde a noite de Espoleto. E o faz sem reticências nem considerações.

Insiste. Persuade. Suplica. Soluça. Exalta-se. Põe-se de joelhos e beija os pés para implorar. Estende os braços para convencer. Sustenta o diapasão nos tons mais agudos, por longos fomentos. Peca por reiteração e monotonia. Descuida e transgride as regras gramaticais e as formas estilísticas. Faz caso omisso das recriminações dos ministros e em momento algum tem presente as normas redacionais de uma legislação. É a alma de Francisco que se derrama completamente.

* * *

No fim de maio de 1221, reuniu-se o Capítulo com o objetivo principal de aprovar a Regra, antes que fosse submetida à consideração da Santa Sé. Estavam reunidos mais de três mil irmãos, contando os noviços.

Havia expectativa. Os sábios mantinham o mesmo espírito beligerante, mas, capitaneados desta vez por Frei Elias, decidiram adotar aparências mais moderadas e, principalmente, não proceder apaixonadamente e sim com frio espírito político.

Francisco, porém, não era político. Os meses passados nos oratórios das altas montanhas o haviam temperado, e, no mar de Deus, tinha recuperado a paz. Desceu à planície disposto a travar o combate final, na frente aberta. Estava animoso. Para o discurso de abertura, tomou como texto estas belicosas palavras: "Bendito seja o Senhor, que preparou minhas mãos para o combate".

* * *

Distribuíram-se várias cópias da Regra entre os capitulares, principalmente entre os ministros.

Na nova redação, mantinha-se intacta a regrinha primitiva. O documento estava dentro do espírito de Rivotorto. Proibia o envolvimento em negócios temporais. Mantinha o preceito do trabalho manual. Se os irmãos trabalhassem em casas alheias, não podiam ser secretários ou capatazes, mas *minores* (operários). Tinham de receber, com benevolência, mesmo os banidos. Nunca deviam mostrar-se tristes, mas alegres e simpáticos. Não deviam montar a cavalo. Não deviam ter animais de carga. Havia normas para os missionários nas terras dos infiéis. Podiam comer o que lhes apresentassem na mesa. E o mais grave: se um ministro mandar alguma coisa contrária ao nosso ideal, os súditos não estão obrigados a obedecer. Mais grave ainda: se os ministros andarem fora de nosso espírito, os irmãos devem corrigi-los e, se não se emendarem, devem ser denunciados ao Capítulo Geral.

* * *

É claro que o documento não era um "armistício" nem um tratado de paz. Pelo contrário. Era um desafio lançado aos que queriam alterar o espírito da Fraternidade.

Principalmente os dois incisos finais eram uma bateria perigosa nas mãos dos irmãos contra os eventuais inovadores, embora essas armas pudessem explodir nas mãos dos próprios irmãos. Havia muita força explosiva nesses artigos e podiam chegar a ser um germe de anarquia e caos. Mesmo vislumbrando isso, Francisco decidiu correr todos os riscos. Parecia-lhe a única maneira de cortar as ousadias dos ministros.

Os juristas e sábios procederam com extrema sagacidade. A tática foi *deixar correr*. Os ministros sabiam que, enquanto não fosse oficialmente sancionada pela Santa Sé, aquela Regra não tinha nenhuma obrigatoriedade. Nem Francisco tinha autoridade para impô-la.

Os intelectuais não perdiam de vista que a maioria dos irmãos ali presentes tinha sido recebida na Fraternidade pelo próprio Francisco. O Irmão nunca estivera tão por cima como agora e a Fraternidade em geral nunca lhe havia prodigalizado tanta simpatia e carinho como nesse momento. Os intelectuais sabiam disso.

Combater, nessas circunstâncias, era caminhar para uma derrota segura. Bastava que Francisco abrisse a boca e pronunciasse umas poucas palavras para arrastar para o seu lado a maior parte dos assistentes. Isso os sábios também davam por certo. Que fazer?

Não se precipitar. Não aceitar batalha frontal. Manter sangue frio e não se deixar provocar por idealistas. Deixar os dias correrem sem entrar a fundo na matéria. Distrair a assembleia com outros assuntos candentes. Cercar Francisco, o tempo todo, de reverência e carinho. Levar a questão da Regra para trás dos bastidores, encarregando o Cardeal Protetor de entrar em negociações particulares com Francisco.

E assim se fez. Francisco de Assis, o homem da transparência e não da política, caiu no ardil e se deixou levar para onde os ministros queriam.

* * *

O trabalho de bastidores durou meses. Foi uma atuação paciente e prolongada. Alguns ministros, com a colaboração do Cardeal Hugolino, foram dizer-lhe o seguinte, em longas conversas particulares: "Irmão, o espírito de

Rivotorto não está sendo questionado. É justamente para preservar esse ideal que desejamos uma armação adequada. Em Roma, a Regra passa pelas mãos dos juristas: a aprovação ou reprovação do documento depende deles".

"Irmão Francisco", continuaram, "a Regra que acabas de redigir é um excelente programa espiritual, mas nós precisamos de um código prático, destinado não a heróis, mas a pessoas de capacidade normal. Além disso, está faltando o que é necessário em todo documento legislativo: concisão e precisão, sem o que os juristas da Santa Sé nunca vão conceder a bula de aprovação."

A AGONIA DE FONTE COLOMBO

Depois de muitos meses de deliberação, Francisco tomou consigo Frei Leão e o sábio jurista, Frei Benício, e foi para o vale de Rieti.

"Essas montanhas me fazem bem, Irmão Leão", disse Francisco. "A gente respira a paz e Deus é tão concreto que quase se pode tocá-lo. Às vezes penso que me enganei de caminho. Devia ter vivido toda a vida em uma cova nevada dos Apeninos. Mas o Senhor me colocou no meio desse povo numeroso. Quem pode resistir a Deus? No céu e na terra não há coisa tão sacrossanta como sua vontade. Para que me sentisse plenamente feliz bastariam Deus e os leprosos. Mas a vontade divina decidiu outra coisa. Está bem. Assim seja."

Francisco tinha altos e baixos. Em algumas temporadas recuperava seu estado habitual. Então, era como uma paisagem por onde passou um temporal de verão: a terra ficava fresca, relaxada e banhada de paz. Nesses dias, o Irmão parecia um anjo recém-saído das mãos de Deus.

Outras vezes, principalmente quando o informavam de alguma maquinação dos intelectuais, abriam-se-lhe, de repente, todas as feridas, a atmosfera carregava-se de eletricidade e os raios fulguravam. Essas impetuosidades, todavia, faziam-lhe muito mal e sofria indizivelmente por essas reações. Prostrava-se de bruços sobre a terra nua e pedia perdão a Deus, dizendo-lhe: "Aceita-me como sou".

* * *

Chegaram ao vale de Rieti. Francisco se encheu de alegria. Tomaram a vereda aberta no lado direito do vale e, rodeando as ladeiras da montanha, cruzaram a planície. No pico do monte Reinerio, havia uma casa pertencente a uma dama piedosa, chamada Columba, que proporcionou a Francisco sustento e solidão. A montanha estava coberta de freixos, azinheiras, carvalhos, abetos e faias: chamava-se Fonte Colombo.

Descendo uns cem metros, por uma ladeira íngreme e perigosa, chegava-se a um rochedo abrupto que tinha uma gruta natural. Do lado direito, descia uma torrente rumorosa. Em frente, ao longe, erguia-se avassaladoramente o monte Terminillo, com seus picos despojados, brancos de neve durante muitos meses. Metido nesse buraco, e diante dessa paisagem arrepiante, Francisco escreveu a Regra definitiva.

* * *

Começou o trabalho. Tinha recebido orientações precisas do Cardeal Protetor e de alguns ministros de reto espírito para eliminar algumas cláusulas, podar as efusões líricas, limar os textos bíblicos e assumir um estilo legislativo conciso e preciso.

Poucas pessoas haverá no mundo tão inúteis, como o Irmão, para redigir um texto legislativo. Poeta e profeta como era, precisava de espaços vitais para se expandir. E agora o circunscreviam aos limites estreitos de um texto legislativo. Era como encaixotar o vento.

Foi um dos meses mais dolorosos de sua vida. Sentia que lhe estavam arrancando o ideal aos puxões. Foi uma desapropriação dolorosíssima. Não entendia de leis, cânones e incisos. Só entendia de espírito. A Palavra de Deus tinha, para ele, mais força do que cem cânones. A expressão "exorto em Jesus Cristo" para ele era mais vigorosa do que um "mando por obediência". Cada texto bíblico que se suprimia era uma ferida aberta. Quase entrava em agonia quando precisava eliminar "ordens" de Jesus que para ele tinham sido sangue e vida desde a Porciúncula, como por exemplo: "não levem nada para o caminho...".

Seu calvário atingiu o ponto mais alto e sua alma entrou nos abismos mais escuros da noite. Deus lhe havia retirado toda consolação e o pobre Francisco debatia-se entre a vida e a morte. Entre jejuns e penitências, o Irmão batia às portas de Deus e Deus respondia com silêncio.

A todo momento, encontrava-se no meio de um mundo embriagador. Centenas de pintarroxos, rouxinóis e melros formavam uma sinfonia indescritível, voando e saltando pelas moitas, giestas, castanheiros e zimbros, sob um céu azul, com ondas perfumadas de tomilho e alecrim. Mas o Irmão não reagia. Era como um agonizante insensível a qualquer tentativa de reanimação.

Havia uma coisa pior que tornava aguda a sua agonia. Quando tinha que polir, mudar ou eliminar certas cláusulas que lhe eram tão queridas, renovavam-se, em sua imaginação sensível, as lutas dolorosas que tinha mantido nos anos anteriores com os intelectuais por essas mesmas cláusulas. Enquanto ia escrevendo, revivia toda essa história triste...

O Senhor abandonava o seu escolhido no fundo do barranco, para debater-se solitariamente e em completa obscuridade com sua própria sombra. Como o Ungido Jesus, Francisco deveria sorver até o fim os sedimentos do cálice humano. Só no finzinho o escolhido haveria de encontrar-se, de repente, na outra margem, na terra da ressurreição.

REGRA EXTRAVIADA

O trabalho ficou pronto em dois meses. O Irmão voltou, com seus companheiros, para a Porciúncula e entregou o manuscrito aos ministros para que o revisassem e aprovassem.

Por delicadeza e sentido cavalheiresco, retirou-se para o eremitério dos cárceres, para não pressionar, com sua presença, a revisão da nova Regra.

Depois de alguns dias, Francisco desceu do monte Subásio e se apresentou na Porciúncula. Os ministros evitavam encontrar-se com ele e ninguém falava nada sobre o manuscrito. Diante desse estranho silêncio, tomou a iniciativa de perguntar sobre a nova Regra. Alguns dos ministros desviaram o olhar; alguém deu uma resposta evasiva e todos passaram a outros assuntos que não tinham nada a ver com a Regra.

Frei Elias levantou-se, fez sinal para que o Irmão saísse da assembleia, levou-o para o bosque e lhe disse: "Irmão Francisco, lamento ter de dizer que o manuscrito se extraviou, não sabemos por culpa de quem".

O Irmão não disse uma palavra. Pediu a Elias que o deixasse sozinho. Elias voltou para a assembleia. O estratagema tinha sido terrivelmente humilhante para o Irmão. Isso é o que se faz com uma criança de sete anos. Francisco era efetivamente uma criança, no melhor sentido da palavra, mas, quanto à perspicácia e sagacidade, todos os intelectuais juntos não chegavam ao seu calcanhar.

Que fizeram com o manuscrito? Sem dúvida, não era do agrado dos intelectuais e algum deles, certamente Frei Elias, jogou-o no fogo. Que pretendiam com essa "solução"? Esgotar a paciência do Irmão? Dar tempo ao tempo, esperando que Francisco acabasse seus dias, sem colocar suas intenções por escrito?

O Irmão ficou horas no bosque. Estava desolado e triste. Não era político, mas extraordinariamente sagaz para perceber, de imediato, o que havia acontecido e por quê. Sua alma estava em trevas. Estendeu-se de bruços no chão, com os braços em cruz.

Disse: "Não aguento mais, meu Deus. Retira tua mão, está pesando demais. Aves de rapina esvoaçam no meu céu. Estou sentado no pico do mundo e não vejo ninguém.

Dá-me a mão, que estou cego. Se não houver um raio de luz para mim, leva-me. Só me resta uma estrela: a tua misericórdia".

* * *

Sua alma, outrora tão luminosa, entra em estado de confusão e cai frequentemente em contradição. Em comparação com aquela obediência alegre e cavalheiresca de antes, a de agora é fúnebre. Disse a um grupo de irmãos leais: "Peguem um cadáver, coloquem-no onde quiserem que não fará nenhuma resistência. Não reclamará do lugar onde o tiverem colocado. Não protestará se o mudarem de lugar. Se o puserem numa cadeira não vai olhar nem para cima nem para baixo. Se o vestirem de púrpura, vai ficar ainda mais pálido".

Logo, porém, contradizia-se a si mesmo. Chegou da Alemanha um irmão para conhecer Francisco e fazer-lhe algumas perguntas. No fim, disse: "Irmão Francisco, peço-lhe um favor: se um dia os Irmãos se desviarem da Regra, peço licença para separar-me deles e ir observá-la ao pé da letra". Francisco ficou radiante de alegria e respondeu: "Deves saber que o próprio Cristo te dá essa autorização e por isso eu também, com muito gosto". Impôs-lhe as mãos e acrescentou "És sacerdote para sempre segundo a Ordem de Melquisedeque".

Diante desse critério, se contradiz mais uma vez, dando esta ordem: "Mesmo que o superior ordenar coisas contrárias ao bem espiritual, os Irmãos jamais devem separar-se dele, devem amá-lo quanto mais os perseguir".

Um dia, cansado de escutar tantas informações sobre novas audácias introduzidas por alguns ministros, o Irmão levantou os olhos, os braços e a voz e disse: "Por ti, Sacrossanto Senhor Jesus Cristo, e por toda a corte celestial e por mim, homenzinho insignificante, amaldiçoados sejam os que, por seu mau exemplo, cobrem de vergonha e destroem o que tu edificaste, e continuas edificando, com os santos Irmãos da Ordem".

Na realidade, os irmãos dissidentes eram poucos, mas muito influentes. Se houvesse alguma coisa parecida com uma eleição democrática, a quase totalidade seria ardentemente a favor de Francisco. Todavia, entre Francisco e os irmãos havia um governo legalmente constituído, e os cargos principais estavam nas mãos de ministros dissidentes que eram intelectuais, muito politiqueiros e, em certos casos, até mundanos.

A AJUDA DE CLARA

Não há realidade humana que escape à percepção de uma mulher. Clara tinha adivinhado, de longe, a perturbação do Irmão e, com audácia feminina, decidiu salvar Francisco de si mesmo.

Fazia meses, talvez anos, que Francisco não visitava as Damas Pobres. "Não tenho nada para lhes dar", pensava o Irmão. "Essas filhas de Deus, as mulheres, são capazes de enxergar além dos olhos. Que é que vão descobrir em mim? Só tristeza e desolação. Posso disfarçar minha tristeza diante do Irmão Leão, e até diante do Irmão Elias, mas nunca diante da Irmã Clara". "Não tenho nada para lhes dar", disse em voz alta.

Um dia, Clara mandou chamar o Irmão Leão e lhe disse: "Querido Leão, leva estas palavras, da minha parte a Francisco: 'Irmão Francisco, acendeste as nossas chamas e agora deixas que se apaguem? Abriste as nossas bocas e agora as deixas sem pão? Plantaste estas plantinhas e agora as deixas sem regar? Pensa se não estarás faltando com tua palavra de cavalheiro. Esqueceste que somos tuas Damas Pobres? Precisamos de ti. Quem sabe se tu também não necessitas de nós? Esperamos-te para o almoço. Vem'".

* * *

Irmão Leão transmitiu a Francisco as palavras de Clara. O Irmão abriu os olhos, esboçou um leve sorriso de satisfação e todas as melodias imortais da cavalaria andante povoaram, em um instante, a sua alma. Parecia outro homem.

"Sim", disse o Irmão, "Clara tem razão. Acendi uma chama. Clara acendeu-se em minha chama. Na chama de Clara acenderam-se as outras Irmãs e nós todos entramos na fogueira do Amor. Sim, fui eu quem acendeu a grande aventura. Sou o responsável. Clara tem razão. Não é correto plantar uma roseira e deixá-la sem cultivo. Não posso permitir que essas tochas se apaguem. Irei a São Damião, Irmão Leão. Dize a Clara que me prepare uma grinalda de violetas." "Irmão Francisco", não é tempo de flores, disse

Frei Leão. "Quem sabe", disse Francisco, "se ao passarmos não irá desabrochar uma primavera no atalho de São Damião?"

Quando o Irmão chegou a São Damião, Clara recebeu-o dizendo: "Há milhares de anos que te esperamos, Pai Francisco".

"São Damião é uma ânfora perfumada", Irmã Clara, respondeu Francisco. "Todos os dias eu levanto essa ânfora em minhas mãos, diante do Senhor. Estais presentes em mim, como os filhos em uma mãe. Esquecer-vos? Não é possível. Não fui eu quem vos deu à luz e vos entregou nos braços do Imortal?"

"Tantas luas se passaram sem que o víssemos", insistiu Clara. "A presença vale alguma coisa?", disse Francisco. E continuou: "O que importa é o espírito, Irmã Clara. Além disso, a gente dá a mão para os primeiros passos. Depois, cada um caminha sem apoios. Ademais, os olhos são janelas perigosas. Através deles dá para ver o interior dos quartos, e lá, às vezes, não há senão sombras".

* * *

"Enfim, chegou aonde eu queria", pensou Clara. E tomou a iniciativa. Muito intuitiva, Clara tinha tirado, das poucas informações dadas pelos irmãos, todas as deduções sobre a situação interior de Francisco e, acertadamente, olhando-o com sumo carinho e falando com voz delicadíssima, como se dirigisse a si mesma, Clara foi soltando as palavras como chuva que cai sobre a terra queimada.

"Pai Francisco, eu sou a tua plantinha. Se tenho ou sei alguma coisa, recebi tudo de ti. Estás metido em um bosque, Pai Francisco. Não podes ter uma boa visão. Eu estou longe e por isso me encontro numa posição melhor para medir as proporções. Temo que o que está acontecendo contigo seja um pequeno problema de apreciação. Dias atrás eu li que um mosteiro antigo dividiu-se por causa de um gatinho. Uma Irmã se afeiçoou a um gatinho. As outras olhavam feio para a 'dona' do gatinho e essa respondia da mesma maneira, até que o mosteiro se dividiu entre Irmãs que olhavam feio para o gatinho e Irmãs que gostavam do gatinho. Este já era o único 'Deus' do mosteiro. Não sei se isso é histórico ou uma alegoria. Um pequeno problema de apreciação, Pai Francisco. A *coisa* que amamos nos prende. Às vezes, fico em dúvida se é a *coisa* que nos prende ou nós que nos prendemos à *coisa*. Possivelmente, não há diferença entre um e outro. Quando aparece alguma ameaça para a coisa que amamos, isto é, quando surge um perigo de que ela nos escape, nós a agarramos com mais força. Se o perigo aumentar, aumentará o nosso agarramento. Quanto mais crescer nosso agarramento maior será a *coisa*. E assim, no fim, vemos que no mosteiro o principal é o gatinho, a que demos uma importância desproporcionada."

As palavras de Clara eram como chuva fresca numa tarde cálida de verão. Era como Francisco se sentia.

"Pai Francisco, o ideal, a Ordem, a Pobreza, são certamente importantes. Mas levanta um pouco os olhos; olha ao teu redor e verás uma realidade sem fim, altíssima: Deus. Se olhares para Deus, o que tanto te preocupa vai parecer insignificante. É um pequeno problema de apreciação. Que valem nossos pequenos ideais diante da eternidade e imensidão de Deus? Quando se olha para a altura do Altíssimo, nossos temores parecem sombras ridículas. Na altura de Deus, as coisas adquirem seu tamanho real, tudo fica ajustado e chega a paz."

Clara aproximou-se e continuou, devagarzinho: "Querido Francisco, Deus! Deus!". Clara pronunciou isso com uma profundidade tão inefável que todos os andaimes de Francisco ruíram de uma vez, e ele se sentiu livre, infinitamente feliz, com uma sorte absolutamente inexplicável. Quando percebeu isso, Clara prosseguiu, enquanto Francisco se sentia tomado por essa infinita realidade e pelo peso de uma felicidade nunca experimentada.

"Pai Francisco", continuou Clara, "foste um assolador implacável. Queimaste, varreste, demoliste casa, dinheiro, pais, posição social. Avançaste para profundidades maiores: venceste o ridículo, o medo do desprestígio. Escalaste o pico mais alto da Perfeita Alegria. De tudo te despojaste para que Deus fosse teu tudo. Mas, se agora reina alguma sombra em teu interior, é sinal que estás preso a alguma coisa e que Deus ainda não é o teu tudo. Daí a tua tristeza. Em resumo, é sinal que catalogaste como obra de Deus o que, na realidade, é obra *tua*. Para a Perfeita Alegria só te falta uma coisa: desapegar-te da obra de Deus e ficar *só com o próprio Deus*, completamente despojado. Ainda não és completamente pobre, Irmão Francisco, e por isso ainda não és completamente livre, nem feliz. Solta-te de ti mesmo e dá o salto mortal: *Deus é, e basta*. Solta-te do teu ideal e assume, com gosto e felicidade, essa Realidade que supera toda realidade: *Deus é, e basta*. Então conhecerás a Perfeita Alegria, a Perfeita Liberdade e a Perfeita Felicidade."

Clara calou-se. Sem perceber, o Irmão deixava cair lágrimas tranquilas. Uma embriaguez, parecida com o amanhecer do mundo, apoderou-se completamente de Francisco. Sentia-se imensamente feliz.

"Deus é, e basta", repetia soluçando.

Levantou-se devagarzinho, sem levantar os olhos, repleto de felicidade e disse, pela última vez: "Deus é, e basta. Esta é a Perfeita Alegria".

Virou-se e foi embora chorando, sem se despedir de Clara. O mesmo fez Clara.

6. A ÚLTIMA CANÇÃO

MISSÃO CUMPRIDA

Tinha desaparecido o manuscrito da Regra de 1223. Era preciso redigi-la outra vez. Francisco chamou Frei Leão e Frei Benício e subiram, mais uma vez, para os bosques no alto da Fonte Colombo. Recluso naquele vazio selvagem e sublime, entre jejuns e orações, Francisco acabou redigindo a Regra definitiva levando em conta todas as observações do Cardeal Protetor.

Em linhas gerais, o novo Código estava dentro do esquema hugoliniano. Era uma legislação breve e concisa. Encerrava um conjunto de preceitos e de proibições. Quatro vezes mais curta que a de 1221, sobravam apenas uns seis textos bíblicos, quando a outra tinha mais de cem. Dá para perceber que várias mãos corretoras estiveram trabalhando, pois o estilo é polido e canônico. Desapareceram as efusões líricas e os apelos dramáticos que caracterizavam a Regra de 1221.

Quanto ao fundo, Francisco não cedeu. A pobreza absoluta continua em pé. Os irmãos têm que ser pacíficos e humildes abstendo-se de julgar os outros. O meio normal de sustento será o trabalho e só recorrerão à esmola, em caso de necessidade. Não possuirão casa ou coisa alguma. Por serem pobres serão irmãos, manifestando-se mutuamente as próprias necessidades e cuidando uns dos outros, como uma mãe faz com seu filhinho.

* * *

Em maio de 1223, Francisco assistiu à assembleia geral da Porciúncula. As fontes não nos transmitem as discussões, os acordos ou as desavenças sobre a Regra. Nem sabemos se houve algo. Ao que parece, os intelectuais evitaram qualquer confronto público e conseguiram seus propósitos mediante hábeis manobras de bastidores.

Poucos meses depois, o Irmão foi a Roma e entregou o documento nas mãos da Santa Sé. Depois de um trâmite relativamente breve, a Regra foi solenemente aprovada por Honório III, no dia 29 de novembro de 1223. Desde então, essa Regra breve constitui a legislação oficial dos Irmãos Menores.

* * *

O *escolhido* tinha terminado sua peregrinação dolorosa transfiguradora. Deus levantou a mão. O Irmão escutou e aceitou o *Eu sou*, como contam os velhos cronistas. De fato, segundo os biógrafos, a paz voltou quando Francisco escutou sensivelmente estas palavras do Altíssimo: "Por que te perturbas, Pobrezinho? *Eu sou* o que te fez pastor... *Eu sou* o arrimo e a viga mestra... *Eu sou* o que te confiou esse rebanho... *Eu sou* o que te escolheu... *Eu sou* o que te há de defender e preservar...".

Em outras palavras: o Irmão desprendeu-se de si mesmo deu o salto mortal e aceitou profunda e felizmente o *Deus é, e basta*. Livrou-se, para sempre, da perturbação e da tristeza.

A desolação desapareceu. Desde esse momento, Francisco de Assis era quase um cidadão do paraíso.

* * *

Tinha percorrido as primeiras rampas, solitariamente. A seguir, o Senhor lhe deu um povo. Pôs esse povo em marcha. Deu-lhe um ideal e lhe infundiu uma alma. Depois, conferiu-lhe um governo. Agora, acabava de lhe entregar um código de vida. Sua tarefa com os irmãos estava acabada. Só lhe faltava dar bom exemplo e rezar por eles.

"Devo ter poucos anos de vida", pensava o Irmão. "Seguindo os passos de Jesus, atravessei o mundo sem levar nada para o caminho, cuidando dos descuidados, anunciando a Pobreza, a Paz e o Amor. Agora, preciso descer até as fontes primitivas, contemplar os olhos do Senhor, perder-me para sempre neles e fazer meus todos os traços de seu rosto bendito."

"Irmão Leão, já estou vendo o alto das montanhas eternas. Que felicidade! Logo o meu Deus vai ser um rio de mel que encherá as mil bocas de minha alma. Preciso de paz, Irmão Leão. Preciso preparar-me para o grande passo. Vamos voltar para as montanhas."

REGRESSO À SOLIDÃO

Nos primeiros dias de dezembro, Francisco, Leão e Ângelo saíram de Roma e começaram a viagem para o vale de Rieti. Tinham caído as primeiras neves. Francisco avançava rápido e alegre, apesar do corpo ferido de morte: sofria do estômago, do baço e dos intestinos, e a estranha doença dos olhos, que contraíra no Oriente, causava-lhe dores agudíssimas, privando-o da vista, por momentos. "Oh! a alma humana!", exclamava Francisco. "É quase onipotente. Se pensas em Deus até chorar, Irmão Leão, não há fadiga, nem neve, nem doenças. A alma é uma centelha de Deus. Por isso, de alguma maneira ela também é onipotente."

De fato, quando passavam pelos buracos de neve, não havia frio ou vento que abatesse aquele corpo destroçado. Ia à frente deles com galhardia. Os irmãos quase não conseguiam acompanhá-lo e temiam por sua saúde. Quando o advertiam, Francisco exclamava: "Deus é, e basta". Essas palavras davam-lhe uma energia inesgotável e, quando as pronunciava, apertava ainda mais o passo. Parecia-lhe estar com a alma cheia de andorinhas e transbordava de alegria e segurança, como nos primeiros tempos.

* * *

Descansaram, durante um dia, numa aldeia. O Irmão subiu à torre da igreja e passou o dia inteiro acocorado junto à parede, com a alma imersa no mar de Deus. Os irmãos foram pedir comida pelas casas. Por mais que insistissem, não conseguiram convencer Francisco a comer; ele não provou nada naquele dia. Os Irmãos subiram várias vezes à torre. Lufadas geladas do vento norte entravam violentamente e revoluteavam justamente no canto em que Francisco estava encolhido. Ele não tiritava e estava corado. "Se não o tivéssemos visto com os próprios olhos, não acreditaríamos", comentava Frei Leão, enquanto desciam as escadas em caracol.

Os irmãos procuraram, pela aldeia, um paiol para dormir naquela noite. Antes de deitar-se, Frei Leão disse: "Irmão Francisco, tem piedade de ti mesmo. Não dizes na Regra que nós devemos cuidar uns dos outros, como faz uma mãe com o filhinho? Por que não deixas que cuidemos de ti?".

"Oh! Irmão Leão!", respondeu Francisco. E um súbito clarão estranho iluminou aqueles olhos apagados. "Pus essas palavras na Regra por causa da fragilidade humana, Frei Leão. Se nos lançássemos, sem nada, no mar de Deus, não precisaríamos de nenhuma mãe para cuidar de nós. Deus é a mãe. Deus é o calor. Deus é a esposa, o filho, o alimento. Quantas vezes vou ter de repetir, querido Leão, que quando a alma pensa em Deus desaparecem o frio, a fome e o medo? Não dá para acreditar, mas neste dia o Senhor me deu mais calor que um fogão e mais ternura que uma mãe."

Leão e Ângelo estavam sumamente comovidos. Os três fizeram uma longa oração. No final, Leão e Ângelo ajoelharam-se diante do Irmão. Ele lhes deu uma bênção demorada. É difícil imaginar três homens mais felizes, neste mundo.

* * *

Quando chegaram ao vale de Rieti, o espetáculo fez Francisco chorar de emoção. Era um gigantesco anfiteatro, rodeado de montanhas nevadas. Como velhas feridas das fúrias telúricas, viam-se, aqui e ali, gargantas agrestes e profundos barrancos. Apareciam também povoadozinhos pendurados, como ninhos de condores, nas pendentes abruptas das montanhas. Que espetáculo! Quando viu de longe, bem longe, Poggio Bustone de um lado, e Greccio do outro, ajoelhou-se com os Irmãos sobre a neve para rezar o "Adoramos". Aquela neve aquecia.

Passaram, sem entrar, por um lado da cidade. Seguiram para o monte Reinerio e começaram a escalada por um caminho primitivo e pedregoso. Depois de ter subido muitos metros Francisco quis descansar. Retirou a neve de uma pedra e sentou-se. Com um só olhar viam-se o vale, a cidade, os povoados das montanhas e as montanhas. "Que paz, Irmão Leão!", disse Francisco. "Que felicidade!"

Ficaram um bom tempo sem abrir a boca. Todos os irmãos do mundo assomaram à memória de Francisco. "Agora posso alimentá-los com a paz", pensava. Sentia ternura por cada um deles. Como estava na montanha da agonia, bateram a sua porta as lembranças ingratas de certos ministros. No momento em que as áridas começaram a abrir-se, o Irmão reprimiu as recordações e disse para si mesmo: "Se houver um pouco de carinho também para eles, eles também irão entrar no jardim da Pobreza".

Levantaram-se e continuaram a subir. Ao meio-dia, chegaram a Fonte Colombo. Dona Columba ficou muito alegre com a chegada dos irmãos. Conhecendo os desejos do Irmão e seguindo suas indicações, a "mãe" tinha construído uma choça com galhos e barro. Quando viu a nova morada dos irmãos, Francisco exclamou: "Este é o verdadeiro palácio da Pobreza. Bendita seja a nossa 'mãe' Columba".

IMERSO EM DEUS

Francisco ficou duas semanas em completa solidão. Levantava-se cedo, entrava naquele buraco terrível em que escreveu a Regra, e lá passava o dia inteiro. Disse que não queria receber visitas, nem que fosse para lhe levarem comida. Os Irmãos respeitaram seus desejos.

Foram dias de paraíso. Diante de seus olhos, uma castanheira enorme, completamente despojada de folhas e coberta de neve, dominava o espaço. "Minha alma é assim", pensava o irmão: "nua, livre, já não tenho nada". "Deus é, e basta", dizia em voz alta.

Frequentemente abatiam-se, sobre a montanha, tempestades de neve. De repente, o vento arrastava as nuvens e o firmamento se abria, produzindo um contraste admirável entre o branco da neve e o azul do céu.

A brancura da neve, o azul do céu, o poder das montanhas brancas e a força branca da tempestade lembravam Deus. Mas, seu trabalho cotidiano era transcender a lembrança e ficar com o lembrado, estabelecendo uma relação quieta, inefável e identificante eu-Tu.

* * *

Sentava-se contra a parede da gruta, curvava-se até apoiar a fronte nos joelhos e ficava absolutamente quieto, durante horas. No começo, repetia vocalmente alguma expressão forte dirigida a Deus. A frase ia se desvanecendo progressivamente até que sua boca ficava em completo silêncio. Mas continuava a comunicar-se mentalmente até que também a mente se calava.

O Irmão entrava no último quarto de seu ser e aí, nesse recinto fechado, Francisco abria-se para Deus e Deus se abria para Francisco. Francisco acolhia Deus que se abria e Deus acolhia Francisco que se entregava. Francisco estabelecia uma corrente atencional e afetiva com o Senhor Deus vivo e verdadeiro, numa completa abertura mental, na fé e no amor.

Todas as energias mentais de Francisco saíam de si mesmo, projetavam-se em Deus e ficavam nele. Francisco ficava todo compenetrado no Senhor, concentrado, quieto, paralisado nele e com ele, numa quietude dinâmica e num movimento quieto.

Ficava assim, muitas horas, submerso nas profundas águas divinas. Francisco sentia em suas raízes mais primitivas o aparecimento de energias misteriosas de "adesão", estranhas potências de "conhecimento".

Em um ato simples e total, Francisco sentia-se inteiro em Deus, com Deus, dentro de Deus, e Deus dentro de Francisco. Era uma vivência imediata de Deus, uma vivência densa, penetrante e possessiva, sem imagens, sem pensamentos determinados, sem representação de Deus: não era preciso tornar presente aquilo que era presente.

* * *

Francisco levantava-se para descansar. Estava embriagado. Saía da cova diante daquela paisagem de beleza inenarrável, tudo desaparecia diante de seus olhos. Os picos, os barrancos, as neves, as árvores despidas, a torrente que mugia, tudo tinha desaparecido. Acima e abaixo não sobrava nenhuma outra realidade, única e universal, a não ser o próprio Deus. Francisco sentia-se enlouquecer de felicidade. "Quem és tu, quem sou eu?"

Francisco tinha a impressão de ter perdido a própria identidade e de que, nesse momento, ele era a Ordem inteira, a humanidade inteira. Mas, no fim, o próprio Francisco desaparecia. A Ordem e a humanidade também desapareciam. Sobrava só Deus. Era a plenitude.

NA CHOÇA

Voltava outra vez para a gruta. Recordava todos os Irmãos e os entregava nas mãos do Pai. Nessa repassagem dos irmãos procurava sentir um carinho especial por seus adversários intelectuais, que tanto o tinham feito sofrer. Se alguma vez surgia de improviso alguma aversão contra um irmão opositor, reconciliava-se, imediatamente, beijando três vezes, em seguida, a mãe terra.

Quando repassou os quatro últimos anos, em que, irado, tinha-lhes lançado maldições, não se envergonhou do que tinha acontecido, nem se irritou contra si mesmo. Apenas lançou-se de bruços no chão, com os braços estendidos, repetindo muitas vezes, com grande humildade: "Perdão, Senhor!".

Levantava-se, saía enquanto ia pensando: "Sou filho do barro, porém, não preciso me assustar. A misericórdia de Deus é maior do que a minha fragilidade". Nunca desprezou a si mesmo. Outras vezes, quando se lembrava dos pecados de sua juventude, dizia em voz alta: "Mas o Senhor é santo e isso basta".

* * *

Ao cair da tarde, Francisco saiu do rochedo e subiu devagar pela pendente. A neve derretida encharcara a terra de água tornara a subida mais perigosa, porque escorregadia. Chegou à choça. Que reencontro, meu Deus! Parecia que os irmãos não se viam desde uma eternidade! Era o abraço dos que se encontram depois de percorrer terras longínquas. Francisco expandia alegria pelos olhos, pela boca, pela pele, pelas mãos. Que felicidade a desses homens!

A "mãe" Columba tinha mandado comida. "Come alguma coisa, Irmão Francisco", disse Frei Leão. "Tenho outra comida", respondeu ele, com naturalidade.

Já começava a escurecer. De repente, o céu se abriu no lado do poente e umas flechas de ouro saíram por entre as nuvens esparramadas, atravessando os espaços e investindo contra os picos nevados. Francisco não se conteve: "Que maravilha!", repetia. "Que maravilha, meu Deus!" E ficou com os olhos rasos de lágrimas.

* * *

Caiu a noite. Rezaram juntos os salmos. Fizeram uma longa adoração, em silêncio. Depois, tiveram um ágape inesquecível. O Irmão comeu com apetite o alimento da boa "mãe". E mandou-lhe, de longe, uma cálida bênção de gratidão.

Os três irmãos prosseguiram, em sua confraternização, até altas horas da noite. "Fala-nos de Deus, Francisco", diziam os dois companheiros. Francisco estava inspiradíssimo e lhes falava de Deus como do melhor amigo. Leão e Ângelo devoravam cada palavra de Francisco com as portas da alma abertas, de par em par.

Pareciam três homens embriagados. "É o paraíso", repetia Frei Ângelo, "é o paraíso." "Na verdade", disse Francisco, "onde está Deus está o paraíso." Não tinham sono.

Começaram a lembrar das lutas pelo ideal. Essa lembrança, porém, não lhes alterou a paz, nem a alegria. Nesse momento, não sentiam nenhuma aversão, nem mesmo contra Frei Elias.

"Um ano atrás, neste mesmo lugar, me ditavas a santa Regra", disse Frei Leão ao Irmão. "Lembro-me de que os opositores vieram ameaçar-te com rebeldia. Não foste nenhum cordeirinho para com eles, Irmão Francisco, mas um lobo feroz, lembras-te?" Os três riram à vontade.

"Sim, Irmão Leão", respondeu Francisco. "Sempre há um lobo agachado atrás de nossas portas. Não faz mal. Deus é mais forte do que o lobo."

Foram dormir cheios de felicidade. Também Francisco adormeceu docemente.

A PAZ DO ADVENTO

"Irmão Leão, se Deus tivesse alma, chamar-se-ia Paz", disse Francisco. "Dizem que a gente começa a dar valor à saúde, depois que a perde. Eu perdi a paz. Agora que a recuperei, sei o quanto é preciosa. Mas seria avareza guardá-la para a saborearmos sozinhos. Irmãos, vamos sair pelo mundo e semear a paz."

Saíram e foram pelo flanco esquerdo da montanha, por uma vereda primitiva que ia dar numa aldeia chamada Greccio. A vilazinha estava assentada numa ponta de rocha, em plena montanha, uma montanha nua escalonada.

Os aldeões se alegraram com a presença dos mensageiros. Francisco pediu um cincerro e, sacudindo-o, percorreu o povoado convocando as pessoas para a praça maior. Pelo meio da tarde, estavam todos na praça. O Irmão falou-lhes da paz do Natal.

"Meus filhos", começou Francisco, "uma criança é uma criatura indefesa e, por isso mesmo, inofensiva. Vive no mar profundo da gratuidade. Recebe tudo. Não ganha, não merece nada. Recebe tudo de graça. É amada de graça. É assim que nós estamos nas mãos de Deus. Que sorte! Deus é nossa 'Mãe', meus filhos. Carrega-nos em seu colo, carrega-nos em seus braços."

Nesse momento, o Irmão não conseguiu conter as lágrimas. O povo também começou a chorar. Quando Francisco se recompôs, começou a falar do Menino Jesus com tanta emoção, que o pranto se apoderou dele por completo, chegando a transbordar, a tal ponto que ele não pôde continua a falar. As pessoas se dispersaram em silêncio e soluçando. Os aldeãos não se recordavam de outro acontecimento mais comovente em suas vidas.

Um senhor aproximou-se de Francisco, ainda dominado pela emoção, tomou-o pela mão e o levou sem dizer nada, para sua casa, que ficava bem perto. A casa tinha uma aparência senhoril e o cavaleiro era de descendência nobre. Chamava-se João Velita. No outro lado do povoado, na outra montanha, João Velita tinha uma propriedade com características especiais! Na beira do barranco, levantava-se além uma imponente rocha cortada a pique. Sobre os rochedos havia uma série de grutas naturais. Da casa de João Velita, em Greccio, dava para ver, bem em frente, o maciço das rochas.

João Velita disse a Francisco: "Irmão Francisco, sei que gostas de lugares solitários para falar com Deus. Com muito prazer eu entregaria a ti e aos teus Irmãos esse lugar que estás vendo aí na frente", disse apontando-o com o dedo. O Irmão ficou impressionado com o aspecto imponente das rochas. "Aí Deus deve brilhar como uma rocha", disse Francisco. "Aceito a oferta e que Deus seja a tua recompensa."

"Eu gostaria, Irmão João", continuou Francisco, "que construísses um eremitério rude, de galhos e barro, junto da gruta grande." "Para o Natal, já estará pronto", disse João Velita.

Oh! O Natal! Pronunciando essa palavra, a alma de Francisco ficou profundamente comovida. "Essa é a festa das festas, dia de alegria e de regozijo porque um Menino muito amado e muito santo nos foi dado, nasceu por nós, no caminho, e foi posto em uma manjedoura, pois não havia lugar para ele na hospedaria. Irmão João Velita, se eu me encontrasse com o Imperador, ajoelhar-me-ia a seus pés e lhe suplicaria que fizesse um edito imperial, mandando que todos os seus súditos semeassem trigo pelos caminhos do império, no dia de Natal, para que os passarinhos, e principalmente as cotovias, tivessem um régio banquete. E mais, Irmão João, até as paredes deveriam comer carne nesse dia. Mas já que isso não é possível, pelo menos deveriam ser ungidas com gordura, para comerem do seu jeito. Nesse dia bendito, os próprios asnos e bois deveriam receber uma ração dupla de cevada, para lembrar o asno e o boi que, com seu hálito, mitigaram o frio de Jesus, naquela noite. Irmão João, neste ano, a paz voltou à minha alma, bendito seja Deus. Gostaria de celebrar o nascimento do Senhor de uma forma especialíssima. Desejaria evocar, de maneira viva e realista, os sofrimentos que Nosso Senhor teve de suportar por nosso amor. Por isso, vais preparar para mim, naquela gruta grande ali em frente, um presépio verdadeiro, um lugar igual àquele em que comem vacas e cavalos. Leva para lá um boi e um asno para termos a impressão exata de como aconteceram as coisas na gruta de Belém. Anuncia esse acontecimento aos habitantes de Greccio e convoca-os solenemente para a noite feliz."

* * *

Francisco voltou para Fonte Colombo e começou uma preparação intensa para o Natal. Sempre tinha meditado vivamente os mistérios do Senhor. Mas, nesse tempo, o mistério de Belém transportava-o para um mundo de sonhos. A palavra Belém já era para ele música que lhe enchia o coração de melodias inefáveis.

Tinha recuperado a paz. Mas o que sentia, naqueles dias, era mais do que paz e mais do que alegria: era como se rios de ternura irrigassem todo o seu ser. Naquele dia – gostava de repetir –, as montanhas vão destilar doçura, leite e mel.

Quando faltava uma semana para o Natal, o Irmão enviou Frei Ângelo aos eremitérios de Floresta e Poggio Bustone.

"Irmão Ângelo, diga aos Irmãos dos eremitérios: 'O Irmão quer celebrar um Natal vivo convosco. Vinde, Irmãos, subamos à montanha de Deus para contemplar uma Grande Luz. As colinas vão ser aplainadas, os caminhos endireitados e as asperezas vão ser suavizadas. Vinde, Irmãos, ver o Amor'."

* * *

Francisco ficou em companhia de Frei Leão. Fechava-se o dia inteiro na gruta das rochas, pensando na pobreza de Belém, no mistério do Natal, na reconciliação universal entre a matéria e o espírito, nos esponsais do céu com a terra. Sentia desejos fortíssimos de contemplar, com os próprios olhos, o Menino que uniu o céu à terra.

Ao anoitecer, o Irmão subiu para a cabana. Depois de cear, Francisco ficou extasiado, porém, não dizia nada.

"Irmão Francisco, diga alguma coisa", disse Frei Leão. "Palavras?", perguntou Francisco. "As palavras acertadas aqui são lágrimas. É demais, Irmão Leão! O Senhor foi bom demais conosco. Quando penso em Belém, só posso chorar. Não sei falar, Irmão Leão. Só poderia dizer algumas palavras soltas; contudo, é melhor o silêncio com as lágrimas." "Pois diz essas palavras soltas que o mistério do Natal te faz lembrar", insistiu Frei Leão.

Francisco ficou muito tempo em silêncio, com os olhos fechados. Depois abriu a boca para dizer alguma coisa, porém, não disse nada. Houve mais um grande silêncio. Parecia que o Irmão estava controlando as emoções e tentando reduzi-las a palavras. No fim, com voz suave e dulcíssima, começou a debulhar devagarzinho as palavras soltas: "Belém. Humildade. Paz. Silêncio. Intimidade. Gozo. Doçura. Esperança. Benignidade. Suavidade. Aurora. Bondade. Amor. Luz. Ternura. Amanhecer...".

As últimas palavras quase não se ouviam. Depois, o Irmão calou-se e não quis falar mais. Passado algum tempo, Frei Leão adormeceu. Quando acordou, na manhã seguinte, Francisco já estava em pé. Frei Leão nunca soube se Francisco dormiu naquela noite.

DEUS VIRÁ ESTA NOITE

Chegou o grande dia. Todos os irmãos dos eremitérios circunvizinhos de Greccio estavam na gruta, no dia 24 de dezembro. A alegria que reinava entre eles era inexplicável. Francisco não parecia cidadão deste mundo.

Pelo meio da tarde, reuniram-se todos na cabana. Francisco queria prepará-los para viver plenamente o mistério da Noite Feliz. Sentaram-se no chão. O Irmão ajoelhou-se diante deles, apoiando-se nos calcanhares. Começou a falar com certo ar de mistério: "Deus chegará esta noite, meus Irmãos. Deus chegará à meia-noite e responderá a todas as expectativas. Deus virá montado em um humilde burrinho, virá no seio de uma Mãe Pura. Deus virá esta noite e trará presentes. Trará uma caixinha de ouro cheinha de humildade e de misericórdia. A ternura virá pendurada em seu braço. Deus virá esta noite".

Francisco disse tudo isso, de olhos fechados. Os irmãos permaneciam imóveis, mas com os olhos bem abertos. Francisco prosseguiu: "Deus virá esta noite e amanhã vai raiar o grande dia. Deus virá esta noite e a casa vai encher-se de perfume de violetas e papoulas. Deus virá esta noite, e ferirá com um raio de luz as escuridões ocultas e mostrará seu rosto para todas as pessoas. O Senhor sairá do Oriente e, avançando sobre as águas libertadoras, chegará até nós, na mesma noite, e não haverá mais correntes. Deus virá esta noite, arrancará as raízes do egoísmo e as sepultará nas profundidades do mar. Deus virá esta noite e nos indicará os caminhos, e nós avançaremos por suas sendas. O Senhor está para chegar com resplendor e poder. Virá com a bandeira da Paz e nos infundirá Vida Eterna. Já está chegando!

* * *

Caíra a noite. Poucas horas depois, os irmãos contemplavam, na gruta, um espetáculo nunca visto. A montanha estava em chamas. Os habitantes de Greccio, homens, mulheres e crianças, abandonaram suas casas com as portas bem fechadas e, empunhando tochas de todos os tipos e tamanhos, desciam a montanha, entre cânticos de alegria.

O povo chamejante desceu até a baixada e começou a subir, lentamente, pelas curvas de um caminho, até chegar à gruta. As rochas, iluminadas por aquelas luzes de chamas, davam uma impressão indescritível.

Tinham preparado, na entrada da gruta, um enorme presépio, com feno e palha. De um lado, em pé, um burrinho comia o tempo todo. Do outro lado, um boi não menos manso. Junto ao presépio, de pé, repleto de consolação e felicidade o Pobre de Assis esperava o começo da liturgia.

Francisco vestiu a dalmática para oficiar como diácono. A Missa começou. Quando chegou o momento, anunciou, com voz sonora, a "Boa-Nova" do Nascimento do Senhor. Fechou o Missal. Saiu do altar. Aproximou-se do povo, colocando-se entre o presépio e os assistentes.

Começou a falar. Parecia que ia cair em pranto. Repetia muitas vezes: "Amor! Amor! Amor!". Não encadeava corretamente as frases. Depois, começou a repetir estas palavras soltas: "Infância, Pobreza, Paz, Salvação" e, no fim, ajuntava sempre, como um estribilho: "Amor! Amor! Amor!". Às vezes, parecia a ponto de chorar.

Mas, aconteceu o inesperado. A ameaça de choro foi desaparecendo, pouco a pouco, e o Irmão ficou completamente sereno, insensível e ausente. Tinha-se a impressão de que Francisco perdera a consciência de sua identidade, o sentido da ubiquação e a noção de sua circunstância, e se "ausentou" por completo. Tinha sido arrebatado por uma maré fortíssima.

Esquecendo o povo, começou a dirigir a palavra a "Alguém" que, supostamente, encontrava-se em cima do presépio, como se não existisse mais ninguém no mundo. Agia como uma mãe com seu bebê: sorria para ele, fazia-lhe gestos e usava expressões que as mães usam com seus filhinhos, no berço.

Pronunciava "Jesus", "Menino de Belém" com uma cadência inefável. Era como se seus lábios se untassem de mel, e agia como quem saboreia o doce que ficou nos lábios. Repetia, muitas vezes, a palavra "Belém" como se fosse o balido de uma ovelha, no estábulo de Belém.

Inclinava-se para o presépio, como se fosse beijar alguém ou tomá-lo nos braços, como se fizesse as carícias que as mães fazem para com seus filhinhos.

João Velita garantiu ter visto, com os próprios olhos, o Menino Jesus adormecido. Ao sentir as carícias de Francisco, o Menino despertou e sorriu para o Irmão. Isso foi o que afirmou João Velita.

Foi uma noite inesquecível. Todos os habitantes de Greccio tiveram a impressão de que sua gruta tinha sido transformada numa nova Belém, e contavam milagres.

DE ALTURA EM ALTURA

O Irmão viveu os meses do inverno e da primavera, de altura em altura. Durante algum tempo, ficou no eremitério de Poggio Bustone, lugar de grata memória para ele. Depois, passou para o eremitério de Floresta onde, segundo testemunhas não muito fidedignas, escreveu o *Cântico do Irmão Sol*. Não deixou de ir ao eremitério do combate e da agonia, Fonte Colombo, nem ao de Greccio.

Com o aproximar-se da primavera, transladou-se para Narni. Subindo as montanhas próximas da cidade, por um cadinho provinciano, chegou até a uma aldeia chamada Santo Urbano. A umas duas milhas do povoado, subindo por uma ladeira quase vertical, chegou ao eremitério. Embora a paisagem que se domina de todos os eremitérios faça bater o coração, a do eremitério de Santo Urbano supera toda fantasia. Também ficou algum tempo em um lugar de oração, situado nas montanhas que coroam a cidade de Espoleto.

* * *

Descia dos eremitérios e, caminhando com dificuldade, apresentava-se na praça das aldeias. Sua fama era tão grande que as vilas se despovoavam num instante e todos corriam para a praça. Falava-lhes com voz débil e num tom ardente sobre a Pobreza, a Paz e o Amor. No fim, explicava-lhes a Paixão do Senhor de maneira tão apaixonada que o público se retirava para casa – isso acontecia sempre – em silêncio e chorando copiosamente. Perguntava pelos leprosos. Se havia, cuidava deles com carinho maternal, como nos primeiros tempos.

No mês de junho de 1224, Francisco assistiu ao Capítulo da Porciúncula. As Fontes não conservaram nenhuma de suas intervenções. Essa passividade tem a seguinte explicação: o Irmão tinha cumprido sua missão e já não era legislador, nem guia. Era simplesmente modelo exemplar e pai venerado.

CONHEÇO A CRISTO POBRE E CRUCIFICADO

Um dia, as enfermidades aumentaram. Francisco parecia um saco de areia. Nem podia mover-se. Os irmãos levaram-no para a choça da Porciúncula. Ficou o dia inteiro sentado e acocorado em um canto da choça, rodeado por Leão, Masseu, Ângelo e Rufino.

Pareciam velhos combatentes, cuidando de um ferido de guerra. Amavam-no mais que a uma mãe. Francisco deixava que lhe quisessem bem. Era uma cena de grande beleza e ternura. Durante todo o dia, não se apartavam do seu lado. Às vezes, dores superavam sua capacidade de resistência e ele deixava escapar alguns gemidos.

Em dado momento, a dor foi tão insuportável que Francisco se curvou todo, até encostar a testa nos joelhos. Frei Leão não pode conter as lágrimas. Frei Masseu, desesperado, disse: "Irmão Francisco, não há remédio humano que te possa aliviar. Mas nós sabemos que consolação é para ti a Palavra evangélica. Queres que chamemos Frei Cesário de Spira, especialista nas Sagradas Escrituras, para que te faça alguns comentários e assim te alivie as dores?".

Masseu calou-se. O Irmão continuou curvado, sem dizer nada. Os quatro irmãos olhavam-no esperando uma resposta. Depois de algum tempo, que para os irmãos pareceu uma eternidade, levantou a cabeça e, com os olhos fechados, respondeu em tom humilde e sem impostar a voz: "Não, não faz falta. Já conheço a Cristo. Pobre e Crucificado e isso me basta".

Tendo dito essas palavras, os músculos de seu rosto, contraídos pela dor, relaxaram-se quase que imediatamente e uma serenidade profunda cobriu todo o seu ser. Essas palavras eram a síntese de seu ideal e uma declaração de princípios.

Pensando em dar-lhe maior alívio, Leão acrescentou: "Irmão Francisco, pensa também em Jesus Ressuscitado, essa lembrança há de consolar tua alma". O Irmão respondeu: "Os que não sabem do Crucificado, não sabem nada do Ressuscitado. Os que não falam do Crucificado também não podem falar do Ressuscitado. Os que não passam pela Sexta-feira Santa nunca vão chegar ao Domingo da Ressurreição".

E, nesse momento, Francisco se aprumou como um homem rejuvenescido, quase sem esforço. Os Irmãos se entreolharam assustados. O Irmão levantou os braços e falou vigorosamente: "Irmão Leão, escreve: não há nada mais alto que o cume do Calvário. Não o supera nem o pico da Ressurreição. Ou melhor, os dois são o mesmo pico".

"Irmão Leão", continuou, "já celebrei a noite de Getsêmani. Passei pelos cenários de Anás, Caifás e Herodes. Percorri toda a Via-Sacra. Para a consumação completa só me falta escalar o Calvário. Depois do Calvário, não há mais nada. É aí que nasce a Ressurreição. Vamos para essa solitária, inumana e sacrossanta montanha que me foi dada pelo Conde Orlando. Algo me diz que lá podem acontecer coisas importantes."

* * *

Levando consigo Leão, Ângelo, Rufino e Masseu, em pleno verão, meados de julho, saíram da Porciúncula, na direção do Alverne.

"Irmão Masseu", disse Francisco, "tu serás nosso guardião e te obedeceremos como ao próprio Jesus Cristo. Dormiremos onde mandares. Preocupa-te com o sustento de cada dia, de maneira que não tenhamos outra preocupação senão a de nos dedicarmos ao Senhor."

Com seu tipo de modos distintos, Frei Masseu não teve maiores dificuldades para conseguir comida e alojamento durante a viagem.

Depois de dois dias de caminho, as forças do Irmão já não aguentavam. Seu organismo estava esgotado, mas sua alma continuava animada. Diante de sua decisão de chegar ao Alverne a qualquer custo, Frei Masseu entrou em uma aldeia para conseguir um asno com seu arrieiro. Bateu na primeira porta. Saiu o dono da casa, um homem já idoso.

"Meu senhor", disse frei Masseu, "somos cinco Irmãos que caminhamos ao encontro de Deus. Quatro de nós somos capazes de andar centenas de léguas. Mas conosco vai um que não consegue dar um passo. E o mais grave é que esse um é o mais importante de todos." "Quem é e como se chama?", perguntou o arrieiro. "Francisco de

Assis." "O que chamam de santo?" "Ele mesmo", respondeu Masseu. "Para mim vai ser uma honra transportar uma carga tão sagrada", acrescentou o arrieiro. "Vamos!"

* * *

Retomaram a marcha. Era um asno pequeno, mansinho e dócil às ordens do arrieiro. Francisco ia sentado, comodamente. Em geral, os cinco irmãos caminhavam em silêncio e em oração. O Irmão ia de olhos fechados e, nos momentos de mais intensa consolação, cobria a cabeça com a capa. O arrieiro estava profundamente edificado com a compostura dos irmãos.

Depois de percorrerem muitas léguas, o aldeão não aguentou mais e soltou o que estava querendo dizer desde o começo: "Pai Francisco, é difícil que possas calcular a altura em que a opinião pública te colocou. Dizem que quem te vê, vê Cristo; quem olha para ti, fica inundado de paz, e quem te toca, é curado, na mesma hora, da enfermidade e do pecado. Pai venerado, concluiu o bom homem, permita-me expressar um desejo: tomara que sejas tão santo quanto o povo crê, e que nunca enganes a boa opinião que o povo de Deus formou a teu respeito".

Ouvindo essas palavras, Francisco vacilou um instante, com os olhos bem abertos e a boca também semiaberta, como quem não acreditava no que estava escutando. Quando se recuperou, disse: "Irmão caríssimo, para o irmão asno". Todos pararam. Francisco quis descer do burro e os irmãos o ajudaram.

Sem dizer uma palavra, ajoelhou-se com dificuldade aos pés do arrieiro, beijou-os reverentemente e disse: "O céu e a terra me ajudem a te agradecer, Irmão. Nunca saíram de uma boca humana palavras tão sábias. Bendita seja a tua boca". E lhe beijou os pés outra vez. O homem não sabia para onde olhar, edificado e confuso.

Descansaram algumas horas à sombra de uma figueira copada, à beira do caminho. Francisco quis comer uns figos. Frei Masseu os colheu.

ALVERNE À VISTA

Entrando na região do Casentino, os irmãos sentiram o coração dilatar-se: a muitas léguas de distância, erguia-se, solitária e orgulhosa, recortada contra o azul do firmamento, a indomável montanha do Alverne. De longe, tinha um aspecto ameaçador para os inimigos e de proteção para os amigos.

Quando a viu, Francisco estremeceu. Não era a primeira vez que visitava a santa montanha, e sim, a quinta. Mas não soube exatamente por que seu coração começou a bater. Dir-se-ia ser de alegria e de terror, desejo e medo, tudo ao mesmo tempo.

Pediu que o descessem do asno. Ajoelhou-se. Os outros também se ajoelharam. Francisco ficou, por alguns minutos, com a cabeça profundamente inclinada, os olhos fechados, as mãos juntas e os dedos cruzados.

De repente, abriu os olhos, levantou a cabeça, estendeu os braços e, em tom de ansiedade, disse: "Ó Alverne, Alverne, Calvário, Alverne! Benditos os olhos que te contemplam e os pés que pisam tuas alturas. Daqui eu saúdo tuas rochas de fogo e teus abetos seculares. Saúdo também os irmãos falcões, melros e rouxinóis, assim como as irmãs perdizes. Um cumprimento especial para os Santos Anjos que moram em tua solidão. Cobre-me com tua sombra, montanha sagrada, porque se avizinham dias de tempestade".

Continuaram caminhando. Ao passo que os trigais e vinhedos iam ficando raros, aumentavam as azinheiras e castanheiros. Depois, essas árvores foram cedendo o lugar para os pinheiros e os abetos até que, no fim, as únicas coroas eram as soberbas rochas.

"Irmão Leão", perguntou Francisco, "qual é o emblema que coroa os cumes de nossas montanhas?" "A Cruz, Irmão Francisco." "Isso. Falta uma Cruz no cabeço de nosso bem-amado Alverne." "Vamos plantar uma", disse Frei Leão. "Pode ser que não precise. Quem sabe se o próprio Senhor não vai se encarregar de plantá-la!"

* * *

Chegaram, afinal, ao pé da montanha. Antes de começar a escalada, descansaram umas horas embaixo de uma frondosa azinheira. O que ali aconteceu não se pode explicar humanamente. Em poucos minutos, apareceram dezenas e dezenas de melros, cotovias, pintarroxos, rouxinóis, pardais, estorninhos, tentilhões e até perdizes. Confuso e agradecido, o Irmão repetia: "Obrigado, Senhor, obrigado!"

Foi uma festa nunca vista. As aves piavam, chilreavam, cantavam, revoluteavam em torno de Francisco, em alegre algazarra. Algumas faziam piruetas ousadas e mergulhos acrobáticos, enquanto outras pousavam ora sobre a cabeça dele, ora sobre seus ombros, braços ou joelhos. Foi um festival de canto e dança.

"Irmão Leão, que maravilha! Que prodígio! Como Deus é grande!", exclamou Francisco, completamente inebriado pelo espetáculo. E acrescentou: "Só faltam as andorinhas para que brote a primavera, no cume do Alverne".

Subiram pela pendente escarpada. Francisco abria desmesuradamente os olhos. Dir-se-ia que contemplava aquela ladeira pela primeira vez. Parecia-lhe estar no começo do mundo: tudo era novo. Enraizados firmemente no solo rochoso, altíssimos abetos escalavam os céus. Pareciam tocar o firmamento e tinham tal diâmetro que quatro homens juntos não conseguiriam abraçá-los.

Francisco suplicou ao arrieiro que parasse o jumento. Em pé junto de um abeto, cobrindo os olhos com a mão, para defender-se do sol, o Irmão contemplava de cima para baixo. Depois de admirar por algum tempo, exclamou: "Senhor, Senhor, como és grande!".

À medida que subiam, o espaço dilatava-se à vista. Corpulentas faias, poderosas azinheiras e altíssimos pinheiros de rara espécie, projetavam uma sombra profunda e fresca. Francisco sentiu-se no paraíso. "Irmão Leão", exclamou, "que paz! Que liberdade! Que felicidade! Somos os homens mais felizes da terra!"

Quando chegou à planície, Francisco quis ficar sozinho e manifestou aos irmãos esse desejo. Internou-se no bosque. Caminhou em diversas direções. Depois, desceu uns quinhentos pés, para além das rochas. Colocou-se diante delas, de costas para o sol, ao cair da tarde. Que espetáculo! É difícil encontrar uma evocação mais plástica do poder e da eternidade de Deus.

Eram umas rochas selvagens que afundavam suas raízes na montanha e levantavam a cabeça contra a abóbada do firmamento. Investidas pela luz dourada do sol poente, pareciam um incêndio de remotíssimas épocas telúricas. Tudo era fogo e delírio lá em cima da montanha. "Que raios terão caído sobre estas rochas", perguntou Francisco, "para produzir tais fendas? Que terremoto terá partido esses ciclopes? Isso deve ter acontecido quando a terra protestou pela morte de Jesus", pensou.

Francisco estava aniquilado, repetindo em voz alta: "Senhor, Senhor!". Deus caiu com o peso infinito de sua doçura sobre a alma de Francisco. Essa consolação arrancou-o de si mesmo, elevou suas potencialidades à altíssima voltagem. Ele se ajoelhou diante das rochas titânicas, estendeu os braços e, levantando muito a voz, assim falou: "Altíssimo Senhor, ainda que indigno de dizer teu nome, eu te dirijo este canto. Senhor, Senhor, gravitação eterna dos horizontes sem fim! És belo como esta paisagem, invencível como estas rochas, eterno como esta montanha, profundo como esse azul! Tu levantaste estas pedras como terríveis sentinelas para vigiar a marcha dos séculos. No incêndio destes picos a minha alma te sente e te ama. Tudo está cheio de tua presença. Tu brilharás para sempre sobre as rochas de minha alma. Bendito sejas pelo poder eterno deste maciço. Bendito sejas por suas fendas diláceradas. Bendito sejas pelas neves eternas. Bendito sejas pelo silêncio augusto das noites estreladas".

* * *

Dando uma grande volta, o Irmão subiu ao lugar em que o Conde Orlando tinha construído umas pequenas choças. Estavam todas juntas, em um perímetro reduzido. Mas, a pedido de Francisco, Orlando tinha construído também outra cabana solitária, debaixo de uma faia frondosa, à boa distância das outras. Francisco reuniu os irmãos. Sentou-se sobre o tronco caído de uma velha azinheira. Os Irmãos sentaram-se ao redor dele.

"Caríssimos", disse-lhes, "aproxima-se a hora da Grande Partida. Estou a poucos passos da Casa do Pai. Preciso estar a sós com meu Deus. Preciso enfeitar-me para me apresentar bonito diante da Luz. Quero ficar sozinho. Se vierem leigos para me visitar, atendei-os vós mesmos. O único ponto de união entre nós vai ser Frei Leão."

QUE SERÁ DEPOIS DE MINHA MORTE?

Está escrito: no crisol do fogo purifica-se o ouro. Alverne foi para Francisco uma alternância misteriosa de fogo e água. Teve momentos de consolação até o delírio e lufadas de Getsêmani.

Fazia um ano e meio que não era visitado pela desolação. Agora, ela voltou, mas com uma diferença: desta vez, não tinha cara de tristeza, e sim de uma pena profunda e serena.

Os anos de luta pelo ideal despertaram, outra vez, em sua alma. As lembranças dolorosas daqueles anos cobriam, obstinadamente, o seu céu, como aves de rapina. Não conseguia afugentá-las. Com traços vigorosos, voltavam à sua mente aqueles Capítulos tempestuosos, o *Studium* de Bolonha, a oposição pertinaz e astuta dos intelectuais, Frei Elias, Frei João de Staccia, a época dolorosíssima da redação das Regras...

Renovaram-se todas as cicatrizes. Os impulsos primários encresparam-se, o malquerer contra os opositores apareceu como erva daninha em sua horta. O Irmão sofria horrivelmente. O passado tornava-se presente, o presente ligava-se ao futuro, e o Pobre de Deus deixava-se levar pelos mais obscuros pressentimentos. "Se estando eu no meio deles", pensava, "atreveram-se a inovações tão audazes, que acontecerá agora que estão sozinhos e, principalmente, depois que eu já não estiver neste mundo?" Em dado momento, via seu ideal como uma bandeira despedaçada e o futuro irremediavelmente perdido. "Que será desses irmãos, quando eu morrer?"

Em um dos piores momentos, saiu da cabana a toda pressa, como quem foge de um perigo. Percorreu o bosque, sentou-se numa rocha elevada, diante de uma paisagem inebriante. Aquilo, porém, não lhe dizia nada. Seu coração estava perturbado. Era como se lhe tivessem posto fogo. Internou-se outra vez no bosque. Ajoelhou-se diante de uma gigantesca azinheira, estendeu os braços e gritou com toda força: "Eterno Deus, apaga estes ardores, acalma a minha febre!". Repetiu essas palavras muitíssimas vezes. Começou a ficar tranquilo.

"Não pode ser", disse para si mesmo. "A ira e a perturbação são explosivos que destroem a fraternidade. Não devo sentir nenhuma hostilidade contra os opositores. Isso seria o mesmo que dar uma lançada no coração de Deus. Depois de apagar as chamas, preciso sentir ternura por cada um deles. Quem sabe se assim entrarão no redil do ideal?"

"Esse é o perigo", disse a si mesmo, em voz alta: "transformar o adversário em inimigo. Lutar por um ideal é coisa nobre, mas, se durante o fragor, se passa do campo mental para o emocional, e transformamos o adversário ideológico em um inimigo cordial, Deus não pode estar no meio disso. Quando o opositor transforma-se em inimigo, fecham-se todos os caminhos do entendimento. Não posso resistir ao que me resiste. Não devo permitir que cresça, em meu jardim, a erva maldita do rancor."

Dizendo isso, estendeu-se no chão, debaixo de uma enorme azinheira, apoiando a fronte nas mãos. O contato com a terra acalmou-o, foi como se tivesse descarregado suas energias agressivas.

Pensando em cada opositor, beijava três vezes o solo. Pensava positiva, concentrada e prolongadamente em cada um deles, até que se apagasse, de uma vez, a chama da agressividade e experimentasse uma ternura sensível por eles. Depois, dizia em voz alta: "Mãe terra, transmite esta ternura a Frei Elias, onde quer que esteja". E repetiu a mesma coisa a cada um dos irmãos da oposição.

Depois, pedia perdão a Deus por tê-lo ofendido, sentindo hostilidade para com seus filhos. Lembrando nominalmente cada um dizia: "Pai, eu o entrego em tuas mãos; guarda-o como a pupila de teus olhos. Meu Deus, penetra até às raízes do meu ser, toma posse de mim e acalma este tumulto. Meu Deus, quero sentir, neste momento, o que tu sentes por aquele Irmão, o que tu sentias ao morrer por ele".

A seguir, ainda no chão, imaginava abrir, de par em par, as portas de sua interioridade para todos os irmãos da oposição. "Vem, Irmão", dizia, pensando em cada um, "eu te acolho com carinho". E terminava: "irmã terra, em tuas ondas subterrâneas, transmite aos Irmãos as vibrações de meu coração. Mãe terra, sê tu o grande ponto de união entre os Irmãos".

Levantou-se com o coração cheio de paz. Quando via uma andorinha voando, dizia em voz alta: "Irmã, anuncia a meus Irmãos a primavera do amor". Lembrando as velhas maldições que tinha lançado contra os opositores, percorria o bosque distribuindo bênçãos: "Benditos sejam os que trabalham por tua herança. Benditos os que conduzem os Irmãos!".

"Gostaria de estar na copa deste abeto altíssimo", pensava, "para sorrir para os meus Irmãos."

* * *

Lentamente, parando ou dando pequenas voltas, admirando as árvores e conversando com as criaturas do bosque, o Irmão voltou para a cabana. "A vida é luta, e na luta surge o conflito", pensava. "Não devo assustar-me por isso, que é inevitável. O importante é reconciliar-se. É a tarefa primordial de todos os dias. Não pode haver harmonia com Deus nem com a terra, enquanto houver dissonâncias com os Irmãos. Seria triste", continuava pensando, "se o ser humano fosse um acorde destoante, no meio da harmonia universal."

Era o crepúsculo. A montanha, torturada pelo fogo do dia, respirava agora aliviada. A calma, como um orvalho vespertino, penetrou e refrescou tudo. Despertaram mil vozes, saíram mil insetos por entre o musgo e os líquens. O sol ainda cobria, com vestes de ouro, os picos longínquos. Parecia a aurora do mundo.

O Irmão voltou, devagarzinho, para a choça, repetindo em voz alta: "Que paz! Que paz!".

* * *

Recuperada a paz, o Irmão viveu, por alguns dias, abismado no mar de Deus. As forças mentais de Francisco eram atraídas e concentradas pela presença. Sentindo-se em Deus, todo o seu ser entrava frequentemente em uma vibração emocionante. Já em transe, Francisco, como substrato coerente de energias espirituais, ficava "fora de si".

Frei Leão garante que o viu elevado, três ou quatro metros acima do solo, e até a altura de uma faia. Curioso e intrigado, Frei Leão bisbilhotava o Irmão, constantemente, com a mais santa das intenções. Ficava atrás das árvores, para observar sem ser observado. Ia à presença dele com a desculpa de levar algum recado, para ver se podia surpreendê-lo em arroubos ou escutar exclamações.

Um dia, surpreendeu-o elevado vários metros acima da terra. Aproximou-se, de mansinho, beijou-lhe os pés e foi embora, dizendo: "Tem piedade, Senhor, deste pobre pecador, e que eu ache graça diante de teus olhos, pelos méritos de Francisco".

* * *

Diante da santa curiosidade do amigo e confidente, Francisco permanecia calado, entretanto, não se sentia bem. Quando resolveu fazer um mês de jejum rigoroso, na solidão absoluta, pediu a Leão que ficasse na porta do oratório dos irmãos. Francisco afastou-se a certa distância e chamou-o com voz forte. Leão respondeu na mesma hora. Francisco afastou-se mais e gritou com toda força: "Frei Leão! Dessa vez, o Irmão Leão não respondeu. Este é o lugar conveniente", disse Francisco.

Aí, longe da curiosidade dos santos irmãos, iniciou, no dia seguinte ao da Assunção, um mês de jejum e de solidão, em homenagem a São Miguel.

O lugar escolhido era uma pequena planície em cima de uma rocha, um lugar parecido com um terraço, e com uma queda vertical de uns quarenta metros, diante de outra rocha íngreme e altíssima. Essa pequena planície rochosa estava separada da terra firme por um precipício de uns quarenta metros, formando uma espécie de ilha.

Os irmãos colocaram um tronco sobre o precipício, para servir de ponte, e construíram uma cela na rocha, com caniços entrançados.

Francisco deu instruções precisas: ninguém devia aproximar-se daquele lugar. Uma vez por dia, Frei Leão levar-lhe-ia pão e água, e voltaria à noite para rezar matinas. Não devia, porém, atravessar a ponte sem gritar uma senha, que seria: *Domine labia mea aperies*.

A GRANDE PÁSCOA FRANCISCANA

Aqui inicia o período mais sublime da vida de Francisco. O escritor é tentado a apresentar uma série de casos interessantes, deixando de lado os mergulhos nas perigosas latitudes em que o Irmão habitou. Mas, se quiser desvelar o mistério do homem, o escritor precisa submergir, de alguma maneira, nas águas daquela experiência. Sabemos, entretanto, que toda experiência é inédita. Por isso, o escritor só pode usar a dedução e expressar-se em linguagem figurada.

* * *

Uma narração atribuída a Frei Leão diz: "Uma noite, Frei Leão foi, à hora de costume, rezar matinas com Francisco. Quando gritou na ponte: *Domine labia mea aperies*, conforme o combinado, Francisco não respondeu. Em vez de voltar atrás como estava combinado se Francisco não respondesse, Frei Leão atravessou a ponte do precipício e entrou, de mansinho, na cela. Não o tendo encontrado, pensou que devia estar em algum recanto do bosque, em oração.

Por isso saiu e, à luz da lua, foi procurá-lo, silenciosamente, pelo mato. Por fim, ouviu a voz de Francisco e, aproximando-se, viu-o de joelhos, com o rosto e as mãos levantados para o céu. Ouviu-o dizer, com fervor de espírito: "Quem és tu e quem sou eu". Repetia essas palavras muitas vezes; não dizia outra coisa.

Muito maravilhado, Frei Leão levantou os olhos para o céu e viu chegar, do alto, uma chama de fogo belíssima e esplendorosíssima, a qual, descendo, pousava sobre a cabeça de Francisco. Dessa chama saía uma voz que falava com Francisco; mas Frei Leão não distinguia as palavras. Julgando-se indigno de estar tão perto daquele lugar santo, e temendo ofender Francisco ou perturbá-lo em sua consolação se fosse percebido por ele, voltou atrás suavemente e ficou esperando, de longe, para ver o fim.

Olhando fixamente, viu Francisco abrir, três vezes, as mãos para a chama e, finalmente, a chama voltar para o céu.

Decidido e alegre com a visão, ia voltando para sua cela, quando Francisco ouviu o barulho de folhas pisadas; mandou esperar, sem se mover, quem estivesse aí. Então, Frei Leão, obediente, ficou quieto e esperou com tanto medo que, como contou depois aos companheiros, teria preferido ser engolido pela terra, a esperar Francisco. Achou que o santo deveria estar aborrecido com ele, pois cuidava, com a maior diligência, não ofender sua paternidade, para que, por sua culpa, Francisco não o privasse de sua companhia.

"Quem és?" "Sou o Irmão Leão, meu pai", respondeu, tremendo. "Por que vieste aqui, ovelhinha de Deus? Não te disse para não me espiares? Dize-me, por santa obediência, se viste ou ouviste alguma coisa." Frei Leão respondeu: "Pai, eu te ouvi falar e dizer muitas vezes: 'Quem és tu e quem sou eu'". E então, de joelhos, Frei Leão confessou a culpa de sua desobediência, pedindo-lhe perdão, com muitas lágrimas.

* * *

Dia e noite, Francisco nadava, incansável, no mar de Deus. Encantavam-no as noites de lua e, muito mais, as estreladas. Pela narração de Frei Leão e pelos "Louvores" podemos ver que o Irmão viveu, nesse tempo, a impressão espiritual de *vertigem*, por medir a distância entre Deus e ele. O Pobre de Deus sentia ser essa distância terrivelmente presente, porque feita, ao mesmo tempo, de afastamento e de proximidade, de transcendência e de imanência.

Nas noites profundas, o Irmão saía da choça, sentava-se nas pedras sob um céu estrelado e, perdido na imensidão de Deus, experimentava um misto de fascínio e de espanto, aniquilamento e assombro, gratidão e júbilo.

Olhando para a abóbada estrelada, repetia infinitas vezes: "Como é admirável o teu nome em toda a terra!". Dizia-o com voz elevada e emocionada. Depois, baixava a voz (não se sabe de que profundidade vinha aquela voz) para dizer com o mesmo salmo: "Que é o homem para te lembrares dele?". Certa ocasião, ficara a noite inteira repetindo essa frase. Depois de pronunciá-la, o Pobre permanecia muito tempo em um silêncio em que a substância da frase continuava a vibrar.

* * *

Naquelas noites de mistério e de ar morno, Francisco erguido sobre a rocha até a altura das estrelas, distinguia duas realidades impossíveis de juntar: de um lado Deus, realidade avassaladora, admirável e abrasadora; de outro, Francisco, o Pobrezinho, quase nada. No meio, uma distância invencível que nem a Graça nem o amor podiam vencer. Entretanto, por essas coisas inexplicáveis, tal distância não era senão uma ponte de ouro, estendida pelo Amor. Quanto mais próximos estavam Deus e Francisco, mais distantes se sentiam, porque nunca se percebia, com tanta clareza, a diferença entre a altura do Altíssimo e a pequenez do Pobrezinho.

A intimidade a que fomos chamados não preenche essa distância. A graça declara-nos filhos, mas também não cobre essa distância. Naquelas noites, Francisco tinha diante dos olhos, recortada sobre o fundo das estrelas, aquela rocha íngreme e altíssima. Muito mais alta e firme do que o Gran Sasso estava esta verdade absoluta: *Deus-é*. "Quem és tu e quem sou eu?", repetia, a noite toda. Pergunta? Mais do que pergunta. Afirmação? Mais do que afirmação. É admiração, surpresa, júbilo, aniquilamento. É a vertigem sagrada, vivência impossível de descrever.

Francisco colocava-se ao luar à beira do precipício de quarenta metros que estava a seus pés. Sentia uma sensação estranha e contraditória: o abismo cativava-o como se gritasse: "Salta!". Outra força, porém, arrastava-o, ao mesmo tempo, para trás. Era a vertigem.

Quando Francisco acabava por aceitar gostosamente que *Deus-é*, o que acontecia todas as noites, entrava numa espécie de embriaguez telúrica e a vida se transformava para ele em onipotência e plenitude, fazendo-o participar da eterna e infinita vitalidade de Deus e transformando o Irmão no cantor da novidade mais absoluta: *Deus-é*. Quem és tu e quem sou eu?

Aceitando prazerosamente que *Deus-é e eu não sou*, vencia a distância. Nesse momento, a presença e a distância fundiam-se.

Francisco era o homem seduzido pelo abismo de Deus. Por outro lado, era o homem batido e vencido pelo peso da Glória. Estava sempre extasiado. Deus era para ele uma eterna novidade. Sempre cativado: saído de si mesmo e derramado no Outro. Um homem essencialmente *pascal*.

É daí que parte a *grande páscoa franciscana*: o Irmão sempre em tensão e abertura, em estado de saída para o Admirável. Quando sua alma "sai" para Deus, só tem palavras monotonamente repetidas, definitivamente incapazes de conceituar o que está vivendo:

> Altíssimo, santíssimo, onipotente, vivo, sumo, grande, verdadeiro, glorioso, eterno, justo, bom, reto, divino, louvável, admirável, bendito, imutável, invisível, inenarrável, inefável, ininteligível, sobre-exaltado, sublime excelso.

* * *

Era uma noite brilhante e profunda como poucas. O ar estival do Alverne era fresco e morno ao mesmo tempo. O mundo dormia na paz eterna. Tudo era quietude e serenidade.

O Irmão, de pé, sobre as rochas, estendeu os braços, mergulhou nos abismos da fé e na imensidade de Deus. Naquela noite, tinha aparecido em sua alma energias misteriosas de "adesão", novas forças de profundidade de "conhecimento" e amor.

Francisco não dizia nada. A palavra tinha caducado. A comunicação fazia-se de ser para ser, como quem submerge em águas profundas.

A mente de Francisco estava paralisada. Nela não havia nenhuma atividade diversificante ou analítica. Em um ato simples e total, Francisco estava "em" Deus. Era uma vivência densa, compenetrante, imediata, vivíssima, sem imagens, sem pensamentos determinados. Não precisava representar Deus porque Deus estava "aí", "com" Francisco, e Francisco "com" Deus.

Deus era (que era?) um panorama infinito, sem muros nem portas, regado pela ternura; era um bosque de infinitos braços cálidos, em atitude de abraço; o ar estava povoado de milhares de enxames com mel de ouro: era uma maré irremediável, como se dez mil braços rodeassem e abraçassem o amado Francisco; era como se uma cheia de rio afogasse os campos.

Não sobrava nada. As estrelas tinham desaparecido, a noite tinha submergido. O próprio Francisco tinha desaparecido. Restava apenas um tu que abarcava tudo em cima e embaixo, na frente e atrás, à direita e à esquerda, dentro e fora.

> Tu és santo, Senhor Deus único, que fazes maravilhas.
> Tu és forte, tu és grande, tu és Altíssimo.
> Tu és o bem, todo bem, sumo bem.
> Senhor, Deus vivo e verdadeiro.
> Tu és caridade e amor, tu és sabedoria.
> Tu és humildade, tu és paciência, tu és segurança.
> Tu és quietude, tu és consolação, tu és alegria.
> Tu és formosura, tu és mansidão.
> Tu és nosso protetor, guardião e defensor.
> Tu és nossa fortaleza e esperança.
> Tu és nossa doçura.
> Tu és nossa vida eterna, grande e admirável Senhor.

O "eu" de Francisco foi irresistivelmente atraído e tomado pelo Um, feito (Francisco) totalmente "um" com o centro. Essa foi a grande *páscoa*. Porém, não houve fusão, pelo contrário: Francisco não só conservava mais nitidamente do que nunca a consciência de sua identidade pessoal, mas, quanto mais avançava mar adentro em Deus, aumentava de tal maneira a diversidade entre Deus e ele, que chegou a adquirir contornos inquietantes: "Quem és tu e quem sou eu?".

* * *

Francisco estava submerso na substância absoluta e imutável de Deus. Deus não *estava* com Francisco; Deus *era* com Francisco. Deus ocupava-o inteiro, enchia-o completamente. E "em Deus", para ele não havia longe, perto, aqui, ali. O Irmão tinha sido elevado acima do tempo e do espaço: tinham desaparecido as distâncias; ele começou a sentir-se como o *filho da imensidade*.

Naquela noite, tudo estava ao alcance de suas mãos: as azinheiras, as rochas, as estrelas vermelhas, as estrelas azuis, as nebulosas, as galáxias mais longínquas do universo em expansão. Como Deus o ocupava por inteiro, não existia espaço. Só existia a imensidade. Melhor, só existia o Imenso. Isto é, as medidas tinham sido absorvidas e assumidas pelo Imenso. Pois bem; se Deus "é" com Francisco e se Francisco "é" com Deus (e Deus é imensidade), também Francisco é "imenso", ou melhor – como dissemos –, filho da imensidade: "Meu Deus e meu tudo".

Que noites embriagadoras foram aquelas! Noites de experiências telúricas "em" Deus! O Irmão se estendia, avançava e possuía o mundo, de horizonte a horizonte, o universo, de extremo a extremo. Não há sensação humana que possa ser comparada a isso, em plenitude e júbilo. "Deus, Deus!", dizia Francisco, em alta voz. "Deus é o que potencia", pensava, "as impotências do homem até a onipotência. Deus destrói as fronteiras do homem, abrindo-as até as margens desconhecidas." Como explicar? Quando Francisco sentiu-se no seio de Deus, nasceram-lhe asas que abarcavam o mundo, de uma ponta a outra. "Meu Deus e meu tudo."

* * *

Quando o Irmão foi assumido por aquele que é a Imensidade, tudo passou a ser relativo para Francisco. Isto é, as realidades perdiam seus contornos reais, não em si mesmas, mas para Francisco. Nessa morna noite de verão, nessa noite em que o Irmão fez "em" Deus um mergulho na criação, desapareceram as diferenças entre os seres, isto é: desapareceu a lei da diferenciação e apareceu a lei da unidade.

Em outras palavras, Francisco viveu a intuição da unidade interna de todos os seres em Deus, porque Deus é o fundamento profundo de toda realidade, a raiz única pela qual todas as coisas existem, e em que subsistem. Quando Francisco entrou na profundidade total de Deus, os seres perderam os perfis individuais que os diferenciavam e separavam e, "em" Deus, o Irmão começou a "sentir" todas as coisas, como parte de seu ser. Isto é: Francisco chegou até a "raiz" única que sustenta todas as coisas, e "lá" todas as criaturas começaram a ficar implicadas, comprometidas com Francisco ("em" Deus), eram irmãs. As estrelas, o fogo, o vento, o longe, o perto, os abetos, as rochas, os lobos, os falcões... todos (e tudo) eram *irmãos*. Foi uma vivíssima experiência cósmica "em Deus", plenificante como nenhuma outra experiência humana. "Meu Deus e meu tudo." Deus era esposa, mãe, presente, irmão, filho, herança.

O Irmão passou a noite inteira repetindo "Meu Deus e meu tudo" e, fazendo-o, sentia que todas as ternuras e satisfações que as criaturas possam dar, eram dadas pelo

Altíssimo. Mais plenamente não se pode viver esta existência. Era um prelúdio da Eternidade, que não vai ser outra coisa senão a posse simultânea e total da vida interminável. *Meu Deus e meu tudo!*

O IRMÃO FALCÃO

Naquela tarde, Francisco assistiu a uma tempestade espetacular. De dentro de sua choça, contemplava, emocionado, a furiosa descarga. Estava admirado de ver que aqueles gigantescos abetos deixavam-se molhar como crianças submissas, que as rochas não resistiam e que a orgulhosa montanha submetia-se humildemente ao castigo do vento e do granizo.

"Eu tenho que ser assim", dizia o Irmão, em alta voz. E se estendeu de bruços no chão, com os braços abertos. Sua alma mergulhou na substância da terra e, entregue nas mãos do Altíssimo, deixou-se levar docilmente pelas correntes divinas.

* * *

Foi nesse tempo que o Irmão travou uma misteriosa amizade com um falcão que morava no Gran Sasso. Certo dia, em pé, sobre a rocha, Francisco estava vivendo a proximidade e a ternura de todas as criaturas, quando um temível falcão voltava da caça, com poderosas batidas de asas. Francisco admirou o sentido de orientação, o impetuoso cruzar dos ares e a extraordinária facilidade com que a ave aterrissou, em uma pequeníssima saliência da rocha.

O Irmão sentiu carinho e admiração por aquela criatura. Dir-se-ia que se estabeleceu uma sintonia entre Francisco e a ave de rapina, e que a ave detectou o carinho do Irmão. Francisco acendeu todos os fogos de sua sensibilidade e lhe dirigiu estas palavras: "Meu pássaro, irmão falcão, filho de Deus, escute. Sou seu irmão, não tenha medo. Abra as asas e venha".

O que aconteceu não tem explicação humana. O falcão estendeu as asas e, quase sem batê-las, deixando-se cair, como quem dá um pulo, desceu e pousou a poucos metros do Irmão. Diante disso, a admiração e ternura do Irmão por aquela ave elevaram-se ao máximo. Dir-se-ia que o poderoso pássaro percebera o carinho do Irmão e ficara feliz por isso. Francisco não se moveu. Ficou olhando, com grande carinho e gratidão. O falcão também não se moveu; olhava para cá, para lá, com naturalidade.

Francisco pensou, então, em dar-lhe de comer. Lembrou se, porém, que não tinha, em sua cabana, a não ser pão e água que Frei Leão lhe trazia todos os dias, e que as aves de rapina só comem carne. Desistiu da ideia de dar-lhe de comer, dirigiu-lhe ao invés, palavras de carinho: "Onde está o seu ninho, pássaro de Deus? Como deve ser bonito ver o mundo dessas alturas! Meu pássaro, vocês não têm rotas traçadas no ar. Como não se perde e chega aonde quer? Onde está a sua bússola? Quem o ensinou a voar? O que você faz nos dias de tempestade? Você tem medo dos relâmpagos? Que é que você faz quando caem metros de neve em cima desta montanha? Deus plantou, na terra, estas rochas temíveis para lhe servir de morada. Não vá cair no pecado da ingratidão".

O falcão passava todos os dias pela choça do Irmão. Familiarizaram-se tanto, que o falcão ficava habitualmente na plataforma da rocha em que o Irmão estava instalado, só se ausentando nas horas em que ia caçar sua comida.

Francisco ficou penalizado ao lembrar que o falcão comia outros passarinhos. Procurou não pensar nisso. A amizade entre eles tornou-se tão profunda e humana que, à meia-noite, o falcão vinha bater as asas na choça de Francisco, acordando-o para a oração de matinas. Quando o Irmão ficava doente, o falcão não o acordava, ou deixava para acordá-lo mais tarde.

Quando se despediu do Alverne, Francisco fez uma menção especial ao irmão falcão.

A NOITE DA ESTIGMATIZAÇÃO

"Irmão Leão", pediu Francisco, "abre o Missal ao acaso e lê as primeiras palavras que teus olhos encontrarem". As palavras eram estas: "Eis que subimos a Jerusalém e o Filho do Homem vai ser preso, torturado e crucificado; mas ressuscitará no terceiro dia".

Francisco mandou Frei Leão fazer a mesma coisa, uma segunda e uma terceira vez, e sempre saíram palavras referentes à Paixão do Senhor.

* * *

Francisco estendeu as asas, recolheu todas as suas paixões por seu Amor Crucificado, reuniu todo o bater de seu coração dos últimos vinte anos e, durante várias semanas, dia e noite, ficou submerso nos abismos da dor e do amor do Crucificado.

Sua sensibilidade, vivíssima por natureza, foi potencializada até superar os parâmetros humanos normais. Nessas semanas, abriu as portas a um desejo veementíssimo: o desejo de sentir em si mesmo a dor e o amor que Jesus sentiu quando estava na cruz.

Como quem se abre para o mundo sideral infinito, com um potente telescópio, ou como quem submerge nas profundidades do mar com um escafandro, o Irmão, recolhendo suas faculdades na quietude e na fé, penetrou com reverência nas intimidades do Crucificado e aí "ficou", durante muitos dias e muitas noites.

"Presenciou" coisas que estão ocultas à curiosidade humana. Quieto, imóvel, deixou-se impregnar pelos "sentimentos" de Jesus, participando da experiência profunda do Crucificado. Desceu até os mananciais primitivos de Jesus Crucificado, onde nascem os impulsos, as decisões e a vida, onde se fundem o amor e a dor, apagando todas as fronteiras. Francisco viveu a temperatura interior de Jesus.

O amor e a dor são a mesma coisa. "Meu Jesus", disse Francisco, "sofreste por mim porque me amaste, e me amaste porque sofreste por mim. Amaste-me gratuitamente. Teu amor não tinha nenhuma utilidade, nenhuma finalidade. Não sofreste para me redimir, mas para me amar e por me amar. Não tens outras razões a não ser as do amor; a razão da sem-razão do amor chama-se 'gratuidade'.

Levaste-me, pelos tempos eternos, como um sonho dourado. Mas, quando chegou a 'hora', todos os sonhos se desvaneceram e me amaste com a objetividade de uns cravos pretos umas gotas rubras de sangue. Onde há amor não há dor. Concebeste-me no amor, em uma eternidade, e me deste à luz na dor em uma tarde escura. Desde sempre e para sempre, amaste-me gratuitamente."

Francisco saiu da cabana e começou a gritar desesperadamente: "O Amor não é amado, o Amor não é amado". Gritava para as estrelas, para os ventos, para as solidões, para as imensidades e para as rochas, para as azinheiras, para os falcões, para os homens que dormiam do outro lado das montanhas.

Naquela noite, o Irmão estava ébrio, delirante, incendiado, torturado pelo Amor. Seu pensamento ardia por completo só de pensar que o Amor não fora amado.

Era uma noite profunda. Os segredos da terra tornavam-se manifestos. A criação estava silenciosa e a luz coberta com uma mortalha. Um ar morno, como presságio de tremor de terra, acariciava o bosque. Podia acontecer qualquer coisa nessa noite: este mundo podia submergir ou outros mundos emergir.

Todos os odores, dos acres até os mais doces, dançavam nos ventos, sem ordem e numa mistura estranha. O diapasão de Francisco soava em seu tom mais agudo. Na sua terra, as águas tinham tocado o cume mais alto. Hoje podia morrer ou ressuscitar. Para que cantar? O mundo cantava um *noturno* sossegado, mas aquilo podia ser o prelúdio de uma *cantata apassionata*. Os velhos guerreiros dormiam, mergulhados em sonhos eternos, com todas as lágrimas secas.

A lua despedira-se havia muitos dias, e vagava pelos hemisférios austrais. As estrelas eram as únicas senhoras daquela noite. O Senhor Deus tinha elevado a altura de Francisco além de todas as alturas e tinha acendido em suas veias uma fogueira de chamas altíssimas. O coração da terra batia como que pressentindo um parto iminente ou um cataclismo como os das idades primevas.

* * *

"Meu Senhor, nesta noite, eu quisera dizer as palavras mais profundas que já foram dadas a uma pessoa pronunciar. Jesus Crucificado, minha terra está preparada para receber qualquer tempestade. Podes descarregar os relâmpagos, centelhas e raios que quiseres. Tomara que eles abram, em minha carne, sulcos de sangue e abismos de dor. Estou disposto. Por um momento, quero 'ser' tu Jesus, solta tua torrente de amor pela torrente de meu sangue. Faz de minha carne uma pira de dor, e de meu espírito uma fogueira de amor. Jesus Crucificado, eu gostaria de subir a essa Cruz, arrancar-te os cravos, fazer-te descer, subir eu mesmo e ficar aí, substituindo-te, nem que fosse por um minuto. Daí de cima, eu quisera abraçar o mundo, quisera amar todos os seres humanos, amar e sofrer por eles. Nesta noite, eu quisera, de lá de cima, cobrir o mundo com o manto da paz. Nesta noite, eu quisera reunir todos os andrajos e tumores dos filhos dos homens, levantar com eles um altar, no meio do mundo, e reduzi-los a um holocausto final, para que só reste a cinza da paz sobre o chão da alegria. Nesta noite, eu quisera que os navios de todos os mares fossem empurrados pelos ventos do Amor. Quisera incendiar-me, nesta noite, na fogueira da dor para que sobre apenas o Amor. Depois disso, tudo pode acabar, porque já teremos chegado ao pico da ressurreição. Jesus Crucificado, nesta noite, eu renuncio a tudo e entrego uma moeda. Que por ela venha a sombra bendita para os ninhos humanos e o riso alegre para os olhos das crianças. Que saiam, nesta noite, as abelhas pelos campos floridos, que os exércitos recolham-se aos quartéis da paz, que os doentes possam deixar suas camas, que os enfermos saiam dos hospitais e que a dor se retire para sempre à sua toca escura. Jesus, venha sobre mim toda a dor do mundo para transformá-la em amor total e que ninguém, de agora para sempre, seja visitado por ela. Que o mundo seja envolvido nos braços da doçura. Nesta noite, eu quero iluminar com minha lâmpada todos os caminhantes, cativos e desterrados. Quero plantar um roseiral em todos os lares, chover sobre os campos queimados, desencadear ventos que carreguem esperanças, esperar na porta todos os repatriados, correr com um cesto na mão semeando a paz, ser a bengala dos coxos, o guia dos cegos e a mãe dos órfãos."

* * *

A noite passou assim. Quando uma tênue claridade anunciava, nos confins do horizonte, a chegada do dia, ouviu-se algo como um estampido. Foi um acorde de dor e de amor que entrou, como uma tempestade, nas artérias de Francisco. Do céu desceu, como um meteoro incandescente, o amado Crucificado. Os ares enchiam-se de doçura. Jesus era fogo, energia, força, dor e gozo abatendo-se sobre o Pobrezinho.

Nesse momento, Francisco olhava para o Oriente. A aparição assemelhava-se a um serafim com seis asas de fogo. Mas, ao chegar mais perto, o Irmão percebeu, embaixo das asas, um homem crucificado. O delírio apoderou-se do Pobrezinho: era medo, júbilo, admiração, pena infinita, gozo embriagador e dor sobre-humana. Todas as espadas do mundo caíram junto com todos os favos da terra, em cima do Irmão. Francisco sentia que estava morrendo. Esteve mesmo às margens da vida.

Pareceu-lhe estar no meio de uma furiosa tempestade. De repente, teve a impressão de que um raio caíra sobre seu corpo. Deu um grito desesperador, tomado por uma dor sem limites. Mas o Pobre ficou duvidando se era dor ou prazer. Poucos minutos depois, sentiu como se outro raio abatesse abrasadoramente sobre seu corpo. E, assim, foram como cinco raios que se descarregaram sobre ele.

Francisco sentiu que sua última hora tinha chegado e que já estava reduzido a cinzas. "Meu Jesus Crucificado", disse, "descarrega sem piedade, sobre mim, todas as tuas dores. Mais, Senhor, mais, quero acabar com toda a dor da terra, reduzindo-a a amor."

Contudo não era preciso. Tinha chegado à consumação. Francisco estava crucificado.

A visão desapareceu. Estava amanhecendo. Francisco teve a impressão de que a tempestade amainara e de que tudo estivesse voltando à normalidade. Na luz incipiente da aurora, comprovou que suas mãos, pés e lado estavam queimados, feridos, perfurados, manando muito sangue.

As feridas doíam horrivelmente.

ADEUS, MONTE ALVERNE

Depois de participar da Missa, no dia 30 de setembro de 1224, o Irmão Crucificado reuniu os irmãos e lhes disse: "Irmãos, todas as manhãs, o Senhor caminha descalço por esta montanha, e os ares ficam povoados de anjos com asas de ouro. É uma montanha santa. Os ministros devem destinar, para esta Fraternidade, Irmãos que sejam tão santos quanto a própria montanha. Eu mesmo vou embora com o Irmão Leão e não voltarei mais. Estou apenas a um passo da eternidade. Irmãos, ficais aqui, mas ides comigo. Amai-vos uns aos outros, como uma mãe ama seu filhinho. Prestai fidelidade cavaleiresca a Nossa Senhora Pobreza. Acima de tudo, acima da Senhora Pobreza, prestai culto eterno ao Santo Amor. Eu vos declaro cavaleiros do Amor Eterno. Adeus, Irmão Masseu. Adeus, Irmão Ângelo. Adeus, Irmãos Silvestre e Iluminado. Vivei em paz. Adeus, todos vós. Adeus, monte Alverne. Adeus, monte dos Anjos. Adeus, montanha querida. Adeus, irmão falcão. Bendito sejas por tuas delicadezas. Adeus, rocha altíssima, nunca mais te verei. Em teus braços, Mãe do Verbo Eterno, deposito estes meus filhos aqui presentes."

"Chorávamos inconsoláveis", continua a crônica. "Ele também se afastou soluçando e levando o nosso coração."

* * *

O Irmão Crucificado e Frei Leão desceram, com cuidado e lentamente, a ladeira do outro lado das rochas, pelo caminhozinho que leva a Chiusí. Contudo, não entraram no castelo. Os dois irmãos desceram em silêncio. Francisco logo parou de soluçar. Frei Leão, sensível e emocionado, chorava sem se importar que o vissem chorando. O Irmão ia sentado num burrico manso que Frei Leão guiava com uma corda.

Tendo caminhado um bom trecho, o Irmão Crucificado olhou para trás. Ainda se via o monte Alverne. Um pouco antes de internar-se em La Foresta, na última curva do caminho, perdia-se de vista a montanha santa. Francisco mandou parar o asno. Frei Leão ajudou-o a apear-se. O Irmão ajoelhou-se na picada, com os braços em cruz, olhando para o Alverne. Ao longe, com sua melena negra, a montanha tinha um aspecto sombrio e ameaçador, recortada contra o fundo de nuvens. Francisco deu sua última bênção à montanha, dizendo: "Adeus, montanha santa. Caia sobre ti a bênção do Altíssimo. Paz contigo para sempre, montanha querida. Nunca mais te voltarei a ver".

Levantaram-se e continuaram a viagem. Logo perderam de vista a negra silhueta do Alverne. Internando-se nos desfiladeiros sombrios de La Foresta, caminharam, por algum tempo, em silêncio. O Irmão Crucificado quebrou-o para dizer: "Irmão Leão, está tudo acabado. Cheguei à porta. Só me falta entrar. Minhas andorinhas já estão voando. Às vezes, sinto que vou enlouquecer de felicidade. Irmão Leão, *Ovelhinha de Deus* e companheiro de luta, aquele que não tem nome está acenando-me para que eu vá. Esta pode ser nossa última viagem".

Não disse mais nada. Frei Leão não respondeu. Continuaram em silêncio. Depois de algum tempo, o Irmão olhou para o companheiro e viu que ia chorando desconsoladamente.

"Irmão, choras como os que não têm fé." "Que será de mim sem ti, que és meu pai e minha mãe?", respondeu Leão. "Quantas vezes vou ter que te repetir a mesma coisa: nem a traça nem a espada acabarão jamais com a alma. Oh! Irmão Leão! Depois que o Pai me tiver recolhido ao seu seio, eu vou estar ao teu lado mais presente do que agora. O corpo vale alguma coisa? Olha o meu: parece um saco de areia. A alma, Irmão Leão, a alma humana vale e possui uma eterna juventude, para de chorar, Ovelhinha de Deus. Que o sorriso brilhe em teus olhos."

O Irmão Leão consolou-se com essas palavras e enxugou as lágrimas com a manga do hábito.

A PACIÊNCIA DE DEUS

Continuaram em silêncio. "Irmão Leão, escreve", disse Francisco: "a carne desmorona como uma parede em ruína. Quando tiver caído o último pedaço, vai aparecer a sala espaçosa da luz. Como estou alegre, Irmão Leão.

Vencemos. É a vitória da nunca desmentida misericórdia de Deus. Aleluia."

Naquela noite, dormiram numa gruta do caminho. Pela primeira vez, nessa noite, Frei Leão limpou as chagas do Irmão Crucificado com água morna e ervas aromáticas. O Pobre de Deus deixava-se tratar como uma criança submissa.

"Estou com febre, febre alta, Irmão Leão. Às vezes, sinto-me mal..." "São as feridas e o sangue perdido, Irmão Francisco. É por isso que tens febre." "Se é assim, que febre não deve ter sofrido meu bendito Senhor Crucificado, na tarde do Calvário. Bendito seja ele por sua dor e por seu amor."

Francisco sentia frio. Frei Leão saiu da gruta, recolheu lenha e acendeu uma fogueira. Sentou Francisco a uma distância conveniente. Contudo, as chamas produziam demasiado calor. Frei Leão, então, tomou o Irmão e sentou-o a uma distância maior. Colocou sobre seus olhos um pano e amarrou-o na cabeça com um barbante, para que o resplendor das chamas não irritasse seus olhos enfermos. Quando as chamas se apagaram e sobrou apenas o rescaldo, Frei Leão tomou outra vez o Irmão, levou-o para mais perto e lhe tirou o pano dos olhos. O Irmão sempre gostou de contemplar o fogo. Frei Leão cuidava dele como uma mãe, e o Pobre deixava-se cuidar como uma criança. Que espetáculo!

Francisco não dormiu naquela noite. Era todo inteiro um mosaico de dor, amor, febre e saudades das Montanhas Eternas. Cada dia era como uma vigília, velando as armas para entrar na grande aventura da morte.

Frei Leão deitou-se em um canto da gruta, depois de ter coberto bem Francisco. Acordava, a toda hora, para olhar o Pobre. Quando via que o Irmão estava descoberto, levantava-se para ajeitá-lo convenientemente. O Irmão Crucificado ficou sem dormir a noite inteira, com os olhos fechados, a alma abandonada nos braços do Pai. À meia-noite, Frei Leão observou que fazia muito frio. Não havia lenha. Saiu. Tudo estava escuro. Tateando, conseguiu cortar alguns galhos e acendeu outra vez a fogueira. Depois, cobriu mais uma vez o Irmão, deitou-se e dormiu profundamente.

Despertou com o dia, sacudido por um sonho horrível. O Pobre já não estava na gruta. Frei Leão foi procurá-lo e o encontrou no alto de um outeiro, em pé, com os braços abertos e olhando em direção do Oriente, onde brilhava a aurora, anunciando a saída do sol. O Irmão Crucificado estava resplandecente como um amanhecer. Quando viu Frei Leão, recebeu-o com uma alegria inesperada, como se estivesse ansioso por comunicar-lhe uma coisa importante.

"Vi numerosos anjos esta noite", começou. "Todos eram virtuosos concertistas. Estavam afinando cítaras, alaúdes, harpas, oboés, violinos e flautas. Por ordem do Pai, estavam preparando um grande concerto para me receber. Que alegria, Irmão Leão! A eternidade está à vista! Acabou-se a luta, a tristeza e o pecado. Também vi uma montanha de ouro. Porém, não te assustes, Ovelhinha de Deus, que não era ouro, era trigo. Não te lembras que Cristo nos mandou armazenar a colheita nos celeiros da eternidade? Não fiz outra coisa durante toda a minha vida. As vigas que sustentam a casa que meu Pai me preparou não têm nenhum sinal de caruncho. Meus tesouros estão em lugar seguro. Como me sinto feliz, Irmão Leão!"

"Pois eu não me sinto tão feliz, Irmão Francisco", disse Frei Leão, e começou a chorar. Frei Leão comovia-se facilmente. "Que é isso, querida Ovelhinha de Deus?" "Eu também tive sonhos esta noite", respondeu Leão, "e não foram bonitos como os teus." "Abre o coração, meu filho. Conta-me tudo." "Sonhei que, depois da tua morte, os ministros vão me perseguir, prender e açoitar, e que vou andar fugindo pelas montanhas para escapar da ira dos intelectuais."

Por sorte, quando disse isso, Frei Leão começou a chorar e cobriu os olhos com as mãos. Por sorte, porque assim não viu a reação de Francisco. Uma sombra profunda de tristeza cobriu, de repente, o rosto até então radiante do Irmão. Renovaram-se todas as antigas feridas. "Conheço-os muito bem e sei que são capazes disso", pensou Francisco, enquanto Frei Leão chorava em silêncio. De repente, formou-se em sua mente um panorama do futuro, cheio de sombras.

De fato, Frei Leão sobreviveu quase quarenta anos a Francisco e foi vítima de todo tipo de perseguições por parte dos ministros e intelectuais, não escapando sequer a açoites e cárceres.

* * *

Francisco sentia-se quase desesperado, não por causa do fantasma do futuro, mas porque uma perturbação profunda tinha conseguido apoderar-se dele. Era um homem de paz, e quando a paz se lhe escapava, sentia-se morrer.

Mas, se ele mesmo estava sendo vítima da desolação, como podia consolar o desconsolado Frei Leão? Reagiu na mesma hora. Afogou a tristeza, aproximou-se de Frei Leão, abraçou-o efusivamente, deu-lhe umas palmadinhas no rosto e disse: "Campeão, lembra-te: embaixo do arco da aurora, eu vou esperar, de pé, a tua entrada triunfal na eternidade. Virás do campo de batalha, coberto de cicatrizes; cada cicatriz vai brilhar como uma esmeralda, pelos séculos sem fim. Quanto mais feridas receberes, mais resplandecerás no paraíso".

Frei Leão ficou consolado e os dois começaram a descer do outeiro, bem lentamente. Frei Leão ia na frente, mostrando a Francisco onde devia pisar. Por um instante, o Irmão deixou-se tomar por um sentimento de aversão contra os traidores do ideal. Mas, logo em seguida, sentiu uma tristeza imensa por ter permitido, mesmo que por um só instante, o sentimento de hostilidade. Quando chegaram à planície, o Irmão Crucificado ajoelhou-se diante de Frei Leão, dizendo: "Perdoa-me, Pai, porque pequei. Irmão Leão, escuta a minha confissão". Francisco confessou-se.

* * *

É preciso saber que Frei Leão foi secretário, enfermeiro e confessor do Irmão de Assis.

Frei Leão deu-lhe a absolvição. Francisco levantou-se e disse: "Vamos sentar". Sentados sobre pedras, o Pobre começou a falar: "Dize, Frei Leão, qual é o mais belo atributo de Deus?". "O amor", respondeu Frei Leão. "Não é", disse Francisco. "A sabedoria", respondeu Leão. "Não é. Escreve, Irmão Leão: a pérola mais rara e preciosa da coroa de Deus é a paciência. Quando penso na paciência de Deus fico com uma vontade louca de chorar e gostaria que todo mundo me visse chorando, porque não há maneira mais eloquente de celebrar esse incalculável atributo. Mas sinto uma tristeza mortal quando penso que não tive essa paciência com os meus adversários. Gostaria que eles estivessem agora aqui para poder ajoelhar-me e beijar-lhes os pés."

"Continua escrevendo, Irmão Leão: a malevolência é o excremento do próprio satanás e uma maldita cloaca subterrânea que envenena e polui as fontes profundas da vida. Como eu desejaria ter um coração puro e paciente! E quando aparece em meu coração a sombra da malevolência, mesmo que seja por um instante, tenho vontade de encher minha boca de barro. A benevolência é uma corrente misteriosa (subterrânea também), como um sacramento invisível, que purifica as nascentes e semeia de ondas harmônicas os espaços fraternos. Irmão Leão, escreve: se eu tenho um bom sentimento, toda a humanidade levanta-se quatro palmos acima do chão. Oh! a paciência de Deus! Irmão Leão, essa palavra mil vezes bendita precisa ser escrita com letras grandes. Não sei como dizer. Quando penso na paciência de Deus, fico louco de felicidade. Quero morrer de pura felicidade."

Repetiu muitas vezes, extasiado: "Paciência de Deus! Paciência de Deus!". Frei Leão ficou contagiado e começou a repetir a frase com Francisco.

No fim, o Irmão disse: "Que a irmã terra seja testemunha de nosso juramento". Pôs a mão sobre a terra e disse: "Imitando a paciência de Deus, nunca aceitaremos nenhum sentimento de hostilidade contra ninguém. E que a irmã terra venha contra nós se formos infiéis a esta promessa".

O PODER DO AMOR

Continuaram a viagem. Naquele dia, chegaram a Borgo San Sepolcro. Sem entrar na cidade, começaram a escalar as montanhas. Subindo por um barranco selvagem, chegaram até uma rocha saliente que parecia o teto do mundo e que chamavam *sasso spicco*. Dali, escalando algumas centenas de metros por uma pendente íngreme, chegaram ao eremitério de monte Casale.

Quando estavam perto da choça, saiu, precipitadamente, um Irmão que parecia emocionado e que exclamou: "Pai Francisco! Pai Francisco!". Arrojou-se aos pés do Irmão, abraçou-os fortemente, beijando-os mais de uma vez, banhado em um mar de lágrimas. O Pobre ficou admirado e perguntou: "Quem és, meu Irmão?". "Não te lembras, Pai Francisco? Sou um daqueles três assaltantes e, por tua piedade, consegui abandonar aquela vida e entrar na Fraternidade."

De fato, fazia anos que o ex-bandoleiro levava uma vida muito edificante. Levantava-se à meia-noite para as matinas. Às vezes, não se deitava mais, passando o resto da noite em oração. Trabalhava, em silêncio, na hortazinha que os irmãos tinham começado, numa encosta da montanha. Era delicadíssimo com os hóspedes.

Quando soube de tudo isso, o Irmão Crucificado pegou Frei Leão pelo braço e o levou depressa para o bosque. Antes mesmo de entrarem, começou a gritar com exaltação: "Prodígios do Amor! Prodígios do Amor!".

"Escreve, Irmão Leão: as cadeias multiplicam-se onde não há amor. Neste mundo, não há descalabros anímicos, ataduras egoístas, nem mesmo energias aéreas que militem em favor da morte e que possam resistir ao Amor. Irmão Leão, qual a diferença entre Deus e o Amor? São duas faces de uma mesma substância. Continua escrevendo, Irmão Leão: o Amor transforma os cemitérios em jardins. A vestidura do amor é o silêncio. Nas harpas de ouro não há tanta melodia, nem nas artérias da primavera tanta vida, nem no amanhecer tanto esplendor como no seio do Amor. Para o Amor, não há milagres impossíveis. Não viste esse último, Irmão Leão? Não viste um bandido transformado em santo pela magia do Amor? Nem sei como dizer, Irmão Leão. Vou dizer com uma frase só: Deus é amor."

Os olhos doentes de Francisco brilhavam como duas chamas. Esse é que foi um milagre do Amor. Como pôde o Amor ressuscitar aqueles dois buracos apagados e vazios?

* * *

Francisco e Leão passaram vários dias no eremitério. Um belo dia, desceram a montanha e, quando passaram por Borgo San Sepolcro, a cidadezinha delirou. Que tinha esse homem? Era como se a recepção tivesse sido programada semanas atrás. Não se comparava com a passagem de um capitão vitorioso. Talvez recordasse a entrada triunfal do Mestre. Todos queriam tocá-lo. Os lavradores abandonaram o campo, as mulheres as casas, as crianças as escolas. Cortaram ramos de oliveiras e de outras árvores e, agitando-as, exclamavam: "Eis o santo!".

Apinhavam-se multidões, apertavam-no de todos os lados. O Pobre quase caiu diversas vezes. As mulheres, com seus filhos doentes nos braços, abriam caminho de qualquer jeito, no meio da multidão, até conseguir tocá-lo. As pessoas gritavam. Aclamavam. Choravam.

Francisco, arrastado de um lado para o outro, ficou quase sempre insensível, como se seu espírito estivesse ausente. De vez em quando, parecia desgostoso com tudo aquilo. Outras vezes, exclamava resignado: "Senhor, Senhor!". De repente, teve um desejo de falar. Desceu do burrico, subiu numa pedra da praça e, com vigor inusitado, começou a dizer: "Eu sou um verme insignificante, homem inútil e pecador...". Não conseguiu continuar. A multidão afogou-o rugindo: "Santo de Deus, Santo de Deus!". Francisco fez um gesto de impotência e resignação.

Quando o povo se acalmou, Francisco agitou os braços, gritando: "Amor, Amor, Amor. Queimem, nas brasas do Amor, as suas rivalidades e egoísmos. Santo Amor, asa de proteção, ninho de vida, forma da felicidade, abrigo dos pequenos, cadeia imortal, guarda da paz, sombra fresca, mãe eterna, criança adormecida, mar inesgotável, música sem palavras, melodia imortal...".

Francisco estava como que embriagado. Continuou: "Amem-se uns aos outros. Amem os inimigos. Amem as pedras, as árvores, os pássaros, os peixes, as rãs... Amem as moscas, os sapos, as aranhas, os morcegos, as corujas... Amem as cobras que elas não os morderão. Amem os lobos e não os devorarão. Arriem seus inimigos e se tornarão crianças bondosas. Levantem a bandeira do Amor e as rivalidades irão desaparecer, as guerras desaparecerão e se extinguirão as invejas e as ofensas".

Parecia que o Irmão tinha perdido a cabeça e que brotasse das cinzas um jovem imortal. Começou a mover-se, a pronunciar as frases com uma cadência de dança:

> Deus é Amor. O Amor é mais forte do que a morte. Levem amor onde houver ódio. Onde houver ofensa, levem o perdão. Onde houver discórdia, união. O cordeiro vai descansar junto do lobo. Gaviões e rouxinóis cantarão a uma só voz. As espadas vão ser transformadas em arados; os soldados em semeadores; os aríetes em moinhos de vento; os campos de batalha em trigais; não haverá fronteiras nem pátrias para dividir irmãos contra irmãos; a paz cobrirá a terra inteira e Deus será tudo em todos.

Nos olhos da multidão viam-se, de longe, as chamas do delírio. Francisco estava à beira de um colapso. Parou um momento para equilibrar-se e respirar. Depois, levantou outra vez os braços e a voz para dizer: "Paciência de Deus! Paciência de Deus!...".

Não pôde continuar. Descontrolou-se, de repente, e desatou a chorar abertamente. A multidão parecia enlouquecer. O povo chorava, gritava, ululava: "Santo de Deus! Santo de Deus!". A multidão avançou perigosamente para o Irmão Crucificado. Frei Leão chorava emocionado e desesperado. Por instinto primitivo de defesa, um grupo de homens maduros e fortes cercaram o Pobre de Deus. Foi por milagre que ele saiu ileso naquele dia, das mãos da multidão enlouquecida.

A mesma cena, com algumas variantes, repetiu-se em outras cidades.

AOS PÉS DA CRIAÇÃO

Continuaram o caminho do jeito indicado: Frei Leão na frente, puxando o burrinho pela corda; o Irmão Crucificado sentado, de leve, sobre o mesmo, com os olhos fechados e em silêncio.

"Quase foste devorado pela fera popular, Irmão Francisco", disse Frei Leão. "Deus! Deus! Irmão Leão, é a Deus que querem devorar. As pessoas têm fome de Deus. Quando sentem o odor de Deus, perdem a cabeça e se lançam como feras para devorá-lo. Deus, Irmão Leão, Deus!"

Calaram e continuaram em silêncio. O outono já ia bem avançado. Os cimos dos Apeninos estavam coroados de neve.

Caminharam todo aquele dia por maus caminhos, com baixas temperaturas. Quase sem perceber, foram surpreendidos pela noite, sem poder chegar a uma pousada. Refugiaram-se no oco de uma rocha para passar a noite. Um homem que os acompanhava nesse dia, congelado de frio, murmurava e quase amaldiçoava Francisco. Este se aproximou e pôs a mão chagada sobre o ombro dele. Logo que o tocou, o frio desapareceu, e o homem ficou com tanto calor como se fosse um forno aceso.

* * *

No dia seguinte, o Irmão disse a Frei Leão: "Irmão Leão, vamos dedicar o dia a nosso bendito Amor, o Senhor Deus Pai". Começaram a escalar uma montanha não muito alta, mas de bonita forma cônica, e cheia de pedras. Subiram bem devagarzinho, porque não havia caminhos. Frei Leão guiava o burrinho e sua sagrada carga, dando voltas bem grandes para evitar a verticalidade. Nessa região havia azinheiras pequenas, ciprestes escuros, castanheiros de copa larga, moitas, buxos e penhascos abruptos.

Sentaram-se para descansar. Francisco sentia-se feliz. Embora estivesse perdendo a vista por completo, conservava muito bom olfato. "Irmão Leão, parece que estou sentindo cheiro de tomilho. Será verdade?" Frei Leão levantou-se e logo voltou com um molho de tomilho. Francisco cheirou-o, aspirou intensamente o seu perfume e disse: "Bendito sejas, meu Deus, pelo irmão tomilho".

"Irmão Leão, sempre ouvi dizer que a sensação mais agradável que Deus pode conceder ao homem é de aspirar, ao mesmo tempo, o perfume do tomilho e do alecrim. Será verdade?" Frei Leão levantou-se imediatamente, e voltou daí a pouco, com uns galhos perfumados de alecrim.

Francisco juntou as duas braçadas e as aspirou. Ficou quase embriagado, dizendo: "Oh!... Senhor, Senhor... oh!...

presentes de Deus! Sou o homem mais feliz da terra. Como a vida é bonita, Irmão Leão! Quando eu chegar à eternidade, vou plantar tomilho e alecrim por todas as montanhas do paraíso. Escreve, Irmão Leão: só os pobres participarão da embriaguez da terra e das maravilhas do mundo. Só os pobres vão saborear as guloseimas do Pai. Que sorte ser pobre por amor!".

* * *

Levantaram-se e continuaram a subida. O Irmão preferiu deixar o burrinho e subir a pé. Ia na frente; a seu lado, e um pouco atrás, ia Frei Leão para ajudá-lo caso escorregasse. Francisco subia muito lentamente e olhando para o chão com cuidado, quase encurvado, como se procurasse alguma coisa perdida.

"Que aconteceu, Irmão Francisco?", perguntou Frei Leão. "As pedras, Irmão Leão, as pedras! Nunca ouviste os salmistas compararem Cristo com uma pedra? Quando vejo uma pedra no chão, logo penso em Cristo. E se pisasse uma delas, teria o mesmo pesar, salvas as infinitas distâncias, que se pisasse em cima de uma hóstia consagrada.

Ajoelhando-se e inclinando-se até o chão, beijou uma pedra, de formato regular, com tanta veneração e carinho como se o fizesse com Cristo. "Irmão Leão, escreve: por trás de cada criatura está escondida uma fotografia de Cristo. Quantas vezes terei de dizer, Irmão Leão, que o essencial é sempre invisível! Fecha os olhos, olha com fé, e embaixo desta primeira pedra encontrarás uma formosa imagem do Senhor. Aos olhos da fé, o mundo está cheio de prodígios. Vou-lhe fazer uma confidência, Irmão Leão. Não sabes quantas vezes tive tentação de pôr na Regra o seguinte artigo: 'Exorto no Senhor Jesus Cristo que, quando os Irmãos virem um pedacinho de papel no chão, recolham-no e o coloquem em um lugar decoroso, porque nele poderá estar escrito o nome de Deus ou, ao menos, com as letras desse papel, poder-se-ia compor o nome de Deus. Os que assim o fizerem, sejam benditos pela mão do Altíssimo'."

* * *

Continuaram a subir a montanha escarpada. Quando chegaram ao alto, Francisco sentou-se, enquanto Frei Leão procurava alguma rocha saliente ou cavidade. Tendo-a encontrado, levou o Irmão Crucificado para lá, preparou uma pedra, e fê-lo assentar-se sobre ela.

"Irmão Leão, vamos passar aqui o dia e a noite. Vamos ter certamente uma noite fria. Prepara um pouco de lenha. Cortarás todo tipo de lenha, mesmo galhos grossos, mas presta bem atenção, Irmão Leão: não machuques nem toques os troncos, porque... de um tronco como esses saiu a cruz salvadora de Cristo, eternamente bendito." Tendo dito essas palavras, seus olhos se umedeceram.

"Escuta, Irmão Leão, quando cortares as moitas, respeita as raízes, para que possam brotar e viver."

Enquanto Francisco ficava perdido em Deus, Frei Leão saía e entrava com suas braçadas de lenha. Numa das vezes, deu com um bando de cotovias diante da gruta, cantando alegremente. O Irmão estremeceu de emoção. Saiu da gruta para ver se chegava outro bando. Não chegou. "A irmã cotovia, disse Francisco, é um exemplo para o Irmão Menor. É muito parecida conosco, por causa do capuzinho! Suas penas são cor de terra como os nossos hábitos. Procura humildemente a sua comida pelos caminhos. Voa bem alto, no azul, cantando alegremente. Em resumo, seu coração está sempre nas alturas. Nós deveríamos ser como as cotovias."

* * *

À noite, Frei Leão acendeu o fogo, esquentou água com ervas medicinais e cuidou das chagas do Irmão, com a maior delicadeza. Cobriu-o como uma criança e Francisco permaneceu horas extasiado diante do fogo. Parecia-lhe mais "formoso, vibrante e alegre" do que nunca.

"Irmão Leão, estremeço pela força e beleza do irmão fogo. Olha que movimento constante. Olha a chama como sobe e desce pelas costas da madeira. Aparece e desaparece como por encanto. Olha como dá uma corrida cintilante, de ponta a ponta nesse pau. Ora é amarela, depois azul, depois vermelha, e depois fica verde azulada. Parece um jogo mágico da irmã, a mãe terra. O fogo, o mar, Deus: são tão parecidos! Irmão Leão, escreve: entre todas as criaturas, a que mais se parece com Deus é o fogo. Os dois estão cheios de vida e movimento. Os dois iluminam e aquecem. Os dois resplandecem e se movem. Os dois calcinam, purificam, cauterizam, conforme o caso. Os dois são bonitos e vibrantes. Louvado sejas, meu Senhor, pelo irmão fogo."

Na manhã seguinte, Frei Leão pegou os tições meio queimados e os foi jogando fora, despreocupadamente. Jogou terra sobre as cinzas para apagar os últimos restos do fogo.

"Não, Irmão Leão", disse Francisco, "assim não. Não devemos extinguir nada, neste mundo. Se os intelectuais da Ordem não achassem ridículo, teria posto na Regra estes mandamentos: 'Não apagar as velas, não extinguir as chamas; não cortar troncos; não pisar as pedras; não prender passarinhos na gaiola; não cortar flores; não queimar nada; não destruir nada; não desprezar nada; alimentar as abelhas durante o inverno; ter piedade de tudo o que vive; sentir ternura por tudo o que é pequeno e insignificante; tratar com predileção os animaizinhos feios ou repulsivos, como os sapos, ratos, moscas, baratas, lagartixas, cobras...'. Ah! se os intelectuais tivessem permitido, como seria diferente a Regra que eu teria dado aos Irmãos! Irmão Leão, o mundo inteiro é um enorme sacramento de Deus."

* * *

A criação correspondia a Francisco com a mesma ternura. Nos dias em que o Irmão dedicava-se à contemplação, nas alturas de Greccio, um filhote de lebre o seguia por todos os lados, como um cachorrinho. Na mesma região de Rieti, quando Francisco estava passando alguns dias de oração, nas margens de um lago, um martim-pescador e uma truta, de tamanho regular, vinham todos os dias, pontualmente à mesma hora, para pedir-lhe a bênção.

Em Sena, os irmãos tinham, em sua cabana, um belo faisão. Quando Francisco viajava, o faisão fazia greve de fome por diversos dias.

Na Porciúncula, havia uma cigarra grande, sempre encarapitada nos galhos de um zimbro, a cantar estridentemente. Quando Francisco a chamava, a cigarra vinha pressurosa e alegremente. Pousava na mão direita do Irmão e cantava os louvores divinos.

Ainda na Porciúncula, houve uma temporada em que os irmãos tiveram uma ovelhinha muito devota. Sempre que o Irmão começava a rezar, a ovelhinha ficava a seu lado, deitada o tempo todo. Na hora da consagração, prosternava-se, dobrando as duas patas dianteiras. E saudava Nossa Senhora com ternos balidos.

Em um eremitério, aconselhou o hortelão a ir diminuindo cada vez mais o espaço das hortaliças, para dar lugar às flores. Quando chegava a primavera e o campo se cobria de flores, era frequente assistir a esta cena: o Irmão parava diante de uma flor (nunca cortava flores), falava-lhe como a uma pessoa, fazia-lhe galanteios, convidava-a a louvar a formosura do Formoso. Tocava-as com suma delicadeza, como se as acariciasse. Parecia que elas adquiriam consciência de si mesmas, respondendo-lhe como pessoa.

O Irmão Francisco, em resumo, entrava no segredo profundo da criação.

Um dia Francisco saiu para mendigar vinho tinto, com grande estranheza de Frei Leão. Voltou com um jarro cheio de vinho espumoso. Esquentou-o até ferver. Depois o deixou esfriar, misturou-o com mel e pôs o jarro de vinho com mel perto de umas colmeias do bosque.

"Irmão Leão", disse Francisco, "não podemos permitir que morram essas deliciosas criaturas, as abelhas. Estamos no inverno, não há flores, as pobres poderiam morrer de fome."

Numa primavera, dedicou-se a fazer ninhos de rolinhas. Ficou muito tempo observando a estrutura desses ninhos. Construía-os o mais parecido possível com o original, e colocava-os nos arbustos e moitas. "Irmão Leão", dizia, "sabe por que gosto muito das rolinhas? Porque elas têm os atributos mais apreciados pelo meu Senhor: a misericórdia e a humildade."

A IRMÃ DOR

Continuaram a viagem para a Porciúncula. Pelo caminho, o Irmão não parou de falar da vida eterna, da grande festa que vai haver para os pobres, dos cofres em que estão guardados os tesouros e os diademas que vão brilhar nas cabeças coroadas.

O Irmão falava como se o desenlace fosse iminente. Seria exato dizer que Francisco estava alegre? Não era bem alegria. Era quase uma ânsia de pisar o chão eterno. Sofria muito. Os transtornos gástricos, a hemorragia e a febre dos estigmas, mais a doença dos olhos, tinham feito do Pobre de Deus uma chaga viva. A eternidade, entre outras coisas, era descanso e fim de suas dores.

Um dia, chegou à Porciúncula. Não ficou nem um dia. Sentindo a iminência da morte, foi devorado pelo desejo e pela necessidade de proclamar os direitos de Deus. Durante o inverno e a primavera, percorreu grande parte dos povoados da Úmbria. Montado em um humilde asno foi um apóstolo incansável, percorrendo até três ou quatro aldeias por dia.

As jornadas cansativas debilitaram de tal maneira sua saúde deteriorada que, por diversas vezes, temeram por sua vida. Perdeu a vista quase completamente. Ia de olhos vendados e sofria terríveis dores de cabeça.

Quando Honório III estava em Rieti com sua corte, Hugolino insistiu para que Francisco fosse a essa cidade para uma consulta médica com os doutores pontifícios. Francisco sempre teve alergia por médicos e não quis ir. Tiveram que convencê-lo com o versículo do Eclesiástico: "O Senhor colocou na terra a medicina. O homem prudente não a desdenha".

O Irmão Crucificado decidiu submeter-se à consulta médica e a uma eventual intervenção cirúrgica.

* * *

"Sou um muro em ruínas", pensava o Pobre de Deus. "Faltam poucas horas para amanhecer o dia. Os montes do céu já estão à vista. Vou despedir-me da Irmã Clara e das Damas Pobres. Provavelmente vai ser o adeus final."

Francisco foi a São Damião com Frei Leão, pensando em passar lá alguns dias.

"Pai Francisco", disse Clara, "as cotovias, os rouxinóis, as andorinhas, os cravos do claustro, as Irmãs Pobres e eu te damos as boas-vindas. Só temos um desejo, Pai Francisco: que tua passagem por São Damião seja um prelúdio do paraíso."

Conhecendo os gostos do Irmão, Clara tinha preparado uma grinalda de violetas. Quando as recebeu e cheirou, Francisco foi arrebatado pela inspiração: "Oh! a humildade", começou dizendo, "mãe de santos e berço da fraternidade! Irmã Clara, como posso dizer? No seio da humildade preparam-se os homens fortes e livres. Onde há humildade não há medo. É a escola da sabedoria. Nessa forma, são fundidos os mais altos exemplares da raça humana e os aristocratas do espírito. Onde há humildade há a beleza interior, a serenidade de um entardecer, a elegância de uma dama, a doçura de uma mãe, a fortaleza de um campeão, a tenacidade do aço, a mansidão de uma pomba. Como direi? Irmã Clara, uma mulher humilde é uma mulher invencível. Como são perfumadas as violetas, Irmã Clara! Que as estrelas me ajudem a te agradecer por esta grinalda".

Naquele dia, o Irmão Crucificado parecia renascer. Mas, o bem-estar durou pouco. À noite, todos os achaques caíram sobre o Pobre de Deus, como uma matilha esfomeada de lobos.

"Irmão Leão, sabes o que é o fogo? A dor é igual: é como o fogo que entra pelos ossos, até a medula dos ossos, morde, despedaça, queima, arranca a pele. Não se pode respirar. O corpo vira uma chama viva, uma fogueira. Só que devora e não consome. Irmão Leão, não aguento mais. Pede ao Altíssimo que retire, por um momento, a sua mão."

Pode ser que Frei Leão nunca se tenha sentido tão desesperado em sua vida como nessa noite. O Irmão Crucificado contorcia-se, gemia. Seus olhos eram duas chamas de sangue e pus. O fígado parecia que ia arrebentar. As chagas eram incêndios. Frei Leão não sabia o que fazer. Pensou em ir avisar as Damas Pobres no convento. "Mas, que vai adiantar?", pensou.

"Irmão Leão, retiro a palavra. Não peças ao Altíssimo que afaste sua mão. Ele é meu Pai. Não pode permitir que seu filho conheça o paroxismo. Diz-lhe que faça como achar melhor e que se cumpra a sua vontade. A dor, Irmão Leão, será o paralelo mais baixo da existência humana, ou será o mais alto? Por que o Filho de Deus usou esse meio para remir o mundo? Que há por detrás da dor? A redenção? A extinção? A paz? Nas mãos de Deus, que significa a dor? Carinho? Castigo? Predileção? Purificação? Piedade para conosco? Aviso? Ouvi dizer que a dor e o prazer são a mesma coisa. Será verdade?

* * *

Amanheceu. "Que alívio! Irmão Leão, escreve: o clarear do dia é um beijo de Deus. Louvado sejas, meu Senhor, pelo amanhecer: é o fim das dores e tem aparência de esperança. Se não houvesse aurora, sucumbiríamos, sem dúvida, ao desespero. A noite é terrível." As dores de Francisco, porém, não foram aliviadas.

Ao nascer do sol, veio Irmã Clara trazendo caldo de galinha com ingredientes que, segundo ela, haveriam de reanimar o doente. O Irmão não tinha vontade de tomar nada. Mas, por cortesia, endireitou-se e começou a tomar, lentamente. Não conseguiu acabar. Vomitou tudo, entre espasmos de dor. Frei Leão foi para um canto chorar. Clara, com lágrimas nos olhos, acomodou o Irmão, ajudou-o a deitar-se e o cobriu.

"Estou crucificado, Irmã Clara", disse Francisco. "A dor me morde como um cachorro raivoso e me tritura os ossos." "Pai Francisco, que é que eu posso dizer? Tu sabes tudo. Tu nos falaste tantas vezes do Senhor Crucificado!"

Ouvindo essas palavras, o Irmão Crucificado abriu os olhos como se estivesse acordando de um letargo. "Tens razão, Irmã Clara. Por que queixar-me? Como pude esquecer meu Senhor Pobre e Crucificado? Irmão Leão, se nessa noite saiu alguma lamentação de minha boca e a anotaste, apaga-a imediatamente. Não fui um verdadeiro cavaleiro de meu Senhor. Louvado sejas, meu Senhor, pela irmã dor, companheira inseparável de meu Senhor Crucificado. Bendito sejas, meu Deus", continuou, "por essa criatura de quem todo ser vivente foge. A irmã dor nos purifica, nos solta das amarras terrestres e nos lança nos braços de Deus. Irmão Leão, escreve: bem-aventurado o homem a quem a dor surpreende armado pela fé e o amor. Será purificado como o ouro e converter-se-á em uma fonte de mérito e vida. Infeliz do homem que, na hora da dor, está desarmado e sem fé. Será certamente aniquilado. Ó, meu glorioso Senhor Jesus Cristo, valente companheiro da dor, segura minha mão e faze de mim o que quiseres!"

Dizendo isso, relaxou-se e adormeceu. Clara e Leão saíram.

"Que te parece, Irmão Leão?", perguntou Clara. Teremos, por muito tempo conosco o Pai Francisco?" "Irmã Clara, eu achava que na crucifixão acabavam-se as dores. Misteriosamente o Altíssimo continua a oprimir, com sua mão, o nosso Irmão. Que podemos fazer? Que adianta resistir ou fazer perguntas que não vão ter respostas? Irmão Francisco sempre me ensinou que devemos fechar a boca, abrir o coração e inclinar a cabeça, diante dos mistérios de Deus. Além disso, o que é que nós sabemos?" "Irmão Leão", disse Clara, "agora que estamos sozinhos, conta-me como foi a crucifixão de Francisco. Cristo veio em forma de relâmpago? Ou de uma centelha? Sua carne foi queimada? Ou furada? Conta-me como foi." "Irmã Clara, se aquele firmamento, lá em cima, está cheio de mistérios, tenho mais motivos ainda para te dizer que a noite da estigmatização vai ficar, para sempre, fechada à curiosidade humana. Perfurações? No peito, sim, Irmã Clara. Mas, nas mãos e nos pés, eu diria serem como queimaduras profundas que recordam a forma e a cor dos cravos que atravessaram os membros de Jesus." "Achas que o Pai Francisco vai deixar que eu lave, trate e enfaixe suas chagas? Para mim seria o maior privilégio da vida." "Dize adeus a esse privilégio, Irmã Clara. Francisco é terrivelmente ciumento de seus segredos divinos, mesmo com as pessoas mais queridas. Muitas vezes ele me disse: 'Escreve, Irmão Leão: pobre do homem que não tiver segredos com o seu Deus!'."

* * *

Entraram no quarto. Francisco estava com os olhos muito abertos. "Irmã Clara, é dia ou noite?", perguntou. "É meio-dia, Pai Francisco", respondeu Clara. "Não vejo nada, não vejo nada, nem uma sombra. Estou cego. Parece meia-noite." Endireitou-se ansioso. Estendeu as mãos. Abriu desmesuradamente aqueles olhos de sangue. "Não vejo nada." Estendeu-se na cama, dizendo: "Senhor, Senhor, sou teu servo. Não tenho direito de reclamar. Faça-se a tua vontade. Tudo está bem."

Houve um silêncio profundo. Clara e Leão olharam-se significativamente. Frei Leão não aguentou e foi à porta. Clara, derramando grossas lágrimas, mas sem soluçar, ficou ao pé da cama.

"Onde estás, Irmã Clara?", perguntou Francisco. "Estou aqui, Pai Francisco." "O voo das andorinhas, Irmã Clara, o voo das andorinhas!" suspirou o Irmão Crucificado. "Que queres dizer com isso, Pai Francisco?" perguntou Clara. "Quando eu era jovem e estava consertando estas paredes, parava o trabalho, sentava-me no claustro de São Damião e passava horas admirando o voo das andorinhas. Suas piruetas alegres, suas audazes acrobacias e sua rapidez de relâmpago me estremeciam. Às vezes, até chorava de pura emoção. É difícil presenciar um espetáculo mais emocionante que o voo das andorinhas. Fazia anos que queria ter essa sorte outra vez. Vim aqui para me despedir de vós e também (embora não o tenha dito a ninguém) para admirar o voo das andorinhas no claustro de São Damião. Agora, o Senhor me tirou a visão. Nunca mais vou ver o voo das andorinhas. É o que mais sinto, Irmã Clara. Mas, que seja feita a vontade de Deus."

Clara ficou em silêncio. Sentia uma imensa pena do Irmão que já não podia contemplar o voo dessas alegres portadoras da primavera.

O VIOLINO

Durante o dia, o Irmão Crucificado foi navegando pelos mares da tranquilidade. Era uma criança dócil diante dos embates divinos. Não resistiu. Não perguntou. Aceitou a nova situação em silêncio e paz. Foi rodando pela vertente do abandono até cair nos braços da serenidade total.

Suas dores se aliviaram por causa dessa atitude interior. Frei Leão não saiu da cabeceira do doente. Irmã Clara ia e vinha com muita frequência, trazendo água perfumada, roupa limpa, remédios caseiros feitos por ela mesma. Quando o Irmão perdeu a visão, ampliou-se-lhe o horizonte visual da fé e a audição.

"Que é isso, Irmão Leão? Já chegamos ao paraíso? Desde que me faltou a luz, meus ouvidos estão ficando cheios de harmonia. Desde Espoleto até Perúsia, todas as vozes do vale, pássaros, grilos, sapos sobem até a minha alma formando uma sinfonia imortal. E esse pintassilgo que canta no cipreste da janela... morro de felicidade. Nunca senti tanta doçura." E baixando muito a voz, disse: "Deus! Deus! Como és grande!".

Leão e Clara estavam felizes em silêncio. De vez em quando, olhavam um para o outro com uma leve inclinação de cabeça, concordando com o que Francisco dizia.

"Escreve, Irmão Leão: só os cegos verão a Deus. Basta fechar os olhos e o universo fica povoado de Deus. O essencial está sempre além da retina. Irmão Leão, retira os olhos, a audição, o olfato e o tato e, sem precisar de mais nada, já estaremos no paraíso. Por detrás da morte, levanta-se a muralha da imortalidade. Quando caem todos os sentidos e o muro do corpo, como revestimentos em ruínas, aparece o Rosto Essencial: Deus. Irmão Leão, quando vou descansar nos braços de meu Deus?"

* * *

O semblante do Pobre de Deus estava coberto de profunda serenidade. Irmã Clara chamou Frei Leão para fora do quarto e lhe disse: "Irmão Leão, já vi muitos doentes e conheço o estilo de Deus. O alívio que o Pai Francisco está gozando, neste momento, é uma trégua. As dores vão voltar e talvez com fúria redobrada. Temo por esta noite. Pode acontecer alguma coisa, prover-te-ei de vários remédios".

De fato, ao cair da tarde, Irmã Clara trouxe, como experiente enfermeira, uma porção de panos, ervas medicinais, diversos remédios experimentados por ela mesma com suas enfermas, vários caldos. Fora do quarto, preparou um pequeno fogão para esquentar a água.

Quando se despediu, Clara pediu a bênção do Irmão. O Pobre de Deus pôs a mão chagada na cabeça dela. Nessa atitude, esteve em silêncio uns minutos e depois, levantando a voz e com palavras inspiradíssimas, invocou a assistência do Altíssimo sobre ela.

Quando Clara foi embora, Francisco disse: "Não te admires do que vou dizer, Irmão Leão, e escreve: Oh! a mulher... é o mistério mais excelso da terra. Elas sentem o cheiro da morte, Irmão Leão. As mulheres nasceram para dar vida e, onde ronda a morte, corporal ou espiritual, desde os tempos mais remotos, elas tiram energias para defender-se como feras. Sem a mulher, a vida se extinguiria. A mulher, Irmão Leão, está sempre em contato com a terra e a vida. E não te assustes com o que vou dizer: Deus, por ser fonte da vida, está mais perto da mulher, e ela mais perto de Deus. Sem o saber, elas são um pouco a verdadeira efígie de Deus. Lembro-me da grande senhora que foi Dona Pica... E não te escandalizes com o que vou dizer, mas continua escrevendo: desde que conheci os mares profundos de minha mãe, Dona Pica, sinto sempre a tentação de chamar Deus de Mãe".

* * *

Irmã Clara não estava enganada. Mal Francisco acabou de falar, a dor chegou como uma maré. Em poucos minutos, o Irmão Crucificado era uma fogueira de dor, com chamas mais altas do que nunca. Frei Leão, assustado, lançou mão dos remédios previstos por Clara e, para tranquilizar o Irmão, enumerou a lista dos medicamentos que Clara tinha trazido. Francisco não reagiu.

As dores avançaram em um crescendo contínuo. O Irmão se retorcia, clamando a Deus. Ninguém poderá explicar o que aconteceu com o Irmão Crucificado, quando as dores atingiram e ultrapassaram o paralelo da resistência humana.

A dor e o prazer identificaram-se. O Calvário e o Tabor abraçaram-se e se fundiram. Ninguém saberá explicar se Francisco estava no corpo ou fora do corpo, se perdeu os sentidos ou se foi momentaneamente arrebatado da terra dos viventes ou foi um desmaio total. O fato é que o Irmão começou a ouvir os arpejos de um violino, que pareciam executados por um anjo. A música fez desaparecer as fronteiras entre a dor e o prazer, fez com que a dor fosse arrebatada pelo prazer ou que o prazer assumisse e sublimasse a dor.

* * *

Frei Leão viu que o Irmão deixou de se contorcer, e que seu rosto ficou sorridente. Num primeiro momento, pensou que tivesse partido para o outro lado. Mas, tomando-lhe o pulso, percebeu que o coração funcionava normalmente. Isso, por fora. Por dentro, Francisco tinha sido elevado à mais alta voltagem de resistência possível a um ser humano. O próprio Deus transformou-se em música, usando os dedos de um anjo para executar uma partitura que recolhia as melodias do paraíso.

Era o próprio Deus que, em seu poder sem limites, se abatera com sua doçura infinita sobre a mortalidade de Francisco, atuando, reduzindo e concentrando todas as potências do Irmão em sua sensibilidade musical. Deus transformou-se em um *stradivarius* de som inefável. Diante dessa fortíssima visitação de Deus, todas as energias (energias que são as mesmas para a dor e para o prazer) foram arrastadas pela "torrente de todas as delícias", subtraindo-se da esfera da dor para submergir na esfera do prazer.

* * *

Como quem desperta de um agradável sonho, o Pobre de Deus voltou a si. "Irmão Leão, se o anjo tivesse tocado mais um acorde, eu teria morrido na hora. A Misericórdia (também essa palavra tem que ser escrita sempre com maiúscula, Frei Leão) levou-me não sei se para o primeiro, o terceiro ou o quinto céu, e escutei melodias que o ser humano não pode ouvir sem morrer. Agora já não preciso dos remédios da Irmã Clara. Bendita seja a irmã dor que nos purifica e nos prepara para a música eterna. Irmão Leão, escreve: nem todos os dicionários juntos são capazes de expressar a maravilha que Deus preparou para os que o amam."

As dores voltaram. Nessa hora, Francisco teria enfrentado, impávido, até as penas do inferno. Durante o resto da noite e da manhã, embora desse para ver que sofria muito, o sorriso não se apartou de seus lábios.

Ao nascer do sol, Irmã Clara veio trazendo água quente e roupa limpa. "Pai Francisco", disse Clara, "como os teus sofrimentos se estão agravando e não é possível transportar-te para a Porciúncula, queres que te prepare, aqui mesmo, uma cabaninha parecida com a que usas em Santa Maria dos Anjos?" "Agradeço tua atenção e aceito tua iniciativa, Irmã Clara", respondeu Francisco.

Entre a casinha do capelão e o claustro, Clara mandou construir uma choça de vimes, caniços e galhos, como Francisco gostava. Ela mesma dirigiu a construção e, mantendo-se na pobreza, preparou tudo para aliviar, de alguma maneira, as dores do Irmão.

O Irmão Crucificado ficou, mais ou menos um mês e meio dentro dessa choça, sem que suas dores diminuíssem em momento algum.

NOITE TRANSFIGURADA

Mas houve uma noite em que se arrebentaram todas as trancas. Acontece sempre o mesmo: as medidas da consolação são do mesmo calibre da desolação. Naquela noite, a desolação chegou ao fundo. O Pai Altíssimo abandonou seu filho e permitiu que rolasse, como uma pedra solta, pelos abismos do desespero. Depois da noite da estigmatização, essa foi a grande noite do Irmão, mais memorável que a própria noite de Espoleto.

O Pai retirou todas as suas consolações. Dir-se-ia que tinham sido soltas as forças do inferno, caindo todas juntas, em um salto final, sobre o Pobre doente. Naquela noite, o Irmão quis morrer para se ver livre do sofrimento.

Abriram-se as antigas feridas do coração e começaram a manar sangue. O Pobre de Deus estava triste por não poder reagir em paz. Desejaria voltar atrás e começar tudo de novo, vivendo perpetuamente como um solitário anacoreta dos Apeninos. Os seus ideais jaziam destroçados, no chão, pareciam-lhes como bandeiras derrubadas. O cúmulo é que parecia que todos os ratos da região tivessem sido convocados para torturá-lo. Subiam e desciam pela choupana com o seu guinchar agudo. Subiam pela cama, passavam por cima de seu corpo; alguns chegaram a mordê-lo. O pâncreas era uma fogueira, os olhos, chamas vermelhas, as chagas, fogo, febre, delírio, agonia.

A situação chegou ao paroxismo e Francisco de Assis avançou para a borda mais perigosa de sua vida, para o abismo do desespero.

À meia-noite, no momento mais álgido, endireitou-se em um impulso de desespero, para gritar: "Senhor meu Deus, até quando? Não aguento mais. Leva-me, por favor".

Como resposta, ressoaram, claramente, na esfera total de seu ser, estas palavras: "Querido Francisco, se alguém te desse, em recompensa de tuas tribulações, um tesouro tão grande que valesse mais do que tudo na terra, não ficarias contente com esse presente?". "Claro, Senhor; seria um presente inestimável." "Então dança de alegria, Pobrezinho de Deus, canta tuas dores porque a recompensa eterna está completamente garantida para ti."

* * *

De repente, tudo começou a se mover. Das raízes invisíveis começou a subir pelas artérias da terra... O quê? Os ventos sopravam dos quatro cantos da terra e em suas asas vinha... O quê? Do alto caía uma chuva de estrelas... como se chamava? Era *júbilo*. Maré e enjoo. Era colmeia, ternura, embriaguez...

"Irmão Leão, entrega-me o violino", disse Francisco. Frei Leão pensou que o Irmão estivesse delirando e lhe falou como a uma criança pequena: "Estás sonhando, querido Francisco. Aquela história do violino já foi dias atrás. Não tem mais violino, Irmão Francisco". "Quantas vezes terei que dizer, Irmão Leão, que só os cegos verão prodígios? Vai lá fora, corta dois galhos grossos da cerejeira que está na frente da porta e traze-os aqui.

Foi buscá-los. Francisco apoiou um dos galhos entre a mão e o ombro, como se fosse um violino. Com a mão direita, pegou o outro galho, como se fosse o arco. E esteve "ausente" durante a noite toda. Até a alvorada não deixou de esfregar um galho no outro, como se estivesse executando uma sonata. Abria a boca como se estivesse cantando. Olhava com os olhos cegos, bem abertos, para cima e para baixo, como se enxergasse. Ficou assim a noite toda. Sua alma estava longe.

Nessa ausência, luzia uma manhã radiante. Abriam-se as flores e o mundo vestia-se de esperança. Em primeiro lugar, apareceu, de pé, sobre uma pedra solitária, Dona Pica que cercara sua infância e juventude de ternura e de altos ideais. Ali estava a noite de Espoleto, como uma estrela matutina. O Cristo bizantino tinha aberto o caminho.

A misericórdia do Senhor tomara-o pela mão e o levara para passear entre os leprosos e as taipas em ruína. Tinha vencido o ridículo, despindo-se diante de toda Assis. Lá estavam os primeiros irmãos, a aprovação da nova vida pelo Santo Padre, Rivotorto e suas alegrias, a Porciúncula e sua pobreza, a surpreendente multiplicação dos irmãos, as lutas pelo ideal, os prodígios de Greccio e do Alverne... Tudo tinha sido tão bonito!

Como um grande senhor, o sol tinha presidido e iluminado essa gloriosa marcha. O fogo acompanhara-o de dia e principalmente à noite, com sua beleza e força. A água das cascatas junto dos eremitérios tinha-o encantado com seu rumor e saciado sua sede. E as inesquecíveis noites estreladas, densas de Presença, e as noites de lua cheia. A terra dera-lhe as montanhas para rezar, as covas para dormir, os ventos para embalá-lo, e seu seio para produzir azeitonas, trigo, nozes, uvas e ameixas. Tudo tinha sido tão bonito!

Acima do sol e das estrelas estava o Altíssimo, que tinha posto em movimento, por seu poder e amor, essa singular existência. Tudo tinha sido tão bonito!

O Irmão Crucificado, sempre ausente, sentiu vivamente que sua existência tinha sido um presente privilegiado de Deus Pai. Sentiu uma gratidão intensa para com Deus, o sol, o fogo, a água, a terra... e, na noite mais desesperada de sua vida, noite de ratos, febre e delírio, o Irmão Crucificado de Assis deu ao mundo o hino mais otimista e alegre jamais saído do coração humano: o *Cântico do Irmão Sol*.

Ao raiar do dia, veio a Irmã Clara trazendo roupa limpa e caldo de galinha para o doente. Antes de entrar, chamou de lado Frei Leão e lhe perguntou: "Como o Pai Francisco passou a noite?". "Irmã Clara, só sei que seus pulmões e coração ainda se movem. Mas Francisco mesmo já não está neste mundo. Aconteceram coisas estranhas, nesta noite, Irmã Clara. O Irmão Francisco chegou ao auge do desespero. Quando o ultrapassou, não sei como explicar,

Irmã Clara, não sei se foi delírio, êxtase... Pediu dois pedaços de pau e, como quem toca um violino, esteve, durante a noite inteira, esfregando-os e abrindo a boca como se estivesse a cantar."

"Irmão Leão", gritou Francisco com voz forte, lá dentro. "Estou aqui, Irmão Francisco." "Irmã Clara chegou?" "Chegou, Irmão Francisco. Está aqui."

Francisco dava impressão de ter despertado de um sonho profundo ou de estar voltando do outro mundo. "Esta noite, o Senhor me garantiu misteriosamente que minha casa do paraíso está reservada e garantida. Para corresponder, com gratidão, eu compus um cântico. E quero que tu, Irmão Leão, companheiro de mil combates, e tu, Irmã Clara, minha plantinha mais suave, sejais os primeiros a escutá-lo."

Endireitou-se na cama, ficando em posição adequada. Pegou os dois pedaços de pau e começou a esfregá-los com muito brio. Abriu a boca e cantou assim:

> Altíssimo, onipotente, bom Senhor,
> teus são o louvor, a glória
> e a honra e todo bendizer.
>
> A ti somente, Altíssimo, são devidos
> e homem algum é digno sequer de nomear-te.
>
> Louvado sejas, meu Senhor,
> com todas as tuas criaturas,
> especialmente o senhor irmão sol,
> pois ele é dia e nos ilumina por si.
> E ele é belo e radiante, com grande esplendor.
> E traz teu sinal, ó Altíssimo.

Louvado sejas, meu Senhor,
pela irmã lua e as estrelas,
no céu, as formaste luminosas e preciosas e belas.

Louvado sejas, meu Senhor,
pelo irmão vento e pelo ar e as nuvens,
e o céu sereno e toda espécie de tempo,
pelo qual às tuas criaturas dás sustento.

Louvado sejas, meu Senhor,
pela irmã água,
a qual é muito útil e humilde e preciosa e casta.
Louvado sejas, meu Senhor,
pelo irmão fogo, pelo qual iluminas a noite;
e ele é belo e alegre e vigoroso e forte.

Louvado sejas, meu Senhor,
pela nossa irmã e mãe terra,
que nos alimenta e governa
e produz variados frutos e coloridas flores e ervas.
Louvai e bendizei a meu Senhor e rendei-lhe graças
e servi-lhe com grande humildade.

Antes da quarta estrofe, Frei Leão já estava chorando. Clara mantinha-se serena. No fim do hino, Frei Leão, afogado num mar de lágrimas, lançou-se sobre Francisco, beijou-lhe os ombros, as mãos e os pés chagados, e ficou muito tempo abraçado a seus pés, dizendo: "Tem piedade de mim, Senhor, que sou um verme insignificante. Quem sou eu para merecer o privilégio de viver junto de um santo?". "Irmão Leão, a emoção te faz dizer palavras disparatadas. Escreve: só Deus é santo."

Por algum tempo, o Irmão Crucificado deixou de lado o breviário e, durante o tempo todo, repetia o *Cântico do*

Sol. Quando aumentava a dor das enfermidades, entoava-o com voz mais alta e vibrante, convidando Frei Leão e Irmã Clara a cantarem juntos. Era a melhor anestesia para suas dores.

"Irmão Leão", disse um dia Francisco, "eu gostaria de fundar outra Ordem, ou melhor, eu gostaria que a Ordem dos Irmãos Menores se transformasse na Ordem dos Irmãos Jograis. Irmão Leão, vai procurar o Rei dos Versos, que ele venha quanto antes para cá."

Quando Frei Pacífico chegou, Francisco perguntou: "Irmão Pacífico, trouxeste o alaúde?". "Irmão Francisco, respondeu Pacífico, para que serve um soldado sem espada ou um arauto sem trombeta? Um cantor sem alaúde não serve para nada. Querido Francisco, o meu está aqui." "Respondeste muito bem Irmão. Como eu gostaria de saber tocar alaúde!" "Se queres eu te ensino", disse Pacífico. "É tarde, Irmão. A noite já vem vindo e eu tenho que ir embora." "Pelo menos, eu te ensinarei os acordes fundamentais. Servirão de fundo para acompanhar o Cântico."

Era um espetáculo ver esse cego, inútil para tudo, procurando aprender, como um aluno dócil, a maneira de tocar o alaúde, a posição dos dedos, e a alegria infantil que sentia quando conseguia arrancar um acorde certo.

"Irmão Pacífico", disse Francisco, "escolhe um grupo de Irmãos que tenham jeito para música. Depois que eu te ensinar, ensinarás a eles o *Cântico*. Irão pelas aldeias e pelas cidades. Reunirão o povo na praça principal. Antes e depois da pregação, cantarão o *Cântico*, ao som do alaúde e da flauta, como verdadeiros jograis de Deus, no estilo dos trovadores provençais. Terminado o *Cântico*, algum de vocês dirá aos ouvintes estas palavras: 'Nós somos os jograis de Deus e, como recompensa, lhes pedimos isto: que vivam no Amor'. Irmão Leão, escreve: 'quero que os Irmãos Menores sejam trovadores de Deus, que andem, pelo mundo, proclamando que não há outro Todo-Poderoso a não ser Deus e alegrando a existência das pessoas. Pois, de fato, os servidores de Deus não são jograis destinados a levantar os corações dos humildes e levá-los à alegria?'"

EMBAIXADOR DA PAZ

Quando ainda estava doente, em São Damião, o Irmão Crucificado ficou sabendo que tinha surgido uma violenta disputa entre o Bispo Guido e o Podestá, *messer* Oportolo. Pelo que parece, o litígio tinha atingido proporções escandalosas.

Francisco sentiu muito pesar. O que mais sentia era que ninguém fazia nada pela concórdia. "É uma grande vergonha para nós, servos de Deus, que o Bispo e o Podestá se odeiem desse jeito e ninguém se preocupe em ajudá-los a fazer as pazes."

Decidiu fazer-se construtor da paz, em seu leito de dor. Ajuntou uma estrofe ao *Cântico*:

> Louvado sejas, meu Senhor,
> por aqueles que perdoam por teu amor,
> e suportam enfermidades e tribulações.
> Bem-aventurados os que sofrem em paz,
> que por ti, Altíssimo, serão coroados.

"Irmão Pacífico, vai, em meu nome, ao Podestá e convida-o, com os notáveis, a escutar o meu *Cântico*, na praça do Bispo, com a nova estrofe."

Na hora combinada, a praça estava cheia de cidadãos. Frei Pacífico e seu coro de frades músicos subiram a um estrado. O Rei dos Versos levantou a voz para dizer estas palavras: "Cidadãos de Assis, escutareis o *Cântico do Irmão Sol*, que o Irmão Francisco acaba de compor, em seu leito de dores, para a glória de Deus e a harmonia entre os seres humanos. Ele pede, de joelhos, que o escutem com atenção".

Frei Pacífico cantava sozinho as estrofes e o coro as repetia em uníssono. O Podestá ficou em pé, e, com as mãos juntas e lágrimas nos olhos, escutava atentamente com muita devoção. Os assistentes imitaram-no, ficando em pé, "como se faz para ouvir o Evangelho da Missa".

A plateia estava comovida por ter escutado a última canção do Venerado Irmão. Quando ouviram a estrofe nova do perdão, caíram em lágrimas. A comoção geral contagiou profundamente os querelantes.

O Podestá avançou no meio da multidão até onde estava o Bispo, ajoelhou-se a seus pés, dizendo: "Ainda que alguém tivesse matado meu próprio filho, não há ninguém, neste mundo, a quem eu não perdoasse, neste momento, por amor de Deus e de seu servo Francisco. Com muito maior razão estou disposto a prestar-te satisfação, senhor, como o quiseres".

O Bispo Guido tomou-o pelo braço, ajudou-o a levantar-se, abraçou-o efusivamente e lhe disse: "Também eu te peço perdão. Por meu ofício, eu deveria ser humilde. Mas, sou de natureza irascível e obstinado. Perdoa-me, eu te peço, pelo amor de Deus e de seu servo Francisco".

Naquele dia, todo o povo louvou o Pobre de Assis porque sua embaixada de paz devolveu a harmonia à cidade.

ADEUS A CLARA

O Pobre de Assis passou cerca de cinquenta dias prostrado em seu leito de dores, na choça de São Damião. Clara foi a enfermeira que lhe prodigalizou inúmeras delicadezas, aliviou as dores e aplicou receitas originais, inventadas e experimentadas por ela mesma. Transformou-se em enfermeira, mãe e presença feminina, naquele período tão doloroso do Irmão de Assis.

Foi assim que Francisco se recuperou e se dispôs a deixar São Damião para viajar para Rieti.

Com sua intuição certeira, Clara pressentiu que Francisco tinha poucos dias de vida e que, provavelmente, nunca mais se veriam.

"Pai Francisco", disse-lhe, "o Arcanjo está rondando-te. A coroa está preparada, a sinfonia imortal ensaiada. Tua garganta logo vai se apagar. Antes que se apague, queremos ouvir tua última canção. Vem ao mosteiro para dirigir tua última mensagem às Damas Pobres."

Acompanhado por Leão, Pacífico, Masseu, Rufino e Ângelo, entrou no locutório do mosteiro. Do outro lado das grades, apareceram, como pombas radiantes, as Damas Pobres.

Francisco sentou-se numa cadeira rústica e os Irmãos ficaram em pé, ao redor dele.

"Irmão Pacífico", disse Francisco, "toma o alaúde e entoa o prelúdio." Aquela abertura soava como nunca. Parecia música celestial, exaltada por anjos. De repente, o Irmão abriu a boca e entoou a primeira estrofe. O silêncio parecia uma abóbada maciça que acolhia aquela voz frágil, mas firme. Os irmãos faziam coro, repetindo em uníssono, cada estrofe.

As Damas Pobres foram rolando, uma por uma, pela ladeira da emoção até perder-se no mar das lágrimas. A última a contagiar-se foi Clara. Também os Irmãos se contagiaram até que, no fim, todos estavam chorando. Todos, menos Francisco.

Enquanto os ânimos se acalmavam e as lágrimas secavam, o Irmão fez um momento de silêncio. Depois, dirigiu-lhes as últimas palavras: "Minhas senhoras, a boda está preparada. Os músicos já estão com as cítaras na mão. A festa vai começar. Tenho que ir. Minhas senhoras, eu me prostro, de joelhos, diante de vossas eminências para suplicar que mantenhais a maior fidelidade à Altíssima Senhora Pobreza. Suplico, também de joelhos, que vossa vida seja um círio, ardendo sem se consumir, diante do Santo Amor. Sede uma esmeralda pregada na túnica branca do Amado. Minhas senhoras, vou esperar-vos de pé, embaixo do arco da eternidade. Adeus".

No meio de um mar de lágrimas e de soluços, mas muito serena, Clara foi até onde estava o Irmão Crucificado e lhe pôs, nas mãos, um presente dentro de um embrulho coberto de ramos de oliveira e louro, artisticamente ornado com violetas, rosas e cravos. Beijou suas mãos chagadas, dizendo: "Pai Francisco, até o Grande Encontro. Adeus". Só nesse momento puderam ver os olhos de Clara umedecidos.

No embrulho, havia um par de sapatilhas de felpa, feitas por Clara, segundo as medidas dos pés chagados e enfaixados de Francisco. Clara e Francisco não se veriam mais nesta terra.

SÚPLICA AO FOGO

Desde esse momento até sua morte, o Pobre de Deus esteve o tempo todo acompanhado pelos quatro combatentes da primeira hora: Leão, Masseu, Ângelo e Rufino. Isso foi um mérito de Frei Elias que, conhecendo os desejos do Irmão, permitiu que esses quatro veteranos e leais irmãos o acompanhassem dia e noite.

Eles fizeram um capuz amplo para cobrir a cabeça do Irmão, porque tinha atrozes dores de cabeça. Cobriram seus olhos com um pano grosso, mas macio. Conseguiram um burrinho, o mais manso e cômodo da região. E assim fizeram a viagem até Rieti.

Frei Elias e Hugolino insistiram para que se acomodasse no palácio do Bispo, pelas facilidades e comodidades de que poderia dispor. Mas o Irmão Crucificado manifestou o desejo de se instalar na choça de Fonte Colombo, que distava uma hora da cidade. Logo se agravaram as doenças do estômago e do fígado.

O Pobre de Deus manteve um ânimo inabalável nesses dias. Dir-se-ia que havia nele dois sujeitos. O corpo era uma fogueira de dor, mas a alma estava tão radiante, que a serenidade cobria a dor.

Os médicos do Papa experimentaram todos os remédios conhecidos para aliviar aqueles olhos enfermos. Em vão. Então optaram por um tratamento mais enérgico: cauterizá-lo desde a orelha até a sobrancelha do olho mais enfermo.

O Irmão Crucificado aceitou a terapia de martírio. Mas, quando percebeu os preparativos para a cauterização, quando escutou os instrumentos cirúrgicos esquentando no fogão, apoderou-se dele um temor instintivo.

Então aconteceu uma cena de ternura inenarrável. O Irmão, impostando a voz numa modulação dulcíssima, como uma mãe que suplica ao filho mais querido, dirigiu ao ferro incandescente estas palavras: "Meu irmão fogo, a quem sempre eu quis tão bem. Sempre fui tão cortês contigo, por amor de quem te criou. Agora é tua vez de ser cortês comigo. Não me faças muito mal, para que eu possa aguentar a operação".

Fez um sinal da cruz e abençoou o fogo como sinal de amizade. Quando o cirurgião pegou o cautério em brasa, Leão, Ângelo, Masseu e Rufino, horrorizados e comovidos, saíram correndo para o bosque, para não assistir àquele tormento.

Francisco entregou-se nas mãos de Deus e representou vivamente, em sua imaginação, o Senhor Crucificado. Identificou-se de tal maneira com o Crucificado que, como no Alverne, derreteu-se no amor e na dor do Senhor. Nisso, o cirurgião lhe passou profundamente o ferro em brasa desde a orelha até os olhos. O Irmão não fez o menor gesto de dor.

Quando o cirurgião acabou a operação, Francisco disse: "Se for preciso, podes queimar mais, porque não senti dor nenhuma".

A AMIZADE E A INIMIZADE COM AS CRIATURAS

Depois de várias horas, apareceram os Irmãos, assustados. Quando viram Francisco tão sereno e sem dor, Frei Leão, em sua simplicidade, começou a gritar: "Milagre! Milagre!". O Irmão lhes disse: "Homens de pouca fé, por que fugistes? Irmão Leão, escreve: não há milagres. O que há é reconciliação. Amei os lobos e os lobos foram carinhosos comigo. Amei as árvores e as árvores me deram sombra. Amei as estrelas e elas me deram resplendor. Fui cortês com o fogo e o fogo correspondeu a minha cortesia. Não há milagres. Ou melhor, tudo é milagre. Continua escrevendo, Irmão Leão: o paraíso está no coração; o inferno também está no coração. Quando o coração está vazio de Deus, o ser humano atravessa a criação como mudo, surdo, cego e morto; até a Palavra de Deus fica vazia de Deus. Quando o coração do ser humano se enche de Deus, o mundo inteiro fica povoado de Deus. Levantas uma pedra e aparece Deus. Olhas para as estrelas e te encontras com Deus. O Senhor sorri nas flores, murmura na brisa, pergunta no vento, responde na tempestade, canta nos rios... todas as criaturas falam de Deus, quando o coração está cheio de Deus".

* * *

Com a cabeça completamente enfaixada, o Irmão Crucificado respirava paz e serenidade. Parecia que a própria dor tinha sido transformada em uma irmã, a última de todas, e que essa nova irmã amava e respeitava o Irmão. O Pobre de Deus tinha entrado na harmonia universal. Antes de chegar ao paraíso, estava no paraíso. Os quatro veteranos e leais irmãos rodeavam-no a todo momento, sentados no chão, olhando para ele sem piscar, profundamente felizes por ver o Irmão feliz. Recolhiam cada palavra que o Pobre de Deus pronunciava e a guardavam como uma relíquia.

"Continua a escrever, Irmão Leão: foi também o coração humano que trouxe a inimizade para as entranhas da criação. É o pecado. O ser humano utiliza sua superioridade intelectual para torturar os animais indefesos. O ser humano quer domesticar a todos, isto é, quer dominá-los e submetê-los a seu serviço, e muitas vezes a seu capricho. Os que se dedicam a caçar não são os pobres que têm fome, mas os ricos a quem não falta nada. Matam para se divertir. O ser humano não respeita nada, porque se sente superior a tudo. É a lei da selva. Corta os bosques, sem consideração, corta flores, sem sensibilidade, engaiola os passarinhos, mata aves, queima restolhos e constrói essas cadeias, que chamam de zoológicos, para divertir as pessoas. A criação sente-se avassalada pela prepotência orgulhosa do ser humano, e por isso reage com hostilidade. E assim, a água inunda e afoga, o fogo incendeia e queima, o lobo tritura e devora, o leão despedaça, a serpente pica e mata, as tempestades assolam, o granizo destrói as colheitas, as forças do ar confabulam para transformar-se em raios de morte, as forças telúricas transformam-se em terremotos devastadores, as enfermidades atacam e a morte avança sobre um negro corcel, vitoriosamente como uma vingança inapelável contra a prepotência do ser humano. É a resposta da criação."

Parecia que o Irmão ia começar a chorar. Mas, continuou: "Continua a escrever, Irmão Leão: em toda a minha vida, a única coisa que fiz foi amar, e o primeiro mandamento do amor é deixar viver os viventes. Irmão Leão, se respeitássemos, se reverenciássemos tudo o que vive e tudo o que é, a criação seria um lar feliz. E direi mais: respeitar principalmente o que é débil e insignificante. O que é grande impõe respeito por si mesmo. Qual a graça de respeitar um leão ou um rinoceronte? O ser humano deveria usar sua superioridade intelectual para cuidar, proteger e ajudar os viventes a viverem. De minha parte, eu procurei ser o Irmão Menor entre os viventes, principalmente entre os mais frágeis. Irmão Leão, como eu gostaria de ter posto na Regra esta cláusula: eu, Irmão Francisco, servo inútil, peço, de joelhos, que todos os Irmãos do mundo respeitem, venerem e reverenciem tudo o que vive, tudo o que é".

PAZ E AMOR

"Irmão Francisco", disse Frei Leão, "como é possível reverenciar tanta coisa desacertada, como as que há neste mundo?" "Responde-me, querida Ovelhinha de Deus, já viste, alguma vez brotar água suja das fontes das cordilheiras? Escreve com letras bem grandes, querido Leão: se a fonte chama-se Bem, tudo o que brotar dela será bom. Se levantares a pele de cada coisa, descobrirás a efígie de Cristo. Já pensaste, alguma vez, na luz, Irmão Leão? A luz é aquilo que se difunde. Se não se difundisse, não seria luz. Por uma 'necessidade' libérrima e amorosa, Deus explodiu em uma expansão universal, e foi assim que se originou a criação. Mas, conforme ia criando cada uma das criaturas, modelou-as segundo sua imagem: o Verbo Eterno. Que bom, Irmão Leão, pensar que todas as criaturas são a fotografia do Senhor. Todas as coisas são sagradas. Tudo está abençoado e santificado juntamente com o ser humano. Tudo é bom. Por isso, eu digo que temos de venerar o que vive e o que é. Pelo mesmo motivo, a cortesia tem que ser estendida não só às baratas e aranhas, mas também às pedras e aos metais. A criação é um enorme sacramento de Deus. Anota bem isso, Irmão Leão: o Irmão Menor deve ser pobre e elegante ao mesmo tempo. Limpeza, ordem e beleza são os atributos de quem venera a cadeira em que se senta, a mesa em que come e a roupa que veste. Um verdadeiro pobre é um nobre. Os vulgares não são pobres. Cortesia, Irmão Leão, não só para com as pessoas, mas também para com as coisas."

Nisso, Frei Leão começou a olhar se seu hábito estava limpo, principalmente as mangas. Frei Ângelo levantou-se e começou a pôr em ordem os objetos da choça e Frei Masseu tratou de varrer o chão, cuidadosamente. O Irmão estava cansado, mas feliz. Deram-lhe caldo de galinha, e ele se reanimou. Depois de mais ou menos uma hora, os irmãos puseram-se mais uma vez de cócoras ou sentados no chão, em torno de Francisco, prontos para escutá-lo. Sabiam que só o teriam por poucas semanas.

Vendo-os tão desejosos de aprender, o Irmão continuou: "Sim, Irmão Leão, tudo é bom. O primeiro mandamento consiste em crer no bem. Que se ganha, agredindo a escuridão? Basta acender uma luz e as trevas fogem espavoridas. Se pretendes destruir uma guerra com outra guerra, terás uma conflagração mundial. Embora pareça mentira, a paz é mais forte do que a guerra, como o bem é superior ao mal, porque Deus é o sumo Bem. Escreve, Irmão Leão: 'neste mundo, não há inimigos que resistam à bondade e ao amor. Não há ódio que não se desmanche diante da força do Amor'. Que é mais forte, o fogo ou a água? O mundo diz: 'odiar é dos fortes'. Cristo responde: 'o que perdoa é o mais forte'. O ódio é fogo, o perdão é água. Viste alguma vez, o fogo acabando com a água? Quando os dois se enfrentam, é sempre o fogo que sucumbe. Adianta alguma coisa lamentar-se dos males que nos rodeiam? Quando as pessoas dizem: 'tudo está perdido, isto foi o fim', a esperança levanta a bandeira, dizendo: 'é aqui que começa tudo'. Sim, a esperança é mais forte que o desânimo, o bem é superior ao mal. Escreve, Irmão Leão: 'os Irmãos Menores marcharão pelo mundo com um estandarte elevado: o estandarte da Pobreza. No alto do estandarte, estarão escritas as palavras: Paz e Amor'".

* * *

Os quatro irmãos nem piscavam. Escutavam como filhos que recolhem, cuidadosamente, as últimas palavras de seu venerado pai. Francisco prosseguiu: "Adianta alguma coisa atacar o erro? Em todo erro, há uma parte de verdade e muita reta intenção. Basta promover a bandeira da verdade, e o erro desaparece. Então, os que estavam sentados, à sua sombra, abrigam-se embaixo da verdade. A verdade é mais forte que o erro. Escreve, Irmão Leão: 'não é preciso atacar nada. Não se deve destruir nada, porque tudo é bom. A verdade defende-se sozinha'. Lembras, Irmão Leão, aquele magno Concílio a que assistimos, faz mais de dez anos? O Santo Padre Inocêncio quis alistar-nos todos em uma cruzada para desbaratar os albigenses. Eu não quis e te disse: 'Vamos dar bom exemplo e amar aos albigenses, que certamente eles deixarão sua teimosia, e entrarão docilmente no verdadeiro redil'. Nós sempre agimos assim, lembras-te, Irmão Leão? Quantas vezes, em nossas correrias pelo mundo, encontramos grupos de albigenses e valdenses. No começo nos insultavam. Nós respondíamos: 'Paz e Amor!'. Vendo nossa reação, eles estranhavam. Conversávamos. Quando percebiam nosso amor, tornavam-se cordeirinhos dóceis, dispostos a escutar tudo. Ó Irmão Leão, quando a Verdade e o Amor avançam juntos, não há exército, neste mundo, que possa resistir-lhes".

Os dois, o Irmão e Frei Leão, fizeram uma ampla recapitulação de tantos episódios em que enfrentaram o mal com o bem: assaltantes de caminhos, hereges, pecadores, fanáticos gibelinos... "Tudo foi piedade de Deus!", exclamou Francisco. Lembrando tantos prodígios, o Irmão sentiu uma gratidão imensa e lhes disse: "Irmãos, vamos à gruta para entoar o *Cântico do Irmão Sol*". Tratava-se daquela gruta em que, poucos anos antes, tinha sofrido verdadeira agonia, escrevendo a Regra definitiva.

Levantaram-se os quatro irmãos. Frei Masseu e Frei Ângelo tomaram o Irmão pelos braços e começaram a descida por aquela ladeira perigosa. Desciam bem devagarzinho e quase que o carregavam. Frei Leão ia alguns metros na frente e Rufino atrás para socorrê-lo, no caso de algum escorregão. Que espetáculo! Nenhuma mãe, na terra, foi tão amada pelos filhos como o Irmão, por aqueles veteranos.

Quando chegaram à gruta, o Pobre de Deus disse: "Gostaria de ter aqui, agora, o nosso querido Pacífico, com o seu alaúde. Mas, já que não é possível, Frei Leão, traze-me dois galhos dessa grande castanheira". Enquanto Frei Leão cortava os galhos, os outros três prepararam uma pedra e o sentaram nela.

As enfermidades continuavam seu processo biológico; mas, a irmã dor era cortês com o Irmão Crucificado, que estava sereno e radiante. Tomou os dois galhos, como se fossem um violino, e entoou a primeira estrofe do *Cântico*. A cova da agonia transformara-se em cova da ressurreição. O canto soava vibrante e cheio, naquela cavidade. Como de costume, Frei Leão foi o primeiro que começou a chorar. Depois, ficaram contagiados Ângelo e Masseu. Rufino ficou sereno, o tempo todo. O Irmão parecia cidadão de outro mundo.

Repetiram, três ou quatro vezes, o *Cântico*. No fim, recordaram cenas acontecidas nos anos passados, nessa mesma gruta. Mas a tristeza não voltou em momento algum. Subiram para a choça. Os Irmãos se espalharam: um para procurar ervas medicinais, outro para ir buscar panos e faixas macias, o terceiro para mendigar comida, de porta em porta. Frei Leão, enfermeiro, ficou cuidando do Irmão.

À noite, os quatro acomodaram o doente numa liteira rústica e relativamente cômoda. Cantaram outra vez o *Cântico*. O Irmão não tinha sono. Os quatro veteranos sentaram-se, outra vez, ao redor da cama, dispostos a recolher e guardar, com santa avareza, as últimas palavras do Irmão Crucificado.

* * *

O Irmão lembrou os milhares de seguidores que semeavam Paz e Amor, pelo mundo. Evocou momentos comovedores de sua breve e fecunda vida. No fim, começou a falar do festim eterno, das músicas imortais, das colinas do paraíso... E foi calando, lentamente. Parecia ter adormecido. Porém, não estava dormindo. Dir-se-ia que tinha "saído" para o além.

Os irmãos veteranos apagaram o candeeiro e se deitaram, nos quatro cantos da choça, sobre peles de cabra. Mas dormiram pouco. Estiveram atentos, durante a noite toda, ao menor movimento do doente.

Passaram, assim, várias semanas. Foram dias cheios de felicidade para o Irmão. Dedicou-se a escrever cartas para reis, príncipes e imperadores que, por certo, não eram seus conhecidos. Escreveu também a todos os irmãos da

Ordem. Em vez de rezar o Ofício Divino, cantava inúmeras vezes o *Cântico*, geralmente na gruta.

O Irmão teve um desejo muito grande: voltar ao mundo para anunciar a Paz e o Amor. Apesar de estar acabado, resolveu que, naquele mesmo dia, sairiam pelas praças e povoados, com o estandarte desdobrado. Para despedir-se, foram à gruta, e cantaram o *Cântico*. Depois, saíram para aquele balcão selvagem de rochas e cantaram, pela última vez, o *Cântico*, diante daquela paisagem de picos nevados, torrentes de água e bosques de castanheiras. Foi assim que o Irmão se despediu, para sempre, de Fonte Colombo, lugar profundamente franciscano.

A ÚLTIMA VIAGEM

Foram de aldeia em aldeia. Os quatro irmãos levavam Francisco sentado em um asno mansinho. Subiam aos eremitérios, desciam aos povoados. Apresentavam-se nas praças. O Irmão falava, invariavelmente, da Paz e do Amor. Passou a festa de Natal em Poggio Bustone. As multidões atribuíam-lhe milagres. A opinião pública já o canonizara, antes de morrer.

Indo de um povoado a outro passou por Sena. Lá, um dominicano, doutor em teologia, quis ridicularizar a Ordem rival, apertando seu fundador com uma pergunta capciosa. Disse: "Reverendo Pai, pode explicar-me como se deve interpretar aquele versículo do profeta Isaías: 'Se não denunciarem ao mau sua impiedade, voltarei a pedir sua alma?'. Conheço muitos homens que estão em pecado mortal, porém, não estou disposto a lançar-lhes em rosto seu pecado. Fico carregado com o pecado deles, ou não?".

Um sábio, como Francisco de Assis, não tem nada a ver com um intelectual de cátedra. Não raro, estes usam seu alto ofício para perder-se em distinções artificiais, quando não transformam as faculdades de ciências sagradas em escolas de racionalização. Os alunos frequentemente aprendem acrobacias para justificar seus interesses e posições de vida, aprendem a ter resposta para tudo, perdem o espírito de simplicidade, adquirindo o espírito de complicação, e, às vezes, se alheiam da vida.

O Pobre (e sábio) de Assis respondeu ao dominicano: "Pertenço à Ordem da Santa Ignorância. Não entendo dessas coisas. Só conheço Cristo Pobre e Crucificado. Não conheço outra ciência. O Senhor não me chamou para ensinar como doutor, mas para viver como um pobre servidor".

Segundo as fontes, o doutor em teologia insistiu numa resposta. Diante da insistência, o homem existencial não se deixou arrastar para o terreno intelectual (aí sim, estaria perdido), e deu uma resposta de verdadeira testemunha de Deus: "Sim, o verdadeiro servidor do Senhor recupera, sem cessar, o mau; mas consegue isso principalmente por sua conduta, pela verdade que resplandece em suas palavras, pela luz de seu exemplo, por todo o resplendor de sua vida". Resposta de verdadeiro sábio!

* * *

Uma noite, o Irmão começou a vomitar sangue, no meio de terríveis espasmos. As hemorragias continuaram até de manhã. Todos acharam que tinha chegado sua última hora. Os quatro leais veteranos não sabiam o que fazer. Deram rédea solta às lágrimas e lamentações, dizendo: "Que será de nós, pobres órfãos abandonados por quem foi nosso pai, nossa mãe e nosso pastor?".

O Irmão estava completamente esgotado pela perda de sangue. Mas a palidez de seu rosto tinha uma beleza crepuscular, uma beleza que só podia vir do além.

"Irmão Leão, chegou a hora?", perguntou Francisco. E, sem receber resposta, continuou: "Masseu, Ângelo, Rufino e Leão, cantem-me, sem parar, o *Cântico do Irmão Sol*". Depois de cantá-lo, várias vezes, os quatro irmãos pediram um testemunho escrito de sua última vontade, algo equivalente a um testamento.

"Irmão Leão", disse Francisco, "na Porciúncula, entreguei minha vida; na Porciúncula, desejaria entregar minha alma; mas, se a Santíssima Vontade prefere dispor de outra maneira, chama o Irmão Bento de Pirato". Quando este se apresentou, o Irmão disse: "Escreve: bendigo a todos os meus Irmãos, os que já estão na Ordem e os que vão entrar até o fim do mundo, e como já não posso falar mais, resumo minha vontade em três palavras: prestem culto eterno ao Santo Amor; guardem a maior fidelidade à Senhora Pobreza e vivam aos pés da Santa Igreja".

* * *

Alarmado, chegou Frei Elias e decidiu levá-lo para a Porciúncula. Alojaram-se, alguns dias, no delicioso eremitério de Le Celle, perto de Cortona.

Continuando a viagem, não quiseram passar por Perúsia, o caminho mais reto, temendo que seus habitantes quisessem apoderar-se do santo. Deram uma volta grande, passando por Gubbio e Nocera. Pararam alguns dias no eremitério de Bagnara.

O cortejo chegou a Assis. A cidade explodiu de incontida alegria. Foi um delírio. Já não se tratava do filho de Bernardone, mas do Santo de Assis. A multidão, as autoridades, o Bispo Guido e Frei Elias decidiram que o Irmão fosse instalado no bispado. A Porciúncula era um lugar aberto e, por conseguinte, perigoso. Podiam aparecer, de surpresa, os perusinos para levá-lo e Assis ficaria sem o seu Santo.

A ÚLTIMA IRMÃ

Frei Elias permitiu que os quatro velhos amigos o acompanhassem e cuidassem dele, dia e noite, mesmo no palácio do Bispo. Era um quarto amplo, com todas as comodidades e dava para o interior da casa.

A sombra da tristeza cobriu a alma do Irmão, durante todo o primeiro dia. Gostaria de ter-se instalado em sua querida choça da Porciúncula. "É um contrassenso", pensava, "viver numa choça e morrer num palácio." Todavia, não era isso que o impressionava mais. O pior era que o Senhor tinha morrido numa cruz e ele, numa cama real. Até mais: tinha uma repugnância instintiva por causa de toda essa situação: a possibilidade de ser raptado por sua auréola de Santo. Era um aborrecimento tão insuportável, que nem queria pensar.

"É uma usurpação, Irmão Leão, um latrocínio vulgar. A santidade só pertence ao Altíssimo. Referir esse atributo a um simples homem é um furto. Principalmente no meu caso: já te disse, mil vezes, Irmão Leão, que sou o maior pecador do mundo, e isso não é um piedoso exagero, falsa humildade ou visão desfocada. Qualquer mortal, que tivesse recebido as graças que eu recebi, teria correspondido com mais generosidade. O filho de Pedro Bernardone, um santo! Que abominação!" E abaixou muito a voz para dizer essas últimas palavras.

Mas havia outro motivo que projetava a sombra do primeiro dia. Informaram-no que a casa episcopal, onde residia, estava cercada de soldados para guardá-lo e defendê-lo de um possível rapto por parte dos perusinos. Isso, para o Irmão, era demais. Sentia que ia morrer.

"Durante a minha vida, Irmão Leão, fui me desfazendo de todo tipo de apropriação. Por isso, fui um homem de paz. A espada e o soldado são para defender as propriedades (chamem-se assim as fronteiras de uma pátria), ou para conquistá-las, e onde há propriedades aparece a violência. Mas quando penso que essa propriedade sou eu e por uma auréola de santo, ó Irmão Leão, tenho vontade de morrer de tristeza."

Contudo, não protestou. Lembrou-se da paciência de Deus e seu rosto foi se cobrindo com um halo de serenidade. Naquela noite, não dormiu. Os estigmas tinham elevado muito a temperatura arterial e uma hemorragia mais copiosa que de costume tinha provocado uma desidratação aguda. Mas a irmã dor manteve sua atitude de cortesia para com o Irmão.

Os quatro leais veteranos não se deitaram, naquela noite. O enfermeiro, Frei Leão, não se afastou um instante da cabeceira da cama. Fez-lhe curativos nas chagas, diversas vezes. Os outros três irmãos passaram a noite lavando as faixas, preparando remédios caseiros, esquentando água.

O Irmão Crucificado esteve absorto a noite inteira. Parecia que não ouvia nada. Apesar da temperatura e da desidratação, não gemeu, e se deixou movimentar e cuidar, como se não sentisse nada. A beatitude tinha ocupado aquele corpo crucificado.

* * *

Amanheceu. Era verão. Parecia a primeira aurora do mundo. Como um meteoro incandescente, a aurora apareceu de repente, cobrindo com um manto de glória todo o vale espoletano, desde o Subásio até os montes Sabinos. Milhares de andorinhas tomaram de assalto o azul e aquilo era um prodígio enlouquecedor de audácia, júbilo, chilreios, cantos, voos acrobáticos, picadas verticais... Era a vida. A atmosfera impregnou-se da mistura mais embriagadora de perfumes: alfavacas, gerânios, cravos, rosas, laranjeiras, cidreiras, jasmins... Estourou, nos ares, a música policromática de melros, rouxinóis, estorninhos, pintassilgos e canários. Era um embriagamento de vida e êxtase.

O Irmão abriu desmesuradamente os olhos e, endireitando-se, disse: "Que é isso, meu Deus? Parece que já chegamos ao paraíso, Irmão Leão. Abram as janelas, que entre a criação inteira. Como eu me sinto mal, neste palácio, Irmão Leão! Bem-aventurados os pobres que abrem os olhos e se encontram embaixo do céu estrelado, estendem os braços e acariciam a árvore, molham as mãos no regato e as esquentam numa fogueira. Irmão Leão, eu estou me afogando nesta casa senhoril. Quero a choça, o contato direto com a terra, o ar, a água, a neve, o orvalho. Sou um passarinho na gaiola. Quero viver no meio das minhas irmãs, as criaturas, voar, cantar. Não aguento mais, irmão Leão". "É o Altíssimo, Irmão Francisco. Foi sua vontade que dispôs este fechamento passageiro." "A paciência de Deus!", exclamou, Francisco, devagarzinho, "A paciência de Deus!"

Ao pronunciar essas palavras, o Irmão relaxou-se por completo e a doçura do paraíso caiu sobre ele, como orvalho da manhã. "Irmão Leão, vai buscar o Irmão Pacífico."

Quando chegou o Rei dos Versos, Francisco o recebeu, de braços abertos: "Bem-vindo, andorinha de Deus! Pega o alaúde. Irmãos, aproximai-vos, vamos fazer um coro e entoar o *Cântico*".

No amplo quarto principesco, ressoou, pela primeira vez, o *Cântico*, com as vozes silvestres e viris dos irmãos. Francisco e Pacífico cantavam as estrofes, uma por uma, e os Irmãos repetiam-nas, em uníssono.

* * *

No dia seguinte, veio, de Arezzo, um médico, amigo seu, chamado Buongiovanni, que quer dizer "Bom João". Como Jesus diz, no Evangelho, que só Deus é bom, Francisco chamava-o, simplesmente, de Irmão João ou também de *Benbegnate* (Benvindo).

"Diz-me, *Benbegnate*, que achas da minha doença?", perguntou Francisco. "Com a ajuda de Deus, tudo vai acabar bem", respondeu o outro. "Não me enganes. Não tenhas medo de me dizer a verdade, porque eu já me entreguei nas mãos de Deus. Para mim a única coisa importante é assumir a Vontade de Deus." "Se é assim, vou dizer a verdade: segundo os nossos cálculos científicos, no máximo, vais durar até o fim de setembro ou começo de outubro."

Ao escutar esse diagnóstico, o pobre cego estremeceu de gozo, endireitou-se, com grande facilidade levado por sua alegria, levantou os olhos para o céu, abriu os braços e repetiu, várias vezes, em voz muito alta: "Bem-vinda sejas, minha irmã morte! Irmão Leão, chama Rufino, Masseu e Ângelo para cantarmos todos juntos".

Antes de iniciar o canto, disse-lhes: "Irmãos, anunciaram-me que a irmã, que vem me buscar para me levar ao paraíso, já está de viagem. É ela quem vai me abrir as portas da eternidade. É uma grande notícia. Merece ser celebrada com música. Vamos cantar!".

Antes de começarem, Frei Leão já estava chorando. Os outros também. E assim, embora com os olhos cheios de lágrimas, cantaram melhor do que nunca. Quando chegaram na última estrofe, Francisco mandou que os Irmãos fizessem silêncio e improvisou uma nova estrofe, em honra de sua irmã morte:

> Louvado sejas, meu Senhor,
> por nossa irmã, a morte corporal,
> da qual ninguém pode escapar.
> Ai daqueles que morrem em pecado mortal!
> Felizes os que estão na tua santíssima vontade,
> que a morte segunda não lhes fará mal.

Com a nova estrofe, o *Cântico* estava completo. Os cronistas dizem que "cantavam-lhe, várias vezes por dia, o *Cântico das Criaturas* para reanimar-lhe o espírito, e mesmo durante a noite, para edificar e recrear os guardas que tomavam conta do palácio".

ADEUS A ASSIS

Frei Elias não estava de acordo com tanta música. Parecia-lhe que um homem, considerado santo por todo o povo tinha que ter certa compostura e não ficar horas cantando, no umbral da morte. Por isso, o Ministro-geral entrou no quarto do doente e lhe disse: "Irmão Francisco, é bom que estejas alegre, mas o povo não compreende isso. Tenho medo de que, na cidade, onde todos te veneram como santo, o povo se escandalize vendo que não te preparas para a morte como se deve".

Francisco respondeu: "Irmão, deixa-me cantar. Não há melhor maneira de expressar a alegria por sentir-me tão perto de minha *Casa*. É muito o que estou sofrendo, Irmão Elias. O que alivia estas dores é o canto e o sentir-me tão perto de meu Deus e meu Pai. Irmão Elias, tuas preocupações desapareceriam se me transportasses para a Porciúncula. Lá, no bosque, podemos cantar sem chamar atenção e receber a morte com música e festas".

O Ministro-geral decidiu que o Irmão fosse transladado para a Porciúncula. A municipalidade manifestou o desejo de acompanhá-lo, com uma pequena escolta, para evitar possíveis tentativas de rapto. Frei Elias concordou.

Os quatro irmãos colocaram o doente numa maca. O cortejo foi descendo, devagar e com cuidado, pelas ruas da cidade. Atravessaram a porta principal, chamada *Portaccia*. Desceram por entre os olivais, ao longo das muralhas, até chegar no plano. De vez em quando, o cego perguntava onde estavam.

Quando chegaram à frente de São Salvador dos Muros, o hospital dos leprosos, o enfermo mandou parar a comitiva e pediu que depositassem sua enxerga no chão, com o rosto voltado para a cidade. Os irmãos ajudaram Francisco a endireitar-se e ele ficou nessa posição, muitos minutos, com os olhos fechados.

Desfilaram por sua mente, com instantâneos comovedores, tantas predileções divinas, consolações inesperadas e prodígios de amor acontecidos nos últimos vinte anos, na cidade e em seus arredores. Lá estava a casa materna em que sentiu, pela primeira vez, as insistências da Graça. Lá estavam as ruas em que, numa noite de pândega, Deus caiu sobre ele, com o peso de sua doçura. Lá estavam São Damião, Rivotorto e a Porciúncula. Lá em cima, o monte Subásio, com seus barrancos selvagens e os altos eremitérios.

Agora, estava viajando para a Porciúncula para morrer. Quis parar, nessa curva do caminho, para manifestar sua gratidão para com a cidade e dar-lhe o último adeus.

Levantou, com dificuldade, o braço direito e, traçando no ar o sinal da cruz, disse: "Assis, cidade amada, caia sobre teus muros e sobre teus filhos, a bênção do Altíssimo como frescor da manhã. Assis, cidade amada, ontem, abrigo de ladrões, hoje mansão de santos. Ontem, rumor de guerra, hoje silêncio de paz. Nunca faltem o trigo e o óleo para os filhos de teus filhos. Senhor Jesus Cristo, estende a sombra de tuas asas sobre suas muralhas, suas torres, sua planície. Gerações sem fim murmurem teu nome, através dos séculos. Assis, cidade amada, vou embora. Entrego-te nas mãos de Deus. Que sejas feliz. Adeus!". O cortejo continuou a marcha e logo chegaram em Santa Maria dos Anjos.

APAGA-SE O FOGO

Os quatro irmãos instalaram-no na sombreada cabana da Porciúncula, em pleno bosque, a uns quatro metros da capela de Santa Maria, reparada por suas próprias mãos.

"É primavera, Irmão Leão." "Não, Irmão Francisco, estamos nos primeiros dias do outono." "Estou sentindo o perfume de todas as flores, o rumor de todos os bosques, a frescura de todos os prados. Parece primavera. Que felicidade! Quem sabe se rebentou, em minhas veias, uma primavera? Sinto-me feliz, Irmão Leão. Diz a Frei Pacífico que convoque os Irmãos Jograis, aqueles que o acompanham, em coro, em suas saídas trovadorescas. Que eles se instalem neste bosque e não parem de cantar o *Cântico*, dia e noite, aí fora, a poucos metros desta cabana, até que eu descanse no Senhor."

Voltando à Porciúncula, teatro de tantas consolações divinas, o doente pareceu reanimar-se. Mas era só aparência. As extremidades e o ventre estavam completamente inchados, deformados. Sobravam poucos dias de vida. A irmã dor tratava-o cada vez com maior delicadeza. A beleza do entardecer e a paz do crepúsculo teceram uma veste com que cobriram seu rosto, até o último suspiro. Sua alma navegava pelos mares da eternidade.

"Irmão Leão, estou escutando a música calada de violinos e harpas de ouro. As melodias vêm de muito longe." E o Irmão parecia regressar de uma longa viagem. "Quando descansarei nos braços de meu Pai? Tenho a alma errante dos exilados... Quando verei as colinas douradas da minha terra? Escreve, Irmão Leão: 'sou um rio, quando descansarei no mar?' Todas as tardes, as grandes aves voam de seus ninhos para as Montanhas Eternas. Quando vão chegar? Onde está aquele a quem minha alma busca? És a Água Imortal. Por que não sacias minha sede? As cordas de minha harpa estão tensas. Toca Senhor, sem medo; não importa que arrebentem, contanto que tires uma melodia imortal. Apaga a lâmpada, Senhor, quero dormir."

* * *

Os quatro leais veteranos não se afastavam, um instante, de seu lado. O *Cântico* não cessava, no bosque vizinho. O corpo de Francisco já não tinha nenhuma parte sã.

Como não se quebrava aquela ânfora? Sua sobrevivência parecia um prodígio. A irmã dor continuava delicada e cortês para com Francisco.

"Tudo foi bonito", pensava o Irmão, olhando para trás. "Naquela manhã, a piedade de Deus me deu a vitória mais importante de minha vida." Referia-se ao episódio em que, depositando as roupas nas mãos de Pedro Bernardone, ficou nu diante de Assis inteira.

"Leão, Masseu, Ângelo, Rufino, aproximem-se e despojem-me de todas as roupas." Os irmãos vacilaram. "Será que está delirando?", pensaram. Mas Francisco insistiu: "Velhos camaradas de mil combates, não vacilem. O Pai me lançou nu neste mundo e nu quero voltar a seus braços. Quero morrer despido, como meu Senhor Jesus Cristo. Quero morrer nos braços da Senhora Pobreza e no seio da mãe terra, minha irmã. Tirem minhas roupas".

Despojaram-no de suas roupas, peça por peça, até deixá-lo completamente nu. Os quatro irmãos perderam toda a fortaleza e começaram a chorar como crianças, inclusive Rufino que era o mais sereno. Francisco tampava, com a mão direita a chaga do lado. Era um corpo inchado, lívido, martirizado pelas penitências e pelas enfermidades. Que espetáculo!

Colocai-me, agora, sobre a terra nua, disse. Tomaram-no, com suma delicadeza, e o colocaram no chão de terra. O Irmão fechou os olhos.

Fez uma recapitulação mental dos vinte fecundos anos, e sentiu uma imensa satisfação e gratidão pela missão cumprida. Abriu os olhos, voltou-os para os irmãos e disse, com voz vigorosa: "Com a graça de Deus, cumpri meu dever; que Cristo vos ajude a cumprir o vosso. Irmã mãe terra, quero dormir em tuas entranhas. Mas, antes de adormecer, escuta as batidas agradecidas de meu coração. Obrigado por teus límpidos regatos: eles nascem nas altas vertentes; suas águas são frescas porque correm pelas quebradas profundas e saciam a sede dos caminhantes. Obrigado, irmã terra, pelas covas e pelas cavernas. Nelas, resplandece de maneira especial, o rosto de Deus; nelas, os peregrinos passam a noite; nelas, os mendigos esquentam-se com as fogueiras de inverno: são as casas dos pobres. Obrigado, irmã terra, por tuas pederneiras duras que nos dão o fogo, o qual ilumina a noite, preserva-nos do frio, alegra a vista, cauteriza as feridas e purifica a terra. Obrigado, irmã terra, por teus ventos e brisas. Eles nos refrescam, no verão, esparramam, em suas asas, as sementes de vida e movem as pás dos moinhos. Obrigado, irmã terra, pelas hortaliças, os trigais, os pomares, as fontes de água fresca, pelas árvores onde os pássaros fazem os ninhos. Obrigado, irmã terra, pelo berço que nos emprestas para dormirmos o sono eterno".

O Irmão disse tudo isso, com os olhos fechados, deitado no chão e despido. Depois, quis virar de bruços para beijar a terra, em sinal de humilde gratidão. Não pôde. Então, apoiou as palmas das mãos no chão e disse: "Obrigado! Irmão Leão, diz a Frei Pacífico que entoe o *Cântico do Irmão Sol*."

Foi um espetáculo de comover as pedras: a poucos metros da cabana, os irmãos cantando, com toda a força, o *Cântico*; os quatro veteranos, além de Frei Bernardo e mais alguns, chorando abertamente; Frei Leão, com um joelho no chão, a cabeça encostada na parede da cabana, chorando desconsoladamente. O Irmão despido no chão, com os olhos fechados e o rosto descansado, repetindo as estrofes que os Irmãos cantavam lá fora...

Terminada essa "liturgia" de cortesia para com a Senhora Pobreza e gratidão para com a mãe terra, o Irmão não quis que o levantassem ainda. Esperou que lhe emprestassem, como esmola, alguma coisa para vestir, já que, sendo um verdadeiro pobre, não tinha direito a nada. Manifestou essa ideia e o guardião da Porciúncula trouxe algumas roupas que lhe entregou, dizendo, entre soluços: "Eu te empresto esta roupa, esta túnica e este capuz, e para que conste e saibas que não tens propriedade nenhuma sobre elas, eu te proíbo, em nome da obediência, que as dês a quem quer que seja". Era a fórmula da pobreza absoluta e altíssima.

Ao ouvir essas palavras, o agonizante pareceu ressuscitar. Vibrou em todo o seu ser. Sua alma estremeceu de alegria indizível. Levantou os braços e disse: "Bendita sejas, mil vezes, Santa Senhora Pobreza, que nos liberta de todas as correntes e nos arrojas, despidos e livres, nos braços de Deus". Então, pediu que o colocassem, de novo, na cama. Assim o fizeram, com infinita veneração.

* * *

O Irmão Crucificado foi se apagando como uma vela. Sua voz era cada vez mais fraca. Seu rosto estava revestido com a doçura do paraíso. O *Cântico* continuava ressoando no bosque, quase sem trégua, dia e noite. Diversos grupos de Irmãos faziam turnos para cantá-lo, sem cessar. Em certo momento, o Irmão disse: "É o prelúdio, prelúdio da sinfonia eterna".

Despediu-se de todos. "Irmão Leão, camarada fiel de mil batalhas, secretário e enfermeiro, minha mãe de tantas jornadas, eu me despeço. Perdoa-me por te haver arrastado por caminhos pedregosos, em nossas andanças cavaleirescas por Cristo. As palavras humanas são insuficientes para expressar a gratidão que sinto por ti. Eu te abençoo mais do que posso. E vou te esperar, de pé, embaixo do grande arco da eternidade. Adeus."

Frei Leão nem escutou essas palavras. Estava arrasado pela emoção e pelas lágrimas.

Dirigindo-se ao primeiro companheiro, Frei Bernardo, e impondo-lhe as mãos, disse: "Absolvo e bendigo quanto posso, e mais do que posso, a todos os meus Irmãos ausentes. Faze com que cheguem a eles estas palavras e abençoa-os em meu nome". Suspeitando que bem depressa haveria de ser perseguido (e não se enganou) acrescentou: "É minha vontade que na Ordem sempre seja amado, com afeto especial, o meu querido Irmão Bernardo, que foi o primeiro a dar seus bens aos pobres e a empreender comigo o caminho do Evangelho".

* * *

Nisso, chegou um irmão, vindo de São Damião, para dizer que Clara e as Irmãs Pobres estavam chorando inconsoláveis. Enviou-lhes esta mensagem: "Eu, o pequenino

Irmão Francisco, quero seguir, até o fim, a pobreza do Senhor e de sua Santa Mãe e vos suplico, de joelhos, minhas senhoras, que nunca vos afasteis desse caminho, por mais que alguma pessoa vos aconselhe diferentemente". Voltando-se para o mensageiro, acrescentou: "Diz à Irmã Clara que eu lhe proíbo deixar-se levar pela tristeza; e que seja, nesta oportunidade, a grande dama que sempre foi".

Lembrando-se de sua amiga romana, Jacoba de Settesoli, disse: "Ficaria muito triste se soubesse que saí deste mundo, sem avisá-la". E começou a ditar uma carta para ela: "A senhora Jacoba, serva de Deus, o Irmão Francisco, Pobrezinho de Deus, saudação no Senhor e união no Espírito Santo. Amiga caríssima, devo avisar-te que está próximo o fim de minha vida. Por isso, põe-te imediatamente a caminho, se ainda me queres ver vivo. Traze contigo uma mortalha de saco para envolver meu corpo e tudo que for necessário para o sepultamento. Peço que me tragas também daqueles pasteizinhos de amêndoas que costumavas preparar para mim, quando eu estava doente em Roma...".

Quando o ditado da carta estava nesse ponto, um irmão entrou na choça, dizendo: "Irmão Francisco, a nobre dama Jacoba acaba de chegar com seus dois filhos". "Louvado seja Deus", exclamou o Irmão. "Abram-lhe a porta, pois para 'Frei' Jacoba não vale a proibição de entrada para as mulheres."

Foi outro espetáculo: a elegante dama romana, com seus filhos e séquito, com seus perfumes e vestidos de rendas, na choça mortuária do Pobre de Deus, saindo fora dos costumes monacais da clausura: surpreendente liberdade dos filhos de Deus...

Depois que se cumprimentaram, Francisco perguntou se trazia os pasteizinhos de amêndoas. A dama disse que sim e o Pobre convidou todos os irmãos da cabana, dizendo: "Vinde todos, vamos comer os gostosos doces feitos por 'Frei' Jacoba".

Estava escrito, na vida desse homem, que tudo seria surpreendente: na véspera de morrer, em torno de um agonizante, na cabana mortuária, comendo doces com toda alegria! Foi um espetáculo único, na história do espírito. Que liberdade! Que maturidade!

* * *

Com a chegada de "Frei" Jacoba, parece que o Irmão se reanimou. Mas, depois, caiu de novo em agonia. Na realidade, tinha poucas horas de vida.

Levantando levemente a voz, e dirigindo-se aos Irmãos presentes, disse: "Quando me virem nas últimas, coloquem-me no chão, como ontem, e depois que tiver expirado, deixem-me ainda no chão pelo tempo que se leva para andar uma milha".

Do bosque subia, cada vez com mais fervor, o *Cântico do Irmão Sol*. As vozes do bosque juntaram-se às da cabana e a estas a voz fraca do agonizante: o mundo inteiro parecia cantar o *Cântico* com a estrofe da irmã morte.

* * *

Não havia estertores. O Pobre de Deus estava se apagando como uma vela, como a luz de um candeeiro, quando acaba o óleo. Os quatro veteranos e leais irmãos, de cócoras, em torno ao leito mortuário, não se afastaram, nem um instante. Já não lhe davam remédios. Tudo estava consumado. Só esperavam que o fogo se apagasse. Soluçavam, tranquilamente, e sem suspiros.

Só Frei Leão tinha desafogos mais compulsivos. Por isso, levantava-se, ia para o outro lado da cama, fincava um joelho no chão, apoiava o cotovelo sobre o outro joelho, encostando a cabeça na parede. Nessa posição, ficava muitas horas, chorando inconsolavelmente. Não se importava que o vissem chorar e, pelo que parece, a fonte de suas lágrimas era inesgotável.

* * *

A voz de Francisco estava debilíssima. Quando seus lábios começavam a mover-se, os irmãos aproximavam-se para escutar-lhe as últimas palavras.

"Irmão Leão", disse, "estou escutando os sinos da eternidade. Estão chamando para a festa. Que alegria!"

Houve um longo silêncio. De repente, inesperadamente, como quem chega de regiões desconhecidas, o Pobre de Deus levantou a voz e disse: "Irmão Leão, escreve estas minhas últimas palavras: meu Senhor, eu me arrastarei, de joelhos, até os teus pés, sentar-me-ei à tua sombra e cobrirei, com as mãos, a minha nudez. Tomarás as minhas mãos nas tuas, levantar-me-ás, abraçar-me-ás e dirás: 'És filho de meu Amor e sombra de minha Substância'. Beijar-me-ás na testa e me colocarás uma grinalda no pescoço. Porás um anel de ouro no meu anular e uma roupa de príncipe sobre minha nudez. Dir-me-ás: 'Meu filho, olha para os meus olhos'. Olharei e lá longe, acima das últimas ladeiras de teu coração, verei escrito o meu nome. E eu te direi: 'Deixa-me entrar nesse mar'. E tu me dirás: 'Entra'. Avançarei mar adentro, e ali perder-me-ei, e perderei a cabeça, e sonharei. 'Não ficas com vergonha de ter-me por filho?', perguntarei. E me responderás: 'Não viste o teu nome escrito no recanto mais florido?' Encostarás tua face na minha e me dirás: 'Pelos espaços siderais não há outro, és o único'. 'Meu Deus, é verdade que sonhaste comigo antes que o orvalho aparecesse na madrugada? É verdade que teus pés caminharam por séculos e por mundos atrás da minha sombra fugitiva? Diz-me, é verdade que quando me encontraste, o céu se desmanchou em canções? É verdade que quando fecho os olhos e me entrego nos braços do sono, tu ficas a meu lado, velando o meu descanso? Que tenho para te dar?', perguntarei. 'Dar, compete a mim, tu só tens que receber', responderás. 'Por que não falas?', perguntarei. 'O silêncio é a linguagem do amor', responderás. Esta noite chegarei a tua casa. Far-me-ás deitar em um leito de flores. Encostarás as janelas para que a lua não me dê nos olhos. Dir-te-ei: 'Venho de longe, sou um menino cansado e ferido, e estou com sono'. Com mãos de mãe, tocarás os meus olhos e dirás: 'Dorme'. E eu me perderei no mar...".

* * *

Fez-se um longo silêncio. Ninguém falava. Todos olhavam o agonizante.

Um irmão leu o Evangelho da Paixão, segundo São João.

Era a tarde do dia 3 de outubro de 1226. Os últimos raios de ouro cobriam de nostalgia e ares de eternidade os picos mais altos dos Apeninos. A terra tinha entregado sua colheita dourada e apresentava-se satisfeita como quem cumpriu sua missão.

Inesperadamente, o agonizante abriu os olhos, fez menção de endireitar-se, dizendo: "Está chegando! Está chegando!". Em sua voz e na expressão, havia algo de ansiedade, muito de alegria e uma certa sensação de alívio, de quem vai ser libertado da cadeia. Os irmãos olharam-no, em expectativa. O agonizante afundou de novo na cama e ficou em silêncio, respirando com dificuldade.

Poucos minutos depois, abriu de novo os olhos, e disse, sem nenhuma ansiedade e sem se mexer: "Já chegou!".

Com voz debilíssima, acrescentou: "Irmãos, ajudem-me a endireitar-me". Os quatro veteranos, com grande veneração, ajudaram-no a sentar-se.

Estendeu os braços e, olhando para a porta da choça, disse com voz apagada: "Bem-vinda sejas, minha Irmã Morte. Não sei por que todo mundo tem tanto medo de ti, amável irmã. És a irmã libertadora, cheia de piedade. Sem ti, que seria dos desesperados, dos desaparecidos no cárcere da tristeza? Livra-nos deste corpo de pecado, de tantos perigos de perdição. Fecha-nos as portas da vida e abre-nos as portas da Vida".

Depois, dirigindo-se aos presentes, disse: "Cavaleiros de meu Senhor, se, durante esta nossa breve vida, rendemos cortesia cavaleiresca a Nossa Senhora Pobreza, é correto que o façamos agora com a Senhora Irmã Morte, que acaba de chegar para me livrar do cárcere do corpo e levar-me para o paraíso imortal".

E improvisou uma "liturgia" cavaleiresca. Mandou que o médico ficasse à porta e, como um apresentador de embaixadores, anunciasse, solenemente e com prazer, a chegada da ilustre visitante.

Pediu aos irmãos que o colocassem no chão. Pela última vez, os quatro leais veteranos levantaram-no com infinita reverência e o colocaram em cima de uma pele de ovelha. O Irmão mandou que derramassem pó e cinza sobre seu corpo, em honra da irmã morte. Assim o fizeram.

Poucos minutos depois, o moribundo começou a rezar o salmo "Com minha voz clamei ao Senhor". Os irmãos continuaram.

O Irmão tinha 45 anos. Em vinte anos apenas, tinha consumado essa singular história do espírito.

No bosque e na cabana, os irmãos continuavam cantando, fervorosamente, o *Cântico do Irmão Sol*.

O Irmão jazia no chão. E não se mexeu mais. Tudo estava consumado.

* * *

Nesse momento, formou-se, espontaneamente, sem nenhum plano premeditado, um cortejo triunfal que acompanharia o pobre de Deus até o umbral do paraíso.

Abriram a marcha os anjos, arcanjos, querubins, serafins, principados e potestades. Ocupavam o firmamento, de um extremo ao outro, e cantavam hosanas ao Altíssimo e a seu servo Francisco.

Depois vinham os javalis, lobos, raposas, chacais, cães, pumas, bois, cordeiros, cavalos, leopardos, bisões, ursos, asnos, leões, paquidermes, antílopes, rinocerontes. Todos avançavam, em ordem compacta. Não se ameaçavam nem se atacavam uns aos outros. Pelo contrário, pareciam velhos amigos.

Atrás, voavam os morcegos, mariposas, abelhas, condores, colibris, cotovias, vespas, andorinhas, grous, estorninhos, tentilhões, perdizes, pardais, rouxinóis, melros, gaios, patos. A harmonia entre eles era tão grande como se tivessem convivido no mesmo viveiro, na maior camaradagem.

Mais atrás, iam os jacarés, golfinhos, hipopótamos, peixes-espadas, baleias, peixes-reis, dourados, peixes-voadores, trutas. Era admirável: os peixes grandes não engoliam os pequenos.

Pareciam irmãos de uma mesma família. Finalmente, encerravam o cortejo as cobras, sucuris, víboras, jiboias, lagartos, lagartixas, dinossauros, plesiossauros e cascavéis.

Enquanto continuava a ressoar, no bosque da Porciúncula, o *Cântico do Irmão Sol*, todos esses irmãos cantavam, gritavam, piavam, grasnavam, zurravam, assobiavam, bramavam, ululavam, ladravam, rugiam, baliam, mugiam.

Desde o princípio do mundo, não se escutava semelhante concerto. Todas as criaturas, de acordo com sua natureza, cantavam aleluias a seu amigo e irmão Francisco. E Francisco e as criaturas louvavam, em uníssono, ao Altíssimo Criador.

Atrás dessa escolta triunfal, o Irmão de Assis, montado num burrinho, levantou voo e começou a atravessar os céus. A porta grande do paraíso estava aberta como nas grandes solenidades. Não tinham aberto essa porta, desde o dia da Ascensão.

O pobre de Deus arrastava consigo toda a criação para o paraíso. Tinha reconciliado a terra com o céu, a matéria com o espírito. Era uma chama que se desprendera da madeira. Era a piedade de Deus que voltava para casa.

Lentamente, muito lentamente, o Irmão foi penetrando nas órbitas siderais. Afastou-se, como um meteoro azul, até perder-se nas profundezas da eternidade.

SUMÁRIO

1. AMANHECE A LIBERDADE 5
   Contorno vital 6
   Os castelos ameaçam ruína 9
   A grande palavra de sua vida 15
   A mulher de sua vida.. 20
   A densidade da fumaça.. 27
   Despertam os sonhos adormecidos 31
   A noite da liberdade... 33

2. LEVANTA-SE O SOL... 39
   Alimentar-te-ei com mel... 40
   Ave solitária 43
   Um confidente anônimo... 45
   Entranhas de misericórdia 47
   De novo, a mãe 51
   Nos mares da gratuidade... 53
   O fel se transforma em mel 56
   Transmutação misteriosa... 58
   A prova de fogo.. 61
   Restaurador de paredes arruinadas 66
   Bom comerciante 70
   Divórcio e esponsais 71
   Começa a perseguição... 74
   Doçura na aspereza 77
   A última bênção da mãe 80
   Só recebo ordens de Deus 84
   Como as árvores no inverno.................................... 88
   Nudez, liberdade, alegria... 93
   Como no começo do mundo 95
   Embaixador do rei 97
   Entre as panelas da cozinha 99
   Como um peregrino 101
   Com entranhas de mãe 103

Recordando 104
Óleo para a lâmpada 106
Uma pedra e um prêmio 108
Tigela na mão 110
Meu pai, dá-me tua bênção 113
A ermida do bosque 116
Êxodo e assombro 118
O bosque e seus habitantes 122
Os prediletos 127
Humanismo 131

3. O SENHOR DEU-ME IRMÃOS 135
De surpresa em surpresa 135
Solidão completa 137
A revelação 138
Primeira saída 142
O primeiro companheiro 144
Novo membro 150
Vida e atividade 153
Primeira grande aventura 154
Gozo, preocupação, produtividade 162
Reencontro e festa 167
Entre a submissão e a resistência 169
Assalariados e testemunhas 173
Mestre de espíritos 178
Por que choras? 180
Preparação intensiva 182
Andanças e aventuras 189
Utilidade e inutilidade 191
Para Rieti 194
Desolação e consolação 199
Armar-te-ei, cavaleiro de Cristo 206
Grandes notícias 207
Em poucas e simples palavras 209

4. AO PÉ DA SANTA IGREJA 213
Em busca do Pontífice 216
Primeira entrevista 218
Recomendação 221

Procurando dissuadir 222
O poder da debilidade 226
Sessão tempestuosa 228
Consolação 233
O jogral de Deus 235
Bênção e despedida 237
A idade de ouro 240
Esponsais com a Senhora Pobreza 241
Tentação das saudades 246
Da pobreza para a fraternidade 248
Mãe queridíssima 253
A casa mãe 262
Sermão aos passarinhos 264
Os assaltantes de Montecasale 271
Por que a ti? 275
Clara de nome 278
A fuga noturna 280
Aliança eterna 282
Tentativa de resgate 287
Intenção e significado de Clara 290
Inês 293
Forma de vida 296
Consolação para Francisco 298
Grande fidelidade 299
Apaga-se a Dama de Luz 301

5. A GRANDE DESOLAÇÃO 303
   De passagem 303
   As raízes do conflito 305
   Aposta 308
   A noite escura do espírito 309
   Encontro com Hugolino 315
   Telhas que voam 327
   Mais um louco neste mundo 329
   Por que se ausentou? 332
   A revolução dos vigários 334
   A propriedade da ciência 336
   Sem entrar na Porciúncula 340

    Renúncia do cargo 344
    Regra de 1221 349
    A agonia de Fonte Colombo 354
    Regra extraviada 357
    A ajuda de Clara 360
6. A ÚLTIMA CANÇÃO 366
    Missão cumprida 366
    Regresso à solidão 369
    Imerso em Deus 372
    Na choça 374
    A paz do advento 377
    Deus virá esta noite 381
    De altura em altura 384
    Conheço a Cristo pobre e crucificado 386
    Alverne à vista 390
    Que será depois de minha morte? 394
    A grande páscoa franciscana 400
    O irmão falcão 409
    A noite da estigmatização 411
    Adeus, monte Alverne 417
    A paciência de Deus 419
    O poder do amor 425
    Aos pés da criação 429
    A irmã dor 436
    O violino 443
    Noite transfigurada 448
    Embaixador da paz 455
    Adeus a Clara 457
    Súplica ao fogo 459
    A amizade e a inimizade com as criaturas 461
    Paz e amor 463
    A última viagem 469
    A última irmã 472
    Adeus a Assis 477
    Apaga-se o fogo 479